KB156369

李基白韓國史學論集 **14**

# 韓國現代史論

A.J. 그라즈단제브 著

李 基 白 譯

一 潮 閣

# MODERN KOREA

by ANDREW J. GRAJDANZEV

Research Associate Institute of Pacific Relations

INTERNATIONAL SECRETARIAT
INSTITUTE OF PACIFIC RELATIONS

Publications Office, I East 54th Street, New York
Distributed by THE JOHN DAY COMPANY
New York
1944

# 역자 서문

1951년 가을, 갑자기 찬비가 쏟아지는 어느 날 피난지 부산에서였다. 비가 굿기를 기다리며 잠시 몸을 피하고 있던 판잣집 책방에서 나는 우연히 이 책을 대하게 되었다. 원래 주로 고대사(古代史)에 관심을 쏟고 있긴 하였지만, 대학을 갓 나온 당시의 나는 일제시대사에 대하여도 언젠가는 한번 손을 대어보고 싶다는 욕심을 가지고 있었다. 그러한 나에게 이 책은, 잠깐 동안 뒤적거려 본 바로도, 20년이 지난 오늘까지 그 당시를 생생히 기억해낼 수 있을 정도의 강한 인상을 남겨주었던 것이다. 그때 나는 호주머니에 교통비조차 제대로 넣고 다니지 못하던 신세였고, 책이 있으면 오히려 팔아먹어야 할 처지였기 때문에, 감히 살 생각은 하지도 못하면서 값만을 물어보고 나왔다. 그러나 이 책이 끌어당기는 힘에 못 이겨 며칠 뒤 돈을 마련해가지고 책방을 다시 찾았을 때는 이미 책이 팔린 뒤였다. 주인은 어느 미국 군인이 내게 말한 값의 거의 배를 주고 사갔다고 하며 기뻐하고 있었다.

그 뒤 나는 이 책을 구하려고 무척 애를 썼다. 미국에를 간다는 친구가 있으면 염치 불고하고 부탁도 하여보았으나 허사였다. 그러다가 1955년의 이른 여름 서울의 광화문 네거리 책가게에서 이 책을 다시 발견하였을 때, 나의 기쁨은 거의 형언키 어려운 것이었다. 책을 사들인 날은 밤을 새우다시피 하며 읽어나갔고, 이어 『역사학보』제8집에 흥분된 감정을 감추지 못한 채 서평을 써서 소개하였던 것이다(「해제」참조). 그리고 그해 여름 방학에는 더위를 잊어버리고 번역을 끝내었다.

그 이후 오랫동안 이 역고(譯稿)는 서재 한구석에서 썩고 있었다. 출판을 승낙해주는 곳도 없었거니와, 원래 영어에 서툰 나로서는 번역에도 자신이 없었던 것이다. 따라서 다시 한 번 역고를 통독(通讀)하여 수정을 가해야 하는 작업이 남아 있었다. 그런데 현대사 연구에 대한 희망을 포기한 지금으로서는 그러한 작업을 할 시간을 얻기가 거의 불가능하였다. 이렇게 해서 먼지에 쌓여 낮잠만 자고 있는 이 역고를 하루 빨리 간행하였으면 하는 권고를 이광린 교수로부터 받아온 지가 벌써 10년은 넘었을 것이다. 그리고 일조각의 한만년 사장으로부터 출판을 맡아주겠다는 쾌(快)한 승낙을 받기에 이르렀다. 또 서강대학교 사학과 조교인 홍승기 군이 원서와 대조하며 옛 역고를 다시 통독해보는 수고를 대신해주었다. 그리고 차하순 교수는 번역에 대한 귀찮은 질문에 조언을 아끼지 않았다. 그러므로 번역을 끝낸 지 17년 만에 이 책이 세상에 나오게 된 것은 오로지 이들 여러분의 고마운 덕에 힘입은 것이라고 할 수밖에 없다.

이 책은 원래 1944년에 미국의 태평양문제연구소(Institute of Pacific Relations)에서 'Modern Korea'란 서명으로 발행한 것이다. 그러니까 출판된 지 30년이 가까워지고 있는 셈이다. 그러나 내가 무식한 탓인지는 모르겠으나, 한국에 대한 일제의 식민정책을 이렇게 광범하고 요령 있게, 그리고 또 이렇게 철저하고 정확하게 비판해준 책을 나는 아직 알지 못하고 있다. 이 책은 일제시대를 중심으로 한 한국현대사 연구의 고전으로서 그 생명을 길이 유지해나갈 것을 의심치 않는다. 이 귀중한 책이 내 손을 거쳐 우리나라에 소개된 것을 나는 길이 자랑스럽게 생각할 것이다.


1972년 12월

서울 인악서사(仁岳書舍)에서 역자(譯者)

## 일러두기

1. 번역은 의역보다 직역을 원칙으로 하여 원문에 충실하기를 기하였다.
2. 약간의 보충적 설명이 필요한 곳에는 * 표시를 하여 역주를 달아두었다. 그리고 고유명사나 숫자 등 분명한 오자로 판명된 것은 수정을 가하고, 이 사실을 역주에 밝혀두었다. 그러나 끝내 그 원명(原名)을 알 수 없는 것은 음대로 한글로 적을 수밖에 없었다. 또 간단한 경우에는 본문 속의 [ ] 안에 역주를 넣은 곳도 더러 있다.
3. 원서에 인용된 조약문 같은 것은 약간의 차이가 있더라도 원조약문(原條約文)에 충실토록 하였다. 또 저자는 영문으로 된 'Annual Report on the Administration of Chosen'을 자주 인용하고 있는데, 이것은 일문(日文)으로 된 『조선총독부시정연보(朝鮮總督府施政年報)』와 상응하는 것이므로, 번역에 있어서는 내용에 차이가 없는 한 일문판에 따르도록 하였다. 그러나 간혹 내용에 차이가 있는 곳도 있었으며, 이런 경우에는 영문판을 존중하여 충실한 번역을 꾀하였다.
4. 지극히 적은 경우이기는 하지만 번역이 불필요한 때에는 이를 생략하였다. 예컨대 '한강'을 본문에서 'Kan(Han)'이라 쓰고, 그 주에 "Names in brackets here and elsewhere in this book represent Korean pronunciation of the characters"라고 한 것과 같은 따위이다(원서 p.10).
5. 부록은 I 농업통계, II 농업통계의 신빙성, III 공업통계, IV 무역통계, V 지명의 한국식 발음과 일본식 발음의 대조표 등으로 되어 있는데, 부록 V는 불필요한 것이기 때문에 삭제하였다.
6. 「해제」는 『역사학보』 제8집(1955. 12)에 실었던 역자의 서평을 그대로 실은 것이다.

# 저자 서문

이 책을 쓰기 시작하였을 때에는 아직 국제무대에서 한국에 관한 아무런 논의도 행해지지 않고 있었다. 그러나 이 책이 완성되었을 때에는 이미 한국에 관한 뉴스가 들어오고 있었다. 미국·영국 및 중국 정부의 수뇌들은 1943년 11월 카이로회담에서 '적당한 시기에' 한국이 자주독립하게 되리라는 그들의 결정을 발표하였던 것이다. 그때에는 현재의 한국에 관하여 쓴 이 책이 이미 한국의 과거에 관한 것이 되겠지만, 그러나 나는 그 변화를 누구보다도 제일 먼저 기뻐할 것이다.

그러나 일본의 군국주의자들은 아직도 한국을 지배하고 있다. 따라서 그들이 이 나라에서 취하고 있는 행동과 수법을 알아둔다는 것은, 태평양전쟁에서 적극적인 역할을 담당하고 있고 또 일본이 패배한 뒤에 현재의 그들 식민지에 대하여 책임을 지게 될 나라들에게 도움이 될 것이다.

물론 나의 결론에 대하여 모든 독자들이 전적으로 찬성하리라고는 기대하지 않는다. 특히 외관상으로 나타난 한국에 있어서의 '물질문명의 진보'에 쉽게 감동해버리는 사람들은, 일본의 업적에 대하여 내가 너무 비동정적이라고 생각할 것이다. 한편 전시 기분의 영향을 받아서 일본인을 인간 이하의 동물로 생각하는 사람들은, 일본의 지배 밑에서 사실상 한국에서 일어난 것과 같은 발전이 있었으리라고는 믿으려 하지 않을 것이다. 나는 여기서 일본 측의 보고와 통계, 그리고 외국인 관찰자들이 한국에서 받은 인상 등 여러 기록에서 얻어진 결론을 제시하려고 하였다. 그러나 어느 경우에라도 나는 사실들을 제시하였으므로, 비록 나와는 다른 결론을 내리는 사람들일지라도 이 사실들을 고려해야만 할 것이다.

많은 점에서 조언과 원조를 베풀어준 J.M. 번스타인 씨, R. 헤이그 교수, W.L. 홀런드 씨, 브루노 래스커 씨, G. 매쿤 박사, S. 매쿤 박사, N. 페퍼 교수, 러셀 스미스 교수, 프란시스 프리드먼 양과 클라러 스피델 양에게 진심으로 감사의 뜻을 표한다. 이 연구는 비록 태평양문제연구소의 국제연구계획의 일부로서 행해진 것이지만, 그러나 이 책에 제시된 사실·의견 및 해석 등에 대하여는 저자 혼자만이 책임을 지는 것이다.

1943년 12월 15일

뉴욕에서 A.J. 그라즈단제브

# 차례

# 제1장 서론

1910년 한국이 일제의 일부분이 된 이후, 일본의 공식보고 이외에 한국에 관한 책이 거의 저술되지 않았다는 것은 한국에 관심을 가진 사람이면 누구나 알고 있다. 그렇게 많은 인구와 또 그렇게 중요한 전략적 위치를 차지하고 있음에도 불구하고 서방 저술에서 이렇게 적은 주의(注意)밖에 끌지 못한 나라는 아마 세계에 다시 없을 것이다. 1919년에서 1921년에 이르는 기간, 즉 한국에서 독립운동이 전개되고 있는 동안과 그 직후에 주로 영어로 된 몇 권의 책이 이 문제에 관해서 출판되었다. 그러나 이 관심은 곧 식어버리고 말았다. 그리고 1921년 이후에 나타난 거의 모든 책들은 다음 두 종류 중의 어느 하나에 속할 것이다. 즉 하나는 일본 정부에 의하여 간행된 것이거나 혹은 그에 의하여 고무된 것이고, 다른 하나는 한국 문제를 진지하게 연구할 시간이나 의도를 갖지 않은 여행자가 얻은 한국의 '인상'을 적은 것이다. 영문으로 간행된 일본 정부의 출판물은 특별한 목적을 가지고 있다. 그들이 제시하는 사실은 대부분 정확한 것이다. 그러나 그 사실들은 조심스럽게 선택된 것이고 그들의 해석은 종종 편견에 치우쳐 있다.

한국에 관한 객관적인 연구가 없는 이유는 설명하기에 어렵지 않다. 이번 대전 직전의 상황 속에서 일본 학자들은 한국의 참된 모습을 외부 세계에 제시할 수가 없었다. 독립적인 사고의 외형만이라도 유지하려고 하는 일본 학자들은 누구나 정부 혹은 쇼비니스트 기관에 의하여 박해를 당했던 것이다. 한국에 파견된 선교사가 아닌 외국인 학자들은 이 나라에 접근할 길이 없었다. 그리고 선교사들은 이미 곤란에 처해 있는 그들 교회의 입장을 복잡하게 만들지 않기 위해서 보통 침묵을 지켰던 것이다.

그러나 한국을 보다 더 잘 알아야 할 몇 가지 이유가 있다. 무엇보다도 한국은 2,400만 명의 인구를 가진 나라이며, 더욱이 오랜, 그리고 찬란한 역사를 지닌 나라—일찍이는 인류문화의 선두에 섰던 나라이기 때문이다. 둘째로 한국은 지난 37년 동안(정식 합병부터는 32년 동안) 일본의 식민지였고, 따라서 일본 식민정책의 한 표본으로서의 관심에서이다. 타이완에 관해서 체임벌린(W.H. Chamberlain)은 다음과 같이 말하였다. "이러한 사실들을 아무리 엄정하게 비판한다 하더라도 타이완에서의 일본 제국주의는 퇴폐한 기생적인 형태는 아니었다. 그것은 유효한, 그리고 노력을 아끼지 않는 것이었다. 그것은 철도·도로·학교·병원 등의 형태로서 부수적인 은혜를 끼쳐주었고, 그리고 인명과 재산의 안전을 보장하였다."[1] 일본 제국주의는 한국에서도 또한 타이완에서와 같이 많은 철도와 도로, 상당수의 학교, 그리고 약간의 병원을 건설하였으며, 일정한 범위 안에서는 한국에 있어서의 "인명과 재산의 안전을 보장하였다." 식민지 지배를 위해서는 철도, 도로, 약간의 학교와 병원이 필요하다. 일본 당국은 대외선전에서 한국에서의 이 방면의 활동을 부단히 강조해왔다. 조선총독부의 연보에는 도로, 우편국, 병원 및 개량형 선박* 등의 사진이 가득 차 있다. 그러나 이러한 업적들을 무조건 '은혜'라고

---

1  W.H. Chamberlain, *Japan Over Asia*(New York, 1937), p.172. 불행히 일본의 제국주의 정책에 관한 이 책에서 체임벌린은 한국에 대하여는 겨우 두 줄을 썼을 뿐이었다.

*  원문에는 sheep로 되어 있으나 문맥상 ship의 誤字임이 분명하다.

인정하기 전에 그들 사업의 목적과 결과가 어떠했는가 하는 것이 주의 깊게 검토되어야 한다.

한국에 있어서의 일본 식민정책의 객관적인 평가를 위한 표준을 발견하기가 곤란하다고 주장하는 사람이 있을지도 모르겠다. 그러나 하나의 적절한 표준이 일본인 자신에 의해서 제공되었다. 일본 황제에게 그 통치권을 양도하는 조칙 속에서 마지막 황제였던 순종은 〔일본 고문관(顧問官)들의 지시에 따라서〕 다음과 같이 말하였다. "짐(朕)은 동양 평화를 공고히 하고 생민(生民)의 복리를 보장하기 위하여 …… 한국의 통치를 거(擧)하여 차(此)를 극히 신뢰하는 대일본 황제폐하에게 양여한다." 일본 황제는 한국 병합의 조서 속에서 "한국 민중은 직접 짐의 수무(綏撫)하에서 그 번영과 행복을 증진할 것이며, 산업과 무역은 치평(治平)하에 현저한 발달을 봄에 이를 것이다. 그리고 동양의 평화는 이로 인하여 더욱 그 기초를 공고히 할 것을 짐은 믿고 의심하지 않는 바이다"라고 언명하였다.[2]

한국 국민은 1910년에서 1942년에 이르는 동안에 번영과 행복의 증진을 누리었는가? 한국과 일본의 합병은 동양의 영구한 평화에 공헌하였는가? 이러한 질문에 대하여는 상당한 정확성을 가지고 대답할 수 있다. 일본 지배하의 한국 국민의 번영과 행복을 재는 하나의 기준으로서, 이 책에서는 일본 본토의 일본 국민과의 비교자료가 사용될 것이다. 일본이 한국인의 번영과 행복의 수준을 일본인 이상으로 올리리라고 기대할 수는 없다. 그러나 역대 일본 통치자들의 약속에 비추어볼 때에는 한국인의 복리가 일본인이 누리고 있는 수준에 가까워지리라는 것을 기대할 수 있는 이유가 있다. 한국인은 '일본인의 동생'이라고 불렸으며, 일본과 한국은 한 몸〔內鮮一體〕이라고 언명되

---

2 『朝鮮施政年報(Annual Report on the Administration of Chosen)』(1933~1934), pp.198~199.

었기 때문이다. 이리하여 우리는 비교의 어떤 기반, 그리고 일본 황제가 엄숙하게 약속한 한국인의 번영과 행복을 측정하는 기준을 갖게 된 것이다.

그리고 한국과 일본의 기후가 별로 다르지 않다는 것과 지난 32년 동안 일본과 한국은 모든 실제적인 면에 있어서 동일한 경제적인 단위를 이루고 있었다는 것을 주의해야 한다. 그들은 자유로이 자본을 이동할 수 있었으며 또 동일한 화폐단위, 동일한 관세장벽 및 동일한 공용어를 가지고 있었다. 부산(한국의 동남단 항구)은 일본의 시모노세키(下關)로부터 겨우 193km밖에 떨어져 있지 않다. 1907년에 킹(F.H. King) 교수는 다음과 같이 말하였다.

중국으로부터 한국으로 그리고 한국으로부터 일본으로 여행을 하면 농업의 방법이나 용구에 있어서 한국과 일본은 한국과 중국보다 더 근사(近似)하다는 것이 분명하게 나타난다. 그리고 일본의 방법을 보면 볼수록 더욱, 일본이 한국으로부터 그 방법을 가져왔거나 그렇지 않으면 한국이 중국보다 오히려 일본에서 더 많이 가져왔을 것이라는 강한 인상을 받게 된다.[3]

이러한 유사성은 다른 점에서도 많이 발견되는데, 이것은 이 두 나라의 상태를 비교하는 가치를 증가시켜준다.

태평양전쟁은 현재 한국을 연구해야 하는 셋째 이유를 제공해준다. 일본의 전쟁 수행을 위한 경제적 능력이 한국 경제에 상당히 의존하고 있기 때문이다. 한국은 현재 미곡·어류·면화·철·석탄·금·비료 등 일본의 전쟁 노력에 커다란 중요성을 지니는 많은 생산물을 공급하고 있다. 일본에 대한 한국 경제의 역할과 그 중요성을 이해하지 못하고는 일본 전쟁경제의 깊은 연구는 도저히 불가능하다. 일본의 수중에 들어간 동남아의 여러 나라들은 아

3 F.H. King, *Farmers of Forty Centuries*(Madison, 1911), p.374.

마 한국보다는 잠재적 자원이 풍부할 것이다. 그러나 한국의 자원은 이미 그 공급을 강요당하고 있다. 막대한 자본이 투하되었고, 교통망이 건설되었으며, 상당한 노동력이 훈련되었다. 한국의 모든 경제는 오랫동안 일본의 전쟁 기구(戰爭機構)에 적합하도록 조정되어왔다. 그러나 동남아시아에 있어서는 그러한 조정은 아직 장래의 일에 속하는 것이다. 더구나 동남아시아에 이르는 루트는 퍽 길다. 시모노세키로부터 부산에 이르는 거리가 불과 193km인데 대하여 싱가포르로부터 고베(神戶)까지는 4,500km이다. 그리고 중국이 정복되지 않는 한, 남방 루트는 적의 공격에 노출되어 있다. 그러나 한국에의 통로는 잘 보호된 대한해협과 쓰시마(對馬島)해협, 이 두 해협을 거치게 된다. 이러한 모든 점에서 한국은 일본이 전쟁을 수행해나가는 데 특히 중요한 존재가 되는 것이다.

넷째 이유는 평화의 문제와 관련되는 것이다. 연합국이 승리를 거두는 날, 한국 문제는 서태평양의 평화 해결을 위하여 불가피하게 중요한 자리를 차지하게 될 것이다. 자유 한국은 일본의 통치자들이 신제국을 건설하려는 새로운 기도(企圖)를 막는 가장 좋은 보장이 될 것이다. 중국으로 반환된 타이완과 자유로운 한국은(이것은 1943년 12월 1일 카이로선언에서 약속되었다) 일본이 다시 제국주의적인 발전을 해나가는 데 대한 방벽이 될 것이다. 그러나 혹은 이러한 질문이 나올지도 모르겠다. 한국은 현대 세계에서 독립적인 존재일 수 있는 모든 필요조건을 갖추고 있느냐고. 그렇다. 한국은 오랜 그리고 찬란한 역사를 가지고 있으며, 로마제국이 정복의 도정을 출발했을 때에 이미 문명국가였다. 단지 합병되기 전 수십 년 동안 한국의 왕―뒤의 황제―은 동양적 전제군주의 최악의 표본 중 하나였으며, 그리고 지난 32년 동안 한국은 일본의 식민지였을 뿐이다. 그러면 한국은 얼마나 빠른 시일 안에 또다시 자립할 수 있을 것인가? 한국에는 그 나라를 이끌어갈 만한 교육과 경험을 가진 충분한 인물이 있는가? 한국은 과연 독립할 수 있는 충분한 경제적 자원을 갖고 있는가? 요컨대 한국에는 독립국가로서의 장래를 신뢰할 수 있는 어떠한 실제적인 기반이 있는가? 그 정치 형태 및 경제조직의 형태는 아마 평화회의에서 결정될 것인데, 이러한 결정에 책임을 질 사람들은 긴 일본 통치의 기간 중에 발전한 한국의 가장 중요한 사실들을 알고 있어야 할 것이다.

현재의 이 연구는 그러한 약간의 문제들을 밝히려는 하나의 시도이다. 불행히 한국에 관한 믿을 만한 자료는 적다. 일본의 총독부는 진실을 세계에 알리지 않기 위해 갖은 노력을 다해왔다. 일본에서조차도 많은 보고서가 공간(公刊)되지 않고 있고, 최근 간행된 일본의 다른 보고서들은 국외로 나가는 것이 허락되지 않았다.[4] 더욱이 진주만 공격 이후에는 미국과 영국에서 일본 및 그 속령과 연락을 취하는 것이 불가능해졌고, 따라서 현 정세에 대한 정보는 불충분한 것이다. 그러나 한국에 관한 최근의 저서가 없다는 사실과, 전쟁과 관련해서 우리가 당면하고 있는 문제의 긴급성은, 입수된 공식자료에서 주워 모을 수 있는 대로나마 한국에 관한 이 같은 중요한 지식을 제공하려는 기도를 정당화해주고 있다.

---

4 저자가 그러한 출판물을 청구하였던바 일본의 출판사들로부터 "발송할 수 없다"는 한결같은 회답을 받았다. 일본의 교육기관 및 문화기관들의 주선을 통해서 그러한 출판물을 얻으려는 노력도 마찬가지로 실패하였다.

# 제2장 지리적 환경

## 영역과 고도

한국은 지리적으로 아시아 대륙으로부터 돌출한 대한반도와 대부분은 그
저 암석뿐인 3,479개의 섬으로 구성되어 있다. 한국은 압록강, 백두산 및 두
만강에 의하여 만주와 분리된다. 두만강 입구에서 한국은 소련의 연해주와
경계를 접한다. 반도의 동쪽에는 동해가, 서쪽에는 황해가 그 기슭을 씻는다.
대한해협과 쓰시마해협은 이 반도를 일본의 혼슈(本州) 및 규슈(九州)와 분리
시키고 있다.

한국의 지리적 좌표는 다음과 같다. 최동단은 동경 130°57′이고(즉, 거의 북
방의 야쿠츠크와 오스트레일리아의 포트다윈과 같다), 최서단은 동경 124°11′이다.
최북단은 북위 43°1′이고(미국 뉴햄프셔 주의 포츠머스와 거의 같다), 최남단은 북
위 33°7′이다(사우스캐롤라이나 주의 찰스턴과 거의 같다). 만일 한국을 서부 지중
해상에 가져다 놓는다면 대략 북부 스페인으로부터 중부 모로코에 이르는 지
역을 차지할 것이다.

한국의 면적은 22만 741km², 즉 8만 5,228평방마일이다.[1] 미네소타 주나

---

1 이 숫자는 『朝鮮施政年報』에 적혀 있는 것이다. 『日本財政經濟年報』에는 22만 769km²로 되어
있고, 『朝鮮年鑑』에는 22만 788km²로 되어 있다.

유타 주 혹은 영국(스코틀랜드를 포함하고 북부 아일랜드를 제외한)보다 조금 크다.
남북의 최장거리는 857km이며, 동서의 최장거리는 315km이다.[2] 반도의 해
안선은 약 1만 km이고, 주위 섬들의 해안선은 1만 1,112km이다.[3] 동해안에
는 좋은 항구가 비교적 적지만 서해안과 남해안에는 많은 양항(良港)이 있다.
그러나 서해안에서는 조석간만(潮汐干滿)의 차가 심해 인천에서는 10m에 이
른다. 동해안에서는 원산 근방에서 그 차가 겨우 1m이다.

이 나라는 일반적으로 산이 많다.

이 나라에서는 산의 풍경을 바라볼 수 없는 지역이라고는 하나도 없다. 겨우 4분
의 1도 못 되는 지역이 100m 이하의 고도(해발)를 가지고 있다. 더욱이 북부지방
은 오직 14%가 100m 이하일 뿐이다. 북부의 반 이상이, 그러나 그 밖의 지역에서
는 5분의 1이 해발 500m(1,640피트) 이상이다.[4]

주요 산맥은 만주와의 국경에 있는 백두산으로부터 동해안을 향하여 남쪽
으로 달리고 있으며, 여기서 갈라져 나온 지맥들이 서남쪽으로 달리고 있다.
동쪽은 경사가 급하고 서쪽은 완만하다. 이러한 산지의 형태가 산맥에 터널
을 뚫고 서에서 동으로 수로를 전환시켜서 그 낙차를 이용하여 발전을 할 수
있게 하였다. 산의 높이(해발)는 〈표 2-1〉에 나타나 있다.[5]

산맥은 남으로 가면 점점 낮아져서 남부지방은 대체로 평지이고, 이에 대
하여 북부지방은 산과 구릉이 많다. 이 때문에 동남지방은 한국의 곡창이 되

---

2  이훈구, 『韓國의 土地利用과 農村經濟(Land Utilization and Rural Economy in Korea)』(뉴욕
   및 상해, 1936), p. 7.
3  이것은 섬들이 크다는 것을 의미하지 않는다. 그중에서 제주도 하나만이 700평방마일 이상일
   뿐이다.
4  E. De Schweinitz Brunner, Rural Korea(New York, 1928), p. 109.
5  『朝鮮年鑑』(1941), p. 46.

〈표 2-1〉

| 산의 수 | 고도(피트) |
|---|---|
| 1 | 9,000 이상(백두산) |
| 6 | 8,001~9,000 |
| 29 | 7,001~8,000 |
| 26 | 6,001~7,000 |
| 4 | 5,001~6,000 |
| 5 | 4,001~5,000 |

어 있고, 인구의 대부분이 이곳에 집중되어 있다.[6]

## 하천

산맥과 지맥들의 방향과 반도의 협소성은 대부분의 하천을 짧고 빠르게 만든다. 이것은 하기(夏期)의 강우 집중과 결합해서 참담한 홍수를 가져오곤 한다. 가장 중요한 하천들(185km 이상의 길이를 가진)의 길이와 유역은 〈표 2-2〉와 같다.[7]

〈표 2-2〉

| 하천 | 길이(km) | 유역(km²) | 비고 |
|---|---|---|---|
| 압록강 | 909 | 62,639 | 국경하(國境河). 유역의 약 반만이 한국에 있다. |
| 두만강 | 600 | 39,329 | 국경하(國境河). 유역의 약 3분의 1만이 한국에 있다. |
| 한강 | 541 | 33,336 | 서울 부근을 흐른다. |
| 낙동강 | 604 | 23,960 | 한반도 동남부의 부산 부근. |
| 대동강 | 457 | 19,386 | 평양과 진남포가 이 강반(江畔)에 있다. |
| 금강 | 276 | 9,886 | 군산이 그 입구에 있다. |
| 청천강 | 228 | 9,466 | 서북지방에 있고 신안주가 강반(江畔)에 있다. |
| 섬진강 | 244 | 4,898 | 남부에 있고, 전라도와 경상도의 경계를 이루고 있다. |
| 예성강 | 200 | 4,048 | |
| 허드슨 강(미) | 567 | | |
| 센 강(프) | 880 | | |

---

6  상세한 내용은 제4장 참조.

7  『朝鮮年鑑』(1941), p.47.

〈표 2-2〉는 한국의 하천들이 짧다는 것을 말해주고 있다. 그 대부분은 얕 거나 사안(沙岸)을 가지고 있으며 혹은 빠르다. 압록강은 발동선(發動船)과 범 선(帆船)으로 약 676km 상류까지 항행(航行)할 수 있으며, 재목들이 뗏목으로 상류 지역으로부터 흘러 내려온다. 대동강에서는 2,000톤까지의 기선(汽船) 이 입구로부터 63km, 범선은 245km 올라갈 수 있다. 범선과 발동선은 두만 강에서는 85km, 한강에서는 299km, 낙동강에서는 344km, 그리고 금강에 서는 130km 항행할 수 있다. 반도 안에는 큰 호수가 없다. 가장 큰 요교호(腰 橋湖)가 겨우 8.3km²의 면적을 가지고 있다.

로빈슨(A.H. Robinson)과 매쿤(S. McCune)은 지형학상으로 한국을 11개의 지구(地區)로 나누었다(p.11 참조).[8] 첫째는 북부내륙지대인데, 대체로 기후구 I(p.20 참조)과 일치하지만 두만강 계곡만은 제외된다. 이 지방은 북쪽과 서 쪽으로 경사를 가진 비교적 높은 산악지대이다. 제3기 중신세(中新世) 이전에 는 수평으로 되어 있던 고성암·변성암 및 화성암 등이 뒤에 화산활동에 의 해 높아진 것이다. 두만강과 압록강 및 그 지류들은 굴곡된 진로를 따라 깊이 패어 있다. 평지는 극히 드물고 무성한 삼림과 풍부한 수력자원이 있다. 수력 자원의 일부는 동해안 계곡을 굽어보는 산맥에다 터널을 뚫어 물을 통하게 하여 서쪽 대신에 동쪽으로 하천의 수로를 전환시킴으로써 개발되었다. 제2 지구인 동북해안의 구릉계곡지대는 화강암과 변성암으로 구성되고 많은 조 그마한 하천들이 있어서 범람원과 삼각주를 형성하면서 급사면에서 바다로 흐른다. 계곡에는 관개(灌漑)된 수전(水田)이 있고 모든 해안에 어촌이 있다.

제3지구인 두만강계곡지대는 낮은 구릉과 계곡으로 이루어진 지역이다. 해안에 있는 몇 개의 편리한 항구는 만주와 일본을 연락하는 중요한 고리가

---

8 "Notes on a Physiographic Diagram of Tyosen (Korea)", *Geographical Review* 31-4, 1941, 10, pp.653~658.

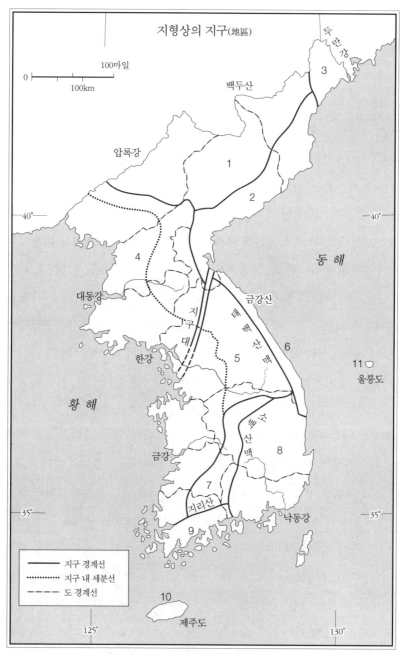

지형상의 지구(地區)

두만강

백두산

압록강

동 해

대동강

금강산

지구대

한강

황 해

11 ○
울릉도

금강

낙동강

지리산

지구 경계선
········ 지구 내 세분선
—·—·— 도 경계선

제주도

*The Geographical Review*, 1941년 10월호

되고 있다. 제4지구인 서북지대는 지향사(地向斜)였는데 뒤에 관입(貫入), 습곡 (褶曲) 및 침강(沈降) 등을 포함하는 지각변동이 있었다. 이 지구의 서쪽은 얕 은 황해를 연(沿)한 광대한 평야로 되어 있다. 동쪽은 높은 기복을 가진 복잡 한 지대이다. 서쪽은 농업에 적당하기는 하지만 주로 밭농사이다. 이 지구에 는 또 상당한 광산자원이 있는데, 특히 석탄이 많다.

북부지방과 남부지방은 지구대(地溝帶)로서 구분되는데, 지구대의 화산암 층은 불모(不毛)의 상태이다. 제5지구인 중부지대는 하나의 상승된 지괴이 다. 제3기 중신세에 이 지괴는 동쪽에서 단층이 이루어지고 서쪽으로는 경 사가 되었다. 한강과 그 지류의 낮은 물줄기를 따라서 너른 평야와 둥근 모양 의 구릉들이 있다. 평야는 기름져서 관개를 하여 많은 쌀을 생산한다. 비록 조림(造林)에 의하여 방지되고 있는 곳도 있기는 하지만 많은 구릉의 사면(斜 面)이 침식되고 있다. 동쪽 가장자리에는 금강산이 있는데, 암석의 불균등한 풍화작용으로 이루어진 아름다움으로 인하여 유명하다. 제6지구인 동남해 안지대는 일련의 짧은 계곡과 암석의 갑(岬)으로 이루어져 있다. 서쪽의 산맥 은 이 지역을 고립화시켰고 계곡까지도 편리한 연락을 갖고 있지 못하다. 제 7지구인 남부산악계곡지대는 낙동강 유역과 한강 및 금강 유역의 중간 지대 이다. 주산맥인 소백산맥은 남쪽으로 가면 평행하는 능선으로 갈라지는데 그 최고 지점을 이룬 것이 지리산이다. 소백산맥을 넘는 통로의 하나가 한국 철도의 간선에 의하여 이용되고 있다. 제8지구인 낙동강 유역은 한국 동남 부의 구릉이 많은 지대이다. 때로는 홍수의 퇴적물을 가진 넓은 분지와 하천 의 넓은 범람원(氾濫原)이 있다. 제9지구인 남부해안지대는 수많은 섬과 반 도, 구릉 및 극히 작은 평야들로 구성되어 있다. 소백산맥의 낮아진 연장선들 은 여기서 해안에 다다르게 된다. 나머지 두 지구는 화산섬인 제주도와 울릉 도이다. 제주도의 주화산은 A.D. 1007년에 마지막 활동이 있었다.*

# 기후

한국은 무엇보다도 농업국이다. 그런데 기후는 농업에 있어서 가장 중요한 요소의 하나이다. 한국의 기후는 계절풍(季節風) 기후이다. 그러나 대양으로부터 멀리 떨어져 있기 때문에 중국의 대륙성 기후와 일본의 해양성 기후 사이에 추이(推移)되어가는 중간 지역을 이루고 있다.

〈표 2-3〉　　　　　　　　　　연평균 기온의 비교

|  | 위도 | 연평균 기온(°C) |
|---|---|---|
| 목포 | 34°47′ | 13.1 |
| 오사카(일본) | 34°39′ | 15 |
| 애틀랜타(미국) | 33°45′ | 16.2 |
| 서울 | 37°34′ | 10.9 |
| 니가타(일본) | 37°56′ | 12.7 |
| 리치먼드(미국) | 37°32′ | 14.4 |
| 평양 | 39°2′ | 9.2 |
| 미즈사와(일본) | 39°8′ | 9.8 |
| 볼티모어(미국) | 39°18′ | 13 |

【자료】한국 및 일본―히시모토(菱本), 『朝鮮米의 硏究』(東京, 1938)
　　　미국―*Statistical Abstract of the United States*(Washington, 1941)

한국의 연평균 기온은 일본이나 미국의 상응하는 위도의 지점보다 낮은데, 그 차이는 일본에 대한 경우가 미국에 대한 경우보다 작다. 그러나 그러한 차이는 대단한 것이 아니다. 일본보다는 0.6~2°C가 낮고, 미국보다는 3~4°C가 낮다.

---

* 『高麗史』 55, 오행지(五行志) 3에 다음과 같은 기록이 있다. "목종(穆宗) 5년(1002) 6월에 탐라산(耽羅山)에 네 구멍이 뚫어져 붉은 물이 솟아나기를 5일하고 그쳤는데 그 물이 모두 瓦石이 되었고, 10년(1007)에는 탐라에 서산(瑞山)이 해중(海中)에서 솟아났다. 대학박사(大學博士) 전공지(田拱之)를 보내어 보게 하였더니 탐라인들이 말하기를 '산이 처음 솟아나올 때 구름과 안개가 어두컴컴하고 땅이 진동하는데 우렛소리 같기를 무릇 7주야(晝夜)를 하더니 비로소 구름과 안개가 개었으며, 산의 높이는 100여 장이나 되고 둘레는 40여 리나 되었다' 라고 하였다."

⟨표 2-4⟩                          최고 및 최저 기온

|          | 위도     | 평균 최고 기온(℃) | 평균 최저 기온(℃) |
|----------|----------|------------------|------------------|
| 전주      | 35°35′   | 30.7             | -6               |
| 도쿄(일본) | 35°39′   | 29.9             | -1.4             |
| 서울      | 37°34′   | 30.2             | -9.5             |
| 니가와(일본)| 37°56′   | 30               | -1.4             |
| 평양      |          | 30.2             | -13              |
| 야마가타(일본)|         | 29.9             | -5.7             |

【자료】 히시모토, 『朝鮮米의 研究』

⟨표 2-5⟩              한국 · 일본 및 미국의 하계 기온 비교

|            | 6월(℃) | 7월(℃) | 8월(℃) | 9월(℃) | 평균(℃) |
|------------|--------|--------|--------|--------|---------|
| 목포        | 20.6   | 24.6   | 26.1   | 21.7   | 23.3    |
| 오사카(일본) | 21.8   | 26.1   | 27.3   | 23.4   | 24.7    |
| 애틀랜타(미국)| 24.4   | 25.6   | 25     | 22.4   | 24.4    |
| 전주        | 21.3   | 25.6   | 25.9   | 20.4   | 24.3    |
| 도쿄(일본)   | 20.5   | 24.3   | 25.6   | 20     | 22.6    |
| 애슈빌(미국) | 20.4   | 22.1   | 21.4   | 18.3   | 20.6    |
| 서울        | 21.2   | 24.7   | 25.5   | 20     | 22.9    |
| 니가와(일본) | 19.5   | 23.8   | 25.7   | 21.4   | 22.6    |
| 리치먼드(미국)| 23.4   | 25.8   | 24.7   | 21.4   | 23.8    |
| 평양        | 20.5   | 24     | 24.3   | 18.8   | 21.9    |
| 미즈사와(일본)| 17.6   | 22     | 23.4   | 18.6   | 20.4    |
| 볼티모어(미국)| 22.6   | 25.1   | 24.2   | 20.3   | 23.1    |

【자료】 히시모토, 『朝鮮米의 研究』 및 『美國統計拔萃』

⟨표 2-4⟩에서 우리는 한국의 최고 기온이 일본의 그것보다 조금 높은 데 대해 최저 기온은 상당히 낮고 그리고 북으로 가면 갈수록 그 차가 더욱 심해진다는 것을 알 수 있다. 요컨대 한국의 기후는 일본의 그것보다 대륙성에 가깝다. 그러나 이 표에서 또한 그 차이라는 것이 주로 겨울, 그것도 특히 북한에서이고 남한의 기후는 많은 점에서 중부 일본의 그것과 비슷하다는 것을 알게 된다. 그러면 농업에 가장 중요한 하계(夏季) 4개월간(6~9월)의 평균 기온을 비교해보자.

| 〈표 2-6〉 | 평균 일광시간 및 가능한 전 일광시간에 대한 백분비 | | | | | |
|---|---|---|---|---|---|---|
| | 일광시간 | | | | | 전 일광시간에 대한 백분비 |
| | 6월 | 7월 | 8월 | 9월 | 합계 | |
| 목포 | 205시간 | 193시간 | 241시간 | 208시간 | 848시간 | 53 |
| 도쿄 | 148시간 | 190시간 | 209시간 | 143시간 | 689시간 | 43 |
| 애틀랜타 | 68% | 61% | 61% | 64% | | 60 |
| 서울 | 236시간 | 182시간 | 210시간 | 213시간 | 841시간 | 56 |
| 야마가타 | 178시간 | 176시간 | 196시간 | 131시간 | 681시간 | 37 |
| 리치먼드 | 66% | 66% | 62% | 64% | | 60 |
| 평양 | 263시간 | 212시간 | 218시간 | 273시간 | 929시간 | 62 |
| 미즈사와 | 154시간 | 138시간 | 153시간 | 115시간 | 561시간 | 37 |
| 볼티모어 | 64% | 65% | 63% | 64% | | 59 |

【자료】 히시모토, 『朝鮮米의 硏究』 및 『美國統計拔萃』

〈표 2-5〉는 같은 위도의 하계 기온은 한국이 높다는 것을 보여준다. 이것은 추운 겨울이 있음에도 불구하고 한국은 여름에 충분한 온기를 받고 있음을 의미한다.

또한 일광에 있어서도 한국은 혜택을 입고 있다. 〈표 2-6〉을 살펴보면 1년의 백분비는 일본에서보다 상당히 높다. 그리고 미국보다는 조금 낮지만 북방 지역에서는 역시 높다. 여름의 4개월 동안에 한국은 일본에서보다도 많은 850~930시간의 일광을 받는 것이다.

강우량 분포는 기온의 그것보다 복잡하므로 보다 많은 수의 지방이 〈표 2-7〉에 표시되어 있다.

이 표에서 우리는 한국의 연 강우량은 그리 많지 않다는 것을 알 수 있다. 강우량은 원산의 1,359mm에서 평양의 940mm에 이르는 차이가 있는데, 이것은 일본보다 상당히 적으며 미국의 대서양 연안 혹은 그 근방에 있는 상응하는 지역의 그것과 비슷하다. 그러나 농작물의 성장에 가장 중요한 7개월간 (4~10월)의 강우량은 이와는 다른 양상을 보여주고 있다. 만일 강우량이 1년 중 고루 분배되어 있다고 한다면 7개월간의 강우량은 전량의 약 58%가 될 것

⟨표 2-7⟩              한국·일본 및 미국의 강우량                    (단위 : mm)

| | 연 강우량 | 4월 | 5월 | 6월 | 7월 | 8월 | 9월 | 10월 | 합계 | 연 강우량에 대한 백분비 |
|---|---|---|---|---|---|---|---|---|---|---|
| **한국** | | | | | | | | | | |
| 목포 | 1,080 | 94 | 91 | 142 | 218 | 165 | 117 | 51 | 879 | 81 |
| 전주 | 1,262 | 84 | 81 | 135 | 335 | 259 | 114 | 53 | 1,062 | 84 |
| 대구 | 991 | 76 | 74 | 132 | 231 | 170 | 137 | 38 | 859 | 86 |
| 서울 | 1,262 | 76 | 89 | 127 | 381 | 267 | 117 | 41 | 1,097 | 87 |
| 평양 | 940 | 46 | 71 | 74 | 251 | 221 | 119 | 46 | 828 | 88 |
| 신의주 | 1,067 | 43 | 119 | 135 | 254 | 320 | 89 | 41 | 1,001 | 93 |
| 원산 | 1,359 | 71 | 89 | 122 | 284 | 315 | 180 | 79 | 1,140 | 84 |
| **일본** | | | | | | | | | | |
| 나가사키 | 2,007 | 193 | 155 | 361 | 264 | 168 | 290 | 109 | 1,539 | 77 |
| 히로시마 | 1,514 | 165 | 147 | 241 | 221 | 104 | 191 | 109 | 1,179 | 78 |
| 오사카 | 1,349 | 137 | 127 | 196 | 155 | 102 | 180 | 132 | 1,029 | 76 |
| 나고야 | 1,656 | 157 | 160 | 211 | 191 | 165 | 246 | 152 | 1,283 | 77 |
| 도쿄 | 1,554 | 132 | 155 | 160 | 132 | 152 | 239 | 201 | 1,171 | 75 |
| 야마가타 | 1,217 | 74 | 81 | 81 | 140 | 137 | 145 | 97 | 772 | 63 |
| 하코다테 | 1,189 | 71 | 84 | 89 | 135 | 137 | 173 | 122 | 810 | 68 |
| **미국** | | | | | | | | | | |
| 애틀랜타 | 1,227 | 91 | 89 | 94 | 119 | 114 | 76 | 66 | 650 | 53 |
| 애슈빌 | 1,024 | 76 | 86 | 99 | 109 | 107 | 76 | 71 | 625 | 61 |
| 리치먼드 | 1,067 | 89 | 97 | 99 | 119 | 112 | 91 | 74 | 681 | 64 |
| 볼티모어 | 1,082 | 84 | 89 | 99 | 117 | 112 | 86 | 74 | 660 | 61 |

【자료】 히시모토, 『朝鮮米의 硏究』 및 『美國統計拔萃』

이다. 미국에서는 이에 비슷한 53~64%이고, 일본에서는 이 기간에 보다 많은 분량의 강우가 있어서 75~78%, 다만 북부지역과 홋카이도(北海道)에서만은 각기 63%와 68%이다. 그러나 한국에서는 이 7개월 동안에 연 강우량의 81~93%가 내린다. 그렇기 때문에 한국의 토지는 이 중요한 기간에 미국보다는 많은, 그리고 일본과는 거의 같은─어떤 곳에서는 보다 많은 양의 비를 받게 되는 것이다. 이것은 보통, 한국의 농업을 위하여 유리한 조건이라고 생각될 것이다. 그러나 이 유리한 효과에 두 가지 불리한 사정이 작용하고 있다. 그 하나는 굉장히 많은 양의 비가 너무나 짧은 기간에─하루나 혹은 불과

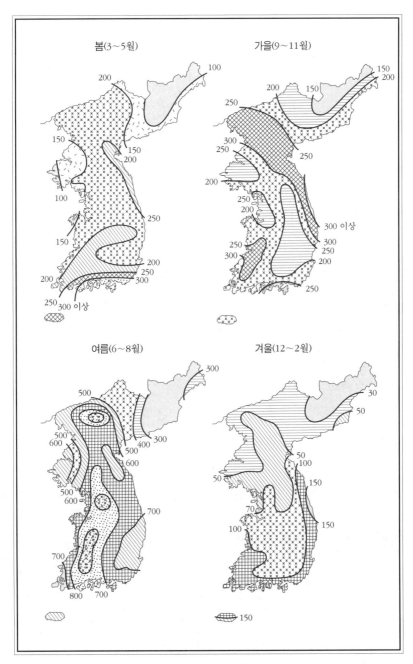

**계절별 강우량 분포**
1925년 조선 기상 관측 보고서 참조

〈표 2-8〉 극단적인 강우의 예

| 지명 | 일자 | 강우량(mm) | 연 강우량에 대한 백분비 |
|---|---|---|---|
| 목포 | 7월 15일 | 198 | 18 |
| 전주 | 7월 20일 | 198 | 16 |
| 대구 | 7월 18일 | 142 | 14 |
| 서울 | 8월 2일 | 358 | 28 |
| 평양 | 8월 1일 | 211 | 22 |
| 신의주 | 8월 25일 | 183 | 17 |
| 원산 | 9월 3일 | 241 | 18 |

【자료】 히시모토, 『朝鮮米의 研究』

몇 시간에—퍼부어서 파괴적인 홍수를 가져오는 것이다. 둘째는 해에 따라서 강우량에 상당한 차이가 있기 때문에 어떤 해에는 비참한 흉년을 초래한다. 그래서 한국에는 매 3년마다 한 번은 풍년, 한 번은 평년, 한 번은 흉년이라는 속담까지 있다.

〈표 2-8〉의 예는 흉년의 원인으로서 홍수가 얼마나 중대한 역할을 하는가를 보여준다. 몇 시간 동안에, 때로는 몇 분 동안에 연 강우량의 14~18%가 내릴 수도 있다. 서울에서는 단 하루에 러시아의 스탈린그라드에서 1년 동안에 내린 것 이상의 비가 왔다. 이러한 홍수는 그 일자(日字)에서 알 수 있는 것과 같이 대개 농작물이 아직 자라고 있을 때에 일어났다.

1939년의 6월과 7월에 한국에서는 그 이전 여러 연도의 같은 달에 있었던 평균 강우량의 4분의 1에서 2분의 1밖에 비가 오지 않았다. 서울에서는 더욱

〈표 2-9〉 1939년 강우량의 연평균 강우량에 대한 백분비

| | 4월 | 5월 | 6월 | 7월 | 8월 | 9월 |
|---|---|---|---|---|---|---|
| 목포 | 62 | 59 | 62 | 24 | 126 | 82 |
| 전주 | 57 | 61 | 47 | 22 | 43 | 125 |
| 서울 | 88 | 117 | 86 | 23 | 18 | 38 |
| 신의주 | 137 | 44 | 66 | 54 | 80 | 383 |
| 원산 | 95 | 117 | 86 | 23 | 171 | 141 |

【자료】 『朝鮮年鑑』(1941)의 자료에서 계산함.

심해서 8월에 평년 강우량의 겨우 18%밖에 오지 않았다. 그러나 8월에는 원산에, 9월에는 신의주에 홍수가 났다. 1939년은, 이에 대해 뒤에 다시 언급하겠지만, 두 가지 문제의 해결을 숙제로 남겨주었다. 즉, 하나는 한발(旱魃) 방지와 관개의 필요요, 다른 하나는 배수의 필요였다.

한국에서 서리가 내리지 않는 날은 북부에서는 약 145일이요, 중부에서는 약 175일, 남부에서는 약 220일이다.[9] 그러므로 남부지방에서는 1년에 이모작을 할 수가 있다. 태풍은 필리핀·타이완 및 일본에서는 심하지만 한국에서는 드물고 또 그렇게 파괴적이지도 않다. 가장 강한 바람은 평양·대구 및 전주에서는 봄에 불고, 신의주에서는 12월에 분다. 다만 원산과 목포에서는 아직 벼가 자라고 있는 7월에 (각기 26m와 34m의 초속을 가진) 강풍이 분다.[10] 이에 비해서 일본에서는 농작물을 추수하기 전인 8월과 9월에 강풍이 자주 있다.

위의 간단한 조사로 알 수 있는 바와 같이 한국의 기후는 각 지방에 따라 상당한 차이가 있다. 한국의 기후에 관한 전문적인 연구를 발표한 매큔(S. McCune)은 이 나라를 등온선을 경계선으로 하는 10개의 기후구로 나누었다.[11]

제1구는 북부내륙지대로 길고 춥고 건조한 겨울을 가지고 있으며 5개월 동안이나 0°C 이하이다. 그리고 여름은 짧고 따뜻하다. 이 지역에는 가문비나무·노송나무·낙엽송·소나무 등의 삼림이 있고, 화전이 있으며(제5장 참조), 감자·귀리·조, 그리고 쌀 등은 골짜기의 낮은 지대에서만 재배될 뿐이다.

제2구는 동북해안지대인데 3개월간 0°C 이하이고 여름은 따뜻하다. 강우

9 이훈구, 앞의 책, p.12.

10 히시모토, 앞의 책, p.35.

11 여기의 기후구에 대한 서술은 그의 "Climatic Region of Korea and Their Economy"(*The Geographical Review*, 1941, 1, pp.95~99)에 의한 것이다. 로마숫자는 기후 영역을, 아라비아숫자는 지역을 나타낸다.

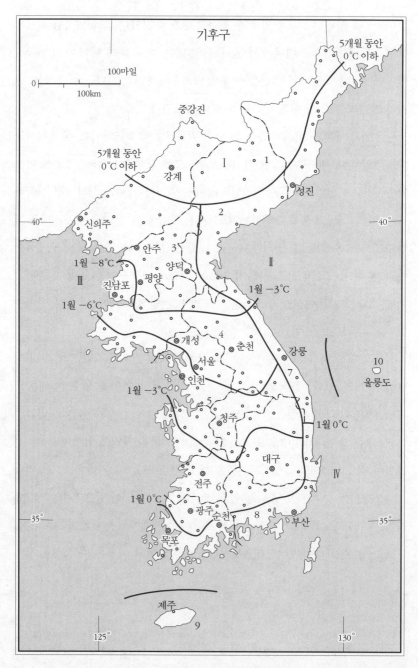

기후구

량은 중앙지대가 724mm이고 남방으로 가면 거의 이보다 배가 된다. 해안을 따라서 안개가 많다. 쌀보다는 밭곡식인 조·보리·귀리·감자가 더 중요하며 어업도 마찬가지로 중요하다.

제3구는 서북지대인데 겨울은 춥고 건조하며, 1월의 평균 기온이 −8°C 이하이다. 강우량은 산악지대에 많고 해안지대는 적다. 풍부한 여름의 비가 벼농사(單作)와 밭농사를 가능하게 한다.

제4구는 서부중앙지대인데 1월의 평균 기온이 −8∼−6°C이다. 겨울에 밀·보리를 심어 약간의 이모작을 한다. 내륙의 산악지대에는 비가 보다 많이 와서 벼농사가 더 잘된다. 북부의 해안지대에서는 주로 밭농사를 한다. 사과와 재래면(在來棉)이 북부에서 나고 인삼은 남부에서 난다.

제5구는 서남지대인데 1월의 평균 기온이 −6∼−3°C이며, 평균 강우량은 864∼1,372mm이다. 평지에서는 벼농사를 하는데, 이모작이 가능한 곳에서는 보리를 심는다. 구릉의 사면에서는 조와 외래면(外來棉)을 심는다.

제6구인 남부에서는 1월의 평균 기온이 −3∼0°C이며, 연 강우량은 894∼1,506mm이나, 때때로 가뭄이 든다. 강우량은 동쪽에서 서쪽으로 가면서 증가한다. 이 지구는 벼농사 지대이며 대부분 이모작인데 외래면·콩이 중요 작물이다. 인구는 극히 조밀하고 빈곤하며 자주 있는 흉작은 대규모 이주의 원인이 된다.

제7구인 동남해안지대는 해안의 좁은 띠와 같은 지방으로 태백산맥에 의하여 다른 지방과 구분되고 있다. 겨울은 온난하며(1월의 평균 기온은 −3∼0°C 이다), 여름에는 많은 비가 내린다. 이모작이 실시되고 어업이 중요하다.

제8구인 남부해안지대는 겨울에 기온이 온난하며(1월의 평균 기온은 0°C 이상 이다), 대밭이 많고 보통 겨울에 보리를 심어 이모작한다. 외래면도 중요하다.

제9구와 제10구는 제주도와 울릉도이다. 제주도는 1월의 평균 기온이

4.5°C이며, 북부해안의 강우량은 1,412mm이다. 울릉도는 한국의 다른 지방과는 달리 겨울에 강우량이 많다. 1월의 평균 기온은 1.5°C이며 연평균 강우량은 1,499mm이다.

# 제3장 역사적 배경[1]

## 일본의 침략 과정*

한국에는 황인종(Mongoloid)이 산다. 그들은 대개 키가 크고 강장하며 피부색이 비교적 연하다. 그리고 다른 황인종의 족속보다 균형 잡힌 용모를 지니고 있다. 한국민족은 일본어나 중국어와는 다른 고유한 언어를 가지고 있는데, 그 차이는 프랑스어가 독일어나 러시아어와 다른 정도이다. 그러나 여러 세기 동안 한국은 중국의 문화적인 영향 밑에서 중국으로부터 문자·문학·유교 등과 많은 예술을 빌려다 썼다. 그러므로 한국어에는 중국어에 기원을 가진 단어가 많이 있다. 단지 중국인이 이해할 수 없는 방법으로 발음이 되는 것이다. 전설을 더듬어가면 한국의 역사는 B.C. 2000년 이전으로 올라가며, 중국인이 이 나라에 출현한 것은 B.C. 1100년경이 된다. 오랜 세기 동안 한국은 자주 서로 싸우는 작은 왕국들로 나뉘어 있었다. A.D. 7세기 말에 이르러 토착왕조인 신라는 비록 중국의 종주권을 인정하기는 하였으나 전국을 통일하였다.

---

1 여기서 필자는 한국의 전 역사를 말하려는 것이 아니다. 이 장의 목적은 1875년 이후의 한일관계, 보호정치, 병합 및 일본 지배하의 한국의 발전의 대략을 더듬어보는 데 있다.

* 이 제목은 원래 없는 것이나, 역자가 편의상 붙여두었다.

후계 왕조인 고려는 왕건의 모반의 결과로 A.D. 918년에 건설되었다. 이 왕조가 아직 존속하던 13세기에 한국은 칭기즈 칸 군대의 침략을 받았다. 1392년에는 또 모반이 일어나서 이씨의 새로운 왕조가 건설되었는데, 이 왕조는 1910년까지 계속되었다. 고요한 아침이라는 뜻의 조선이라는 칭호가 채용된 것은 이 왕조에서였다.

신라시대에는 불교의 영향이 지대하였으나 뒤에 불교 신자들은 박해를 당하고 유교가 공인된 종교가 되었다. 그러나 민중은 불교 및 유교의 일부 요소와 결합한 원시적인 애니미즘을 꾸준히 받들어왔다.

17세기 이전에는 한국이 인류문화의 선두에 서 있었다. 우리는 많은 중요한 발명과 고안의 공을 한국인에게 돌릴 수 있다. 최초의 천문대, 금속활자 조기 사용(1403년), 음표문자(15세기), 나침반의 사용(1525년), 화포ㆍ유탄 및 철갑선의 사용(1592년의 전쟁 때)[2]—이러한 것들과 그 밖의 독창적인 공헌들은 예술가들의 업적과 함께, 한국인이 단지 유능한 모방자일 뿐만 아니라 또한 창조자이기도 하다는 것을 말해주고 있다.[3] 일본이 불교를 받아들이고, 양잠을 배우고, 발달된 건축술, 회화법(繪畵法), 아름다운 도자기 제조법, 그 밖의 예술과 기술을 익히게 된 것은 한국을 통하여 혹은 한국으로부터였다.[4] 불행

2 "한국의 15세기 전반기는 모든 생활 부문에 있어서 놀랄 만한 일련의 진보로서 특징지어진 시대이다. …… 한 위원회[집현전]가 설치되고 …… 거기서 그 구조의 단순성과 음표의 기능으로 인하여 그 이상으로 우수한 것을 세계에서 찾을 수 없는 문자를 만들어냈다. …… 거의 동시에 왕은 금속활자의 주조를 명하였다. 이것은 세계 최초의 금속활자였으며, 서양보다 50년이나 앞서서 만들어진 것이었다. …… 그(이순신 장군)는 거북이의 모양을 한 철갑을 씌운 이상한 배를 발명하였다. …… 이 거북선(龜船)으로써 그는 일본 함대와 싸웠고 …… 드디어 그 전 함대를 혼란에 빠뜨리게 하였다. ……"〔M. Hulbert, The Passing of Korea(New York, 1906), pp.92~98〕.

3 웹스터(Webster)의 New International Dictionary에는 '한국인'에 대해서 다음과 같은 이상한 정의를 내리고 있다. "한국토착인종의 일원, …… 심원한 지혜보다는 숙련된 모방을 지닌 자이다."

4 이것은 한국인이 일본인보다 우월하다는 것을 표시하기 위해서가 아니라 단순히 한국인이 높은 발달된 문명을 갖고 있었으며, 또 고유한 창조력을 지니고 있었음을 나타내기 위해 쓴 것이다.

히도 이 한국역사의 융성기는 1592년 일본의 침략에 의해 종말을 고하게 되었다.*

1586년에 일본의 장군 도요토미 히데요시(豊臣秀吉)는 태정대신(太政大臣, 수상)의 직에 올라 국내에서 여러 가지 개혁을 행한 뒤 관심을 한국 및 중국의 해외 방면으로 돌렸다.

그의 풍부한 상상력이 그로 하여금 일본의 통치하에 하나의 커다란 동방제국을 꿈꾸게 하였다. 그는 중국을 정복하려는 궁극의 목적을 가지고서 1592년 조선에 원정군을 파견하였다.5

당시 중국의 조공국(朝貢國)이었던 한국은 중국 황제로부터 원조를 받았지만 강토는 일본군에게 유린당하고 약탈과 방화의 해를 입었다. 참혹한 6년 동안의 전쟁 뒤에 일본군은 그들의 섬으로 퇴각할 수밖에 없었다. 그러나 그들은 한국을 파멸 상태로 만들어놓았다. 막대한 보물과 수많은 한국의 우수한 기술자와 예술가가 그들 침략자에 의해 일본으로 붙잡혀갔다. 한국은 이 뜻하지 않은 재앙에서 회복하지 못하였다. 한국은 종주국으로 받드는 중국 이외의 모든 나라에 대하여 국경을 봉쇄하게 되었다. 300년 동안 한국은 은자(隱者)의 나라였으며, 강대한 이웃 나라들을 들이지 않으려 했던 것이다. 일본과의 국교는 그 나라에서 새 쇼군이 임명될 때마다 축하의 사절을 파견하는 데 지나지 않았다. 이러한 사절의 마지막은 1811년에 쓰시마 섬에 간 것이었다. 그리고 1년에 불과 40척의 일본 선박만이 교역을 위하여 부산에 입항하는 것이 허락되었을 뿐이었다. 그러나 한국은 중국 황제에게 조공을 바

---

* 1592년의 임진왜란에 의해 한국사의 융성기가 종말을 고했다는 것은 물론 잘못된 견해이다.

5 아키야마 겐조(秋山謙藏), 『日本歷史(The History of Japan)』(東京, 1941), p.193.

치기 위하여 매년 사절단을 베이징으로 파견하였다. 1860년에는 러시아가 중국으로부터 연해주를 얻게 됨에 따라 한국은 이에 제3의 강대한 인접국을 맞이하게 되었다.

1860년 이후 많은 강국들이 이 은둔국에 대하여 커다란 관심을 가지기 시작하였다. 그러나 한국은 모든 나라들을 들이지 않기로 결정하였기 때문에 여러 가지 사건이 발생하였다. 1875년 일본의 군함이 한강 입구를 측량하고 있었는데, 이것은 불법적인 일이었으므로 한국은 이에 대하여 포격을 가하였다. 일본은 이것을 한국 수역(水域)에 군함과 군 수송선의 파견을 정당화할 수 있는 '사건'이라고 간주하였다. 그 결과로 1876년 2월 26일에 조인된 것이 한일통상조약[강화도 조약]이었다. 이 조약의 첫 구절에서 한국은

일본과 동등한 주권을 보유하는 독립국[6]

임을 인정받았다.

일부 역사가들은 이 조약 및 조약 체결 후의 일본의 행동을 들어 일본이 한국을 그들의 통치하에 넣으려는 욕망이 없었던 전거로 삼으려고 한다.[7] 그러나 다음과 같은 일본 측 사료는 일본의 태도에 대하여 이와는 다른 해석을 제시해준다.

외상(外相) 소에지마 다네오미(副島種臣)가 (중국으로부터) 7월(1873년)에 돌아오자 한국 정벌을 제의하였다. 이 문제에 관한 논쟁은 10월에는 절정에 도달하여서

---

6 정한경(Henry Chung) 편, *Treaties and Conventions between Corea and Other Powers* (New York, 1919), p. 205.

7 P. J. Treat, *The Far East*(New York & London, 1928), pp. 293~294 및 P. H. Clyde, *A History of the Modern and Contemporary Far East*(New York, 1937), p. 266.

10월 14일에서 23일에 이르는 10일간 (일본의) 내각은 논의가 양분되어 다투고 있었다. 오쿠보 도시미치(大久保利通, 일본의 유명한 정치가, 1830~1878)가 대담한 예언자로 나서서 일본은 아직 과도기적 단계에 있으며, 또 재정적으로도 그러한 모험을 하기에는 너무나 약하다고 한 것도 이 유명한 논쟁의 과정에서였다.[8]

이것과 그리고 다른 몇몇 일본인의 저술[9]에 실린 기사들은 일본 정치가들이 한국 정복의 필요에 대해서는 완전히 견해가 일치하고 있었지만, 가장 유능한 정치가들은 일본이 그 과제를 실천할 만한 준비가 되어 있지 못하다고 믿고 있었음을 말해주고 있다.

1876년의 조약은 또 다른 점에서도 중요하다. 그보다 20년도 채 전에 일본은 외국과 '불평등조약'을 체결했었는데, 그동안 일본은 이 부당한 행위에 대해서 심한 불평을 해왔었다. 그런데 당시 일본은 아시아의 한 국가와 조약을 맺게 되자, 그 첫 요구가 한국에 있어서의 치외법권이었고, 그리고 이 특권의 획득에 성공하였던 것이다. 이것은 불길한 징조였다. 그러나 그 당시에나 혹은 이후에나 이 위험을 안 외국인은 거의 없었다.

일본과의 조약에 뒤이어 한국은 다른 여러 나라들과도 조약을 맺게 되었고,[10] 이어 외국 통상에 문호를 개방하였다.[11] 이리하여 한국은 국제적인 음모의 활발한 무대가 되었다. 1885년 4월 18일에 일본 대표 이토 히로부미(伊藤博文, 일본헌법을 기초하였고 수차에 걸쳐 총리대신이 되었다. 1841~1909)와 중국 대

---

8 아카기(R.H. Akagi), 『日本의 對外關係』(東京, 1936), p.116.

9 가령 와타나베 기지로(渡邊幾治部), 『日淸 · 日露戰爭史話』(東京, 1937)의 '征韓論'에 관한 장 참조.

10 중국의 유명한 정치가로 한중관계를 담당하고 있던 이홍장은 1879년에 가능한 한 많은 국가들과 조약을 체결하도록 한국에 개인적으로 권고하였다 한다. G. Nye Steiger, *A History of the Far East*(Boston, 1936), p.622.

11 해상관세는 한국 왕의 가장 확실한 수입원이었다. 1882년 이후 이 관세는 영국의 통제하에 놓이게 되었다.

표 이홍장(李鴻章, 직례총독이며 중국의 유명한 정치가, 1823~1901) 사이에 텐진 조약이 맺어졌다. 이 조약에 의하면

중국주재관이 거느리는 군대는 일본공사관 수비병과 함께 한국으로부터 완전히 철수한다. 한국군의 조직은 한국 왕에게 의탁하며 중국인이나 일본인은 이에 고용되어서는 안 된다. 한국에 어떤 중대한 동란이 발생하여 중국이나 일본이 이에 군대를 파견할 필요가 있을 경우에는 군대를 파견하는 국가가 상대방에게 그 의사를 사전에 서면으로 통고하여야 하며 그 사건이 안정되면 군대를 철수시켜야 한다[12]

는 것이었다. 1894년에 일종의 종교단체인 동학의 난이 일어나자 6월 2일 한국 왕실에서는 중국 정부에 원조를 요청하였다. 중국 정부는 일본 정부에게 한국에 파병할 것을 결정했음을 통고하고 소수의 군대를 파견하였다. 일본은 한국 정부로부터 청병(請兵)을 받지 않았으나 중국군의 6배나 되는 수의 군대를 파견하였다. 한국 정부는 외국 군대가 도착하기 전에 난을 진압하였으므로 이제는 원조가 필요 없게 되었다. 그럼에도 불구하고 일본 정부는 한국의 행정 개혁 실시에 관하여 중국과 협동할 것을 제의하였다. 이에 대한 중국 정부의 답변은 다음과 같았다.

중국은 항상 한국의 종주국이었지만 그 내정에 간섭하기를 즐겨 하지 않는다. 일본은 처음부터 한국을 독립국가로서 인정하였으므로 이에 간섭할 아무런 권리도 요구할 수가 없다.[13]

그러나 이로써 일본의 행정 개혁 추진을 중지시킬 수는 없었다. 1894년 7

---

12  스타이거, 앞의 책, p.623.
13  스타이거, 위의 책, p.625에서 인용.

월 23일 서울에 주둔한 일본군은 왕궁을 공격하고 국왕을 수중에 넣었으며, 그 며칠 뒤에 청과의 전쟁을 시작하였다.[14] 일본의 포로인 한국 왕과 더불어 새로운 '한국' 정부가 조직되었고, 7월 24일에는 이 새 정부가 중국과의 여러 조약의 무효를 선포하고 중국인을 한국으로부터 추방하기 위한 일본의 원조를 요청하는 포고를 발표하였다. 8월에는 일본과의 동맹조약이 체결되었는데,[15] 이것은 한국이 일본군의 이동과 식량의 보급을 위한 모든 편의를 제공해줄 것을 규정하였으며, 한편 일본 정부는 "한국의 독립을 확고한 토대 위에 유지할 것"을 약속하였다.[16] 전쟁은 중국의 급속한 패배로 끝났다. 그 결과 1895년 4월 20일에 맺어진 시모노세키 조약에서 중국은 "한국이 완전한 자주독립국가"임을 승인하였다.

그 당시에는 일본과 중국이 모두 완전한 독립을 인정하였으므로 이제부터 한국에는 행복한 시기가 도래할 것이라고 보았을지도 모르겠다. 그러나 일본은 이미 한국인의 생활을 '개혁'하기에 바쁜 고문들을 한국에 두고 있었

---

14 일본 정부의 상투 수단이지만 일본 군함은 국교 단절 및 선전포고 수일 전에 중국 함선을 공격하였다. 1894년 1,000명 이상의 군대가 탑승한 고승호(高陞號)의 격침, 1904년의 여순 공격, 1931년의 봉천 공격, 1937년의 노구교(蘆溝橋) 공격, 1941년 12월의 진주만 공격 등은 그러한 일련의 행동 방식의 예이다. 트리트 교수에 의하면, "정식 선전포고 전의 여순에 대한 기습은 당시에 많은 비판을 받았지만 뒤에 선례(先例)와 일치하고 있음이 밝혀졌다."(앞의 책, p.374).

15 조약의 원문은 F. A. Mckenzie, *The Tragedy of Korea*(London, 1908), p.46에 실려 있다.

16 정한경 편, 앞의 책, p.339. 정한경은 조약 체결 일자를 1894년 7월 14일이라고 하였지만, 이것은 분명히 잘못일 것이다. 왜냐하면 7월 22일에 한국 정부는 일본의 각서에 대한 회답 속에서 "중국 군대는 한국의 요청에 응해 왔으며, 같은 식의 요청이 없이는 물러나지 않을 것이다"라고 말했기 때문이다(트리트, 앞의 책, p.298). 그 후 일본군은 왕궁에 침입하였으며, 트리트 교수가 말한 바와 같이 "국왕의 인신 점유를 확실히 하였다." 일본이 관심을 가진 것은 한국의 독립에 대한 열망만이 아니었다는 것을 기록하는 것은 중요한 일이다. 매켄지의 『韓國의 獨立運動(*Korea's Fight for Freedom*)』(런던, 1920), pp.45~50에 의하면 일본인은 또한 대규모의 조차지, 철도부설권 및 금광의 독점을 요구하였다. 그리고 "왕과 그의 대신들이 오토리 게이스케(大鳥圭介) 일본공사에 대하여 어전에서 군대를 철수할 것을 간청하였을 때에 오토리는 이에 동의하고 그 대가로서 한국의 산업을 거의 독점하게 만들 수많은 이권 획득을 왕이 승낙할 것을 요구하였다. 더욱이 일본 정부는 한국 왕에게 일본인이 한국의 모든 무역을 독점하는 것을 의미하는 요구를 제출하였다. 이러한 요구는 상당히 지나쳤기 때문에 외국 사신들의 항의를 받게 되었던 것이다."

다. 일본공사인 미우라 고로(三浦梧樓) 자작은 '독립국' 한국을 정복지역과 같이 다루었다. 이것은 의지력이 강한 왕후를 중심으로 하는 한국인 측의 강력한 반대를 일으켰다. 일본군은 1895년 10월 8일 미우라의 지휘를 받아 몇 명의 일본 및 한국의 민간인과 더불어 왕궁을 습격하여 왕후 등을 살해하고 또다시 "국왕의 인신 점유를 확실히 하였다."[17] 이리하여 일본은 4개월간 한국을 지배할 수 있었다. 그러나 이때에 뜻하지 않은 사건이 발생하였다. 1896년 2월 11일, 왕은 옥새를 가지고 그의 각료들과 함께 서울에 있는 러시아공사관으로 가서 거기서 통치권을 회복했던 것이다.

러시아 정부는 한국에 인접한 우수리 지방을 획득한 지 20년 뒤인 1880년 이래 한국에 대한 '관심'을 가져왔다. 1884년 러시아 장교들은 한국군 재편성의 원조를 위하여 초청되었다. 그 1년 뒤 러시아 정부는 한국의 한 항구에 대한 러시아 해군의 사용권을 얻고자 기도하였다. 그리고 이러한 한국에 대한 관심은 꾸준히 증대되어갔다. 이러한 상황 아래서 국왕의 아관파천은 러시아인에게는 하늘이 준 좋은 기회로 생각되었다. 국왕은 1년 이상이나 러시아공사관에 머물러 있었다. 그는 일본인 관리를 파면시키고 대신 러시아인을 채용하였다. 황실과 관계를 가진 러시아 투기자들은 두만강 연변(沿邊)의 채광권과 압록강의 삼림채벌권을 획득하였다. 러시아 군사교관이 한국군의 훈련에 종사하게 되었다. 러시아는 또한 한국의 관세를 관리하려고 꾀하였다.[18] 이러한 정세는 일본과 러시아의 관계를 긴장시켰고, 이에 한국에 관한 어떠한 합의에 도달하기 위해 1896년 5월 14일의 베베르 · 고무라 각서,

---

17  매켄지, 앞의 책, pp.262～268에는 미우라 및 그 일당에 대한 일본재판소의 예심판결 전문이 인용되어 있다. 그 판결문은 분명히 미우라와 그 일당이 유죄임을 지적하고 있다. 그러나 "이러한 사실에도 불구하고 피고들이 처음부터 계획적인 범죄를 행하였음을 증명하는 충분한 증거가 없다"라고 하였다.

18  영국 관세원은 관리권의 이양을 거절하였고 영국 정부가 그 주장을 지지하였다. 수년 뒤에 일본이 똑같은 기도를 행하였는데, 이번에는 영국의 항의는 무시되어버렸다.

1896년 6월 9일의 야마가타 · 로바노프 의정서, 끝으로 1898년 4월 25일에 조인된 니시 · 로젠 의정서 등 여러 차례에 걸쳐 교섭이 진행되었다. 마지막 의정서에서 양국은 "한국의 주권과 완전 독립"을 인정하였으며, 또 "한국의 내정에 관한 모든 직접적인 간섭을 피할 것"[19]에 합의하였다. 그러나 러시아는 "한일 간의 상업 및 공업 관계의 발전"에 대한 일본의 특권을 인정하였다. 이러한 모든 교섭에 있어서 한국 문제는 두 나라 사이에 고려되는 문제들 중의 하나에 불과하였으며, 한국은 동북아시아에 있어서 러 · 일의 대립이라는 큰 게임 속의 저당물이 되었다는 사실이 지적되어야 할 것이다.[20]

그러나 이어 쌍방은 니시 · 로젠 협정에 대하여 다른 해석을 갖고 있다는 것이 분명해졌다. 일본 정부는 그 협정이 한국을 일본의 자유에 맡긴 것이라고 생각하였다. 그러나 러시아 정부가 한국을 일본으로 송두리째 넘겨줄 의사가 없다는 것이 분명해지자 일본 정부는 육해군의 병력을 강화하기 시작하였다. 동시에 일본은 영일동맹에 의하여 정치적인 방위를 강화하였는데, 동맹을 위한 정식 협상은 1901년 8월에 시작되어 1902년 1월 30일에 체결되었다. 2년 뒤에 결국은 전쟁을 하게 된 러시아와의 협상에 있어서 일본은 한국에 군대를 파견하고 한국 정부에 조언과 원조를 할 권리를 주장하였고, 이와 함께 "대한제국의 독립과 영토의 보전"을 또 한 번 확인하였다.[21] 그러

---

19 매켄지, 앞의 책, p.302.
20 이토는 앞서 말한 바와 같이 한국 독립의 옹호자, 한국 국민의 벗으로 상징되어왔다. 그러나 이러한 협상 중에 러시아 정부에 대하여 일본의 한국에서의 행동의 자유에 대한 교환조건으로 러시아의 만주에서의 완전한 행동의 자유를 제의한 것은 그였다는 사실이 기억되어야 한다. 아카기, 앞의 책, p.174.
21 한국 왕 고종은 1897년 10월에 그 인국인 3대제국과 동등한 지위를 얻으려는 희망에서 황제의 칭호를 일컬었다.

트리트 교수는 다음과 같이 말하였다. "(러일 간의) 이해의 기초로서 (러시아 정부에 대해) 행할 일본의 제의는 극히 솔직한 것이어서 러시아는 그 전부를 쉽사리 받아들일 수 있었을 것이다. …… 만일 러시아가 이러한 약정을 받아들였다면 만주에서의 자유로운 지배를 획득하였을 것이

나 러시아 정부는 만주의 지배에 대한 교환조건으로 한국에 있어서의 일본
의 행동의 자유를 인정할 것을 거절하였으며, 여기서 드디어 전쟁이 일어났
던 것이다.

1904년 1월 21일, 한국 정부는 러일전쟁에 대하여 한국이 중립을 지킬 것
을 선언하였다. 그러나 이것은 일본이 한국에 군대를 상륙시키는 것을 방지
하지는 못하였다. 이에 한국은 일본군에게 유린되고, 1904년 2월 23일에는 2
주간의 저항도 보람이 없이 한국 황제는 일본과의 동맹조약에 조인을 강요당
하였다. 이 조약에 의하여 한국 황제는 한국 영토를 일본이 러시아에 대한 군
사작전의 기지로 사용하는 것을 허락하였으며, 한편 그 대신 일본 정부는 "대
한제국의 독립과 영토 보전을 확실히 보증하였다."[22] 조약 속에서 한국 황제
는 "일본제국 정부를 신뢰하고" 또 "시정(施政)의 개선을" 행할 것을 약속하
였다.

1904년 3월에 이토가 한국을 방문하였고, 그 결과 일본 정부는 1904년 5월
에 다음과 같은 결정을 하기에 이르렀다. "① 한국은 적당한 시기에 일본의
보호국이 되어야 한다. ② 그러한 기회가 도달할 때까지 일본은 정치적·외
교적 및 군사적 보호를 가하고 또 한국에 있어서의 일본의 이권을 증진시키
는 데 실제적인 효과를 얻도록 노력해야 한다." 다만 (수상) 가쓰라 다로(桂太
郎) 백작(1847~1913)과 (외상) 고무라 주타로(小村壽太郎) 남작(1855~1911) 양인
은 열강의 반대를 두려워하여 이를 즉시 발표하는 것을 꺼렸다. 그것은 일본

---

고 …… 한편 일본은 …… 한국의 주권과 그 문호개방정책을 침해하지 않도록 약속하였을 것이
다."(트리트, 앞의 책, p.369).
   한국의 독립을 존중한다는 일본의 거듭하는 약속과 그 실지 행동을 비추어볼 때에, 트리트 교수
는 주권이라는 말을 어떻게 이해하고 사용한 것인지 분명하지 않다.
22  아카기(앞의 책, pp.240 및 266)와 정한경(앞의 책)은 그것이 의정서였다고 주장하고, H.M.
   Vinacke 교수[A History of the Far East in Modern Times(New York, 1928), p.168]와 G.
   Nye Steiger 교수(앞의 책, p.730)는 동맹조약이라고 하였다.

이 언명한 러시아에 대한 전쟁 목적에 거슬리는 것이었으므로 더욱 그러했다. 이리하여 보다 점진적인 절차를 밟을 계획이 채택되었다.[23]

이러한 논의와 결정은 뒤이어서 일어난 사건들을 검토하는 데에 중요한 것이다. 이는 일부의 학자나 선교사들이 한국인의 위대한 벗이라고 한 이토가 동맹을 체결하고 "한국의 독립과 영토의 보전"을 인정한 불과 며칠 뒤에, 한국의 병합을 계획하였다는 사실을 우리에게 말해주는 것이다. 이 당시의 어떤 저술가들은(뒤를 참조) 미국이나 영국의 대중들에게 개혁과 진보를 한국인이 완강히 거부하고 있는 것에 비추어서 일본에 의한 한국 병합이 필요하다고 말하였다. 그러나 위의 인용문에서 한국인들의 '개혁'에 대한 거부는, 그보다 이전인 1904년 3월에 이미 결정된 병합과는 관계가 없음을 알 수 있다. 실로 일본 정치가들은 이미 지적한 바와 같이, 1873년에 벌써 한국을 정복코자 하였던 것이다. 다만 보다 분별 있는 자들이 당시의 일본으로서는 그러한 계획을 수행하기에 너무도 약하다는 것을 알았던 것이다. 이제 1904년에 이르러 시기는 무르익었다. 그러나 세계를 속이기 위하여 조심스럽게 추진하는 것이 요긴한 일이었다.

러일전쟁이 아직 끝나기도 전에 일본은 그 계획을 추진시켰다. 1904년 7월에 일본은 한국 정부에게 "일본인 재정고문을 채용하고 모든 외교 안건에 대하여 일본 정부와 협의할 것"을 강요하였다.[24] 이 요구는 허락되었다. 그리하여 1904년 8월 22일에 조인된 두 번째 협약에 의해 일본 대장성의 재정전문가인 메가타 다네타로(目賀田種太郎, 뒤에 남작)가 재정고문으로 임명되었고, 일본 외무성에 근무하던 미국인 더럼 스티븐스(Durham W. Stevens)가 외교고문

---

23 아카기, 앞의 책, pp. 266~267.
24 스타이거, 앞의 책, p. 730.

이 되었다.[25] 이들에 뒤이어 경찰, 사법 및 군사 관계의 고문들이 임명되었다. "서울 주재 일본공사 하야시 곤스케(林權助, 뒤의 자작)는 일본인 전문고문관들과 같이 한국 정부와 의견을 교환하고 한국의 모든 행정을 감독할[26] 권한을 인정받았다.[27] 1905년 4월에는 또 다른 협약에 의하여 한국의 우편, 전신 및 전화의 사무가 일본의 손으로 넘어갔다. 이리하여 강대국들과 교섭할 기반은 준비되었던 것이다.

1905년 7월 29일에 일본 수상 가쓰라 백작과 당시 미국의 시어도어 루스벨트(Theodore Roosevelt) 행정부의 국방장관이던 윌리엄 태프트(William H. Taft)가 특기할 만한 회담을 하였다. 여기서 가쓰라 백작은 "일본은 필리핀에 대한 어떠한 침략적인 의도도 갖고 있지 않다"는 것을 언명하였다. 한편 태프트는 대통령(루스벨트)이 "일본 군대가 한국에 대한 지배권을 확립하고 한국이 일본의 동의 없이 외국과 조약을 맺지 못하게 하는 것을 요구함은 현 전쟁의 필연적인 결과이며, 이것은 또 바로 동양의 영구한 평화에 공헌할"[28, 29] 것이라는 사실에 동의할 것으로 믿는다고 말하였다. 뒤에 루스벨트 대통령은 그의 개인공보관을 통하여 일본에 의한 한국의 개조(改造)에 대하여 미국은 아무런 반대도 하지 않으리라는 보증을 도쿄의 외무성에 주었던 것이다.[30]

1905년 8월 12일에 영국 정부는 개정된 영일동맹의 조약에 조인하면서 다음과 같이 말하였다.

---

25  스티븐스는 그러한 활동에 대한 대가로 자신의 생명을 바쳤다. 그는 1908년 3월에 휴가차 워싱턴으로 가는 도중 샌프란시스코에서 한 한국인에게 피살되었다.
26  방점 저자.
27  Seiji Hishida, *Japan among the Great Powers*(London, 1940), p.120.
28  방점 저자.
29  아카기, 앞의 책, p.272에서 인용.
30  스타이거, 앞의 책, p.730.

　일본은 한국에 있어서 탁월한 정치적 · 군사적 · 경제적 특수 권익을 가지고 있다. 이에 영국은 이 특수 권익의 자위(自衛)와 발전을 위하여 한국에 대한 적절하고 필요한 지도, 통치 및 보호의 제 수단을 채용하는 일본의 권한을 인정한다.[31]

　1905년 9월 5일에 패배한 러시아는 포츠머스 조약에 조인하고, 그 조문 속에서 한국에 있어서의 일본의 "정치적 · 군사적 및 경제적인 탁월한 특수 권익"을 인정하였다. 일본의 나아갈 길은 이제 분명해졌다.

　1905년 11월에 이토는 한일관계를 새로운 기초 위에 놓기 위한 특별 사명을 띠고 한국의 수도에 도착하였다. 11월 15일에 그는 한국 황제에게 한국이 일본의 보호령이 되는 것과 마찬가지인 요구를 하였다. 일본은 한국의 외교 업무를 취급하게 되며, 그 대표자로서 한국의 수도에는 통감을, 다른 도시에는 이사관(理事官)을 둔다는 등의 요구였다. 그 대신 "일본은 한국 황실의 안녕과 존엄을 유지함"을 보증한다는 것이었다. 이 조약은 "한국의 부강의 실(實)을 인(認)하기에 이르기까지" 효과가 있을 것이었다. 그러나 이 새로운 약속에 대하여 일본 정치가들은 조금도 이를 이행할 의사를 보여준 일이 없었다.

　한국 황제와 각료들은 처음에는 이 새로운 조약에 조인하는 것을 거절하였다. 그러나 기관총을 가진 일본군이 궁궐을 포위하고, 한국 수상인 한규설(韓圭卨)이 일본 장교에게 회의실에서 끌려 나가자[32] 대신들은 이에 조인하였다. 이때 전 군부대신이던 민영환(閔泳煥)과 같은 수 명의 고급관리가 자살하였다.

　황제는 미국 대통령에게 밀사를 보내어 원조를 청하고 이 조약이 "무력과 협박 밑에서" 이루어진 것임을 지적하였다. 1883년 2월 13일에 미국이 비준한 한미조약에는 다음과 같은 구절이 있었다.

---

31　아카기, 앞의 책, p.270.
32　정한경 편, 앞의 책, p.55.

만일 제3국이 양국 정부 중 어느 하나를 부당하게 또는 강압적으로 취급한다면 다른 1국은 그 사건의 통지를 받는 대로 우호적인 화해를 가져오도록 알선을 베풀 것이며, 이리하여 그들의 우정을 표시한다.[33]

그러나 루스벨트 대통령은 일본이 예기(豫期)한 바와 같이 "그 호소를 완전히 무시해버렸다." 클라이드(P.H. Clyde) 교수에 의하면 "루스벨트는 한국인이 '자신의 방위를 위해 단 한 번의 반항도 하지 못하였으므로' 한국인에 대하여 아무런 존경도 하고 있지 않았다."[34] 루스벨트의 이 말은 뒤에 언급하는 바와 같이 뒤이어 일어나는 사실들에 의해 부인되었다.

이리하여 한국은 일본의 보호령이 되고 1906년 2월에 이토 히로부미는 초대 통감에 임명되었다.  대부분의 구미인들은, 특히 현지에 있던 선교사들은 대체로 일본의 승리와 한국의 변화를 환영하였다.[35]

1904년에 일본군이 한국에 상륙하였을 때에 선교사들은 이를 환영하였다. 그들은 구(舊)정부의 학정과 폐해를 알고 있었으며, 이에 일본이 보다 나은 상태로 이끌도록 원조해주리라고 믿었던 것이다. 일본군과 그 노무자들이 무력한 한국인을 학대한 것은 그들에게 상당한 감정적인 반발을 일으켰다. 그러나 이토 히로부미가 통감이 되자 그들의 일반적인 생각은, 일본의 포악하고 부당한 통치가 장차 없어

---

33 정한경 편, 앞의 책, p.329.

34 클라이드, 앞의 책, p.436.

35 라인시(P.S. Reinsch)의 의견에 의하면(*Outlook* 1905년 9월 16일) 일본은 1904~1905년에 "자기 자신의 전쟁뿐 아니라 우리(미국)의 전쟁을 하여주었다." 포츠머스의 평화는 일본이 그 승리의 열매를 도둑당한 것이므로 그는 "불행한 평화였다"라고 부른다. 라인시는 후에 중국 주재 미국공사가 되어 '미국의 권익, 특히 미국 은행가들의 권익'의 옹호자가 되었다(클라이드, 앞의 책, p.499). 클레멘트(E.W. Clement)는 *Handbook of Modern Japan*(Chicago, 1905)의 제6판(p.311)에서 브링클리(Brinkley) 대위의 다음과 같은 말을 찬동하는 뜻으로 인용하였다. "그 나라(일본)는 중국이나 한국의 주권 또는 영토 보전에 대한 침해를 하는 일 없이 모든 나라의 자유와 기회균등을 위해 전쟁을 하고 있다."

질 것이리라는 희망을 가지고 복종하고 현상을 잘 이용하는 것이 한국인에게 보다 나으리라는 것이었다.[36]

또 한 사람의 증인인 조지 케넌(George Kennan)은 유명한 미국의 저술가이며, 루스벨트의 친구로서 그의 견해는 대통령에게 영향을 준 바 많았지만, 그는 1905년에 한국을 방문하고 당시에 퍽 인기 있는 잡지였던 *Outlook*지에 그 인상을 적은 몇 개의 논설을 실었다. 이러한 논설들은 한국 정부의 묘사로부터 시작하고 있다.

정부. 이 표제 밑에는 다음과 같은 것이 포함된다. (a) 9명의 대신으로 구성된 황제의 내각, (b) 입법에 영향을 주고 때로는 이를 통제하는 마술사, 예언자, 점복자(占卜者) 그리고 무당, 즉 영매자, (c) 13도의 장관 및 (d) 도 밑의 344개의 군현의 장. (c)와 (d)에 속하는 모든 관직은 명의상 왕명으로 임명되지만, 피임자의 선출은 정신(廷臣)의 영향, 연고 또는 술책에 좌우된다. 그리고 보통 관직은 최고액 입찰자에게 매각된다. 도 장관에 대하여는 1만 냥 내지 4만 냥의 가격이 지불되는데, 그들은 다스리는 지방의 약한 국민을 착취함으로써 관직을 사는 데 든 돈을 메울 뿐 아니라 재산을 모으는 것이다. 독립된 법정이 없고 또 모든 지방의 장관들이 행정관인 동시에 또한 재판관이기도 하므로 도둑을 맞은 한국인은 도둑놈에게 구제를 청해야만 했다. ……
도나 군현에서의 착취 방법은 위법, 과도한 세, 모든 공무에 부가된 착취, …… 아무런 근거나 이유가 없는 재산의 약탈, 그리고 너무도 함부로이며 터무니없어서 거의 믿을 수 없는 구실을 내걸고 감행하는 뻔뻔스러운 공갈 탈취 등이다. ……
한국인은 몇 세기 동안 착취와 불법적인 강탈에 습관화되었으며 …… 따라서 인내의 극한을 넘어서는 경우에만 항의를 하고 반항을 하는 것이다. …… 이러한 상태에서 오는 자연적인 불가피한 결과는 빈곤화와 도덕의 타락이다. ……

36 매켄지, 앞의 책, p.210.

현 한국 정부의 활동과 기능은 간단히 다음과 같이 요약할 수 있다. 즉, 정부는 국민이 적빈한 생활을 유지해나갈 정도 이상으로 버는 모든 것을 직접·간접으로 가져가고, 그 대신 실제로 주는 것은 아무것도 없다. 정부는 생명이나 재산에 대하여 아무런 적당한 보호도 제공하지 않는다. 정부는 주목할 가치가 있는 아무런 교육시설도 제공하지 않는다. 도로를 만들지 않으며, 항구를 개선하지 않으며, 해안에 등대를 설치하지 않으며, 가로의 청소나 공중위생에 유의하지 않으며, 전염병의 예방이나 방지를 위한 아무런 수단도 취하지 않으며, 국가의 무역이나 산업을 육성하려고 꾀하지도 않는다. 정부는 가장 저속한 원시적인 미신을 장려하고 있으며, 그리고 현대에서 거의 최고의 가치가 인정되고 있는 인권을 다룸에 있어서 불성실, 허위, 위약, 잔인 및 냉소적인 야만 행위 등을 자행함으로써 백성들을 부패·타락케 하고 있다.[37]

한편 한국 국민에 대해서는 무어라고 말하였는가? 그의 두 번째 논설에서 케넌은 다음과 같이 말하고 있다.

아무런 선입견도 편견도 안 가진 외래인에게 한국인이 주는 첫 인상은 도저히 호의를 가질 수 없는 것이다. 그들 모두가 착용하는 이상하고 어울리지 않는 명조(明朝)의 옷을 입은 모양은 곡마단의 광대나 희극 오페라의 단역처럼 보이게 하는 것으로 진지한 인상을 받기가 곤란하다.[38] 하류계급의 가정환경이나 개인적인 관습은 지극히 불결하고 불쾌하다. 부채질을 하면서 혹은 긴 담뱃대를 물고서 거리를 만보(漫步)하는 하급관리나 한가한 신사(紳士)들의 멍청한 무표정한 얼굴에서는 성격의 특징이나 경험에서 얻은 지혜의 자취를 찾을 길이 없다. 그리고 더러운 흰 솜저고리와 투실투실한 바지를 입고, 감은 눈언저리에 잔뜩 파리를 붙여가지고 땅

---

37 *Outlook*(1905년 10월 7일), p.310 이하. "Korea: a degenerate state."
38 그러나 와그너(E. Wagner)는 다음과 같이 말하였다(*Korea: the Old and the New*(New York, 1931), p.65). "지구상의 어디에서도 한국 신사들이 입는 것과 같이 품위 있고 위엄이 있는 복장을 찾아볼 수가 없다." 저자 자신도 한국 여행 중 한국인이 '희극 오페라의 단역(端役)' 혹은 '곡마단의 광대'로 보이는 점을 발견하지 못하였다.

위에 여기저기서 누워 자는 실업노동자는 깨끗하고 민첩하고 근면한 일본 노동자
와는 절대로 호의를 갖고 비교할 수가 없다. 대체로 말한다면 모든 한국인은 품위
와 지성과 기력이 없다.

　시야를 넓혀서 도시뿐 아니라 농촌도, 그리고 육체적 · 지적인 면뿐 아니라 도덕
적인 면까지도 포함하여 볼 때에 우리의 첫 인상은 굳어져버리고, 좋지 못한 의견
은 하나의 신념이 되어버린다. 그들에 대하여 정신적인 혹은 종교적인 관심을 갖
고 있지 않은 서양인들에게 그들은 매력이나 동정심을 느낄 수 없게 할 뿐 아니라,
오히려 게으르고 더럽고 비양심적이고 부정직하고 믿을 수 없을 만큼 무지하고 그
리고 개인의 능력과 가치에 대한 자각에서 오는 자존심을 통 갖고 있지 않은 듯이
보인다. …… 그들은 부패한 동양문화의 더러운 산물이다.[39]

　이것이 1905년에 케넌이 본 한국이었고, 불행히도 많은 외국인들이 또한
당시에 그렇게 보았다. 그러면 케넌은 한국에 있어서의 일본인의 활동을 어
떻게 평가하였는가를 다시 살펴보기로 하자.

　아마도 일본 정부가 한국과 교섭하는 데서 범한 첫 실수는 한국의 독립과 일본
의 효과적인 지배를 조화시키려고 한 것이었다. 1904년의 한일협약은 '대한제국
의 독립을 확실히 보증'하였고 또 '한국 황실의 안전'을 보장하였다. 그러나 동시
에 한국 정부가 '시정의 개선에 관한 일본 정부의 충고를 받아들일' 것을 규정하였
다. ……
　만일 두 조(組)의 지배자(즉 한국 관리와 일본 고문관)가 정신적인 준비나 경험이
동일하였고 또 그들의 목표와 목적이 같았다면 아마 조화적으로 또 효과적으로 함
께 일할 수 있었을 것이다.[40] 그러나 상호 간에 혐오와 불신임의 감정 이외에 아무

---

39 *Outlook*(1905), p.409 이하 참조.
40 여기서 케넌은 다음과 같은 사실을 미처 생각지 못한 것같이 보인다. 즉 만일 두 조의 지배자가
　정신적인 준비나 경험이 동일하였고, 또 그들의 목표와 목적이 같았다면 일본인 고문을 둘 필요
　가 어디에 있었겠는가 하는 것이다.

런 공통적인 것을 갖고 있지 못하였으므로 성공적인 협조의 가망은 없었다. ……
모든 계획은 처음부터 실제로 실시될 수 없었다. 그러므로 나는 한국 독립의 체면
을 지키려고 애쓰기보다는 차라리 필요한 개혁을 실시하기 위하여 일본이 솔직하
게 한국의 정치를 일시 지배하는 것이 오히려 나았을 것이라고 생각한다.

케넌은 나가모리(長森) 계획(한국 황무지의 독점 개척, 뒤를 참조)은 시기상조이
고, 먼저 수행해야 할 업무는 행정의 개혁이며 행정 개혁 후에는 '나가모리
계획까지도 수행할 수 있었으리라'고 생각한 것이다. 그 다음으로 행해야 할
임무로서 가령 윤치호(尹致昊)와 같은 인물을 내부대신에 임명하는 것이라고
말하였다.[41] 케넌의 말을 빌리면,

만일 그들이 일본으로부터 (불평을 듣고 이를 저지하기 위한) 100명의 지식 있는
무사 출신의 경찰과 12~15명의 형사를 채용했다고 가정한다면, 한국의 정치 개선
과 한국인의 일본인에 대한 감정 및 태도의 개선에 상당히 볼 만한 변화가 있었을
것이다. ……
셋째의 과오는 일본인 이주민과 토착인 사이의 분쟁을 조정 해결하기 위한 어떤
합법적인 기관을 설치하기 전에 몇 만이나 되는 일본인이 한국에 대량으로 이주하
는 것을 허용한 것이었다. …… 이주민들은 기회가 있을 때마다 토착인을 기만했
을 뿐 아니라 법적인 통제가 없는 것을 기화로 종종 그들을 개인적으로 학대하였
으며 그들에게서 재산을 강제로 빼앗았다. ……[42]

이어 케넌은 일본의 실제 업적을 언급하고 일본 정부가 한국을 위하여 계
획한 개혁을 개관한다.

---

41  뒤에 우리는 윤치호 남작에게 일본이 어떠한 직책을 주었는가를 알게 될 것이다.
42  *Outlook*(1905), p.609 이하 참조.

(그러나) 개혁은 시초부터 어찌할 수 없는 황제의 영향과 힘을 배경으로 하고 있
는 세계에서 가장 완고하고 부패하고 무능한 정부의 반대에 부닥쳤다. ⋯⋯ 첫째
로 그(일본)는 많은 인명과 재산을 희생하면서 한국을 러시아 지배의 공포에서 구
출하였다. 이것은 내 생각으로는 큰일이었을 뿐 아니라 온 한국인의 감사를 받아
야 할 일이었다. 물론 일본의 지배는 실책도 있고, 가혹하기도 하고, 또 노여운 일
도 있기는 하겠지만 그러나 궁극에는 교육과 진보와 자유를 위하여 도움이 될 것
이다. 하지만 러시아의 지배는 기껏해야 동부 시베리아나 코카서스의 낮은 경제
적 · 교육적 수준 이상으로는 결코 한국을 끌어올리지 않을 것이다. 둘째로 일본은
한국의 한 끝에서 다른 끝까지에 이르는 철도를 부설하였다. 이리하여 방대한 생
산적인 지역의 가치를 증가시켰고 또 한국 농민에게 세계시장에의 보다 자유롭고
싼 통로를 열어주었다. ⋯⋯ 셋째로 일본은 한국 정부에 300만 원을 대여하였는데
이것은 재정 개혁의 기초를 닦아주었다. ⋯⋯ 끝으로 일본은 적어도 학교의 교과
서 작성, 교원의 획득, 주요 도시의 위생 개선, 항구의 운송시설, 불필요하고 비경
제적인 지출의 제한, 군대의 개편, 타락한 불명예스러운 미신의 타파 등의 고무적
인 계획을 하였다. ⋯⋯

　모든 정직하고 공평한 의견은 어떠한 가치를 가지고 있는 것이다. 나는 나의 최
선의 판단에 의하여 일본은 무엇보다도 먼저 한국을 참말로 주권을 가진 독립국가
와 같이 다루는 허식을 버려야 할 것이라고 말하는 것을 주저하지 않는다. ⋯⋯

　다음으로 일본은 한국인의 인권에 대하여 보다 더 주의를 해야 할 것이다. ⋯⋯
만일 일본이 현재 하고 있는 것과 같은 나쁜 경향을 그대로 허용한다면 반도 내의
반일감정은 더욱 커질 것이므로 좋은 정부가 서는 날이라도 그것은 거의 극복할
수 없는 것이 되고 말 것이다. ⋯⋯[43]


이상이 그 당시에 극히 영향력이 크던 한 사람의 견해였다. 여기서 케넌은
그 당시 일부 그룹에서 일반적으로 가지고 있던 러시아에 대한 증오심을 지

---

43　*Outlook*(1905), p.669 이하 참조.

니고 있으며, 그 증오심이 너무나 컸기 때문에 그렇게 유능한 저술가임에도
불구하고 일본의 한국 지배가 러시아 지배의 공포[44]로부터 일본이 한국을 구
했다는 주장의 모순성을 알지 못했던 것이다. 케넌의 견해는 또 항구, 철도,
등대 등이 곧 복리를 의미한다는 소박한 신념을 말해주고 있는데, 이러한 생
각은 오늘날에도 아직 널리 행해지고 있다. 한국에 관한 거의 모든 책들이 일
본의 이러한 '업적'들을 아무런 비판도 없이 되풀이하고 있다.[45] 구한국(舊韓
國) 정부가 해안에 등대를 설치하지 않았음은 사실이다. 그러나 한국은 외국
의 침략을 초래할까 두려워서 외국무역의 생각을 좋아하지 않았다. 그리고
또 한국 정부가 부패하고 무능했다는 데에는 아무런 이의도 없다. 하지만 그
러한 정부 밑에서의 생활의 공포는 굉장히 과장되어 있다. 비록 한국에는 성
문법이 없었을망정 불문(不文)의 관습법은 있었던 것이다. 착취가 널리 행해
지기는 하였지만 그러나 관리들의 요구라는 것은 그리 큰 것이 아니었다. 일
본의 지배하에서 사태는 결정적으로 악화되었다. 한편으로는 일본인의 죄악
때문이기보다는 새로운 환경이 새로운 죄악을 초래하기 때문이었고, 한편으
로는 일본인의 의식적인 노력의 결과에서였다. 가령 공창제도(公娼制度)나 아
편 흡음(吸飲) 같은 것은 한국이 독립하였을 때에는 금지되고 있었지만,[46] 일

---

44  이 공포는 한국에 있어서는 케넌이 생각한 것과 같이 그렇게 분명한 것은 아니었다. 왜 그런가
    하면 일본 측 자료에 의하면, 러일전쟁 직전에 "황제는 이용익(李容翊)의 의견에 좌우되고 있었
    는데 …… 그의 외교정책은 완전히 친러적이었고, 또 궁성의 동료들도 거의 모두 친러파였던 것
    이다. 따라서 일본의 곤란한 업무는 그가 구하려고 하는 그 나라의 바로 심장부에서 배반당하고
    반대를 받고 있었다는 사실이다."(아카기, 앞의 책, p.265).
45  비나크는 다음과 같이 말하였다(앞의 책, pp.365~366). "그 나라의 물질적 조건이 크게 개선
    되었음은 분명하다. 타이완에서와 같이 도로는 개선되고, 철도가 부설되었으며, 또한 항구가 개
    량되었고, 서울에서 처음 시작한 전등은 다른 도시로 확장되었다. 또 토지가 개간되고 농경 방법
    이 개량되었으며, 보다 나은 위생시설이 도입되었고, 현대적인 금융기관이 설치되었으며, 산업이
    진흥되었다. 그리고 무역액이 또한 증가되었다."
     트리트도 다음과 같이 말하였다. "극동의 어느 지역에서도 그러한 물질적인 진보를 보여준 곳은
    없었다."(앞의 책, p.392).
46  매켄지, 앞의 책, p.81.

본은 한국인의 사기를 꺾는 수단으로서 또 자본을 축적하는 방법으로서 이를 허락하였다.

그러나 케넌의 논평이 범한 가장 중대한 잘못은 그가 이 나라에서 새로운 세력이 대두하고 있었다는 사실을 전혀 무시해버린 것이다. 이 새로운 세력은 러시아나 터키 및 멕시코 등에서와 같이 종국에 가서는 부패한 전제주의로부터의 해방을 이룩하였을 것이다. 지저분하고 더럽고 게으르며, 품위와 지성과 기력이 없는 것으로 낙인을 찍어서 한국인 전체를 통틀어 평한다는 것은 절대로 부당한 일이다. 몇 세기 동안이나 한국에 존재하던 아시아적인 전제주의를 근대적인 사회 형태로 전환시킨다는 것은 그 자체만으로도 곤란한 업무였으며, 이것은 게다가 인접한 세 강국의 적대관계와 얽혀 있었던 것이다. 그것은 아무런 고통도 없이 수월한 과정을 밟아서 될 수 있는 일이 아니었다. 그러나 20세기 초에는 젊은 한국인들이 자유와 정치 참여를 요구하고 있었으며, 수백 명의 젊은이들이 투옥·사형되었으며 혹은 해외로 망명하였다. 강압적인 부패한 정부에 대한 이 투쟁은 분명히 그대로 계속했을 것이며, 러시아 혁명이나 중국 혁명에 뒤이어 한국에서도 의심 없이 보다 나은 정부가 수립되었을 것이다. 그리고 이 정부는 바로 그들 자신의 정부였을 것이다. 화폐 유통이 불안정하고, 위생시설이나 수도시설이 불충분한 것을 보고 동양인에 대하여 반감을 가지게 된 서양인들은 그들이 어째서 좋은 외국의 정부 밑에서보다도 나쁜 자신의 정부 밑에서 살기를 원하고 있는가 하는 사실을 종종 이해하지 못한다. 이러한 이해의 결여는, 케넌이 저지른 것과 같이 식민정부를 판단하는 유일한 표준으로서 '법과 질서' 및 '자연적인 진보'의 기준을 내세우게 하는 것이다.

## 보호정치

한국에 대한 일본의 보호정치는 1905년에서 1910년까지 계속되었다. 많은 역사가들은 초대 통감이요 한국 합병의 준비자인 이토가 극히 인정 있는 정치가였으며, 그의 유일한 염원은 한국의 자유와 복리였지만 한국 정부가 그의 갸륵한 노력을 방해하자 이에 실망하고 드디어는 그 직책을 떠난 것이라고 말한다. 은혜를 모르는 한국인들은 1909년 그를 하얼빈에서 암살하였는데 이어 합병이 행해졌다고 한다. 이러한 해석에 따른다면 일본인은 실은 합병을 원하지 않았지만 일본이 시작한 개혁에 한국인이 반대하였기 때문에 그러한 수단을 취하지 않을 수 없었던 것이 된다.[47]

---

47 이 말이 과장이 아니라는 것은 아래 세 역사가의 저술로부터의 인용으로 알 수 있다.

클라이드는 이렇게 말하였다. "한국 문제의 유일한 해결책은 합병에 있다고 믿는 많은 탁월한 일본인들이 있었지만 이토는 그렇지 않았다. 1906년 초에 그가 행한 첫 행동은 …… 광범한 개혁안을 …… 제의한 것이었다. 약간의 계획이 시행되었지만, 이 계획은 한국 대신들의 무능과 이에 대한 분노로 인하여 많이 저지당하고 말았다. 이러한 사태가 1907년까지 계속하였다. …… 이것(고종 양위)은 협약에 의하여 행해졌으며 …… 그 규정에 의하여 외교뿐 아니라 내정에 관한 모든 사항까지도 일본의 통제하에 놓여졌다. 이 새로운 통치 형식도 …… 일본의 견지에서 볼 때에는 마찬가지로 실망을 주는 결과를 초래하였다. …… 1909년 7월에 이르러서야 그(이토)는 합병 이외의 어떠한 형식에 의해서도 유능한 정부를 형성할 수가 없으며, 또 일본의 이권을 보유할 수도 없다는 것을 끝내 믿게 되었던 것이다. …… 7월에 일본 정부는 합병을 결정하였다. …… 10월 26일에 그는 광신적인 한국인에게 암살되었다. 그의 죽음은 …… 즉시 합병하라는 일반의 요구를 일으키게 하였다. ……"(앞의 책, pp.436~437).

역사가요 목사인 고엔(H.H. Gowen)은 다음과 같이 말하였다. "통감인 이토 공작은 회유하는 데 최선을 다했지만 보호정치의 처음 한두 해는 곤란에 가득 찬 것이었다. …… 한편 은행, 우편국, 전신선, 학교 등을 건설하는 방향으로 수많은 개혁이 수행되었다. 어떤 경우에는 이러한 개혁이 서툴게, 그리고 동정을 받지 못하면서 행해지기도 하였다. 그러나 결국 한국인의 음험한 반항으로 인하여 개혁은 극히 곤란한 상태에 놓이게 되었다. 어떤 반란에서는 2만 1,000명의 생명이 희생되었다. 1909년에 이토는 낙담하여 남이 알아주지 않는 그의 임무로부터 물러났다. 그런 지 4개월 뒤에 그는 하얼빈에서 살해된 것이었다."〔『亞細亞小史(Asia, A Short History)』(Boston, 1938), p.239〕.

여기서 말해두어야 할 것은 우편국이나 전신선은 이미 일본인의 수중에서 효과적으로 운영되고 있었으므로 아무런 개혁의 필요도 없었으며, 또 은행의 설치는 그 성격으로 해서 '한국인의 음험한 반항'을 받지 않았으며 또 받을 수 없었다는 것이다.

트리트는 다음과 같이 말하였다. "그(이토)는 고문정치를 통해서 한국이 조만간 강력하고 독립

이러한 해석은 일본 관변(官邊) 측의 견해와 지극히 흡사하다. 합병 당시에 도쿄의 외무성은 다음과 같은 발표를 하였다.

　불안한 상태를 종결시키려는 염원에서 일본 정부는 1905년에 한국에 보호정치를 수립하는 조치를 취하고 이후 열심히 개혁 업무에 종사하고 소망하는 바 목적의 달성을 바라고 있었다. 그러나 보호정치로서는 뜻하는 바 목적의 실현을 위한 충분한 희망을 발견하는 데에 실패하였으며, 불안하고 불온한 상태는 아직도 전반도에 널리 퍼지고 있다. 이러한 상태에서 한국의 정치제도를 근본적으로 변화시켜야 할 필요성이 명백해졌다. 진지하고 신중하게 한국 문제를 검토한 결과 일본 정부는 한국의 현 사태에 보호정치를 순응시키도록 할 수는 없으며, 한국을 제국에 완전히 병합시키지 않고서는 한국의 정당한 통치를 위해서 일본이 짊어진 임무를 정확하게 완수할 수 없다고 믿게 되었다.[48]

그러나 이 합병의 이유에 대한 해명은 이미 1904년 5월에 이토 히로부미를 포함한 가쓰라 내각이 한국은 합병되어야 한다고 결정한 사실을 무시하고 있다. 그러나 열강의 반대와 세계에 좋지 못한 인상을 끼칠까 두려워해서 일본 정부는 이 계획을 점진적으로 진행하지 않으면 안 되었던 것이다. 물론 이토

---

적인 지위를 차지하게 될 것이라고 믿었다. 그는 합병에 반대했던 것이다. …… (이토에 의해 계획된) 이러한 모든 개혁안은 조심스럽게 연구되었고, 약간의 진전이 있기도 하였지만, 그러나 이토와 그의 막료인 일본인 전문가들은 이어 곤란에 부닥치고 말았다. …… 한국인들은 …… 개혁안을 저지하였다. 2년 안에 보호정치는 실제로 실패임을 증명하였다. …… 1907년 7월 24일의 협약은 통감을 사실상의 통치자의 지위에 놓게 하였다. …… 그러나 그의 권한은 결국 소극적인 것이지 적극적인 것이 못되었다. 그는 충고를 할 수는 있었지만 …… 음험한 반대에 당면하여 그 안을 실천해나갈 수가 없었다. 그는 일관하여 합병에 반대하였으나, 1909년 7월에 이르러서 완전한 행정의 통제만이 진실한 발전을 보장한다는 결론에 도달하였던 것이다. 이에 그는 물러나고 …… 극히 가까운 장래에 합병을 하기 위한 준비 절차가 취해졌다. 10월에 …… 위대한 일본의 정치가, 그리고 참된 한국의 벗은 한 한국인 광신자에 의해 살해되었다. ……" (앞의 책, pp.390~391).

**48** 스타이거, 앞의 책, p.732 인용.

는 이 계획을 알고 있었으며, 이 계획을 실현시키는 역할을 담당하고 있었다. 그러므로 합병은 일본 정치가의 의도한 바가 아니며, 오직 한국인의 우둔과 완고(頑固)에 의해서 초래된 것이라고 해석하는 것은 완전히 잘못이다.

　한국인 관료층이나 한국 국민이 일본인이 지배하는 정부를 수립하는 데 대해서 반대한 것은 사실이다. 그러나 이 반대는 어떤 성실한 개혁에 대한 것이 아니었다. 감옥의 개선에 대해서는 아무런 반대도 없었으며, 또 항만시설의 구축 등에 대하여도 아무런 반대가 없었다. 그러나 그 이외의 많은 자칭 '개혁'에 대하여는 반대하였다. 그것은 한국인들이 그들 개혁의 배후에서 민족적 자유를 파괴하려는 정책을 정확하게 발견하였기 때문이었다. 앞서 이미 새 정부 밑에서는 아편 흡음이 허락되었다는 사실을 말하였는데, 그 밖에 대중의 분노와 흥분을 크게 자극시킨 것은 나가모리 도키치로(長森藤吉郞)의 황무지 개척안이었다. 나가모리는 일본의 금융업자로서 한국의 '황무지' 독점권을 획득하려 하였는데, 이 개척안에 따르면 그는 전 한국 토지 면적의 적어도 4분의 1가량을 무상으로 얻게 되는 것이었다. 그는 평범한 모험가가 아니라 재정적인 천재였다. 나가모리는 50년간 한국의 황무지와 휴한지(休閑地)를 개간하고 그의 회사의 독점적인 이익을 위해 이를 경작·사용할 허가를 요청하였다. 허가는 무상이었고 또 5년간은 보통세금도 면제되었다. 당시에 그가 허가받을 토지는 한국의 5분의 1~3분의 1이 될 것이라고 추측되었다. 일본 정부는 그의 안을 지지하였으나, 한국인 대중의 적대적인 반대를 받아 놀라고 당황하였다. 이 안은 당분간 철회되었지만, 그러나 이로 인하여 한국인이 받은 인상이 어떠했을까 하는 것은 쉽사리 상상할 수 있다.[49] 그러나 이 시기에 일본인은 "실가의 12분의 1도 못 되는 명목상의 대가"[50]를 지불하고

---

49 케넌은 정치적인 개혁을 수행한 뒤에는 일본이 "나가모리의 황무지 개척안도 수행할 수 있었을 것"이라고 믿었다.

서 몇 십만 에이커의 토지를 획득하였던 것이다.

　그러나 아직 일본의 지배를 완성하는 데 방해가 되는 하나의 장애물—한국 독립의 최후의 증거인 군대가 남아 있었다. 일본은 이 '재편성된' 군대를 없애기 위해 그럴듯한 구실을 발견하였다. 1907년 6월에 한국 황제는 이상설(李相卨)을 수석으로 하고 미국인인 호머 헐버트(Homer B. Hulbert)를 수행원으로 한 대표를 헤이그의 제2회 만국평화회의에 비밀리에 파견하여 열강에 호소케 하였다. 대표는 평화회의가 한국 정부가 참석할 것을 한국 정부에 통고하지 않은 처사에 대하여 항의하고, 1905년의 협약은 강압적으로 조인된 것이며, 따라서 이는 무효한 것이므로 한국은 독립국가임을 지적하였다. 열국은 이 대표에 대하여 아무런 관심을 표시하지 않았지만, 일본의 통감만은 이를 중요시하였다. 황제는 그의 연약한 아들에게 양위하도록 강요되었고, 또 "서울의 일본 통감이 모든 내정사항을 완전히 지휘할" 수 있는 새로운 '협약'이 맺어졌다.[51] 한국 정부의 각 부는 일본인 차관을 두었는데 그는 실질상의 장관이었다. 경찰, 재판소 및 감옥은 완전히 일본인이 장악하였고, 1907년 8월 1일에는 한국 군대가 해산되었다.

　1909년 3월에 원로원의 일원이요 한국의 통감대리인 이토는 도쿄로 갔다. 4월 10일에 이토, 가쓰라 총리 및 고무라 외상의 회의가 행해졌다. 이 세 정치가는 오직 합병만이 한국 문제를 '해결'한다는 것에 합의를 보았다. 7월 6일 일본 각의(閣議)는 합병의 결정을 승인하고 즉시 천황의 재가를 얻었다. 이 결정은 극비에 부쳐졌고, 이토의 후계자인 소네 아라스케(曾禰荒助) 자작은 적절한 기회가 오면 이를 실천에 옮기도록 기대되었다.[52] 1909년의 한국인에

---

50　매켄지, 앞의 책, p.81 이하 참조.
51　Tatsuji Takeuchi, *War and Diplomacy in the Japanese Empire*(Garden City, N.Y., 1935), p.163. 통감의 새로운 권한 속에는 관리 임면의 독점권이 있었다.
52　고마쓰(小松), 「朝鮮併合의 裏面」, pp.15~17(히시다, 앞의 책, p.175의 인용).

의한 이토의 암살이 일본의 한국 합병의 원인이 된 것도 아니고, 또 이를 촉
진시킨 것도 아니었다. 사실 이 합병은 1년 연기되었는데, 그것은 일본 정부
가 합병이 보복 행위였다는 인상을 주지 않으려고 했기 때문이었다.

1910년 5월 30일에, 1902년 이래의 육군대신이요 군부의 수뇌인 데라우치
마사타케(寺內正毅) 대장이 육군대신의 직책에 머물러 있는 채로 한국의 총독*
에 임명되었다.

6월 14일에 고급 정부직책에 전반적인 변화가 일어났고, 뒤이어 7월 17일에는
600명의 헌병이 한국에 파견되었다. 다음날 가쓰라 총리는 신문에 한국의 합병 의
도를 발표하였다. 며칠 뒤 총리 자신이 직접 관리하는 식민국이 설치되었다. 이리
하여 그달 말까지는 전 왕국이 최후 단계를 위한 준비로서 헌병의 엄중한 감독하
에 놓이게 되었다. …… 데라우치 대장은 7월 15일 도쿄를 출발하여 7월 23일에
엄중한 호위를 받으며 서울에 도착하였다. 한국의 모든 언론기관은 정지되고 무자
비하게 탄압되었다.[53]

8월 22일에 합병조약이 조인되었고, 이리하여 한국은 일본제국 내의 한 총
독부가 되었다.[54]

이와 관련하여 흥미 있는 사실은, 히시다 세이지에 의하면 "100만 명의 한
국인으로 조직되고 이용구(李容九)가 영도하는 일진회(一進會)가 한국 황제 및

---

* 그는 처음 통감에 임명되어 한국에 왔다.
53 이 상세한 기록은 다케우치, 앞의 책, p.165에서 취한 것이다.
54 트리트에 의하면 "한국 황제의 통치권의 양도는 스페인 왕의 필리핀 국민에 대한 통치권의 포
  기와 크게 다른 것이 없었다."(앞의 책, p.392). 그러나 거기에는 다른 점이 있었다. 스페인 왕은
  전쟁과 패전의 결과로서 통치권을 포기한 것이었지만, 한국 황제는 일본의 동맹자였다. 그리고
  한국의 영토 안전과 독립은 이미 보아온 바와 같이 일본 정부가 거듭 보증한 것이었다. 미국 정부
  는 1900년 이전에 필리핀의 독립을 보증한 일이 없었고, 또 스페인 왕실의 '안녕'을 보증한 일도
  없었다.

소네 통감에게 양국의 합병을 청원한 것이었다."[55] 일진회는 일본인이 일시
적인 편의를 위해 만든 기관이었고, 공식통계에 의하면 1910년에 그 회원은
불과 14만 715명에 지나지 않았다.[56] 게다가 이러한 회가 통감에게 청원을 했
을까 하는 것도 의심스러운 일이다. 왜 그런가 하면 합병 직전에 일진회는 국
민교육회(國民教育會) · 홍사단(興士團) · 진보당(進步黨) 등 11개의 다른 단체들
과 함께 해산되었기 때문이다.

　1905년부터 1910년에 이르는 동안의 한국 독립의 말살은 민중의 반항과
투쟁을 받지 않고 이루어진 것이 아니었다. 루스벨트 대통령이 한국인을 자
신의 방위를 위하여 단 한 번의 반항도 하려고 하지 않은 국민이라고 경멸적
으로 다루었음에도 불구하고 한국에는 민중의 허다한 봉기가 있었으며, 그
동기에 대하여는 일본 정부가 잘 알고 있었다. 공식보고의 하나는 다음과 같
이 말하고 있다.

　봉기의 주 동기는 의심할 것도 없이 일본의 보호정치하에 한국 정부가 시작한 새
　체제에 대항하기 위한 것이다.[57]

　최초의 봉기는 1906년 5월에 충남 홍주(洪州)에서 일어났다. 그 지휘자인
의병대장 민종식(閔宗植)은 그의 목적이 일본의 간섭으로부터 한국 국민을 해
방시키는 것이라고 언명하였다.

---

55 앞의 책, p.175. 총독부의 보고에는 일진회를 '大政治團體'라고 했다.
56 조선총독부, 『施政年報』(1910~1911), p.86.
57 『韓國統監報』(1908~1909), p.77. 이하에 기록하는 폭동에 관한 정보들은 1908~1909년도
　부터 1915~1916년도까지의 연보에서 얻은 것이다. 일본 당국은 이러한 폭동이 순전한 정치적
　성격의 것임을 인정하였는데, 미국인 신학자요 철학자인 래드(G.T. Ladd, 1842~1921)는 이 반
　항자들은 산적과 암살단에 불과하다고 했다.

그는 특히 일본에게 한국의 외교권을 넘겨준 조약의 규정을 공격하였다. 반란군들은 홍주시를 점령하였다. ……

일본군의 파견대(派遣隊)가 이를 진압하였으며, 의병들 중 80명이 살해되고 150명이 체포되었다.

다음 봉기는 유학자인 최익현(崔益鉉)*이 일으킨 것이었다. …… 그는 전국 각지에 격문을 보내어 1905년 11월에 체결된 통감 설치에 관한 협약을 공격하고 각 도의 학자와 청년들을 봉기의 방향으로 고무하였다.

드디어 그는 전북 의병들의 지휘자인 임병찬(林炳瓚)과 세력을 합하였으나, 1906년 7월에 어쩔 수 없이 투항하였다.

봉기는 1907년 여름에 전 황제의 양위를 계기로 서울에서도 일어났다. 양위와 군대 해산에 뒤이어 수도에서도 소동과 반항이 일어난 것이다. …… 이것은 일본의 군대와 경찰에 의하여 곧 진압되었다. 그러나 양위와 봉기의 소식이 전해지자 지방에서 봉기가 계속하여 일어났다. …… 이리하여 봉기는 2, 3도를 제외하고는 거의 전국적으로 퍼지게 되었던 것이다.

일본 측 통계에 의하면 1907년 7월부터 1908년 말까지 1만 4,566명의 의병이 살해되고 8,728명이 체포되었다.[58] 부상자 수에 대한 추산은 나와 있지 않지만, 그러나 많았을 것임에는 틀림없다. 의병들은 무엇보다도 그들의 원시적인 무기 때문에 패배하였다. 13개월 동안에 일본 정부는 4,800자루의 소

---

* 원문에는 Choi Ik-Ryon으로 되어 있으나, Choi Ik-Hyon의 오식일 것이다.
58 그 당시 한국의 인구는 1,200만~1,300만으로 추산되었다.

총, 권총 및 대포와 13만 3,000발의 탄약, 그리고 8만 8,000자루의 창과 검을
압수하였다. 그것은 대체로 중세적인 창검으로 20세기의 기관총에 대항하는
전쟁이었다. 1909년에는 3,000명의 의병이 살해되었고, 2,844명이 체포되었
으며, 한편 2,091명이 투항하였다. 1910년 9월부터 1911년 8월까지 52회의
교전이 있었는데, 1911년에서 1912년에는 불과 30회, 1912년에는 겨우 5회
가 있었다. 1915년 7월에는 의병대장인 채응언(蔡應彦)·김종철(金鍾鐵)·김종
근(金鍾根) 등이 일본군에 투항하였다.* 그러나 북부의 산악지대에서는 반항
이 여전히 계속되었다. 많은 의병들은 만주로 이동하였는데, 그들은 국경을
넘어 침입해 왔다. 그러나 일본군과 헌병의 무자비한 수단에 의해 전국은 평
온해졌다. 한국인은 자신의 방위를 위해 반항할 수 있었고 또 하였지만, 그러
나 그들은 사실상 비무장 상태였고, 그리고 목적을 달성할 때까지는 결코 멈
추지 않는 적과 대항하고 있었던 것이다.

　합병 자체가 한국의 귀족 및 보수적인 세력을 회유하려는 기도와 결부되고
있었다. 한국 황제는 창덕궁의 왕이 되고 황태자는 왕세자가 되었다. 그들과
그 비(妃)에는 '전하(殿下)'의 칭호가 부여되고, 매년 총독부의 예산으로부터
150만 원의 연금이 지불되었다.[59] 황족들도 마찬가지의 은전을 받았는데, 황
제의 두 친척은 그들의 가족을 유지하기 위하여 84만 원의 연금을 받았다. 한
국 정부의 전(前) 대신들은 화족(華族)이 되었다. 6명의 후작(侯爵), 3명의 백작
(伯爵), 22명의 자작(子爵) 및 45명의 남작(男爵)이 생겼고 그들은 모두 연금을
받았다. 이러한 연금은 도합 3,645명에게 주어졌고, 679만 원에 달하였다.
다음과 같은 그룹은 각각 극히 적은 연금을 받았다. 즉 60세 이상 되는 2,809

---

* 이들 3명은 모두 일본 정부에 의해 사형선고를 받았다. 따라서 투항이란 말은 적절하지 못하다.
　최익현의 경우도 마찬가지다.

59 『施政年報』(1911~1912), p.1에는 "이태왕(李太王) 및 이왕(李王) 전하는 정치적인 책임과 괴
　로움에서 자유로워졌으므로 이제 보다 행복되고 평안한 생활을 즐기고 있다"라고 하였다.

명과 약간의 학자 및 7,002명의 양반(귀족)은 각기 24원을 받았고, 또 (수백만

중에서) 1,768명의 '효자효녀'가 선택되어 10원을 받았으며, 그리고 300~

400만 명의 부인 중에서 1,441명의 '열녀'가 선택되어 그 정숙 때문에 10원

을 받았고, 7만 902명의 과부와 고아가 각기 3원의 연금으로 만족해야 했다.

한국에 수립된 새로운 정부는 비교적 단순한 것이었다.[60] 정부의 최고직에

는 총독이 있는데 군인이 임명되었으며, 그를 임명한 일본 황제에게 책임을

졌다. 총독은 최고행정관인 동시에 최고군사령관이었고 또한 법령을 발하고

법관을 임명할 권한이 있었다. 13명의 도지사 중에서 7명은 일본인이 임명되

었다. 지방 행정구역의 장들도 많은 경우에 한국인은 그 직을 박탈당하였다.

그러나 아득한 옛날부터 모든 도시나 촌에는 선거된 시장과 촌장이 있었으

며, '부패한' 한국 정부라도 "이 지방 자치의 권한에 간여하지는 않았던 것이

다."[61] 모든 학교의 교장과 대부분의 법관도 일본인이 임명되었다.

그리고 중추원(中樞院)이라고 불리는 총독의 자문기관이 생겼는데(1910년 9

월), 그 구성원*은 "유능하고 명망 있는 한국인에서만 선임되었으며, 총독이

행정 사항에 관하여 상의하면 그에게 조언을 하는 것이었다." "높은 인격과

훌륭한 명망이 있는 인물"이어야 하는 그 구성원들은 "총독의 상신(上申)에

의하여 일본 황제의 재가를 얻어" 임명되었다. 중추원은 그가 30여 년 존속

하고 있는 동안에 다음과 같은 사항에 대하여 자문하였다.

1. 묘지(墓地) 및 화장(火葬)에 관한 규칙의 개정(1919)

2. 상속 및 친족 관계에 대한 규정(1921)

3. '국민(國民)의 상태(狀態)'에 관한 의견(1929)

---

60 상세한 것은 행정에 관한 장(제13장) 참조. 행정기구에는 합병 이후 극히 적은 변화밖에 없었다.
61 정한경 편, 앞의 책, p.62.
* 그 구성원은 참의(參議)라고 불렸다.

4. 농촌 지방의 상황(1930)

5. 현시(現時)의 상태에 비추어 민중(民衆)의 생활 안전을 위하여 필요한 조치(措置)(1931)

6. 지방의 상황에 비추어서 …… 사상(思想)의 선도(善導)에 …… 필요한 조치(1932)

7. 농어촌(農漁村)의 진흥상(振興上) 필요한 새로운 조치 및 의례준칙(儀禮準則)의 제정(1933)

8. 도시(都市)에 있어서의 민심(民心) 작흥(作興)을 위한 확고한 계획은 무엇인가 하는 질문에 대한—구두(口頭) 또는 문서로서의—응답(應答). 또 구관제도(舊慣制度) 및 구습(舊習)의 변화와 현존(現存) 관습(慣習)의 조사(1934)

9. 고유 신앙의 부활, 현존(現存) 제종교(諸宗敎)의 진흥(振興) 선도(善導)에 관한 사항(1935)[62]

이 일람표는 중추원이 주로 관습이나 신앙에 관한 문제에 대하여 자문을 받았고 중요한 사항들은 그곳에 문의되지 않았다는 것을 말해준다.

조선총독부의 직원은 (그 부속기관까지를 포함하여) 처음에는 5,000명이었지만, 1916년에는 4만 2,312명으로 증가되었다(그중 4,146명은 "다른 자금으로 유지되었다"). 이 중에서 2만 3,483명은 일본인이었고, 한국인은 하급 직위만을 차지하였다. 헌병과 경찰은 교사 · 의사 · 목사 · 풍수사(風水師) 및 무당을 합친 수보다도 많았다. 그들은 어느 때든지 어떠한 주택에든지 들어가며, 재판정에 합석하며, 지방의 법정에서 고발자가 되며, 영장 없이 체포할 권리가 있을 뿐만 아니라, 체포한 자의 '즉결재판'을 할 수 있는 권한이 있었다. 경관이 그러한 즉결재판의 경우에 적용한 처벌은 30장의 태형이었다. 매년 경관이 직접 취급한 8,000, 혹은 그 이상의 사건 중에서 겨우 30~50명이 "그들의 무

---

62 이 일람표는 『朝鮮施政年報』(1936~1937), pp. 42~43에서 취해온 것이다.

죄를 증명할 수 있을 뿐이었으며, 약 1,000명이 용서되었고, 그 이외는 벌금 형이나 태형을 받았다. 태형은 일본인을 처벌하는 데는 결코 사용되지 않았고, 다만 한국인에 대해서만 사용되었는데 이것은 그들이 말하는 바에 의하면 한국의 옛 관습이었기 때문이었다. 정치범들은 늘 태형을 받았다. 1910년과 1920년 사이에 태형을 받은 한국인의 수는 20만 명을 넘는 것이었다.

이 기간에 있어서의 민중 생활의 상황은 공식보고를 통해서 판단할 수가 있다. 이미 위에서 우리는 합병 직전에 모든 정치단체가 해산되었다고 말하였지만 이어 다른 단체들도 운명을 같이 하였다.

황해도 황주 지방에 유교단체*가 있어서 소위 '자연의 법 혹은 주의'를 가르침으로써 공안(公安)에 유해한 점이 드러났으므로 관계당국으로부터의 설유(說諭)에 의하여 1911년 4월에 해체되었다. 맹산 지방에서 유교도들이 조직한 다른 단체**도 1911년 10월에 같은 이유로 해체가 권고되었다. 소위 자치회는 …… 그러한 권고를 받고서 1911년 4월 경찰에 그 해산을 보고하였다. 7월에는 전주 지방에 있는 실업회(實業會)의 한 지부가 공안에 유해하기 때문에 해산이 명령되었다. 또한 공중집회(公衆集會)나 호외(戶外)에서의 군중의 집합이 금지되었다. 다만 종교적인 집회나 학교의 소풍은 예외였지만 경찰당국으로부터 허가를 받아야 했다. 1911년에는 교사에 대항하는 학생들과 지주에 대항하는 소작인들의 야외집회와 철도부설용 토지의 구매에 반대하는 운동이 일어났다. 그러나 이들은 모두 평화적으로 해산되었다.[63]

시간이 지남에 따라서 집회 해산의 예가 보고에서 자취를 감추고 마는데, 그것은 해산시킬 단체가 거의 없어졌다는 간단한 이유에서였다.

---

* 白日道를 말한다.
** 靑林道를 말한다.
63 『施政年報』(1911~1912), p.54.

　이러한 '개혁'이 실시된 이후의 한국의 역사를 말하기 전에, 그것이 서양에 어떻게 보고되었는가를 살펴보기로 하자. 그 대표적인 예는 유명한 신학자이며 철학자인 동시에 교사인 래드(G.T. Ladd)가[64] 1912년 7월호의 *Yale Review*지에 실은 「한국의 합병 : 인자스런 동화(同化)에 관한 논설」("The Annexation of Korea: an essay in benevolent assimilation")이다. 이 논문에서 그는 먼저 일본이 한국에서 당면하고 있는 문제를 다음과 같이 말하고 있다.

　　외국이 방대한 이민족의 경제적 · 교육적 향상을 꾀한 가장 거대한 기도는 의심할 것도 없이 영국이 인도에서 행한 그것이었다. …… 소위 '인자스런 동화'라고 부른 일본의 한국 합병은 그 규모에 있어서나 또는 내재적인 곤란성(困難性)에 있어서 물론 인도에서의 영국 정부의 기도에 비교할 바가 못 된다. 그러나 이것은 곤란함과 동시에 희망도 있다는 점에 있어서 세계적인 흥미를 끄는 일종의 특수한 양상을 지니고 있다.(p.639)

　래드 박사가 말한 그 곤란성이란 무엇이었는가? 첫째는 한국인의 성격, 즉 그들의 불만이었다.

　　그것은 한국이 독립을 잃고 지구상의 여러 국가 사이의 일국으로서 그 존재를 잃었다는 것보다도, 이러한 모든 것을 잃음으로써 살아남은 한국인들은 '그들의 체면을 건지지' 못했다는 것이다. 사실 어떤 사람은 자살로, 어떤 사람은 산적이나 암

---

64　그는 또 *In Korea with Marquis Ito*라는 책의 저자인데 앞의 주(각주 57)에서 말한 내용은 이 책에서 인용한 것이다. 이 책에서 그는 다음과 같이 말하였다. "온 세계와의 평화를 원하는 일본의 진지한 요망에 대하여는 그 나라를 아는 사람이면 털끝만큼도 의심을 품을 수가 없다." (p.459) 그리고 "한국에서 일본인과 한국인이 하나의 국민이 될 수 없으리라는 근본적인 이유가 없다. 이 국가가 한국이라고 불리는가 혹은 일본이라고 불리는가는 시간만이 말할 수 있을 것이다. 그리고 그 국민이 현재의 한국인보다는 행복스럽고 번영되고 도덕적이고 또 참말로 종교적으로 될 것임을 예언할 만한 충분한 이유가 있다. ……"(p.462)

살자가 됨으로써 그 체면을 지키려 하였다. 그러나 그 국민은 애국자로서 죽을 것을 요청하는 부르짖음에 대대적으로 호응하지 않았다.(p.643) 그 다음의 곤란은 한국의 빈곤, 그 자원의 미개발 상태, 모든 종류의 현대적 개선의 긴급한 필요성, 그리고 한국인 자신만의 과세로써 이 모든 것을 어느 정도 해결할 수 있는 기금 준비의 불편 내지 불가능성이다.(p.645)

그러나 뒤이어 이 '불편'하고 '불가능'하던 것이 새로운 정부에 의해 수행되었음을 말하고 있다. 셋째 곤란은, "지극히 적은 수나마 정직하고 지혜 있고 용감한 한국인을 발견하기 어렵다는 것이었다."(p.644)

그러면 희망은 어디에 있는가?

이 모든 것에 더하여 인내와 지혜와 선의로써 성실하고 진정한 인자스런 동화를 수행하려는 노력을 잠시라도 중지하지 않는다고 일본 정부가 결심한다면 종국적인 승리에 대한 전망에 극히 희망적인 관측을 우리는 분명히 내릴 수 있다.(p.624)

그리고 또

일본은 아직도 한국과 일본제국의 여타 부분과의 사회적·정신적 일체를 가져오는 일에 노력하려고 하며, 또 하고 있는가? 나는 이 질문에 대한 대답이 희망적인 긍정일 것임을 믿는다. 그리고 만일 이 긍정적인 대답이 역사적인 진실이 된다면 일본은 전 기독교계에 훌륭하고도 아주 필요한 교훈을 가르쳐주는 것이 될 것이다.(p.646)

래드 박사는 그의 입장에서 이러한 희망의 근거가 된 수많은 사실들을 인용하였음을 말해야겠다. 그것들은 ① "많은 미불세금(未拂稅金) 및 용품 남용에 대한 과료"의 면제, ② "가을에 징수하는 토지세의 5% 이상의 감소,"[65] ③

상기 '효자', '열부(烈婦)'에 대한 포상, 그리고 ④ 데라우치 대장의 다음과 같은 말 등이다.

> 만일 부단히 현명한 인도와 감독을 한다면 완전한 조화와 동화의 궁극 목적을 달성하는 것이 반드시 그처럼 곤란하지는 않을 것이다. …… 문제의 초점은 …… 일본인과 한국인 사이의 차별을 없애버리는 것이며, 이렇게 함으로써 위대한 국민의 복리가 증진되고 또 국가의 기초가 어느 때보다도 더 공고히 될 것이다.(p.656)

래드의 견해에 의한다면 일본은 기독교세계에 대하여 교훈을 주고 있고, 한국과의 정신적인 일체화를 위해 또 한국의 교육적인 향상을 위해 노력하고 있는 셈이 되는데,[66] 그럼에도 불구하고 일본인 자신은 1910년에서 1919년에 이르는 사이에 한국에서 취한 그들의 정책을 '무단적 통치책(武斷的 統治策)'이라 부르고 있는 것이다.[67]

이 기간에 이루어진 일본의 경제적인 분야에 있어서의 업적은 서방 관측자들로부터 일반적으로 칭찬을 받았다. 일본의 통치에 대하여 비판적인 입장에 선 매켄지조차도 합병 후 10년 동안의 한국의 발전을 다음과 같이 묘사하였다.

> 1910년의 합병으로부터 1919년의 국민 봉기에 이르는 동안, 많은 물질적인 진보가 이루어졌다. 낡고 무기력한 행정은 일소되었고, 안전통화(安全通貨)가 유지되고, 철도는 크게 연장되고, 도로가 개선되고, 식림(植林)이 대규모로 추진되었고,

---

65 조세 부담의 '경감' 과정에 대해서는 약간 자세히 기록되어 있다.
66 나는 총독이 래드의 이러한 서술에 대하여 영향을 주었는지 또는 반대로 래드의 서술이 총독에게 영향을 끼친 것인지를 알지 못한다. 그러나 『施政年報』(1911~1912), p.12에는 다음과 같은 글이 실려 있다. "특히 합병 이후에 한국인은 일본인을 형으로, 일본인은 한국인을 동생으로 생각하게 되었으며, 그들의 형제 관계는 상호 간의 존경을 통하여 굳어지고 있다."
67 『朝鮮經濟年報』(1939), p.80.

농업이 발달하고, 위생시설이 개선되고 그리고 새로운 산업이 일어났다.[68]

비록 매켄지가 이 기간을 '최대의 실패의 역사에 속하는' 것으로 생각했지만,[69] 그것은 물질적인 진보와는 별개의 것으로 여겨졌던 것이다. 1910~1920년의 한국에 대해 쓴 거의 모든 서방 저술가들은 안전통화, 개선된 도로 및 식림을 칭찬하였다. 그러나 보다 면밀히 음미한다면, 이러한 일본의 업적이 한국인 전체의 보다 나은 행복이라는 견지에서 보아 거의 아무런 의미도 없다는 사실을 발견하게 된다.

합병 당시에 한국인의 80% 이상이 농업에 종사하고 있었는데, 그들은 적절히 말한다면 자연경제였지 화폐경제를 영위한 것이 아니었다. 안전통화라는 것은 그들에게 아무런 큰 의미도 없는 것이었다. 명백히 옛 화폐제도는 나빴으며, 동화 · 은화 및 백동화는 상호 간에 확정된 환율이 없었다. 그러나 메가타 남작에 의하여 채용된 소위 한국의 '안전' 통화라는 것은 결코 물가를 안정시키지는 못하였다. 1907년에서 1914년에 이르는 사이에 한국의 물가는 평균 배로 앙등하였다. 만일 1914년 12월의 물가지수를 100이라 한다면 1920년 3월에는 369가 된 것을 발견하게 된다. 즉 6년 동안에 통화가치가 3배 반 이상이나 떨어진 것이다. 1925년에는 210으로, 즉 거의 반이나 떨어졌고, 1931년에는 물가지수가 110으로 1920년의 그것의 겨우 3분의 1이 되었고, 1933년에는 150으로, 1938년에는 240, 1940년에는 360으로 올랐다. 옛날의 무능하고 부패한 정부 밑에서는 화폐가치가 메가타 남작이 채용한 '안전하고' '안정된' 화폐와 같이 심하게 변동하지는 않았다.

그러면 우리는 두 번째 업적, "철도가 크게 연장되고 도로가 개선되었다"

---

68 매켄지, 앞의 책, p.183.
69 위와 같음.

는 사실을 살펴보기로 하자. 우리는 앞서 인용한 바 케넌이 이 건설 계획에 의하여 토지의 가치가 증대되었다고 한 말을 회상하는 것이 좋겠다. 독자들은 또 "철도부설용 토지의 구매반대운동을 위한 한국인의 회합이 순순히 해산되었다"라는 것을 기억하고 있을 것이다. 1916년에 도쿄제국대학 교수인 야시로(八代) 박사는 한국을 여행한 뒤 도로 건설에 대한 그의 인상을 『주오공론(中央公論)』지상에 다음과 같이 발표하였다.

　　그들(行政府)은 법을 이용하여 무자비하게 토지의 소유권을 박탈하였으며 이에 관련된 한국인들은 도리 없이 그들의 가산을 내놓지 않을 수 없었다. 한국인들은 또 많은 경우에 아무런 임금도 받지 않고 도로공사에 강제로 동원되었다. 더욱 곤란한 것은 관리들에게 편리한 날에만 무료로 일하지 않으면 안 되었다는 것이다. 그러나 이러한 날들은 무임노동자들에게는 편의가 나빴을 것이다.[70]

　　이러한 도로들은 어떻게 이용되었는가? 한 미국인 여행가가 1920년에 쓴 다음과 같은 기록이 있다.

　　지극히 완전한 도로가 빈 평원을 과거의 어느 때보다도 더 쓸쓸히 보이게 하였다. 답답한 오두막 속에 사는 주민들은 결코 그러한 도로를 건설하지는 않았을 것이며, 또 저쪽 계곡의 사람들과 물물교환을 할 때에만 겨우 도로를 이용할 뿐인 계곡의 주민들도 결코 이 도로를 건설하지는 않았을 것이다. 대로 옆의 거친 풀 속에서 반만큼 찾아낼 수 있는 굽은 소로(小路)라도 소로 한쪽 끝의 먼 시가(市街)에서 요구하는 빈약한 교역을 위해 충분할 것이다. 그러면 그 도로는 무엇을 의미하는가? 한국의 상업은 그것을 필요로 하지 않았다. 이 대도는 오직 정복자의 힘을 강화하기 위한 군사도로 이외에 아무것도 아니었다.[71]

---

70 정한경(Henry Chung), *The Case of Korea*, pp.110~111에서 인용.
71 A. Tisdale, *A Korean Highroad*. 정한경, 위의 책, p.109에서 인용.

좋은 도로는 있었지만 가난한 주민들은 그 도로로 운반할 아무것도 가지고 있지를 않았다.

매캔지는 또한 "식림이 대규모적으로 추진되었다"라고 1920년에 말하였다. 클라이드는 "1911년에는 발가숭이가 된 시골에 대한 재식림(再植林)이 행해졌고, 1925년까지 수백만의 묘목이 심어졌다"라고 1937년에 말하였다. 또 고웬(H.H. Gowen)은 "식림이 정말로 놀라운 규모로 추진되었다. 5억 이상의 묘목이 발가숭이 다갈색 산기슭에 일본의 산림당국에 의해 심어졌다"라고 1938년에 쓰고 있다.

그러나 이들 '수십 억'은 매년 찍어내는 나무의 수와 비교해서 고려하지 않는다면 거의 의미가 없는 것이다. 실제 한국에서의 재식림은 삼림의 파괴보다 느리게 행해졌다(상세한 것은 제6장 참조).

이와 같이 한국에 있어서의 소위 '물질적 진보'의 몇 개의 예를 든 것은 일본인의 공식보고를 읽을 때에 우리 연구자들이 얼마나 신중해야 하는가, 그리고 식민지의 조건 밑에서는 경제적 활동의 증대가 반드시 토착민의 운명을 개선하는 것이 아니라는 것을 보이기 위함이었다.

1910년에서 1920년에 이르는 동안에 한국에서 일정한 공업의 발전이 행해졌던 것은 사실이다. 그러나 그것은 극히 제한된 것이었다. 그 이유는 행정부가 한국의 공업을 발전시키는 것을 원하지 않고 있었으며, 그리고 일본인의 이주에 의하여 필요하게 된 것과 일본인의 상업과 수송에 필요한 것(수리공장, 벽돌 생산, 지역적으로 산출되는 약간의 식료품 등)의 발전만을 허락했기 때문이었다. 합병 직후에 회사의 설립, 통제 및 감독에 관한 법령이 공포되었는데, 그 법이 너무 엄격했기 때문에 새로운 기업체를 설치한다는 것은 실제로 불가능하였다. 조선총독부는 이러한 제한에 대하여 다음과 같이 설명하였다.

일본에서보다 훨씬 엄격한 (회사의) 통제와 감독이 반도에서는 실제로 필요하였다. 그것은 기업에 대한 지식과 경험이 없는 한국인을 불법적인 음모자들로부터 보호하기 위함이요, 또 이 새로운 영토에 존재하는 실제 상태에 대하여 충분한 지식을 갖고 있지 못하는 일본인이나 외국인 자본가들이 애매한 사업에 부주의하게 투자하는 것을 방지하기 위함이며, 이리하여 기업의 건전한 발전이 증진되게 하기 위함이었다.

그러나 이러한 규칙들은 비록 그 전부가 공격받은 것은 아니었으나, 기업에 대한 용기를 잃게 한다는 견지에서 일본의 일부 실업계로부터 많은 비판을 받았다.[72]

다카하시 가메키치(高橋龜吉)는 호즈미 신로쿠로(穗積眞六郎) 식산국장의 말을 인용하여 데라우치 시절에 한국에 지점을 설치하려고 하는 회사는 '지극히 곤란한' 과정을 밟아야만 그 목적을 달성할 수 있었음을 지적하고, 또 "한국 합병 이후 이 산업의 발전은 의식적으로 억제되었다"라고 부언하고 있다.[73]

그리고 또 총독부의 외국영향말살운동의 문제가 있다. 합병 뒤에 한국에서 외국과 연락을 가지고 있는 기관은 오직 하나가 남아 있었는데, 그것은 바로 기독교의 교회(오히려 교회들)였다. 1911년 가을에 135명의 가장 유력한 한국 기독교인이 총독 암살을 음모하였다는 죄목으로 검거되었다. 이렇게 검거된 사람 중에는 구한국 정부의 각료였고 송도감리교신학교(松都監理敎神學校)의 교장이며 한국기독교청년회의 부회장인 윤치호 남작이 포함되어 있었다.[74] 3

---

72 『施政年報』(1915~1916), p.113. 이 연보에서는 또 데라우치 대장이 이러한 상태를 얼마나 유감으로 생각하고 있는가를 다음과 같이 말하여주고 있다. "회사법의 강요로 인하여 일본의 유명한 상사나 자본가들이 한국을 그들의 자본 투자의 분야로서, 특히 광업에서 아직 시험해보지 않았다는 것은 유감된 일이다. 그러나 총독은 그러한 건전한 자본가들을 유치하는 노력을 개인적으로 행하였던 것이다."(위의 책, pp.113~114).

73 다카하시, 『現代朝鮮經濟論』, pp.349~350.

74 이 윤치호는 일본 정치가의 도움을 받아 한국을 구할 것이라고 케넌이 말한 바로 그 사람이다.

명의 피고인이 아마도 고문에 의하여 옥사하였고, 9명은 재판도 받지 않고 추방되었으며, 123명 중에서 105명이 5~10년의 징역 언도를 받았다.

그러나 이러한 행동은 이 사건이 널리 알려진 미국의 기독교계를 분기시켜 일본에 대하여 많은 호소가 행해졌다. 남부감리교감독교회의 핀슨(W. W. Pinson) 박사는 이 사건을 조사하기 위해 한국에 특별여행을 하였는데, 그는 피고들에 대해서 다음과 같이 쓰고 있다.

이 일단의 죄수에 관하여 놀라운 일의 하나는 그들의 풍모이다. 만일 여기서 누가 연약하고 위축된 겁쟁이나 염치없는 자포자기자를 발견한다면 그는 실망할 것이다. 그러나 반대로 여기서는 꼿꼿하고 사내답고 자존심이 있고 슬기로운 사람들을 발견하게 된다. 빼어난 힘과 고상한 인격이 그 모습에 역력히 드러나는 사람들이 많이 있다. 전체적으로 말하면 그들은 이 나라의 어디에서고 같은 수의 사람에서 발견할 수 있다고 기대되는 것보다 훨씬 뛰어난 일단의 사람들인 것이다. 자세히 조사해본 결과 헌병들은 가장 잘 자라난 밀에다가 그들의 낫을 들이대고 있다는 것이 분명해졌다. 이들은 범죄적인 혹은 무책임한 사회계급에 속하는 것이 아니다. 그들의 대부분은 소교의문답서(小敎義問答書)의 엄격한 항목에 따라서 교육을 받은 장로교도들이다. 그들은 고소되고 있는 바와 같은 음모의 범죄를 저지를 종류의 사람이 아니다. 그들은 그러기에는 너무나 지혜롭다. 그들은 어떤 위대한 주의를 위하여 필사적인 모험을 할지는 모르지만 바보 같은 짓은 결코 할 수 없는 사람들이다.[75]

미국에 있어서의 항의는 복심법원에서 사건을 재심하도록 만들었고 총독으로 하여금 '위무(慰撫)적인 방법'[76]을 쓰도록 훈령을 내리게 하였다. 복심법

---

75 *New York Herald*(1912년 9월 29일). 여기에 보고 전문이 실리었다. 또한 *Japan Chronicle*지의 특파원에 의한 "The Korean Conspiracy Trial. Full Report of the Proceedings"(1912), p.136 참조.
76 『施政年報』(1911~1912).

원에서는 99명을 무죄 언도하고, 윤치호를 포함하는 그 밖의 인사들의 판결은 감형하였다. 피고들에게 가해진 고문에 관한 외국의 비난에 대해 공식보고는 다음과 같이 말하고 있다.

　　그러면 그(총독) 밑에 있는 관리가 법에 규정된 이외의 다른 방법을 행사할 수 있다고 상상할 수 있을 것인가![77]

다른 말로 바꿔서 한다면 일본의 법률 속에 고문이라는 문자가 씌어 있지 않으므로 고문은 존재하지 않는다는 것이다.[78]

1916년 10월에 데라우치는 일본의 총리대신이 되기 위하여(23개월간 재임) 총독의 자리를 물러나고 전(前) 주한일본군사령관이던 하세가와 요시미치(長谷川好道) 백작이 그 자리를 계승하였다. 하세가와 재임 시인 1918년에, 1910년에 착수된 토지조사사업이 300만 원의 경비로 완료되었다. 이 조사사업은 지세의 개정을 가져왔고, 소유권이 보다 분명하여졌으므로 토지의 매매를 활발히 하였고, 또 과거의 면세지를 드러나게 하였다. 이 사업 이후에야 겨우 한국의 농업상의 통계가 확실한 기초 위에 서게 되었다. 그러나 총독부가 매년 교육비로 겨우 30만 원, 의료비로 40만 원, 그리고 전 지방관청의 연 예산 총액이 겨우 몇 백만 원에 지나지 않을 때에 그것이 300만 원의 금액을 사용하는 가장 좋은 방법이었는가 하는 의문이 생긴다.

민중 생활에 관한 한 데라우치가 남겨놓은 강압정책이 하세가와의 치하에서도 완화되지는 않았다. 그러나 1918년에는 새로운 민족주의 정신이 모든

---

77 정한경, 앞의 책, p.163.
78 이 사건은 외국에 있어서의 여론의 압력이 한국에 실제적인 효력을 나타낼 수 있었다는 것을 말해주고 있다. 불행히도 대부분의 사람들은 한국인의 상태가 악화되지 않도록 하기 위해 일본을 비판해서는 안 된다고 믿고 있었다.

식민국가에서 나타나고 있었다. 우드로 윌슨(Woodrow Wilson) 대통령의 '14 개조'는 도처에서 논의되고 있었으며, 그 소식은 합병 이후 10년 동안 독립을 잊어버린 일이 없는 한국인에게도 전해졌다. 그들은 민족자결의 이상에 호응하여 그들 스스로 이 민족자결을 수행하려고 하였던 것이다. 그들의 지도자들은 무장봉기가 불가능하다는 것을 잘 알고 있었다. 그들은 아무런 무기도 가지고 있지 못했다. 그러나 비록 군대는 없더라도 한국인은 그들이 자유를 누릴 가치가 있다는 것을 전세계에 증명할 만큼 충분히 강하였던 것이다.

1919년 1월 20일에 사망한 구(舊)한국 황제의 장례식 뒤에, 전 민족의 대표자인 33명의 저명한 한국인은 「조선독립선언서」를 작성·서명하였다. 3월 1일에 이 선언서는 군중 앞에서 낭독되었으며, 연설이 행해지고 태극기가 휘날리고 만세 소리가 일어났다. 적어도 50만 명의 한국인이 시위운동에 참가했으며, 이것은 서울로부터 전국으로 퍼져갔다.[79] 일본 정부는 불시에 기습을 받은 것이다. 밀정(密偵)조직은 한국에서 세계 어느 곳보다도 더 잘 발달되어 있었고, 행정부는 무슨 일이 절박해오고 있다는 것을 알고는 있었다. 그럼에도 불구하고 시위운동은 매우 조직적이었고, 그리고 민족적인 주장에 대한 한국인의 신념이 너무 굳었기 때문에 경찰은 이 운동의 성격·목적 및 규모에 관해 아무것도 모르고 있었다. 이것이 경찰 및 군대 책임자들의 분노를 증대시켰다. 일본 정부는 두 달 동안에 가장 잔인한 방법으로 이 운동을 탄압하였다.[80, 81]

---

79 『施政年報』(1918~1921), pp.158~159에 의하면 "폭동에 참가한 총 인원은 대략 50만 명이었다." 그러나 이 공식 추산은 적게 본 것이 틀림없다. 당시 한국의 전 성년 남자의 수는 400만~500만 명이었다.

80 버스커크(J.D. van Buskirk)는 그의 *Korea, Land of the Dawn*(New York, 1931)이라는 책 속에서 다음과 같이 말하였다. "이 독립운동은 군국주의가 행해지고 있는 다른 지방에서 보고되는 것과 마찬가지의 잔인성을 가진 군사적인 방법으로 억압되었다."

81 해외의 한국인 대표들은 이 운동을 진압하는 데 보다 더 긴 시간이 걸렸다고 단언하고 있다. 그

일본 정부의 발표에 의하면 553명의 한국인 '선동자'가 피살되었고, 1,409명이 부상하였으며, 1만 9,054명(그중 471명은 여자)이 투옥되었다.[82] 태형을 받은 1만 592명의 시위자가 상기 통계 속에 포함되어 있는지 어떤지는 분명하지 않다. 1만 1,831명의 한국인이 피검 후 거의 2년 동안이나 재판을 받지 않은 채 유치장 속에 있었다.[83] 한국인 저술가들은, 피살되고 처형된 자의 수가 7,000명이 넘는다고 말하고 있다.[84] 그러나 공식 숫자만을 가지고 논한다 하더라도 이것이 전 민족적인 운동이었음은 분명하다.[85]

일본 정부는 이 운동을 해명하는 데에 커다란 곤란을 느꼈다. 운동 이전의 모든 『시정연보(施政年報)』에서 한국은 형인 일본에 대해 사랑과 충성을 다하

---

리고 공식보고들도 간접적으로 이를 승인하고 다음과 같이 말하였다〔『年報』(1922), p.196〕. "비록 아직 약간이나마 비밀히 엉뚱한 소문이나 선동적인 글발을 퍼뜨리면서 국민을 오도하려는 불령선인(不逞鮮人)이 있지만 그들의 노력은 실패할 것이 뻔한 일이다."

82 『施政年報』(1918~1921), pp.158~159. 여기에 이 운동 후 3년간은 연보가 발간되지 않았다는 사실을 지적하는 것은 흥미 있는 일이다.

83 정한경, 앞의 책, p.316.

84 정한경, 위의 책. 이 책 속에는 이 운동과 그 탄압에 대한 탁월한 서술이 실려 있다.

85 클라이드는 "한일 양국인의 사상자는 각기 무수하였다"고 주장한다(앞의 책, p.441). 이 같은 서술은 오해한 것으로 일본 측의 주장보다도 심하다. 여기에 공식보고에 의한 양측 사상자의 일람표를 제시하면 다음과 같다.

|  | 피살자 | 부상자 |
|---|---|---|
| 관리 | 8 | 158 |
| 민간인 | 1 | 28 |
| 선동자 | 553 | 1,409 |

【자료】『施政年報』(1918~1921), pp.158~159

위의 관리 및 민간인 속에는 상당수의 한국인이 있었다. 선동자 속에는 한 명의 일본인도 없었다. 이러한 상이의 원인은 명백하다. 즉 시위자들은 무장되지 않았고 그들의 의도는 평화적이었다. 군대나 경찰이 그들의 가옥이나 전 촌락을 소각하면서 공격하였을 때에 그들은 어떤 곳에서는 돌로 대항하였다. 그러나 일본인 자신이라 하더라도 '수많은 사상자'가 났다고는 말하지 않는다. 공식보고는 다음과 같이 말하고 있다. "하지만 시간이 흐름에 따라서 그들(운동자)의 태도는 위험스러운 변화를 초래하였다. 폭도들은 관청 건물을 공격하고 파괴하기 시작하였다. 많은 경찰관과 지방관리들이 난폭하게 취급되었고, 더러는 죽임을 당하기까지 하였다."(같은 책, p.194).

고 있음을 강조하였기 때문에 더욱 그러하였다. 일본 정부는 독일의 영향과, 조속한 시일 내에 독일이 승리를 거두리라는 한국인의 신념을(1919년의 3월에) 탓하였다. 이와 마찬가지로 볼셰비키의 영향을 비난하였다. 그리고 윌슨 대통령의 약소민족을 위한 민족자결주의도 전혀 그 비난을 벗어나지는 못하였다. 그리하여 "그 완전한 의미를 그들(한국인)은 분명히 알 수 없었다"라고 했던 것이다.[86]

이 운동은 해외에서, 특히 미국에서 중대한 반향을 일으켰으며 심지어 일본에서도 그러하였다. 일본 사람들은 처음으로 그들의 '번창하는' 식민지에서 무엇인가 잘못되고 있음을 알게 되었던 것이다. 하세가와 총독은 소환되었고, 1919년 8월에 사이토 마코토(齋藤實) 제독이 신총독으로 임명되었다. 그는 취임과 동시에 일본의 신정책 채택을 성명하고, 반도에 자유롭고 공정한 행정을 시행할 것을 언명하였다.

개혁의 기초가 된 제 원칙은 다음과 같았다. 즉 평화와 질서의 확립, 공론의 존중, 관료주의의 폐지, 행정의 개혁, 일반 생활의 개선 및 대중문화와 행복의 향상 등이었다. 그리고 이러한 기본적인 여러 가지를 완수하기 위해 다음과 같은 중요한 계획이 세워졌다.

1. 군인에 한정되었던 총독 지위의 문관에의 개방
2. 일본인과 조선인 간의 차별 대우의 철폐
3. 법령의 간소화
4. 사무 처리의 신속
5. 지방분임주의
6. 지방 제도의 개정

---

86 『施政年報』(1936〜1937), p.176.

7. 재래 문화 및 관습의 존중

8. 언론 · 집회 및 출판의 자유

9. 교육의 보급과 산업의 개발

10. 경찰 기관의 정비

11. 의료 및 위생시설의 확장

12. 민심의 수무(綏撫) 선도

13. 인재 등용의 문호 개방

14. 일본인과 한국인 간의 융화[87]

이 개혁안은 일부 외국인에게 폭발적인 감격을 불러일으켰다. 우리는 이미 일부 저술가들이 얼마나 이토 후작과 데라우치 백작을 칭찬하였고 그들의 약속을 인용하였는가를 보아왔다. 이제는 사이토 제독의 차례가 온 것이다. 클라이드 교수는 다음과 같이 말하였다.

(그는) 위대한 행정관이요 관대하고 인정 깊은 인격자로 인정되었다. …… 그의 임명은 한국을 위해 새롭고 보다 나은 시대를 상징하는 것이었다. …… 이 정책 변경의 결과는 이어 명백하게 되었다.[88]

1919년 이후에 있어서의 이러한 현저한 한국 정치의 개선은 수많은 탁월한 개혁과 그 실시의 정신과 방법에서 찾아볼 수 있다.[89]

몇 줄 뒤에는 사이토의 행정은 '자비롭고 관대한 것'이라고 씌어 있으며, 무엇이고 곤란한 점이 있으면 이것은 모두 한국인이 협력하는 것을 거부했기

---

87 『施政年報』(1936~1937), pp.7~8.
88 클라이드, 앞의 책, p.441.
89 클라이드, 위의 책, pp.442~443.

때문이라고 설명되어 있다.

그들의 민족 독립의 이상은 흔들리지 않는 것이었기 때문에, 어떠한 일본 행정부가 실시하는 어떠한 개혁안에 대해서도 이에 관심을 가지거나 협력하거나 하지를 않았다.

아일랜드(A. Ireland)는 말하였다.

지난해(1925년 혹은 1926년)에 한국으로부터 들어온 뉴스는 이 방향(한국인과 일본인의 융화)으로의 대세가 이미 움직이고 있다는 희망을 정당화한다. 그러한 추세가 어느 정도의 것이건 간에 그 공적은 주로 사이토 총독의 한국인에 대한 인정 깊고 의무적인 태도에 돌릴 것이며, 또 6년 이상에 걸친 그의 비상한 정력의 무제한한 사용과 더욱이 그의 비상한 행정수완의 열매인 현명한 수단에 돌릴 것이다.[90]

1919년 봄의 시위운동은 한 가지 중요한 사실에 일본인의 눈을 열어주었다. 공식보고는 이 점을 다음과 같이 표시하였다.

일반적으로 말해서 …… 정부 관리 및 지방 유력자를 포함하는 상류 및 중류의 한국인들은 소요에 참가하는 데 신중하였으며, 그들 중 많은 이들이 공공연히 독립운동에 반대하는 의견을 표명하였다.[91]

---

90 *The New Korea*(New York, 1926), p.61. 우리는 여기에 한 독일인, 즉 골트슈미트(R. Gold-schmidt) 박사의 찬사를 첨가할 수가 있다. "그(사이토)는 정의와 그의 임무에 대한 높은 도덕적인 신념을 통하여 평화적이고 유순한 사람들의 신뢰를 얻는 방법, 그리고 참된 화목(和睦)을 위한 길을 트는 방법을 알고 있었다."(*Neu-Japan*(Berlin, 1927), p.288). 또 "경제적인 관점에서 볼 때 일본의 지배는 의심할 것 없이 한국인에게 축복된 일이었다. 물론 그들은 부패하고 낡은 국가에서보다 강력하고 질서 있는 지배하에서 보다 더 나아질 수 있는 것이다."(같은 책, p.289).
91 『施政年報』(1921~1922), p.193.

일본은 이러한 사실을 재빠르게 이용하려 들었다. 1910년의 합병 당시에는 일본은 한국 귀족들을 매수하려고 꾀하였고, 이에 다소의 성공을 거두었다. 이제는 상류 및 중류계급을 매수하려고 기도하였다. 일본인에게는 불행한 일이었지만 이 가능성은 1910년보다 훨씬 더 제한된 것이었다. 그 이유는 첫째 일본 자신이 정치적인 자유를 누리고 있는 나라가 아니었고, 따라서 물론 그 식민지에는 일본에 존재하고 있는 이상의 자유가 부여될 수 없었기 때문이다. 둘째로 그들에게 주어지는 이권이 무엇이든 간에 상류 및 중류계급 중에도 완전한 독립 이하의 아무것도 요구하지 않는, 그리고 부여된 모든 자유를 이 목적을 위해 사용하는, 따라서 모든 통치체제를 위험하게 하지 않고서는 자유가 부여될 수 없는 그룹이 적으나마 항상 존재하고 있었기 때문이다. 1910년에 있어서의 문제는 적은 수의 귀족을 매수하는 것이었다. 그러나 1919년에 있어서는 이와는 달리 상류 및 중류계급의 보다 많은 수의 인원을 매수하는 것이었다. 그들은 세습적이 아니었으며, 따라서 부단히 하류계급으로부터 새로이 보충되기도 하고 또 일부는 탈락하기도 하였다. 셋째로 이때에는 이미 아무런 변화나 혹은 어떠한 새로운 경쟁자의 출현을 바라지 않는 식민지 이권이 발생하고 있었기 때문이었다.

'제개혁(諸改革)'의 과정과 성격을 검토하기 전에 지금껏 서구인들이 언급한 바 없는 사이토의 시정(施政)에 대한 다음과 같은 사실을 기억해두는 것이 좋겠다. 사이토 제독은 1919년 8월 총독으로 임명되자 곧 하나의 곤란한 사태에 직면하였다. 즉, 한국이 '50년 이래 가장 혹심한' 한발(旱魃)을 당하였던 것이다.[92] 공식보고에는 신행정부가 흉년에 대한 대책으로 도로 건설에 170만 원, 개인기업에 대한 보조금으로 40만 원, 저리대금으로 400만 원, 그리고

---

92 『朝鮮의 新政』(朝鮮總督府, 1921), p. 50.

마지막으로 기근으로 고생하는 사람들을 위한 식량 구입을 위하여 100만 원을 충당하였다고 되어 있다. 이러한 대책을 실시한 결과, "실지 단 한 사람도 굶어 죽는 사람이 없었다"고 한다.

공식통계에 의하면 1919년의 수확감소율은 평년에 비해 약 16~18%였다고 하는데, 이것은 '50년래 가장 혹심한' 한발이었다는 서술과는 상치되는 것이다. 그러나 비록 공식적인 숫자가 올바른 것이라 하더라도 식량 결핍이 격심하였을 것임은 분명하다. 만일 여기서 간접적인 충당액의 반, 그리고 직접 충당액인 100만 원의 전액이 굶주린 농민들의 구조에 소용되었다고 가정한다면, 약 400만 원에 달하는 금액은 겨우 당시 약 20만 석의 미곡을 구입할 수 있는 액수에 불과하며, 전체 부족량의 15분의 1밖에 안 되는 것이었다. 이러한 상태에서 "실지 단 한 사람도 굶어 죽는 사람이 없었다"라고 하는 것은 도무지 분명치 않은 말이다. 오히려 분명한 것은 사이토의 신정(新政)이 이러한 상황에서는 극히 자비로운 것이었다고 부르기가 거의 힘들다는 것이다. 더욱이 당시의 총독부 세입이 1억 5,000만 원이었다는 사실에서 그러하다.

사이토의 시정에 의해 한국에 채용된 새로운 조치 중에는 총독의 지위를 일본인 문관에게도 개방한다는 것이 있었다. 거의 모든 저술가들은 이 '중요한' 사실에 유의하였다.[93] 그러나 이 약속은 결코 실시되지 않았다. 사이토 제독의 뒤를 이어 우가키 가즈시게(宇垣一成) 대장, 야마나시 한조(山梨半造) 대장, 다시 사이토 제독, 우가키 대장, 미나미 지로(南次郎) 대장, 그리고 극히 최근에 고이소 구니아키(小磯國昭) 대장이 왔다.

일본인과 한국인 사이의 차별 대우 철폐 및 인재 등용의 문호 개방이라는 신시정(新施政)은 약속의 한계를 벗어나지 못하였다. 실제로는 1919년 이후

---

93 F.G. Carpenter, *Japan and Korea*, p.260. "한국 통치에 있어서의 일본의 현 정책이 더욱 자유주의적으로 되었기 때문에 이제 총독의 지위는 문관에게도 개방된 것이다."

〈표 3-1〉 한국 행정기관 고위직책 내의 한국인과 일본인[94]

|  | 한국인 | 일본인 |
|---|---|---|
| 1909(12월), 총계 | 650 | 337 |
| 1920, 조선총독부 | 13 | 152 |
| 1920, 총독부 소속 관서 | 318 | 693 |
| 1920, 총계 | 331 | 845 |

이 상태가 오히려 점점 악화되어갔다. 합병 당시에는 비록 그들의 실제 지위가 허수아비에 지나지 않았다 하더라도 몇 사람의 한국인 도지사가 남아 있었다. 그러나 1940년에는 13도의 지사 중에서 12명이 일본인이었다. 1941년도의『조선연감』에 실려 있는 1,000명 이상의 고급관리의 명단 중에서 12명 이상의 한국인을 발견하기가 힘들다. 이 사실은 사이토 제독의 자유주의적인 정책에 의한 어떤 새로운 것, 새로운 변화를 말해주는 것이 아니라 오히려 1905년에 '자유주의적'인 이토에 의해 시작되었고 '군국주의자' 데라우치에 의하여 계승된 정책을 점차로 강화하였음을 말해주는 것이다. 데라우치는 '현명한 지도와 감독'을 통하여 한국에 있어서의 '완전한 융화와 동화라는 최후의 목표'가 달성되는 것이 곤란하지는 않을 것이며, 또 "근본적인 문제는 일본과 한국 간의 차별을 없애는 것이다"라고 말한 바 있었다. 거의 이와 마찬가지의 말들을 '자유주의적인' 사이토도 하였던 것이다. 그러나 행정기관은 더욱 일본인에 의해 독점되고 한국인들은 서기(書記)나 수위(守衛)의 지위로 좌천되었다.

'법령의 간소화' 및 '업무 처리의 신속'에 관한 개혁은 교원을 포함하는 모든 관리의 제복과 대검(帶劍)의 폐지, 총독부에 대한 정기보고의 감소 및 총독

---

94  1909년에 대한 자료는 정부 발행의「最近 5年間의 朝鮮의 物質的 進步」(1910)에 의하였고, 1920년에 대한 자료는「朝鮮의 新政」(1920)에 의하였다. 그 이후의 통계는 입수할 수 없었다. 이미 말한 바와 같이 1941년도『朝鮮年鑑』의 명단에 의하면 이때에는 겨우 12명의 한국인이 그러한 고위직책에 남아 있을 뿐이었다.

의 사전 승인 없이 약간의 예하 관리(일정한 지위 이하의)에 대한 임면권을 지방
장관에게 부여하는 것 등으로 그치고 말았다. 다카하시가 제시한 예에 의하
면 총독부의 시정 방식에는 거의 변화가 없었다. 증산미의 대일 수출 계획이
시행되었을 때에 지방 당국은 수리조합(水利組合)을 조직하도록 '권고' 받았
다. 국민들은 비록 논[畓]이 없는 북부지방에서조차도 이 조합을 조직하도록
강요당하였다.

총독부가 양잠(養蠶)의 장려를 결정하였을 때에도 이와 마찬가지였다. 그들
은 이에 필요한 뽕나무의 수를 결정하고는 다른 사정이나 적절한 재배지의
유무에 대한 아무런 고려도 없이 제멋대로 도·군·면에 대해서 묘목을 할
당·분배하였다.[95]

다음 개혁인 지방분임주의란, 앞서 지방 당국으로부터 독립되어 있던 경찰
관과 위생 관리를 지방 장관에게 이속시키는 것이었다. 그러나 이것은 실제
로는 분임주의라기보다 합리화였다. 그 전과 같이 도지사가 경찰의 사용에
대해 일일이 총독에게 문의하지 않으면 안 된다면 이것은 귀찮은 일이고 또
때로는 경찰력의 사용을 지연시키거나 혹은 이들을 사용할 생각이 덜 들게
함으로써 위험한 경우가 있음을 발견했기 때문이다.

'지방제도의 개정'은 일본인이 부유한 한국인을 유도하여 그들에게 협력
케 하려는 기도였다. 부·읍·면의 의회가 선거에 의한 기관이 되었다. 그러
나 선거권에는 중대한 제한이 있어서 이것이 이상의 변화의 의의를 감소시켰
다. 이리하여 1920년에 부(府) 인구의 25%밖에 안 되는 일본인이 부회(府會)
를 구성하는 268명 중에서 203명이나 선출되었다.[96]

'재래문화 및 관습의 존중'은 한국에 불행한 일이지만 전진적인 방법이라

---

95 다카하시, 앞의 책, pp.79~80.
96 제13장 참조.

기보다는 오히려 퇴보적인 것이었다. 총독부가 존중하기로 한 관습과 문화라는 것은 가장 원시적으로 반동적인 것—사유 묘지를 설정한다든가 구한국식으로 동물을 살육하는 것을 허락하는 것이었다. 이것은 정책의 관대라기보다는 가장 후진적이고 반동적인 한국인의 충성을 얻고자 하는 기도에 불과한 것이었다.

언론·집회 및 출판의 자유에 대하여 누구나 사정을 아는 사람이면 일본 통치 밑에서 한국에는 그러한 자유가 없었다는 것을 잘 알고 있다. 이에 관하여 공식보고는 다음과 같이 말하고 있다.

구제도하에서 신문의 간행은 기존의 몇 개에만 한정되었고 새로운 일간지를 발행한다는 것은 사실상 불가능한 일이었다. 그러나 그러한 제한은 불필요하게 가혹한 것이고 또 민의의 창달에 커다란 장애가 된다고 생각되었으므로 1919년 12월 이후 한국인이나 일본인에 의한 새로운 몇 종류의 일간신문 간행이 허가되었다. 공중집회에 대한 제한도 또한 많이 완화되었다. 뿐만 아니라 과거에는 완전히 금지되고 있던 정치적인 집회까지도 일정한 조건 밑에서 용인되었다. 이리하여 공안에 해를 끼치지 않는 한 집회의 자유가 인정된 것이었다. 이후 각종 단체가 발생하였는데, 현재 그 수는 3,000에 달하며 그중에는 순전히 정치적 성격인 것도 있다. 그들은 어디서나 그리고 거의 매일같이 집회를 가지고 있으며, 그중에서 비교적 소수의 것이 당국에 의해 정지 또는 해산되었기 때문에 보고되는 것이다.[97]

실제 1920년에는 서울에서 3종, 지방에서 '약간 수의 신문' 간행이 허락되었다.[98] 그러나 그 거의 전부가(직접적이건 간접적이건) 일본 행정부에 의해 간행된 것이었고, 한편 그러한 지배를 받지 않는 한국인 발행자들은 벌금의 지

---

97 『施政年報』(1918~1921), p.8.
98 위의 책, pp.7~8.

불과 감옥의 출입에 대부분의 시간을 소비하는 형편이었다. 이후 이에 대한 아무런 개선도 행해진 바 없다.[99]

공식보고에서 말한 단체들이란 실업·종교 및 운동 단체들이며, 총독부에서 조직되고 일본인이 책임적인 부서를 차지하지 않은 정치적 성격의 단체란 하나도 없었다. 이 점에서도 또 데라우치나 하세가와의 치하에서와 아무런 차이가 없었다. 그런데 조선총독부는 경찰에 의해 인가된 결사나 공중집회, 또는 반정부행동, '위험사상' 혹은 그와 비슷한 죄목의 판결을 받은 죄수들의 통계를 공표하지 않았다. 14년 동안(1921~1935년)의 공식보고에는 늘 "1919년 이래 국민은 어떤 반란운동도 무익하다는 사실을 알게 되었다"라는 의미의 같은 문구를 포함하는 '경찰'에 관한 장이 설정되어 있다. 이 보고를 일부 외국인 저술가들은 액면 그대로 받아들이고 있다. 오직 1934~1935년도와 그 익년의 보고에서 1923년의 여러 사건, 즉 대규모의 검거, 민족주의 투쟁, 사회주의 및 공산주의 운동 등에 관해 언급하고 있을 뿐이다.

사이토의 개혁 이전에는 한국 경찰 기관은 '경찰'과 '헌병'으로 구성되어 있었다. 공식보고에 의하면

한국에서 전시 이외에 헌병을 경찰의 주력으로 사용하는 정책은 국내외에서 많은 비판을 받아왔다. 하지만 이 반(半)군사적이요 반(半)경찰적인 제도가 아니었다면 긴박한 시기에 있어서 평화와 질서는 결코 유지되지 못했을 것이다. 그러나 일시적인 방편으로 채용한 이 제도를 무한정 계속한다는 것은 정당하다고 인정할 수가 없으며 또 바라는 바도 아니다. 이에 정부 자신이 그 폐지를 희망하게 되었다. 이리하여 (1919년) 경찰제도는 전면적인 변화를 받게 되었다. 그들(헌병)은 폐지되었다. …… 이것은 개혁을 시작한 지 4개월 만에 완료되었다.[100]

---

99 제15장 참조.
100 『施政年報』(1923~1924), p.141.

그러나 실제는 어떠했는가 하면 과거의 헌병이 이제 경찰이라고 불렸을 뿐
이었다. 그리고 오히려 새로이 일본으로부터 더 데려왔던 것이다.

　진정한 문관경찰제도(文官警察制度)의 채용에 따르는 인원의 부족을 보충하기
위해 약 1,500명의 전(前) 헌병과 약 1,500명의 경관 및 순사(巡査)를 일본으로부터
데려왔다. 이에 더하여 또 3,000명 이상이 일본에서 모집되었으며, 아울러 수많은
한국인 헌병 보조원들이 경찰관으로 개편되었다.[101]

　그 결과는 대단히 흥미 있는 것이었다. 개혁 전에는 헌병과 경찰은 도합 1
만 4,358명이었는데,[102] 1922년에는 2만 771명으로 45%가 증가하였다. 개혁
전에는 일본인은 전 수의 42%를 차지하고 있었는데, 1922년에는 58.7%가
되었다. 개혁 전에는 헌병대와 경찰대의 58.7%가 일본인 장교 및 경관이었
고 한국인은 41.3%였는데, 개혁 후에는 각기 73.3%와 26.7%로 되었다.

　이러한 것이 경찰제도 개혁의 두드러진 결과였다. 교육, 산업 개발 및 위생
기관에 대하여는 뒤에 자세히 언급할 것이다. 여기서는 다만 '일본인과 한국
인의 융화'라는 것이 한국에서 일본영화를 상영하고 한국인 교육자나 실업
가를 일본으로 유람시키는 것이었음을 말하여두려고 한다.

　사이토 제독의 시정 기간 중 이러한 여러 개혁 이외의 또 하나의 중요한 사
실을 말해두어야겠다. 즉 그의 시정 초년에는 한국에서의 (아편을 위한) 양귀
비꽃의 재배 지역이 90ha이었는데, 그 말년에는 738ha였다는 사실이다.

---

101　『朝鮮의 新政』(政府刊行物), p. 57.
102　위와 같음.

## 1919년 이후의 정치운동

1919년의 독립운동은 잔인하고 무자비하게 탄압되었지만, 그 여파는 오랫
동안 한국에 남아 있었다.

매년 봉기일인 3월 1일이나 합병 기념일인 8월 29일이 가까워오면 무슨 일이 발생
하리라는 풍문이 일어나곤 하였으며, 따라서 공기가 험악해지는 것이었다. ……[103]

진압된 직후에 서울에는 조선노동공제회(朝鮮勞動共濟會)가 프롤레타리아
운동의 선구자로서 조직되었다.[104]

수많은 청년회가 1920년 여름에 한국에서 조직되었는데, 이들은 조선청년회연
맹(朝鮮靑年會聯盟)으로 통합되었다. 그러나 이것은 정부에 의해 곧 해산되었다.
1922년에는 명백한 사회주의를 표방한 무산동지회(無産同志會)가 "프롤레타리아
여, 그대들의 생존권을 수호하라"라는 슬로건 밑에 조직되었다.[105]

『시정연보』에 의하면 한국의 민족주의자들은 정치적 해방이라는 공동목
표를 위하여 사회주의자와 협력하고 "한국인의 민족정신 앙양(昻揚)을 위해
모든 기회를 포착, 이용하였다."[106] 1924년에는 조선노농총동맹(朝鮮勞農總同
盟)이 조직되었다. 그러나 그 회합은 즉시 금지되었으므로 "이 새로운 조직은
명목만이 존재하였을 뿐이었다." 이러한 조직들은 비록 "명목만이 존재하였
다" 하더라도 전국적으로 세포조직 활동을 시작하였다. 곧 이어서 조선공산

---

103 『施政年報』(1923~1924), p.145. 다카하시는 다년간 독립운동이 일본 정부를 괴롭혔다고 주
　　장한다. "이것은 시종 행정에 대한 암(癌)이었다. ……"(앞의 책, p.113).
104 『世界年鑑』(1939), p.164.
105 위와 같음.
106 『施政年報』(1934~1935), p.177.

당과 고려공산청년회(高麗共産靑年會)가 출현하였다.[107] 1925년 11월에 신의주에서 "그들 회원의 대부분"이 검거되었다. 나머지 사람들이 이를 계승하여 재조직하였지만 1926년 6월에 또다시 순종(純宗)의 국장(國葬)을 이용하여 시위운동을 일으키려던 공모자들과 함께 검거되었다. 기소, 구류, 고문 및 사형에도 불구하고 새로운 인원들이 조직을 부활시켰으나, 1929년 서울에서 또다시 검거되었다. 『시정연보』에 의하면 이때에 공산주의자에 대한 대규모 검거가 신의주와 평양에서 행해졌다. 그러나 공산당원들은 "거듭되는 검거에도 불구하고" 선전과 조직 활동을 계속하였다. 이 무렵에 민족주의, 사회주의 및 공산주의 운동이 "청년들의 사상을 위험한 길로 인도하였고, 그리고 많은 불미한 사건들이 일어났다"는 것을 당국의 보고를 통하여 알고 있지만 그러나 그 불미한 사건들의 성격에 관하여는 전혀 알 길이 없다.

　1929~1930년 겨울에 새로운 사건이 터졌다. 광주(光州)의 일본 학생이 한국 여학생에게 공공연히 모욕적인 말을 건네었다. 한국 학생들은 사죄할 것을 요구하였으나 이는 거절되었다. 이에 그들은 동맹휴학을 단행하고 시가를 행진하며 애국가를 불렀다. 또 한국 학생과 일본 학생 사이에 충돌이 발생하였다. 당국은 수많은 한국 학생을 재판에 회부하였지만, 일본 학생은 한 명도 검거하지 않았다. 수 명의 한국 학생이 충돌에 의해 살해되고 또 고문 끝에 옥사하였다는 풍문이 전국에 퍼졌다. 그 결과 전국의 한국 학생들이 동맹휴학을 단행하고 시위운동을 전개하여 광주의 피검 학생들을 석방하라고 요구하였다. 경찰은 수백 명의 시위자를 검거하였으나 주민들이 시위운동에 가담하였다. 감옥은 검거된 한국인으로 가득 찼으며, 시위자에 대해 사용한

---

107 공산주의와 그 밖의 '위험사상'들이 일본으로부터 한국에 전해졌다는 것은 중요한 사실이다. "크게 나의 관심을 끄는 사실은 일본 본토로 넘어가는 한국인 학생이나 노동자들이 흔히 일본 본토에서 감염되어가지고 각종 급진사상을 조선으로 도입한다는 것이다."(1933년에 행한 우가키 총독의 연설).

방법은 1919년의 그것과 마찬가지였다. 비록 이때의 총독은 하세가와 대장이 아니라 사이토 제독이었지만.

　이미 언급한 바와 같이 1907년에서 1912년의 의병봉기 실패 이후 북부지방이 주로 반항 중심지의 역할을 하였다. 이어 한국 망명객을 위한 새로운 도피처가 발견되었다. 토지를 박탈당한 많은 한국인들은 주로 만주와 시베리아로 이주해야만 했다. 수많은 한국인이 두만강 너머의 간도에 정착하였고, 이에 어떤 곳에서는 한국인이 인구의 대다수를 차지하기에까지 이르렀다. 이때부터 『시정연보』에는 반드시 "그러나 압록강 너머에 사는 한국인의 무리가 국경을 넘어 침입해 와서는 살인, 방화 및 약탈을 자행하곤 하였다"라는 문구가 항상 되풀이되었다.[108] 그러나 그 한국인들은 중국의 영토에 살고 있었으므로 일본의 여러 차례에 걸친 노력에도 불구하고 그들 한국인을 통제할 길이 없었다. 국경을 넘어오는 한국인의 무리는 다음의 진술에서 알 수 있는 것과 같이 결코 보통의 범죄자가 아니었다.

　더욱이 그들은 종종 관공리의 암살을 위한 자객을 파견하였으며, 때로는 그들의 간악한 기도를 수행하기까지 하였다.[109]

일본인의 서술에 의하면 1920년에는

　한국인 악한들이 약 400명 인원의 부대를 조직하고 중국인 비적과 러시아인 볼셰비키들의 도움을 받으면서 1920년 9월과 10월에 혼춘(琿春)을 공격하였다. 그들은 일본영사관과 약간의 일본인 가옥을 방화·파괴하였으며, 비싼 물품을 약탈하였고, 부녀자와 아동을 포함하는 많은 일본인, 한국인 및 중국인을 살해하였다. 동

---

108　가령 『施政年報』(1926~1927), p.158을 보라.
109　『朝鮮의 新政』, p.73.

시에 북간도(北間島)에 사는 불령선인(不逞鮮人)들이 동요하기 시작하여 거기에 사
는 일본인과 온량한 한국인의 안전을 위협하였다. 이에 정부는 군대를 파견하였으
며 …… 수 주일간의 전투 끝에 파견대는 한국인 악한들을 진압하는 데 성공하였
다. 항복한 자는 약 5,000명에 달하였다. ……[110]

그러나 한국인 측 자료는 이와는 다른 내용을 말해주고 있다. 즉, 일본인은
한국인 부대에게 패배를 당하여 그들을 죄줄 수 없었으므로 "간도에 사는 순
전히 평화적인 주민에 대하여 복수 행동을 감행하였다. 그들은 4,000명의 한
국인을 학살하였고 그 시체를 주요 도시의 한가운데서 태워버렸다."[111] 1918
~1922년 러시아 극동지방에서, 그리고 이번 전쟁에 중국에서 행한 일본제
국 군대의 행위에 비추어 생각할 때 한국인 측 서술에 대한 신용을 갖게 해준
다. 충국 영토 내에 사는 한국인에 대한 이러한 난폭한 처사는 사이토 제독의
치하에서 행해진 것이었다. 1931~1932년에 일본이 만주를 점령하자 즉시
간도의 '평정'을 행하였다.

    만주국 수립 이래 항일 음모자들의 활동기지이던 간도(間島)를 근본적으로 소탕
할 수 있게 되었다.[112]

그러나 이것은 한국의 반항을 감소시키지는 못하였다. 입수된 일본 측 최
종 공식보고는 다음과 같이 말하고 있다. 만주에 있는 "조선혁명군을 중심으
로 비적들은" 민족주의자와 공산주의자의 분견대들과 함께 일본에 대항하여

---

110 『朝鮮의 新政』, p.73.
111 韓國歐美派遣委員會에서 작성한 『韓國은 自由로와야 한다(*Korea Must be Free*)』(1930),
    p.26.
112 다카하시, 앞의 책, p.26.

싸우고 있는데, "경찰력의 확대와 식량 및 물자의 결핍으로 인하여 심히 약화되었지만" 그들은 아직도 "국경지대를 통해 조선에 들어오려고 기도하고 있으며, 수 개의 경찰수비대가 그들의 공격을 받아 희생되었다.[113] 그 수는 1만 6,000명일 것으로 일본은 추산하고 있다.

다른 곳에서는 또 한국인 테러리스트들이 활약하고 있었다. 1932년에 도쿄에서는 비록 성공하지는 못했지만 일본 황제에 대한 저격사건이 있었고[사쿠라다몬 사건(櫻田門事件)], 그리고 시라카와 요시노리(白川義則) 대장의 암살 기도가 있었다. 지하운동은 광범위하게 전개되었는데, 특히 함경남북도가 심하였고, 1936년의 대규모 검거로도 이를 막을 수가 없었다. 중국에 있는 한국인들은 한국인들이 중국에 와서 군사적인 훈련을 받을 것을 호소하였다. 9개의 한국인 혁명단체가 통합하여 조선민족혁명당을 조직하였다. 1919년 독립운동 후에 상하이에서 처음 조직되었고, 뒤에 한커우(漢口)로 옮겼다가 현재 충칭(重慶)에서 활동하고 있는 한국임시정부는 일본에 대항하여 싸우는 군대를 갖고 있으며, 세계에서 가장 역사가 긴 망명정부라고 주장하고 있다.

이러한 정보들은 비록 빈약한 것이기는 하지만 그러나 분명히 한국인의 대부분이 일본의 지배를 감수하고 있지 않다는 것, 한국인 온건파의 권고에 따르고 있지 않다는 것을 말해준다. 그들 온건파는 "한국의 국내 자원을 개발하고 장차 호기의 도래를 기다리기를" 원하고 있었는데,[114] 한국의 상류층

---

113 『施政年報』(1936~1937), pp. 178~179.
114 『施政年報』(1934~1935), p. 177. 이와 같은 권고는 『韓國學生會報』(1929년 5월)에 보이는 바와 같이 전 감리교 한국 및 일본 감독 허버트 웰치(Herbert Welch)의 그것과 일치한다. 그는 한국이 전략상 필요한 것은 용기, 근면, 그리고 솔선이라고 말했다. 그는 또한 한국의 자본과 기술을 가지고 한국의 자연자원을 개발하는 것이 가능한 일이라고 생각했고, 자연 및 인적 자원을 갖고 안녕과 질서의 상황하에서 한국이 착실하고 만족스럽게 발전해서는 안 될 하등의 이유가 없다고 믿었다. 학생들에 대한 그의 충고 속에서 일본인과 일본인의 통치에 대해서는 전혀 언급하지 않았다.

출신인 재미(在美) 한국인 유학생들도 마찬가지의 '온건한' 입장을 취하고 있었다.

일반적으로 말한다면 자기의 나라를 위해 죽는 것은 애국심이요, 이것은 물론 옳은 일이다. 그러나 이것은 우리 청년에게는 건전한 애국심일 수는 없다. …… 오늘의 한국 청년 남녀의 진정한 애국심은 죽음의 형벌이 아니라 산 봉사(奉仕)이다. 죽으면 아무것도 할 수가 없다. …… 우리는 한국이 현재 무엇을 가장 요구하고 있는가를 연구해야겠다. 정치적인 독립이 필요한가. 그렇다. 그것은 사실이다. 그러나 정치적인 독립 이상은 아니라 하더라도 그와 꼭 마찬가지로 중요하고 필요한 많은 일들이 있다. 그것은 사회 개혁이요, 강력한 종교의 창설(創設)이요, 특히 산업의 발달이다. 산업의 발달에 의하여 국민과 국가가 경제적인 독립을 얻을 수 있을 것이다. 우리는 경제적인 독립 없이는 정치적인 독립도 얻을 수가 없을 것이다. ……[115]

그러나 현재의 상태에서 어떠한 방법으로 이 경제적인 독립을 이룩할 수 있을 것인가에 대해서는 밝힌 바가 없다. 그런데 이 점에 관해서 동지(同誌)에 보내온 서한 속에서 주목할 만한 논박을 발견할 수 있다. 거기에는 1928년의 한국의 실정, 그 후 이번 대전(大戰) 시까지 많은 점에서 더욱 악화되기만 한 그 실정을 잘 묘사하고 있으므로 여기에 거의 그 전문을 인용하려고 한다.

얼마 전에 한 지역신문은 어떤 지방행정기관에서 모집한 20명의 서기직을 위해 거의 1,000명의 응모자가 있었다는 사실을 보도하였다. 더욱이 대체로 수입이 좋은 모든 직위는 일본인이 차지하고 있다. 전차(電車)의 운전수까지도 거의 일본인이 하고 있는 형편이다. …… 대신에 많은 유능한 한국인이 실직(失職)하고 있다. 외국으로부터 고등교육을 받고 돌아온 많은 한국인들까지도 단순히 일할 직장이 없고, 또 핍박한 환경 속에서 아무 사업이라도 할 가망성이 없기 때문에 번둥번둥

---

115 『韓國學生會報(Korean Student Bulletin)』(在美韓國學生聯盟 機關誌) 1926년 3월호의 사설.

놀고 있을 뿐인 것이다. 나는 이론과 실제와의 사이의 이러한 반대현상을 일찍이 상상해본 일이 없었다. 이러한 모든 경제적 · 정치적 압박은 국민을 불안과 무정부 상태로 이끌어가고 말았다. …… 여기서는 교육이 아무런 의미가 없다. 젊은 사람 들은 농촌에서나 도시에서나 달리 할 일이 없기 때문에 학교로 가고 있는 것이다. …… 학교의 졸업은 그 자체로서는 아무런 유익함도 끼쳐주지 못한다. ……[116]

그러나 이러한 사정은 비단 교육을 받은 청년들만의 특징은 아니었다. 한 국 농민의 지위에 대해 1933년 우가키 총독은 다음과 같이 말하였다.[117]

〔과거 압제(壓制)의〕 결과는 식량 부족을 초래하였다. …… 춘궁기(春窮期)[118]에는 식량의 결핍으로 인해 농민들은 산이나 들에서 나무뿌리를 캐어 먹거나 집집마다 구걸하여 다니거나 해서 그들의 목숨을 유지해오곤 했다. 요컨대 과거의 궁핍과 현재의 고통으로 인해서 장차 빛나는 성공을 거두리라는 희망을 가질 수 있는 한 국 농민이란 거의 없는 것이다. 대체로 합병 이래 이러한 악조건을 제거하고 농민 을 궁핍으로부터 쉽사리 구제하지 못한 이유는 한국 농민들의 자신(自信)의 결여 에 있다.[119]

총독과 같은 권력 측으로부터 제공된 한국 농민의 궁핍에 대한 이러한 묘 사는 합병 이래 사반세기 동안에 반도에서 성취한 일본인의 업적을 요약해주 는 것이다.

공업에 있어서도 사정은 조금도 나을 것이 없었다. 노동자들의 생활 상태

---

116 「韓氏의 書翰」, 『韓國學生會報』 1928년 12월호.
117 *Thriving Chosen*(1935), p.82.
118 한국에서는 이 계절이 되면 농민에게 아무런 곡식도 남아 있지 않게 되므로 그렇게 부른다.
119 위의 책, 『繁榮하는 朝鮮』(p.33)에는 3명의 '대표적인 한국인 농부'의 생계 상태가 기록되어 있는데, 모두 ① 적자(지출에 대하여 10~20원의 수입 부족)와 ② '식량 부족'을 나타내고 있다. 이러한 것이 아이러니하게도 『繁榮하는 朝鮮』이라는 제목을 붙인 정부간행물이 말해주는 바 인 구의 75~80%를 차지하고 있는 '대표적인 농민'의 형편이었다.

에 대해서는 제8장 공업의 발전 장에서 언급하기로 하고, 여기서는 다만 기업가가 되는 것이 얼마나 어려운 일이었는가에 대해서 말하고자 한다. 1920년 초기에 회사령(會社令)이 철폐된 것은 사실이었다. 그러나 다카하시에 의하면[120] 새로운 정부의 방침은 다만 지방의 소규모 원료공업에 한하여 장려하는 것이었고, 그것도 당국에 의해 면밀한 조사를 받은 뒤였다. '요망되는' 공업 속에는 폭죽, 다다미, 칠기, 죽기, 유기(柳器), 짚으로 만든 수공품 등이 있었다. 한국에서의 일본공업정책의 결정적인 변화가 있은 것은 '만주국' 수립 이후였다. 이때 이미 일본 군국주의자들은 아시아에 있어서의 다음 전쟁의 계획을 세웠고, 여기서 한국은 일본 전시경제(戰時經濟)에 있어서의 중요한 역할을 담당하도록 예정되어 있었던 것이다. 이리하여 1931년 이후에 급속한 한국 공업의 발전이 이루어졌다. 그러나 이 발전이 한국인을 위한 근본적인 변화를 의미한다고 생각하는 것은 잘못이다. 건설된 혹은 계획된 거대한 새 공장들은 일본인의 기업이었고, 한국인은 겨우 그 속에서 노동자로 고용되는 것을 바랄 수 있을 뿐이었다.

동시에 전쟁은 한층 생활조건의 악화, 각종 행동의 통제, 국채 소화에 의한 강제 저금, 현재 300만 명의 회원을 갖고 있는 애국반공단체의 '정신적' 동원에의 강제 참여, 민중에 의해 '열광적으로 환영된' 대 중국 전쟁을 위한 지원병(志願兵)제도의 실시, '내선일체(內鮮一體)'의 맹서를 일본어로 선서하는 대규모의 회합 등이 강요되었다. 이러한 새로운 사실들이 전년의 불과 58%의 수확밖에 거두지 못한 1939년의 흉작을 배경으로 두드러지게 나타나고 있다.

전쟁은 한국인에게 새로운 고통을 가져왔다. 그러나 이것은 또 그들의 종

---

120 앞의 책, pp. 349~350.

국적인 해방을 위한 새로운 희망을 가져왔다고도 할 수 있다. 1935년에 조선
총독부의 호즈미 식산국장은 도쿄에서 개최된 한 회의에서 일본이 만주를 점
유하고 국제연맹과 강대국의 요청을 거절한 이후에 지금껏 일본 정부를 약하
다고 믿어오던 한국인으로부터 보다 큰 협조를 얻게 될 것을 기대할 수 있다
고 언명하였다.[121] 만일 이 추론이 맞는 것이라면 그 역(逆)도 또한 당연하며,
일본군이 실패 또는 패배하였다는 보도(혹은 풍문)는 일본의 지배에 대한 한국
인의 반항을 강화할 것임에 틀림없다고 추측할 수 있다.

끝으로 한국의 최근의 역사와 관련해서 다음과 같은 두 개의 문제를 고려
할 필요가 있다. 첫째는 어째서 그렇게 많은 서양 저술가들이 한국 문제에 있
어서 일본을 편들고 있는가 하는 것이다. 이것은 어떤 국민은 자치의 능력이
없고 어떤 국민은 그러한 무능력한 국민을 통치할 특별한 능력이 주어져 있
다는 이론, 즉 파시스트나 나치스의 이론을 의식적이건 무의식적이건 간에
받아들이고 있다는 것을 말해주는 것 같다. 비록 때로는 큰소리로 조심스럽
게 이를 은폐하기도 하지만.

드레이크(H.B. Drake)가 1931년에 다음과 같이 말한 것은 이러한 견해를
솔직히 표명한 것이었다.


　일본은 한국이 적어도 일부에서는 …… 구한국 황실의 실정에 의해 무감동한 피
로 상태에 빠져 있는 것을 발견하고, 모든 그의 교묘한 방법과 힘으로써 그러한 피
로 상태로부터 한국을 현대국가의 수준까지 끌어올리려고 노력하고 있다. …… 그
러나 모든 한국인들은 물은 무료인데 지금은 연 3원의 대가를 지불해야 하며, 또
당국에서 허락하는 건축용 재목과 화목(火木)만을 찍게 한다고 불평을 하고 있는
것이다. …… 그러면 이러한 국민과 더불어 무엇을 할 수 있을 것인가. 우리는 일

---

121 다카하시, 앞의 책, pp.69~70.

본인의 분노에 동정할 수 있다. 사실 어째서 일본은 한국인을 스스로에 맡겨버리고 물러나지 않는가 하고 이상하게 생각하는 사람이 있다. 이에 대한 대답은 명백하다. 즉, 한국은 전략상 필요하고 상업상 유리하기 때문이다. 그러나 또 다른 보다 근본적인 대답, 일본인이 충심으로건 아니건 간에 즐겨서 하는, 그리고 영국인이 인도에 관한 질문을 받았을 때에 하는 것과 마찬가지의 대답이 있는 것이다. 즉, 그들 자신에게 맡겨두면 한국인은 부패할 것이고 이것은 한국뿐 아니라 전세계에 영향을 미칠 것이기 때문이다. 한국은 아주 큰 것도 아니고 따라서 그렇게 중요한 것도 아니다. 가령 인도를 부패케 하는 것은 보다 중대한 사건일 것이다. 그러나 원칙은 마찬가지이다. 아무리 중요하지 않은 존재라 하더라도 무시되거나 부패하도록 내버려둘 수는 없다. 이것이 한국에 대한 일본의 지배를 정당화하는 근본적인 이유이다. …… 한국인은 …… 조직적인 지배에 대한 최소한의 소질도 가지고 있지 못하다. 만일 어떤 국민이 계속하여 나쁜 통치를 받는다면 그것은 그들 자신이 나쁜 통치를 받을 원인을 갖고 있기 때문이다. 적극적이건 소극적이건 간에 그들에게 책임이 지워져야 하며 단순히 그들보다 강한 어떤 악의 희생이 된 것으로서 동정되어서는 안 된다. 한국인이 바로 그러한 국민이다. 한국인을 중국인 혹은 러시아인과 짝지어보고 싶은 유혹, 그리고 어떤 민족은 어떤 개인의 경우와 같이 공업에 필요한 소질이 결여되어 있다는 이론을 세우고 싶은 유혹을 받는다. 개인이거나 민족이거나 그러한 결함은 외부로부터의 도움에 의해 고쳐질 수 있다. 석탄이나 강철과 같이 조직의 두뇌도 수입될 수 있는 것이다. 그리고 조직의 두뇌뿐 아니라 사법상의 정의와 정치적인 공정(公正)도 마찬가지이다. 이것은 어느 정도 서양 민족의 천부(天賦)이지만 동양에서는 일본만이 갖고 있는 것이다.[122]

이 '이론'은 다음과 같은 사상을 밝혀주는 것이다. 즉, 일본은 지금 "사법상의 정의와 정치적인 공정(公正)이라는 천부"의 은혜를 중국과 동남아시아에 전파하려 하고 있다. 마치 독일이 소련과 유럽의 정복한 국가들에게 자신

---

122 H.B. Drake, *Korea of the Japanese*(New York, 1931), pp.146~149.

의 것을 전파하려고 한 것처럼.

둘째는 한국·타이완—뒤에는 또 만주—에 있어서의 식민제도가 일본 자체에 끼친 영향에 관한 문제이다. 아직 이 영향을 말해주는 충분한 자료를 얻을 수가 없다. 그러나 한국과 중국의 노예화가 일본 자유주의의 약한 새 가지(枝)를 꺾어버리는 데에 많은 역할을 하였음은 분명한 일이다. 일본 군대가 의회나 혹은 어떤 문관 당국으로부터 통제를 받지 않는 기구를 건설한 것은 타이완·한국, 그리고 만주에서였다. 인권이 박탈된 외국인에 대한 지배의 맛을 들이게 된 것도 여기서였다. 그리고 또 파쇼사상과 일층의 정복 계획이 자라나서 성숙한 것도 여기에서였던 것이다.

# 제4장 인구

한국 인구에 대하여는 두 종류의 통계가 있다. 하나는 합병 이후 매년 현재의 통계상의 추산이고, 다른 하나는 1925년에 시작하여 매 5년마다 시행된 국세조사이다. 어느 나라에서나 이 두 통계 사이에는 차이가 있는 것이 보통이다.

〈표 4-1〉은 국세조사의 통계가 언제나 현세추산 숫자보다 많다는 것을 보여주고 있다. 그리고 그 차이는 해를 따라 점점 증대하고 있는 것이다. 그 실제를 보면 1935년에는 4.6%였는데 1940년에는 아마도 5.7%가 되었을 것이다. 그리고 흥미 있는 것은 남자의 경우가 여자의 경우보다 더 차이가 많다는 것이다. 여기서 일어나는 첫째 의문은 어느 숫자가 더 정확한 것인가 하는 것

〈표 4-1〉　　　　　　　　　　　　한국의 인구　　　　　　　　　　　(단위 : 천 명)

| 연도 | 국세조사(國勢調査) | 현세추산(現勢推算) | 차이 |
|------|------|------|------|
| 1925 | 19,523 | 19,014 | 509 |
| 1930 | 21,058 | 20,257 | 801 |
| 1935 | 22,899 | 21,891 | 1,008 |
| 1940 | 24,326 | 23,000(a)(추산) | 1,300(추산) |

【자료】『拓務統計』 및 『朝鮮年鑑』

(a) 1940년도의 통계는 아직 입수할 수 없다. 그러나 1939년도의 통계가 있고, 그리고 같은 해에 있어서의 자연증가의 숫자를 이용할 수 있으므로 위의 숫자는 공식숫자보다 가감 어느 편이든 10만 이상의 차이는 없을 것이다.

이다. 두 통계의 자료를 비교하여보면 현세추산은 국세조사의 직후에 행해

진다는 것(국세조사는 10월 1일에 행해지고, 현세추산은 12월 31일 현재이다), 그리고

차이가 너무나 크기 때문에(1년에 4~5%) 이것은 오직 한 가지 방법, 즉 비록

시기가 처진다 하더라도 당국이 국세조사의 통계에 의하여 현세숫자를 조정

하는 방법에 의해서만 해명될 수 있다는 것을 알게 한다. 이것은 당국이 국세

조사의 숫자를 더 정확한 것으로 생각했다는 것을 말하여주는 것이다. 뒤에

우리는 그 차이의 원인에 관한 문제를 언급하게 될 것이나, 여기서는 다만 다

음의 사실을 지적함으로써 충분하다. ① 매년의 통계는 개략적인 추산으로

서 1년에 5% 또는 6%까지도 당국에 의해 수정되는 것이므로 보다 정확성을

필요로 하는 계산에 이용하기는 부적당하다. ② 매년의 통계는 국세조사보

다 늘 3~4% 적고 그 차이는 증가하고 있다.

합병 후 처음 몇 년 동안에 있어서의 인구 통계를 비교해보자. 우리는 여기

서 또한 1년에 인구 증가가 최고 5.58%까지 이르렀음을 본다. 이는 거의 있

을 수 없는 일이다. 이 당시에 일본인의 매년 실 이주자 수는 2만 5,000명이

었다. 즉 이것이 이러한 대량 증가의 원인이 될 수가 없었다. 그리고 이를 증

명할 만한 아무런 대규모적인 이주도 없었으므로 우리는 1910년의 한국 인

〈표 4-2〉          한국의 인구          (단위 : 천 명)

| 연도 | 현세추산인구 (現勢推算人口) | 전년도와의 차이 | |
|---|---|---|---|
| | | 실수(實數) | % |
| 1909 | 13,091 | | |
| 1910 | 13,313 | 222 | 1.70 |
| 1911 | 14,056 | 743 | 5.58 |
| 1912 | 14,827 | 771 | 5.20 |
| 1913 | 15,459 | 632 | 4.26 |
| 1914 | 15,930 | 471 | 3.05 |
| 1915 | 16,278 | 348 | 2.19 |
| 1916 | 16,648 | 370 | 2.27 |
| 1917 | 16,669 | 21 | 0.13 |

구가 적어도 200만 명은 적게 추산되었다는 결론을 얻게 된다. 이 결론은 중요한 것이다. 왜 그런가 하면 많은 사람들은 이 숫자를 마치 국세조사에 의한 것처럼 이용하고 있지만, 실은 합병 초년의 인구 통계는 극히 과소(過少)추산된 것이었음을 말하여주기 때문이다.

합병 후에 한국의 인구는 1,500만 명에서 2,430만(1940년) 명으로 증가하였다. 30년 동안에 60~65%가 증가한 셈이며, 매년 (기하급수적으로) 1.8~1.9%가 증가한 것이었다. 이것은 예외적인 고율은 아니지만 그래도 높은 증가율이다. 코스타리카, 과테말라, 엘살바도르 및 팔레스타인 등이 이보다 높은 증가율을 보였고, 이집트, 아르헨티나 및 불가리아가 대략 마찬가지 증가율을 나타냈다. 현재의 한국 인구는 아르헨티나나 캐나다의 배이며, 스페인과 거의 마찬가지이다. 이것은 만일 상응하는 경제적인 발전만 허락된다면, 독립된 한국은 국제 교의(交誼)에서 중요한 지위를 차지하게 될 수 있다는 것을 의미한다.

## 분포

〈표 4-3〉은 이 인구가 13도에 어떻게 분포되어 있는가를 보여준다.[1]

1940년 10월 1일의 국세조사에 의하면 일본의 인구는 7,311만 4,308명이었고, 한국의 인구는 2,432만 6,327명이었다. 즉, 한국은 거의 정확히 일본의 3분의 1이었다. 일본의 인구밀도는 평방마일당 495명이었는데, 한국의 밀도는 불과 285명이었다.[2] 그러나 다음과 같은 점이 고려되어야 한다. 즉, ① 일

---

1  이 인구 통계는 국세조사에 의한 것이 아니기 때문에 약 5~6% 적게 추산된 것이다. 그러나 우리가 보다 관심을 가지는 것은 그 상호관계에 있으므로 각 도에 대한 과소추산의 율이 다르지 않은 이상 그 점은 그리 중요하지가 않다.

2  비교를 위해 1940년의 미국의 인구밀도를 표시하면 전국은 442명, 노스캐롤라이나 주는 727명, 버지니아 주는 671명, 펜실베이니아 주는 219.8명, 뉴욕 주는 281.2명, 코네티컷 주는 348.9명이었다.

〈표 4-3〉                한국의 도별 인구 분포 상태              (1939년 12월 31일)

| 도명 | 면적 (km²) | 면적 (mile²) | 전면적대비 (%) | 인구 (천 명) | 전인구대비 (%) | 밀도 (명/mile²) |
|---|---|---|---|---|---|---|
| 〔답작지대(畓作地帶)〕⁽ᵃ⁾ | | | | | | |
| 경기 | 12,821 | 4,950 | 5.8 | 2,590 | 11.3 | 524 |
| 충남 | 8,106 | 3,130 | 3.6 | 1,525 | 6.7 | 487 |
| 경북 | 18,989 | 7,332 | 8.6 | 2,432 | 10.7 | 332 |
| 경남 | 12,305 | 4,751 | 5.6 | 2,209 | 9.7 | 465 |
| 전북 | 8,553 | 3,302 | 3.9 | 1,543 | 6.8 | 467 |
| 전남 | 13,887 | 5,362 | 6.3 | 2,491 | 10.9 | 465 |
| 소계 | 74,661 | 28,827 | 33.8 | 12,790 | 56.1 | 443 |
| 〔전답혼합지대 (田畓混合地帶)〕⁽ᵃ⁾ | | | | | | |
| 황해 | 16,745 | 6,465 | 7.6 | 1,722 | 7.6 | 266 |
| 강원 | 26,263 | 10,140 | 11.9 | 1,592 | 7.0 | 157 |
| 충북 | 7,418 | 2,864 | 3.3 | 900 | 3.9 | 314 |
| 소계 | 50,426 | 19,469 | 22.8 | 4,214 | 18.5 | 216 |
| 〔전작지대(田作地帶)〕⁽ᵃ⁾ | | | | | | |
| 평남 | 14,939 | 5,768 | 6.8 | 1,656 | 7.3 | 287 |
| 평북 | 28,441 | 10,981 | 12.9 | 1,538 | 6.7 | 140 |
| 함남 | 31,978 | 12,347 | 14.5 | 1,661 | 7.3 | 135 |
| 함북 | 20,347 | 7,856 | 9.2 | 935 | 4.1 | 119 |
| 소계 | 95,705 | 36,952 | 43.4 | 5,800 | 25.4 | 157 |
| 총계 | 220,792 | 85,248 | 100.0 | 22,804 | 100.0 | 268 |

(a) 답작지대—이들 여러 도는 경작지의 50~100%가 논〔畓〕이다.
　　전답혼합지대—이들 여러 도는 경작지의 20~50%가 논〔畓〕이다.
　　전작지대—이들 여러 도는 경작지의 0~20%가 논〔畓〕이다.
　　이 구분은 인정식,『朝鮮의 農業地帶』에 의한 것이다.


〈표 4-4〉  1940년의 인구밀도

| | |
|---|---|
| 야마가와 현(山形縣) | 464 |
| 돗토리 현(鳥取縣) | 536 |
| 이시카와 현(石川縣) | 398 |
| 아오모리 현(青森縣) | 269 |
| 홋카이도(北海道)³ | 142 |

---

3 홋카이도의 대부분은 한국보다 위도상으로 북방에 있다.

본은 한국보다 남방에 위치하는 지역을 상당히 많이 포함하고 있다. ② 일본은 공업국이요, 한국은 농업국이다. 우리는 여기서 지리상의 위치나 산업의 성격이 한국과 마찬가지인 일본의 몇몇 지방을 살펴보기로 하자.

〈표 4-4〉와 상기 〈표 4-3〉을 비교해볼 때에 일본의 이러한 지방의 인구밀도는 한국의 여러 도와 마찬가지거나 혹은 낮다는 것을 알 수 있다.[4] 그럼에도 불구하고 우리는 일본의 인구 과잉에 대하여는 많이 들었으나, 한국의 인구 문제에 대해서는 거의 들은 바가 없다.

## 한국 이주 일본인

1898년에는 겨우 1만 5,000명의 일본인이 한국에 와 있었다. 그것이 1910년에는 17만 1,500명으로 증가하였다. 이러한 이주민의 증가는 주로 급속한 부의 증가에 대한 기대에 원인이 있었다. 실로 이 신이주자들은 너무나 부도덕하고 탐욕이 강한 자들이었기 때문에 당국은 많은 사람을 일본으로 송환하지 않으면 안 될 지경이었다. 당시 한국에 온 대부분의 일본인은 가난뱅이였다. 그들은 불과 5,600동(棟)의 가옥을 소유하고 있었는데, 이것은 가격으로 따져서 2,600만 원에 해당하는 것이었다. 3,400명이 890만 원에 해당하는 토지를 소유하였고, 600명이 90만 원에 해당하는 산림을 소유하였다. 또 총 자본 970만 원의 일본인 회사가 750개 있었다. 그러므로 한 회사당 평균 자본은 겨우 1만 3,000원이었고, 불과 4개의 회사가 각기 30만 원 이상의 자본을 가졌을 뿐이었다.[5] 이 당시에 있어서의 일본인의 총 투자액은 4,550만 원이었으므로 1인당 평균은 26.5원(약 13달러)인 셈이다. 이것은 한국에 온 자들이

---

4 더욱이 한국의 통계는 1939년도의 것이고, 그것조차 앞서 말한 바와 같이 적게 추산된 것임을 기억해두기 바란다.

5 『朝鮮經濟年報』(1939), pp.38~39.

〈표 4-5〉                     한국 이주 일본 인구

| 연도 | 일본인 수(천 명) | 전년대비증가율(%) | 한국총인구대비(%) |
|------|------|------|------|
| 1910 | 171.5 | – | 1.3 |
| 1915 | 303.7 | 77 | 1.9 |
| 1920 | 347.9 | 15 | 2.0 |
| 1925 | 424.7 | 22 | 2.2 |
| 1930 | 501.9 | 18 | 2.5 |
| 1935 | 583.4 | 16 | 2.7 |
| 1939 | 650.1 | 11[a] | 2.9 |

【자료】『朝鮮經濟年報』
(a) 위의 수치들은 5년간의 증가율이었으나, 이것만은 4년간의 증가율이다.

투자를 바라보는 자본가가 아니라 주로 정부의 어떤 직위를 바라는 모험가들
이었음을 말하는 것이다. 한국에 있어서의 일본 인구의 증가는 〈표 4-5〉로
알 수 있다.

이 표는 한국에 있는 일본인의 수가 29년 동안에 17만 2,000명에서 65만
명으로 증가하였음을 말하여주는 것이다. 1910년에 일본인은 총인구의
1.3%였으나(한국의 인구가 적게 추산되었기 때문에 실제로는 아마 이보다도 적었을 것
이다), 1939년에는 2.9%가 되었다. 그러나 현재라 하더라도 한국에는 총인구
의 96.6%를 차지하는 한국인이 주로 살고 있다.[6]

완만하기는 하지만 이러한 일본인의 증가는 주로 이민에 의한 것이다.
1930년에서 1935년에 이르는 동안에 실증가의 겨우 29%가량이 일본거류민
의 자연증가에 의한 것이었다. 만일 평균해서 말한다면 그동안의 일본인 순
이주자 수는 연 1만 2,000명가량이었다. 정부기관이 급속히 성장해가고 있
었고, 또 상공업계가 일본인에 의해 아직 완전히 점유되지 않았던 합병 후의
수년 동안에 이주자가 보다 많았다. 그러나 뒤에 말하는 바와 같이 한국에 이

6 총인구의 0.2%가 '외국인', 주로 중국인이다.

〈표 4-6〉　　한국인과 재한일본인의
출생, 사망, 결혼 및 이혼율
(1929~1938년의 10년간 평균, 인구 1천 명당)

|  | 한국인 | 일본인 |
|---|---|---|
| 출생 | 32.4 | 24.1 |
| 사망 | 19.9 | 15.6 |
| 결혼 | 7.5 | 3.7 |
| 이혼 | 0.321 | 0.225 |

주한 일본인보다 많은 수의 한국인이 현재 일본에 이주하여 살고 있다.

만일 한국인과 재한일본인(在韓日本人)과의 생명에 관한 통계를 비교해본다면 누구나 양자 간의 차이에 놀라게 될 것이다.

한국인의 결혼율은 재한일본인의 그것의 2배이다. 이혼과 출생률은 거의 1배 반이다. 사망률은 27% 높다. 이 모든 사실은 한국에 사는 일본인이 그들 자신의 관습과 생활조건을 가진 별개의 그룹을 이루고 있었다는 것을 말해준다. 혹은 재한일본인의 연령별 구성이 위의 비율을 전형적인 일본인의 것으로 만들지 않았다고 말할지도 모르겠다. 재한일본인 중 중년인(中年人)의 비중이 컸다는 것은 사실이다. 하지만 대체적으로 연령별 구성은 정상에 가까운 것이었고, 따라서 다른 여러 점에 있어서의 일본인과 한국인 간의 차이란 것은 연령별의 차이에서 오는 것이 아니었다.

직업별의 차이는 더욱 크고 또 더욱 중요하다.

1920년에는 한국 인구의 85.6%가량이 농업에 종사하였는데, 1929년에는 81.9%로 줄었고, 1938년에는 73.6%가 되었다. 그러나 '기타 유업자(有業者)'의 급격한 증가에 비추어볼 때 이 갑작스런 73.6%로의 저하는 오히려 직업 유별의 변화에서 오는 결과일지도 모르겠다. 어쨌든 현재에도 적어도 한국 인구의 4분의 3이 농업에 종사하고 있다는 것은 명백하다. 공업과 광업에 종사하는 사람은 전 인구의 겨우 4~5%이다. 1920년에는 공업과 광업에 종사하는 사람이 약 2%에 불과하였음은 사실이지만, 그렇다 하더라도 그 증가란 극히 적은 것이다. 일본이나 미국에서는 상업과 교통업에 종사하는 사람의 비율이 공업에 종사하는 사람의 그것보다 적다. 그런데 한국에서는 2~3배나 크다. 이것은 분명히 한국 경제의 후진성을 말해주는 것이다. 공무(公務) 및 자유업(주로 정부고용원)에 종사하는 사람은 전 인구의 약 4%를 이루고 있다. 이것은 일본이나 미국의 그것에 비하면 적은 비율이지만, 그러나 한국과

〈표4-7〉 인구의 직업별 통계(%)[7]

| | 한국 | | | | 일본 | 미국 |
|---|---|---|---|---|---|---|
| | 1920 | 1929 | 1938 | 1939 | 1930 | 1930 |
| 농림업 | 85.6 | 81.9 | 73.6 | 68.3 | 47.7 | 21.4 |
| 어업 | 1.2 | 1.6 | 1.5 | 1.6 | 1.9 | 0.5[b] |
| 광업 | | | 1.2 | 1.8 | 0.9 | 2.0 |
| 공업 | 2.2 | 2.6 | 3.1 | 3.5 | 19.2 | 28.9 |
| 상업 | | | 7.0 | 7.9 | 15.1 | 12.5 |
| 교통업 | 6.2 | 7.2 | 1.0 | 1.3 | 3.7 | 7.9 |
| 공무 및 자유업 | 2.2 | 3.4 | 3.9 | 4.8 | 6.9 | 8.5 |
| 기타 유업자(有業者) | 1.7 | 1.8 | 6.9 | 8.3 | 2.0 | 8.2[c] |
| 가사 및 용인(用人) | 1.7 | – | – | – | 2.6 | 10.1 |
| 무직 및 불신고자 | 1.9 | 1.5 | 1.8 | 2.5 | –[a] | – |
| 계 | 100.0 | 100.0 | 100.0 | 100.0 | 100.0 | 100.0 |

【자료】 한국 및 일본에 대해서는 『拓務統計』, 미국에 대해서는 Statistical Abstract of the U.S.A. (1941).
(a) 이 표에서 제외된 '유급으로 고용되지 않는' 자의 수는 3,483만 365명이었다.
(b) 어업 및 임업
(c) 사무직

7 이러한 비교일람표를 사용하는 데 대하여는 몇 가지 이의를 말할 수 있다. ① 이미 본 바와 같이 한국의 현세통계는 훌륭한 것이 못된다. 이 통계에 기초를 둔 직업별 통계는 따라서 보다 나을 수는 없으며 대체로 더 나쁘다. ② 각국에 따라서 직업의 유별이 다르다. ③ 모든 비교를 무효로 해버리는 변화가 일어난다. 가령 한국에서는 분명히 직업 유별의 변화가 생겨서 '기타 유업자'의 수가 1929년의 35만 2,000명에서 1932년의 149만 8,000명으로 뛰어 올라갔다. 이러한 관점에도 불구하고 우리는 이 비교가 유용하다고 믿는다. 만일 농업에 종사하는 한국인의 수가 80%, 일본인의 그것이 48%, 미국인의 그것이 21%라는 통계를 얻는다면, 이러한 폭이 넓은 차이는 물론 단지 통계상의 조작에서 오는 결과라고만 할 수가 없다. 한국과 일본 및 미국은 이 표가 표시하는 바와 같이 사실상 세 개의 각기 다른 경제 발전의 유형을 갖고 있었다.

같은 농업국에서는 비교적 큰 숫자이다.

이 직업별 통계표 〈표 4-7〉은 한국인의 직업에 극히 적은 변화밖에 없었다는 것을 말해주고 있다. 일본의 지배로 인해 생겼으리라고 생각되는 현저한 변화는 이 표에는 나타나지 않고 있다. 만일 우리가 지주, 농업노동자 및 고용인의 수가 표시되어 있는 보다 더 상세한 일람표를 가지고 있다면 일본의 지배가 이 나라의 경제 발전을 저지한 사실을 분명하게 알 수 있을 것이다. 1932년 이후 계획된 침략 준비의 필요성만이 일본 정부로 하여금 지금껏 돌보지 않던 한국의 자원에 대해 주의를 환기시키게 하였던 것이다.

〈표 4-8〉은 한국의 총인구를 망라한 것이다. 우리는 여기서 관용술어(官用述語)에 의하면 형제인 일본인과 한국인 간의 직업적인 변화에 있어서 어떠한 차이가 있는가를 살피기로 하자.

이 표는 한국인과 재한일본인이 융화되어 있지 않다는 것, 하나의 국민을 이루고 있지 못하다는 것을 말해준다. 이 통계는 불완전하고 왜곡된 것이기는 하지만, 그러나 한국인과 일본인 사이의 분열을 나타내고 있다. 한국인의 주 직업은 농업이요 총인구의 4분의 3 이상이 이에 종사하고 있다. 일본인의

| 〈표 4-8〉 | 한국인과 재한일본인의 직업별 통계(%) | | | | | |
|---|---|---|---|---|---|---|
| | 한국인 | | | 한국인 | | |
| | 1920 | 1929 | 1938 | 1920 | 1929 | 1938 |
| 농업 | 87.1 | 81.8 | 75.7 | 11.5 | 8.3 | 5.3 |
| 어업 | 1.1 | 1.5 | 1.5 | 3.2 | 2.5 | 1.5 |
| 광업 | 1.9 | 2.2 | 1.2 } | 17.8 | 14.5 | 2.3 |
| 공업 | | | 2.6 | | | 16.6 |
| 상업 | 5.6 | 6.3 | 6.5 } | 33.7 | 30.2 | 23.4 |
| 교통업 | | | 0.9 | | | 5.9 |
| 공무 및 자유업 | 1.7 | 2.5 | 2.9 | 29.3 | 34.2 | 38.1 |
| 기타 유업자 | 1.7 | 4.3 | 7.0 | 3.7 | 6.9 | 2.9 |
| 무직자 | 0.9 | 1.4 | 1.7 | 1.4 | 3.4 | 4.0 |
| 계 | 100.0 | 100.0 | 100.0 | 100.0 | 100.0 | 100.0 |

주 직업은 공무원이다. 1937년에는 41.4%가 공무원이었고, 1938년에는 전쟁 때문에 약간 내려서 38.1%였다.[8] 그러나 1920년에는 29.3%밖에 안 되었던 것이다. 그 밖의 일본인의 직업을 중요한 순서대로 적으면 상업, 공업 및 교통업이 된다. 겨우 5%가 농업에 종사하고 있는데 1920년에는 11.5%였다. 이러한 통계만으로도 우리는 실제적인 대조를 알아볼 수 있다. 1920년에 4만 명의 일본인이 농업에 종사하고 있은 것은 사실이다. 이 숫자는 1932년에는 4만 4,932명으로 상승하였는데, 뒤에 점점 내려서 1938년에는 3만 3,638명이 되었다.[9] 여기에는 비단 농부만이 아니라 한국 농민에게 토지를 소작으로 주는 대일본인회사(大日本人會社)의 종업원도 포함되어 있다. 한국에 정주한 일본인 농부는 일본 정부로부터 각종 원조금 · 보조금 · 장려금 · 저리대부(低利貸付) 및 그 밖의 은전(恩典)이 아낌없이 부여되었음에도 불구하고 약 4,000명에 불과하였다. 그들은 가능만 하다면 한국에서 지주가 되기를 원하였는데, 이에 대해서는 뒤에 다시 언급할 것이다.

그리고 58만 5,589명의 한국인과 10만 5,184명의 일본인이 공업에 종사하고 있는데 그의 가족원을 제외하면 한국인은 약 15만 명,[10] 일본인은 2만 5,000명이 된다. 그러나 일본인이 기업주요, 기술자요, 회계사요, 감독인인데 대해서 한국인은 주로 미숙련노동자이다.

## 도시 집중

현대의 중요한 특징의 하나인 인구의 도시 집중 현상은 농업적인 성격을

---

8 여기에는 자유업에 종사하는 자도 포함되어 있다. 그러나 뒤에 말하겠지만, 한국에서는 공무원 이외에 자유업을 위한 여지는 극히 적었다.
9 여기에는 유급으로 종업하는 것이 아닌 가족원도 포함되어 있다.
10 실제 공업에 종사하는 한국인의 수는 더욱 많았을 것이다. 왜 그런가 하면 1938년에 공장에서만도 15만 명 이상을 고용하였기 때문이다. 이러한 공장 직공 이외에 수많은 수공업노동자와 토목노동자가 있었다.

지배적으로 가지고 있는 한국에서도 생겨났다. 1910년에는 겨우 11개의 도시가 1만 4,000명 이상의 인구를 가지고 있었으며, 그 총계가 불과 56만 6,000명, 즉 총인구의 약 4%였다. 그러던 것이 1939년에는 이들 도시의 인구가 191만 6,000명, 즉 총인구의 약 8.4%가 되었다. 뿐만 아니라 1910년 이후에는 많은 촌락이 도시로 변하였다. 결국 1938년에는 1만 5,000명 이상의 인구를 가진 도시가 50개나 되었고, 그 인구의 총계는 301만 2,400명으로 총인구의 약 13～14%였다. 이에 대해서 1935년의 일본에서는 45.9%였고, 1940년의 미국에서는 47.6%였다(이 두 나라의 경우에는 1만 명 이상의 인구를 가진 도시의 통계이다). 한국의 대도시의 인구는 〈표 4-9〉로써 알 수 있다.

〈표 4-9〉　　한국 도시의 인구
(1940년 10월의 국세조사)

| 도시 | 인구 |
| --- | --- |
| 서울 | 935,464 |
| 평양 | 285,965 |
| 부산 | 249,734 |
| 청진 | 197,918 |
| 대구 | 178,923 |
| 인천 | 171,165 |
| 원산 | 79,320 |
| 함흥 | 75,320 |
| 개성 | 72,062 |
| 진남포 | 68,656 |
| 광주 | 64,520 |
| 목포 | 64,256 |
| 해주 | 62,651 |
| 신의주 | 61,143 |
| 전주 | 47,230 |
| 대전 | 45,541 |
| 진주 | 43,291 |
| 군산 | 40,553 |
| 나진 | 38,319 |
| 마산 | 36,429 |

【자료】『朝日年鑑』(1942), p.562

그러나 도시는 또 하나의 면—일본인의 집중이라는 면에서 중요하다. 1938년에는 일본인의 71%가 50개 도시에 집중해 있었으며(한국인의 11.5%와 비교), 일본인의 반 이상이 10개 도시—서울(전 일본인의 21%)·부산(9%)·평양·함흥·인천·청진·원산·대전 및 군산에 집중되어 있었다. 모든 도시에서 그들은 인구의 한 소수집단을 형성하고 있었다.

## 이민

적어도 한국 인구의 10%가 그들의 빵을 외국에서 벌고 있다. 100만 명 이상이 일본에서 일하고 있고, 약 100만 명이 만주에서 정주(定住)하고 있으며, 20만 명은 러시아 극동지방에, 그리고 약 10만 명은 그 밖의 외국(주로 중국)에 가 있다. 이 이민의 거의 전부가 최근—이토 공작의 '인자한' 보호정치가 시작된 뒤—의 일이며, 그 원인은 정치적인 것인 동시에 경제적인 것이었다. 1913년에는 일본에 겨우 3,000명의 한국인이 있을 뿐이었다.[11] 1920년에는 4만 755명이 되었으며, 1930년에는 41만 9,000명[12]이었는데, 각종 추산에 의하면 1940년에는 그 수가 100만 명을 넘게 되었다. 그들은 주로 미숙련노동자, 광부 및 농업노동자였다. 그들의 대부분은 일본을 일시적인 거주지로 생각하고 있으며, 그들의 저금을 고향으로 송금하고 고향에 돌아갈 수 있는 날을 바라는 것이다. 처음 일본 정부는 그들의 일본 이민의 길을 여러 가지로 방해하였지만, 전쟁의 압력과 이에 따른 인적 자원의 부족은 (일시적인 노동자로서) 한국인의 이민을 장려하기 시작하였다. 그러나 일본인의 적대하는 태도, 자녀 교육의 곤란, 특히 불충분한 주택 사정과 저금의 사용 방도에 대한 장애(일본국채 구매의 강요) 등은 한국인으로 하여금 이전과 같이 이주에 대한

---

11 다카하시, 앞의 책, p.398.
12 『大日本帝國統計年鑑』(1939), p.37.

매력을 갖지 못하게 하고 있다.

일본 당국의 추산에 의하면 1936년에는 87만 명의 한국인이 만주에 있었다.[13] 현재 그 수는 아마도 100만 명을 넘을 것이다. 한국인은 몇 세기 동안에 걸쳐 만주의 국경지방, 특히 간도 지방에 살고 있었다. 그러나 만주로 이민이 심해진 것은 1905년 이후였으니, 이것은 일본의 통치에 반대하는 많은 사람들이 만주로 망명하여 갔기 때문이었다. 앞서 말한 바와 같이 간도는 오랫동안 반일운동의 중심이었다. 불행히도 일본인이 만주를 점령한 이후 일본은 간도의 통제를 강화하였으며, 이에 많은 한국인이 그들의 생명을 잃었던 것이다. 그러나 만주와 한국에는 아직도 일본인과 싸우는 한국인의 무리가 남아 있다.

만주에 있어서의 한국인의 생활은 결코 목가적인 것이 아니었다. 그들의 대부분은 논농사를 하는 소작인이다. 그러나 한국에 있어서의 경제적인 상태가 너무나 나빴기 때문에 만주에 가서 소작인이 되는 길을 택한 것이었다. 만주에 이민한 많은 한국인들은 여러 가지 구실로 그들의 토지를 일본인에게 빼앗긴 사람들이었다. 현재도 만주 이민이 '계획되고' 있으며, 약 1만 명의 한국인 가족이 자본 2,000만 원을 가진 선만척식주식회사(鮮滿拓殖株式會社)에 의해 해마다 이민할 것이 예상되고 있다. 이 이민계획의 목적은 단순하다. 만주에는 주로 중국인이 살고 있다. 그러므로 일본인의 만주 지배는 일본인과 한국인의 이주가 없이는 보장될 수가 없다. 한국인이 일본인을 방어해주리라고 생각해서가 아니라 '이간통치(離間統治)'의 이론에 의해 중국인과 한국인 사이에 사나운 감정이 생기게 될 것이기 때문이다.

1917년 러시아 혁명 이전, 러시아 극동지역에 있던 한국인의 지위는 만주

---

13 『朝鮮經濟年報』(1939), p. 265 이하.

에 있어서의 한국인의 지위와 비슷하였다. 즉 그들은 부농의 소작인이거나 미숙련노동자였다. 그러나 농장의 집단경영은 그들을 나머지 인구와 동일한 지위에 처하게 하였다. 그들은 지금 집단농장의 구성원이며, 모든 학교는 그들의 자녀에 개방되어 있으며, 군복무에 적합한 모든 한국인 청년들은 군부대에 소집되며, 적군(赤軍)에는 한국인 장교들도 있다. 모든 한국인은 소비에트 정부에 의해서 극동으로부터 러시아 영내의 중앙아시아로 이동되었다는 소문이 있었으나 이것은 사실이 아니다. 이 같은 소문의 근거는 아마 중요한 군사시설이 구축되던 변경지역으로부터 한국인뿐만 아니라 러시아인도 포함한 인구의 많은 부분을 이동시킨 사실에 있는 것 같다.*

중국에 가 있는 한국인은 두 종류로 나뉜다. 하나는 일본군을 따라 다니며 일본 시민이라는 자격을 이용해서 도박장·아편굴·매음굴, 그 밖의 평판이 나쁜 사업들을 중국의 여러 도시에서 경영하며, 그들의 주인과 경쟁하는 사람들이다. 다른 하나는 경계선을 넘어 중국 군대에 가서 일본인과 싸울 기회를 얻으려고 하는 사람들이다.

1938년에 약 200만 명의 일본인이 (타이완과 한국을 포함한) 외국에 나가 있었는데 이것은 국내 전 일본인의 2.8%였다. 그들의 대부분은 (한국, 타이완, 만주, 중국 및 일본 위임통치령에서) 관리였으며, 그 밖의 사람들은 국가로부터 보조금, 장려금 및 보호를 받았다. 해외로 가 있는 한국인은 230만 명으로 국내 한국인의 약 10%인데, 그들은 아무런 관직도 차지하지 못하고 아무런 보조금이나 장려금도 받지 못하고 있다. 그리고 만일 일본인의 '보호'가 없었던들 그들은 더 행복할 수 있었을 것이다.

---

* 이 부분은 저자의 편견이 있는 것 같아서 처음 번역에는 제외시켰던 것인데, 가부간에 원저를 그대로 번역하는 것이 옳다는 생각에서 지금 원래대로 넣기로 한 것이다. 한국인의 중앙아시아에로의 잔인한 강제이동에 대해서는 이미 널리 알려진 사실로 되어 있다.

# 제5장 농업[1]

## 서론

한국의 농업 상태에 대한 분석에 들어가기 전에 한국 경제와 거기서 차지
하는 농업의 위치에 대해 대략적인 파악을 해두는 것이 필요할 것이다. 〈표
5-1〉은 1938년에 있어서의 주요 산업의 한국 및 일본에서의 총 생산액을 표
시한 것이다.

〈표 5-1〉　　　　　　　　　　1938년도 총 생산액　　　　　　　　(단위 : 백만 원[*])

| | 한국 | 일본 | 한국(%) | 일본(%) |
|---|---|---|---|---|
| 농산물 | 1,398[(a)] | 4,109[(a)] | 46.4 | 16.1 |
| 임산물 | 167 | 567 | 5.5 | 2.2 |
| 수산물 | 146[(b)] | 420[(b)] | 4.8 | 1.6 |
| 광산물 | 165[(c)] | 884[(c)] | 5.5 | 3.4 |
| 공산물 | 1,140 | 19,667 | 37.8 | 76.7 |
| 계 | 3,016 | 25,647 | 100.0 | 100.0 |

(a) 여기에는 엄밀한 의미의 농업 이외에 양잠업과 목축업도 포함되어 있다.

(b) 여기에는 어류의 가공도 포함되어 있다. 중복을 피하기 위해 어획고의 반은 가공되는 것으로
가정하고, 그 액수를 계에서 제외하였다.

(c) 입수된 최후의 통계는 1936년의 것이었다. 여기에 기입된 1938년의 생산액은 1936년의 그것
보다 50% 증가된 것으로 가정한 숫자이다.

---

1 농업에 관한 보다 상세한 공식통계는 부록 I 에 실려 있다. 그리고 농업에 관한 이러한 통계숫
자의 신빙성에 대해서는 부록 II를 참조.

* 원서에는 화폐단위를 'yen(엔円)'으로 썼으나 번역에서는 '원(圓)'으로 고쳤다. 당시 조선의 화

이 표에 의하면 1938년에 있어서의 한국의 총 생산액은 일본의 250억 원
에 비하여 30억 원을 조금 넘은 것이었으며,[2] 이것은 한 사람당 일본의 358원
에 비하여 한국은 126원이 된다.[3] 물론 총 생산액은 이상적인 지수는 아니지
만, 그러나 보다 나은 것이 아무것도 없을 때에는 최소한 그 대략이라도 이로
써 알 수 있다. 한국 경제의 기본적인 특징은 생산액이 극도로 적다는 것이
다. 일본인의 생활은 1인당 358원의 생산액으로써도 상당히 곤란한 것이다.
하물며 1인당 매년 겨우 126원으로써, 그것도 상당한 부분을 일본인에게 돌
리고서, 그 생활이 얼마나 더 곤란하였을 것인가. 여기서는 일본의 지배 밑에
서 이 점이 악화되었는가 여부와, 일본인의 통치가 말할 수 없는 이 빈곤에
대하여 책임이 있는가에 대해서 논의하지 않으려고 한다. 이러한 문제, 그리
고 이에 관련되는 문제는 뒤에서 언급할 예정이다. 그러나 다른 문제를 이해
하기 위해 한국인의 이루 말할 수 없는 빈곤이라는 주요한 사실을 항상 기억
해두어야겠다. 한국인은 봄에 나무껍질이나 풀뿌리를 먹는다는 우가키 총독
의 말은 이 중요한 사실을 표시하는 것이다. 이 말은 대체로 '평년'에 관하여
한 말이고, 1939년이나 1942년과 같은 파국적인 흉년에 대해서 한 말이 아닌
것이다.

〈표 5-1〉에 나타난 퍼센트는 한국에서는 농산물이 총 생산액의 46.4%인
것을 알려준다. 이에 비해 일본은 16.1%이다. 만일 실 농산액이 농산 총액의
70%이고, 실 공산액이 공산 총액의 44%라 하고,[4] 또 농장당 노동자의 수를

---

폐단위가 '원'이었고 엔과의 환율이 1 대 1이었기 때문이다.
2 가격을 알 수 있는 많은 물품의 가치로 판단해보면, 3원＝1달러의 환율은 1938년의 미·일 양
  국의 물가 수준에 대체로 가깝다. 따라서 이 환율은 1938년에 있어서의 비교의 기초로 사용될 것
  이다.
3 인구는 1940년의 국세조사에 기초를 두고 추산한 것이다.
4 이것은 일본인 통계가들이 1930년의 국세조사에서 사용한 비율이다. 공업의 44%라는 것은
  1930년에 있어서의 일본의 것에 기초를 둔 것이다.

1.5라고 가정한다면, 노동자 1인당 실 생산액은 〈표 5-2〉와 같이 추산할 수 있을 것이다.

| 〈표 5-2〉 한국 노동자 1인당 실 생산액 | (1938년) | |
|---|---|---|
| | 농업 | 공업 |
| 실 생산 총액(백만 원) | 978.6 | 501.6 |
| 종사자 수 (천 명) | 4,577 | 167[a] |
| 노동자 1인당 생산액(원) | 214 | 3,000 |
| 노동자 1인당 1일 생산액(원) | 0.59 | 8.22 |

(a) 이 숫자는 1937년도의 것이다.

농업에 있어서는 노동자 1인 1일당 실 생산액은 0.59원인 데 비해, 공업에 있어서는 8.22원, 즉 거의 14배나 된다. 이같이 한국 경제의 두 번째 기본적인 특징은 공업에 비해 농업의 1인당 생산액이 극히 적다는 것이다. 한국이 '인구 과잉'인 것이 아니라 한국의 농업이 '인구 과다'인 것이다. 이 극단한 빈곤을 해결하는 유일한 길은 보다 광범한 공업화인 것으로 보인다.

## 한국 농업의 구조

이 분석에서 한국의 농업은 전체로서 다루어질 것이며, 평균적인 한국 농부가 평균적인 일본 및 미국의 농부와 비교될 것이다. 말할 것도 없이 이 '평균적인' 농부라는 것은 하나의 가정(假定)이다. 그러나 이것은 한국 농업의 일정한 특질을 강조하는 것을 도와주기 때문에 필요한 가정인 것이다.

〈표 5-3〉에서 1938년의 한국 농장 수가 거의 정확히 미국 농장 수의 반이었는데, 생산액은 겨우 그 4%였고, 일본의 3분의 1이었음을 알 수 있다. 한국의 농장당 생산액은 153달러, 일본에서는 248달러, 미국에서는 1,828달러였다. 이것은 미국 농부의 생산력이 한국 농부보다 10배나 크고, 일본보다 6~7배나 크다는 것을 시사해준다. 물론 우리는 한국이나 일본에 있어서의 인구

〈표 5-3〉 1938년도 한 · 일 · 미의 농장 생산 총액

| | 농산물 총액(달러)[a] | 농장 수 | 농장당 생산액(달러)[a] |
|---|---|---|---|
| 한국 | 446 | 3,052,392 | 153 |
| 일본 | 1,369 | 5,519,480 | 248 |
| 미국 | 11,148[b] | 6,096,799(1940) | 1,828 |

(a) 환율은 3원=1달러이다.
(b) 이 숫자를 산출한 방법에 대해서는 〈표 5-5〉의 주를 참조.

과잉에 대하여, 그리고 수확고의 증진에 대한 농민들의 놀랄 만한 업적에 대하여 상당히 많이 들어왔다. 그들의 면적당 생산고는 높고 거의 그 이상 증가시킬 수는 없으며, 따라서 그들의 빈곤은 오직 인구의 과잉에 의해서만 설명이 된다고 하는 것이다. 미국의 농부들은 상당히 넓은 경작지를 소유하고 있기 때문에 행복하며, 그리고 그들의 경작법은 한국이나 일본 및 다른 동양 여러 국민들이 '집약적(集約的)' 방법을 쓰는 데 대해서 '조방적(粗放的)' 방법을 사용한다고 말한다. 이 주장은 너무나 자주 되풀이되었기 때문에 이제는 거의 움직일 수 없는 자명한 사실로 되어버렸다. 그리고 극동에 관한 많은 전문가들의 이론도 이 가정에서부터 출발하는 것이다. 그러나 '집약농법'이라는 것은 도대체 무엇을 의미하는 것일까? 이것은 보통 1인당 생산이란 의미에서 동양의 농업이 가령 미국과 비교될 수는 없지만, 일정한 면적에서의 생산량은 미국의 농업보다 낮다는 것을 의미한다. 동양의 농부들은 미국의 농부들보다 토지에서 많은 것을 짜낼 수가 있다는 것이다.[5] 〈표 5-4〉는 1938년의 한국 및 일본의 중요 농산물의 생산고를 미국의 그것과 비교한 것이다.

---

5 오처드(J.R. Orchard)는 다음과 같이 말하였다. "쌀의 생산고는 …… 에이커당 평균 2,350파운드이다. 미국에서는 겨우 1,076파운드이다. …… 이것(일본 농업)이 이 이상의 집약적인 방법을 쓸 수 있을 것인가 하는 것은 생각하기 힘들다. 결국 토지가 생산할 수 있는 데는 한도가 있기 때문이다." 〔Japan's Economic Position(New York, 1930), p.32〕. 몰턴(H.G. Moulton)도 "일본의 경작지는 오랫동안 집약적인 경작 방법이 사용되어왔다"라고 말하였다〔Japan(Washington, 1931), p.331〕. 그는 또 비어드(M. Beard)의 다음과 같은 말을 인용하였다. "일본의 경작지는 놀랄 만한 집약적 방법으로 이용되었다."〔Realism in Romantic Japan(New York), p.345〕.

〈표 5-4〉　1938년도의 한국 · 일본 및 미국의 면적당 생산고[a]

|  | 한국 | 일본 | 미국 |
|---|---|---|---|
| 밀 | 92 | 190 | 100 |
| 보리 | 78 | 141 | 100 |
| 옥수수 | 40 | 88 | 100 |
| 쌀 | 111 | 156 | 100 |
| 감자 | 80 | 140 | 100 |
| 콩 | 56 | 100 | 100 |

(a) 1939~1940년도 『국제농업통계연감(*International Year Book of Agricultural Statistics*)』에서 얻은 자료를 기초로 계산한 것이다.

　여기서 우리는 한국의 생산고는 미국보다 대체로 낮고(한국의 가장 중요한 곡물인 쌀을 제외하고), 일본은 대부분 높다는 것을 알 수 있다. 그러나 여기서 한 가지 중요한 사실, 즉 각종 곡물의 중요성의 비중을 생각해야 한다. 가령 한국의 옥수수 생산고는 극히 적으나 한편 옥수수를 재배하는 토지의 면적도 또 비교적 적은 것이다. 미국에서의 쌀 생산고는 낮으나, 그것이 전체에서 차지하는 비중도 중요한 것이 아니다. 이러한 복잡성을 극복하기 위해서는 이들 생산고의 비율을 그 나라에 있어서 이들 곡물에 할당된 면적의 비율에 의해 측정해야 평균 비율이 산출될 것이다. 이러한 계산법에 의하여 만일 미국의 평균치를 100이라고 한다면 한국은 92요, 일본은 156이다. 즉 일본의 생산고는 56%나 미국을 능가하고 있는 것이다. 물론 이러한 숫자는 정확한 것이 아니다. 그러나 대체로 커다란 차이가 있음을 알 수 있다. 한편 일본이나 한국의 농업에서는 농산물이 잡다하지 않으므로 생산고는 그대로 일정한 면적에서 나오는 전 생산액을 나타낸다는 것을 말해두어야겠다. 이것은 〈표 5-5〉에서 알 수 있다.

　여기서 알 수 있는 바와 같이 미국에서는 곡물생산액이 가축의 생산액보다 조금 많을 뿐이다. 그러나 일본에서는 곡물생산액이 총 생산액의 83.4%이

〈표 5-5〉          1938년도의 한국 · 일본 및 미국의 농업생산액의 구성    (단위 : 백만 달러)

| | 생산액 | | | 백분비(%) | | |
|---|---|---|---|---|---|---|
| | 한국 | 일본 | 미국 | 한국 | 일본 | 미국 |
| 곡물 | 432 | 1,142 | 5,814[a] | 92.7 | 83.4 | 52.2 |
| 가축 | 28 | 112 | 5,334[b] | 6.0 | 8.2 | 47.8 |
| 양잠 | 6 | 115 | | 1.3 | 8.4 | |
| 계 | 466 | 1,369 | 11,148 | 100.0 | 100.0 | 100.0 |

(a) 미국의 통계를 일본 및 한국의 그것과 비교할 수 있게 하기 위하여 『미국통계발췌(Statistical Abstract of the United States)』에서 농장생산액을 택했으며, 거기에 없는 것은 『농업통계(Agricultural Statistics)』에서 취하여 가산했다. 때로는 그 차이가 상당히 큰 것이 있다. 가령 옥수수의 경우를 본다면 이것은 농민들이 팔거나 소비하는 것이 아니라 대부분 가축에 의해서 소비되므로 농가 총 수입 속에는 가산되지 않는다. 그러나 일본과 한국의 통계는 바로 농장생산액을 표시하는 것이다.

(b) 이것은 『농업통계』의 농업 총 수입에서 취한 것이다. 이 경우에는 옥수수에 있어서와 같은 난점이 없기 때문이다. 이러한 생산물들은 농민들이 팔거나 직접 소비하거나 하는 것이다.

며, 한국에서는 92.7%이다. 한국인은 축산에 대한 지식을 거의 갖고 있지 못하다. 그들의 농업은 거의 곡물에 한정되어 있으며, 이 점에서는 일본도 마찬가지이다. 그러나 일정한 지역을 이용하는 '집약도'를 평가하는 데 있어서는 축산물도 포함되어야 한다. 물론 거기에는 약간의 중첩이 있다(가령 가축의 사료로 사용된 옥수수는 축산액 속에서 제외되어야 한다). 그러나 비록 축산액 속에서 가축에 소비된 곡물대로서 40~50%를 제한다 하더라도 일정한 면적에 대한 미국 농업의 집약도는 일본의 그것보다 낮은 것이 아니다.

펜로즈(E.F. Penrose)는 집약농법과 조방농법에 대한 일반적인 견해에는 피상적인 점이 있음을 지적하였다.[6] 그러나 그는 "일본에서는 계절의 1주기 내에 토지가 집약적으로 이용된다고 말할 수 있다는 점에 보다 정당한 의미가 있다"라고 생각한다.[7] "일본에서 거의 전국적으로 시행되고 있는 동일 토지

6  E.B. Schumpeter 편, The Industrialization of Japan and Manchukuo(New York, 1940) 중의 「日本」項 p.21.
7  그는 또 '집약농법'과 '조방농법'의 구분 기준을 일정한 생산단위에 있어서 노동의 기타 요소에

에 대한 이모작은 묘판에 종곡(種穀)을 뿌렸다가 약 2개월 뒤에 이식하는 방법과 함께 경작 면적의 협소에서 오는 곤란에 대한 응답으로 생각된다."

앨런(G.C. Allen)은 한 걸음 더 나아가서 다음과 같이 주장한다. "최상급의 도작수전(稻作水田)에서는 보리나 그 밖의 곡물은 부차적인 것이다. …… 그러나 대지의 경작지에서는 종종 매년 서너 종의 곡류, 뿌리채소 및 야채가 교대로 재배된다. 이 생산력은 집약농법의 결과인 것이다. ……"[8] 그러므로 펜로즈 교수에 의하면 일본에서는 거의 전국적으로 같은 토지에서 매년 두 가지의 주 곡물을 재배하며, 앨런 교수에 의하면 최량의 수전은 두 가지 곡물을, 대지경작지는 종종 매년 서너 종의 곡물을 재배한다. 만일 일본(혹은 한국)의 농부들이 같은 토지에서 둘, 셋, 그리고 네 가지 곡물까지를 한 해에 재배할 수 있다면 이것은 정말 집약적이며 미국의 가축 사육으로도 이 집약성은 따라가지 못할 것이다. 그러나 위에서 인용한 두 작가의 말은 오히려 불확실한 것이다. 나스(那須) 교수의 저서[9]에 의하여 우리는 일본에 있어서의 '경작지 이용의 연 횟수'가 1.28인 것을 알 수 있다. 일본의 통계에 기초를 둔 이 저자 자신의 계산은 1.33~1.35 이상의 숫자를 나타내지 않고 있다.[10] 이것은 펜로즈 교수가 의미한 집약농법은 20~30%만 효과를 가지는 것이며, 또 미국과 비교할 때에 대단한 차이를 나타내는 것이 아님을 의미하는 것이다. 이렇게밖에는 달리 해석할 길이 없다. 가난한 동양의 농민들은 거의 모두가 아무런 기계도 없이 원시적인 도구를 가지고 소작으로 빌린 토지에서 빚에 쪼들린 절망적인 상태에서 일하고 있는 것이다. 이러한 상태에서는 아무리 노

---

대한 비율로 취할 것을 제의하였다. 이 비율은 중요한 것이기는 하지만, 그러나 어째서 그것을 조방농법 혹은 집약농법이라고 불러야 하는 것인지 모르겠다.

8 G.C. Allen, *Modern Japan and It's Problems*(New York, 1927), p.120.

9 나스(那須), 『日本の土地利用』(東京, 1929), p.133.

10 한국에 관해서는 p.119 참조.

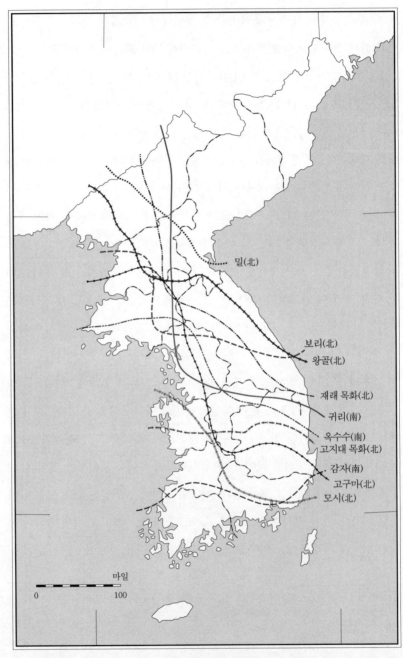

밀(北)

보리(北)

왕골(北)

재래 목화(北)

귀리(南)

옥수수(南)
고지대 목화(北)

감자(南)

고구마(北)

모시(北)

마일

0        100

주요 작물의 한계선
(北 : 북방 한계선, 南 : 남방 한계선)

력한다 하더라도 기계의 도움을 받는 미국 농민들보다 도저히 많은 생산을
할 수가 없다. 일본이나 한국에서 기계의 도움을 받는다면, 현재 소비되고 있
는 노동력의 일부만 가지고도 동일한 혹은 거의 동일한 양의 식료품을 생산
할 수 있다. 그러면 이에 따라 자유로워지는 막대한 인간의 힘을 생활수준의
향상에 이용할 수 있을 것이다. 한국이나 일본에 있어서의 빈곤의 근원에 뿌
리박고 있는 것은 인구 과잉이 아니라 압제적인 사회환경과 짝한, 때로는 그
러한 사회환경으로 말미암은 저생산성인 것이다.

〈표 5-6〉         1938년도 한국·일본·미국의 곡물생산액

| | 생산액(백만 달러) | | | 백분비(%) | | |
|---|---|---|---|---|---|---|
| | 한국 | 일본 | 미국 | 한국 | 일본 | 미국 |
| 쌀 | 254.1 | 724.2 | 33.7 | 58.9 | 63.4 | 0.6 |
| 보리류 | 51.2 | 135.1 | 887.5 | 11.9 | 11.8 | 15.3 |
| 잡곡 | 33.4 | 11.2 | 1,324.5 | 7.7 | 1.0 | 22.8 |
| 콩 | 29.4 | 32.3 | 121.2 | 6.8 | 2.8 | 2.1 |
| 채소류 | 36.2 | 136.6 | 723.6 | 8.4 | 12.0 | 12.4 |
| 과실류 | 5.3 | 38.4 | 445.1 | 1.2 | 3.4 | 7.7 |
| 특용작물 | 22.2 | 64.2 | 1,054.6 | 5.1 | 5.6 | 18.1 |
| 건초 | | | 623.9 | | | 10.7 |
| 기타 | | | 600(약) | | | 10.3 |
| 계 | 431.8 | 1,142.0 | 5,814.1 | 100.0 | 100.0 | 100.0 |

통계표 〈표 5-6〉에 의해 우리는 한국과 일본의 농업이 주로 벼농사〔稻作〕
임을 알 수 있다. 즉 한국에서는 총 생산액의 58.9%이고, 일본에서는 총 생산
액의 63.4%였다. 한국에서는 노동력이 풍부함에도 불구하고 채소류는 겨우
8.4%였으며, 그 생산액은 겨우 3,620만 달러로 추산된다. 과실류의 비율이
역시 낮고(1.2%), 특용작물이 또한 그러하다. 한국의 농업은 다양하지 못하
며, 뒤에 언급할 바와 같이 일본 정부의 방침도 이 중점주의(重點主義)를 장려
해왔다. 일본 당국은 벼〔稻〕가 조〔粟〕나 보리〔大麥〕·피〔稗〕, 그 밖의 잡곡보다

정기적인 한발(旱魃)의 해(害)를 더 많이 받는다는 사실을 무시하였다. 그것은 쌀을 한국으로부터 일본으로 수출하는 데에 그들이 가장 관심을 갖고 있었기 때문이었다.

〈표 5-7〉의 통계는 한국에 있어서의 쌀과 그 밖의 잡곡이 한발로 받는 영향의 정도를 표시한 것이다. 이것을 보면 쌀은 잡곡보다 훨씬 더 생산에 변화가 있음을 알 수 있다.

| 〈표 5-7〉 | | | 곡물 생산과 기후 관계 | |
|---|---|---|---|---|
| | 미곡 생산량 (천 석) | 흉년의 전 평년대비 백분율 | 잡곡 생산량 (천 석) | 흉년의 전 평년대비 백분율 |
| 1927, 평년 | 17,299 | | 17,525 | |
| 1928, 흉년 | 13,512 | 78 | 17,423 | 100 |
| 1929, 흉년 | 13,702 | 79 | 19,383 | 105 |
| 1930, 평년 | 19,181 | | 19,033 | |
| 1931, 흉년 | 15,873 | 83 | 18,059 | 95 |

## 농업정책

공식발표에 의하면 1919년 이전에 있어서의 일본 정부의 정책 원칙은 다음과 같았다.

① 점진적으로 발전시킬 것.
② 장려 사항이 한 번에 너무 많지 않도록 할 것.
③ 실현 용이한 것을 우선적으로 장려할 것.
④ 실제적인 지도를 할 것.[11]

'천천히 덤비라'는 것이 공언된 원칙이었다. 그러나 1918년에는 일본에 심

---

11 『朝鮮經濟年報』(1939), pp.94~95.

각한 식량 부족이 초래되었고, 여러 주요 도시에서 쌀 소동이 일어났다. 그 결과 미곡 증산이 결정되었고 이에 따라서 한국에 있어서의 정책도 완전히 변경되었다. 한국산미증식(韓國産米增殖)을 위한 30년 계획이 실시되고,[12] 1933년까지 이 계획에 관련된 사업에 1만 1,845만 원이 지출되었다. 이것은 원래 계획된 1만 7,050만 원에 비하면 겨우 69%에 불과한 것이었다. 개인기업가들은 그들의 부담액을 85%까지 수행하였다.[13] 그러나 뜻하지 않은 사태의 진전이 이 계획의 완수를 저지하였다. 위에서 말한 바와 같이 한국에서의 산미 증식의 목적은 일본의 식량 부족을 충당하려는 것이었다. 1918년에서 1930년에 이르는 동안에 일본의 군국주의자, 정치가 및 경제가들은 일본은 항상 기아에 위협을 받고 있는 나라이며, 따라서 급격히 증가하는 인구의 출구를 필요로 하고 있다는 것을 크게 주장해왔다. 대부분의 서방 경제가들이나 저널리스트들은 일본 측의 이러한 주장을 옳게 여겼고, 따라서 1930년경에는 일본과 그 속령(屬領)들이 쌀의 생산 과잉으로 인해 고민하기 시작했다는 실제상의 변화를 깨닫지 못하였다. 1933년에 조선총독부는 일본의 압력에 의하여—일본의 지주들은 타이완 쌀과 한국 쌀의 유입으로부터 그들을 보호해주기를 요구하였으며, 이 경쟁에 일본 정부가 자금을 제공해주고 있다고 비난하였다—산미 증식을 위한 모든 계획을 폐기하였으며, 1934년 5월에는 진행 중의 사업들조차 중지해버렸다.

---

12  이 계획의 최초의 부분인 15개년 계획은 42만 7,000정보의 쌀을 생산하는 경작지를 증가하고, 그 결과 1만 6,900만 원에 상당하는 920만 석의 쌀을 증산하는 것이었다. 여러 가지 곤란으로 인하여 이 계획은 완수될 수 없다는 것이 1925년에 이르러 명백해졌다. 이에 새로이 12개년 계획이 작성되었다. 여기에는 ① 灌漑 개량 19만 5,000정보, ② 地目 變換 9만 정보, ③ 개간 간척 등이 포함되어 있었는데, 이는 총계 35만 정보였으며, 이로부터 280만 석이 증산될 것이었다. 그 위에 施肥의 개량과 보급, 경작 방법의 개량으로 192만 석, 현재의 139만 정보의 토지 개량에 의해 344만 석, 총계 816만 석의 증산이 예기되어 있었다. 이 계획은 1938년에 완성될 예정이었다.

13  상세한 것은 히시모토, 『朝鮮米の硏究』(東京), p.59 참조.

앞서 시행된 산미증식계획이 토착 한국인에게 아무런 이익도 끼치지 않은 것과 마찬가지로, 일본에는 이롭지만 한국에는 유익됨이 없는 또 하나의 새로운 계획이 작성되었다. 즉, 한국은 일제를 위한 공업원료, 특히 면화(棉花)의 공급지가 되는 것이었다. 한국에 있어서의 면화 생산은 일본 본토인의 이익을 위협하는 것이 아니며, 일본은 면의 수입을 필요로 하고 있다는 것이 지적되었다.[14]

1933년에 우가키 총독은 남면북양주의(南棉北羊主義)를 제창하여, 목양(牧羊)을 위한 10개년 계획을 수립하였다. 이 기간에 면양(緬羊)은 10만 두(頭)로 증가될 예정이었고, 이는 3,000톤의 양모를 공급할 것이었다.[15] 실제로 면양의 수는 1933년에 2,675두이던 것이 1938년에는 2만 7,405두로 증가하였는데(이것은 계획보다 훨씬 적은 것이다), 그 대부분은 오스트레일리아양의 수입에 의한 것이었고, 그나마 1938년에는 중지되고 말았다.[16]

한국 농업의 '집약화와 다양화'를 위한 계획이 1933~1934년에 시행되었으나 1938~1939년에는 또다시 포기되고 말았다. 1933년의 그와 같은 변화

---

14  1933년에 면화증산 20년 계획이 시행되었다. 이 계획에 의하면 목면 경작지 총 면적은 종국에는 50만 정보가 될 것이며, 수확량은 6억 근에 도달할 것이었다. 최초의 10년간(1933~1942년)의 목표는 35만 정보와 42만 근이었다. 실제의 업적은 다음과 같다.

한국의 면작

|  | 1929~1933(평균) | 1939 | 1942(계획) |
|---|---|---|---|
| 면적(천 ha) | 180 | 252 | 347 |
| 총 수확(천 톤)[a] | 28.4 | 39.6 | 84.0 |
| 헥타르당 수확(kg) | 158 | 157 | 242 |

(a) 繰棉을 표준으로 한 것이다. 實棉 3톤을 繰棉 1톤으로 간주하였다.

이 계획에 의하면 면화 증산은 경작면적의 증가와 면적당 수확량의 증가에 의하는 것이었다. 이 두 점에 있어서 1939년의 실제 면작(棉作)은 계획된 것보다 훨씬 적은 것이었다. 1939년의 예정 생산량은 6만 7,300톤이었지 3만 9,600톤이 아니었다.

15 『朝鮮年鑑』, p.370.

16 1937년 혹은 1938년에는 12년 동안에 면양을 50만 두로 증가시키기 위한 계획이 시작되었다.

는 쌀의 '과잉 생산'에 의해 강요당한 것이었다. 그러나 중국과의 전쟁은 일본에서의 새로운 쌀의 부족을 초래하였다. 이에 도쿄에서는 새로운 견해가 대두하였던 것이다. 즉, 일본·한국·만주 및 중국을 위한 "전반적인 계획이 수립되어야 한다", "중국과 만주에서는 공업원료의 생산에 집중하고 한국에서는 쌀의 생산에 주력하는 것이 나을 것이다"[17] 하여 또 하나의 커다란 변화가 일어나게 되었다. 즉 굶주린 한국이 일제의 곡창으로서 소생하였다. 1933년에 우가키 대장은 한국인은 보다 많은 쌀을 먹게 될 것이라고 그들을 믿게 하기 위해 강연을 통하여 역설하였다. 그러나 1939년에 미나미 대장은 한국인에게 쌀을 먹지 말라고 권하였다. 1938년 9월에 조선총독부는 품종의 개량, 퇴비의 보급, 추경(秋耕)의 실시, 해충의 근절 및 '적시추수(適時秋收)' 등의 방법을 통해 200만 석의 쌀 증산을 결정하였으나 아무런 중요한 관개사업이나 개량사업은 계획하지 않았다. 그러나 쌀에 대한 수요는 더욱 급해졌다. 1939년도의 계획은 120만 석의 증산을 예상하였으나, 실제에 있어서는 1938년에 생산된 것의 겨우 절반에 지나지 않았다. 그럼에도 불구하고 1939년 9월에는 1944년까지 300만 석의 쌀을 증산하기 위한 5개년 계획이 실시되었다. 그리고 1939년 10월에는 500만 석의 증산을 목표로 한 새로운 7개년 계획이 수립되었다! 정부의 농업정책의 변천에 대한 이상의 간단한 서술만으로도 그것이 한국인의 행복을 목적으로 한 것이 아니었음을 알기에 충분하다.

## 경지 면적의 증가

1919년에 끝난 한국의 토지조사는 경지 면적이 438만 1,568정보에 달하고 있다는 것을 알려주었다. 이것은 1938년에는 451만 5,676정보로 증가하였

---

17 『朝鮮經濟年報』(1940), p. 160.

다. 19년 동안의 실제 증가는 13만 4,108정보이며, 연평균 증가는 6,610정보
였다. 이러한 증가는 큰 것이라고는 생각할 수 없다. 그러면 이 적은 증가는
경작이 가능한 모든 토지가 이미 경작되어 있기 때문이라는 것으로써 충분히
설명될 수 있는가 하는 문제가 있다. 1927년에서 1928년에 정부가 행한 추산
에 의하면, 가경지(可耕地)로서 미개간인 채로 있는 토지는 110만 정보에 달
하였다.[18] 이것은 새로운 발전이 실질적으로 가능하다는 것을 말해주고 있
다. 아마도 이의 대부분은 밭으로서만 적당한 지역이었기 때문에 쌀의 생산
에 주로 관심을 가지고 있는 총독부는 이를 이용하지 않았던 것이다.

1938년에 있어서의 한국의 경지 면적은 전 면적의 20.3%로 일본의 그것보
다 높은 비율을 차지하고 있다. 그러나 한국은 일본과 같이 산지가 많은 나라
가 아니므로 이 점에 관해서는 지세가 한국과 비슷한 이탈리아와 비교하는
것이 보다 적절하다. 이탈리아에서는 32.2%의 토지가 경작되고 있으며, 그
외에 18.6%가 초지와 목장으로 되어 있다. 이것은 총독부가 침략을 위한 전
쟁 준비가 아니라 국토 개발에 주의를 집중했다면 한국에서 경지 면적이 확
대될 여지가 있었다는 것을 말해주는 것이다.

## 화전

앞서 제시한 통계들에는 화전이 포함되어 있지 않다. 이 화전이란 농작법
은 많은 사람들이 행하고 있는데, 이것은 삼림지대의 수목형극(樹木荊棘)을 불
태우고 거기에 몇 계절 동안 잡곡이나 감자를 심어 먹다가 땅의 양분이 다하
면 다른 곳으로 이동하는 방법이다. 이 원시적인 방법은 많은 점에서 유해하
다. 즉, 농부들은 삼림에 방화(放火)를 하는데, 이것은 종종 막대한 손실을 초

---

18 이훈구, 앞의 책, p.122에서 인용.

래하기도 한다. 또 그들은 처녀지(處女地)를 뒤집어놓고 그리고는 그대로 방치하므로 침식이 시작되기도 한다. 이러한 화전 면적의 증가는 진보가 아니라 퇴보의 증거이다. 물론 그러한 면적의 통계는 신뢰할 수가 없다. 화전민들은 늘 이동하고 있으며, 또 당국의 주의로부터 벗어나려고 하기 때문이다. 그들의 활동은 주로 한국의 서북부에서 이루어지고 있다. 정부의 추산에 의하면 화전의 면적이 1932년에는 20만 2,158정보이던 것이 1933년에는 36만 6,601정보로 되어, 1년에 81%나 증가하고 있는데 이것은 흥미 있는 사실이다. 이것은 그러한 숫자가 얼마나 믿을 수 없는 것인가를 분명하게 말해주는 것이다. 1938년에는 화전의 면적은 44만 2,045정보로 추산되었다.[19]

## 관개

한국의 강우(降雨) 상태는 관개를 한국 농업을 위해 극히 중요한 것으로 만들었다. 논[畓]은 관개된 농지인 것이다. 관개농지의 증가는 관개 면적의 증가뿐만 아니라 또한 이모작이 시행되는 농지의 증가에 의해서도 판단되어야 한다. 그것은 원칙적으로 부가적인 관개를 필요로 하기 때문이다.

| 〈표 5-8〉 | 한국의 관개 면적 | (단위 : 천 정보) |
|---|---|---|
| | 논의 총면적 | 이모작(二毛作) 논의 면적 |
| 1919 | 1,547 | 247 |
| 1937 | 1,736 | 465 |
| 1938 | 1,751 | 460 |
| | (17,369km²) | (4,561km²) |
| 1919년 대비 증가분 | 204 | 213 |
| 평균 증가분 | 10.7 | 11.2 |
| | (106km²) | (111km²) |

19 현재 알 수 있는 한, 화전의 생산량은 한국 곡물에 관한 통계에는 포함되어 있지 않다.

| 〈표 5-9〉 | 1938년도 한국의 소유별 관개사업 | (단위 : 천 정보) |
|---|---|---|
| 수리조합(水利組合) | | 222 |
| 농민조합(農民組合) | | 584 |
| 개인 | | 320 |
| 기타 | | 90 |
| 계 | | 1,216 |

【자료】『朝鮮年鑑』(1941)

〔주〕 52만 2,000정보의 天水畓은 여기에 포함되지 않았다.

이 연평균 106km²의 증가는 비록 특별히 큰 것은 아니지만 그러나 상당히 큰 것이다.[20] 하지만 이를 보다 상세히 검토할 때에는 사태가 훨씬 좋지 못하다는 것을 알게 된다. 175만 1,000정보의 논〔畓〕 중에서 52만 2,000정보가 천수(天水)에 의존하고 있으며, 26만 2,000정보는 저수지의 도움을, 59만 7,000정보는 늪〔池〕의 도움을, 6만 9,000정보는 펌프의 도움을 받고 있고, 30만 1,000정보는 다른 수단에 의해 관개되는 것이다. 관개지는 〈표 5-9〉와 같은 소유형(所有型)으로 구분된다.

〈표 5-9〉는 적은 자본을 가지고 또 원시적인 관개시설밖에 갖고 있지 않은 농민조합이 아직 지배적인 지위를 차지하고 있음을 말해주고 있다. 다음은 분명히 지주나 부농인 개인이 차지하고 있다. 그러나 정부가 후원한 수리조합의 것은―은행에서 융자한 것이다―겨우 22만 2,000정보, 즉 12.7%를 관개할 뿐이다.

이훈구(李勳求) 박사는 수리조합과 그 기능을 다음과 같이 말하고 있다.[21]

수리조합을 조직하는 방법은 수리조합령에 규정되어 있다. 수리조합령의 제3조는 다음과 같다.

---

20 미국에서는 1919년에서 1929년에 이르는 동안 관개 면적의 연평균 증가가 144km²였다.

21 이훈구, 앞의 책, pp.126~130.

"수리조합을 조직하려고 할 때에는, 조선총독의 언명에 따라서, 당해 수리조합원이 되고자 하는 최소한 5명이 발기인이 되어 조합의 정관을 작성한다. 그리고 그 정관은 앞으로 회원이 될 자들과 장차 조합 영역이 될 지역의 3분의 2 이상의 소유자들의 과반수 동의를 얻은 다음에, 조선총독의 허가를 받는다."

실제에 있어서는 관계된 지주나 기타 인원으로부터의 동의는 정부에 의하여 반강제적으로 획득되는 것이었다. 수리조합을 만든다는 것은 부동의 기정방침이고, 이에 관계된 사람들은 좋건 싫건 이에 따라야 하는 것이다. …… (수리조합의) 부채(負債)를 지불하는 책임은 (모든) 조합원에 있었다. …… 만일 조합의 업무가 직원이나 청부업자 측의 추악한 부정에 대한 아무런 의심 없이 진행되고 또 예기된 생산 증가의 이익이 실시되었다고 하면 …… 조합원으로부터 아무런 불평도 없었을 것이다. 기대에 어긋나는 조합 운영자의 임명,[22] 서투른 운영, 경제적인 불경기, 미증유(未曾有)의 미가(米價) 폭락, 그리고 우리가 말하거나 쓰거나 혹은 정보를 제공하는 것이 금지되어 있는 기타 제 요소로 인하여,[23] 거의 모든 조합이 이에 관계된 모든 사람들, 특히 지주와 소작인들의 공격의 대상이 되었다.

1941년도 『조선연감』(p.342)에 의하면 1938년 12월 31일 현재 189개 수리조합의 총 공사비는 1억 1,297만 9,000원이었고, 그중 기채액(起債額)은 1억 769만 7,000원이었다. 이것은 거의 모든 수리공사가 기채된 자본으로써 시행되었다는 것을 의미한다. 만일 이 기채자본에 대한 이자율이 10%라고 한다면[24] 연이자만 하더라도 약 1,100만 원이 될 것이다. 그런데 1938년도 수리조합의 총 수입은 겨우 1,661만 8,000원에 지나지 않았다. 이것은 쌀값이 높은 해라 하더라도 수리조합의 입장이 좋은 것은 아니었음을 말해주는 것이

---

22　한국인들은 수리조합의 일본인 운영자들은 대부분 부패하고 늙고 무능하고, 그리고 관리에서 퇴직한 자들이라고 주장한다. (이훈구, 앞의 책, p.130).

23　이훈구 박사는 한국에 거주하고 있는 한국인 교수이다.

24　최선의 수리조합의 하나가 지불한 연평균 이율은 8.3%였다. 그러므로 모든 조합에 대하여 10%라고 하는 것은 충분히 가능한 일이다.

다. 쌀값이 폭락하는 해에는 더욱 곤란하였다. 그런데 조합원은 그들의 의사에 반하여 모집되었고, 또 조합의 업무 운영에 대해 아무런 감독권도 없으면서 이 기채액에 대하여 책임을 지고 있다는 것을 기억해야 한다.

드레이크는 한국의 수리사업에 대하여 다음과 같이 말하고 있다.[25]

모든 한국인들이 물을 공짜로 보는 데도 불구하고 그들은 이제 연 3원씩을 세로 바쳐야 하며, 그리고 당국이 허락하는 건축용 및 화목용(火木用)의 목재만을 채벌할 수 있을 뿐이라는 것이다. 따라서 3원 대신에 배의 수확을 얻게 될 것이며, 또 기근의 위협으로부터 완전히 벗어날 것이라고 말해봤자 쓸데없는 일이다. …… 이러한 국민과 더불어 무엇을 할 수 있겠는가.

여기에는 한국인이란 그들에게 주어진 이익을 이해하지 못하는 국민으로 묘사되어 있다. 그러나 이 드레이크의 말이 얼마나 실제와는 거리가 먼 것인가를 살펴보기로 하자. 가령 수리조합 구내에 1정보의 토지를 가지고 있는 지주의 경우를 생각해본다면, 그가 1년에 수리조합에 내는 조합비는 드레이크가 말하는 것과 같이 3원이 아니라 약 75원이 되는 것이다. 한국인은 알지 못할지도 모르지만 이것은 홋카이도의 일본인들이 내는 것의 배 이상이다.[26] 히시모토(菱本)에 의하면 1정보당 수확고의 평균 증가는 6석 내지 13.9석 혹은 7.9석이다. 한국에 있어서의 벼(籾) 석당 도매가는 1931년에 약 16원, 1936년에 약 29원이었다. 만일 농부가 도매가의 70%—즉 1931년에는 11.20원, 1936년에는 20.30원—를 받았다고 하면 증산된 8석으로 인해 그 농부는 1931년에는 90원, 1936년에는 162원을 더 벌었을 것이다. 그러면 수세(水稅, 이것은 불변이었다고 생각된다)를 지불한 뒤에 남는 것은 1931년에는 15원,

25 드레이크, 앞의 책, p.147.
26 다카하시, 앞의 책, p.273.

1936년에는 87원이 될 것이다.

만일 수리(水利)의 편의만 얻는다면 농부는 단순히 수구(水口)만 엶으로써 가을에는 배의 수확을 얻을 수 있다고 가정해서는 안 된다. 관개되는 논(畓)은 많은 부가적인 업무와 비료가 필요한 것이다.[27] 그러므로, 우리는 1931년에 농부는 거의 확실하게 손해를 입었을 것이고, 1936년에는 그가 만일 자작농이었다면 극히 적은 이익을 보았을 것이다.

그러므로 우리는 다음과 같이 말할 수 있다. 쌀값이 상당히 올랐을 때에는 수리사업은 퍽 이로운 것이며, 사람들의 태도도 달라졌을 것이다. 그러나 쌀값의 등귀(騰貴)는 바랄 수 없는 일이었다. 그것은 인플레로 말미암은 것인데, 다른 물가에 비해 쌀값은 낮아져갔던 것이다. 그러므로 공사비는 더욱 높아질 것이며, 그 결과로 수리에 대한 비난도 커질 것이다.

따라서 우리는 다음의 두 가지 결론에 도달한다. 첫째는 한국에 있어서의 수리지역은 확대될 수 있다는 것, 그리고 둘째는 정부가 비교적 적은 금액을 수리사업에 사용했다는 것이다. 1939년까지에 겨우 1억 1,300만 원이 수리조합에 지출되었을 뿐이었다.[28] 그런데 1940년과 1941년의 2년 동안에 일본의 한국 통치 기관은 1억 2,000만 원 이상을 일본의 전쟁 비용으로 제공했던 것이다. 수리조합의 운영은 일본인의 수중에 있었으며, 조합원들은 이를 통제할 수 없었다. 그리고 지나친 운영비, 과대한 공사비 및 높은 이자율 때문

---

27 1933년에 있어서의 1정보당 평균 비료 대금은 52원으로 추정된다.

28 이것이 총독부가 수리사업에 기여한 전액은 아니다. 왜 그런가 하면 ① 수리조합은 주로 돈을 은행으로부터 차용했으며, ② 총독부는 개인에게도 수리사업을 목적으로 하는 보조금과 장려금을 주고 있었으며, ③ 수리와 간접적인 관계를 가지고 있는 사업에도 자본을 투자하였기 때문이다. 그러나 수리조합에의 투자는 가장 큰 것이었으므로 하나의 지수로서의 역할을 할 것이다. 다카하시에 의하면 1911년에서 1933년에 이르는 동안의 토지개량사업에 총독부가 사용한 총액은 겨우 5,820만 원이었고, 33년 동안에 총독부와 도가 농업에 지출한 총액은 1억 6,920만 원이었다. 여기에는 양잠과 축산을 위한 지출도 포함되어 있다.

에 수세는 비싼 것이었다.

## 연간 토지 이용 빈도

한국과 같이 기후가 온화한 나라에서는 한 해에 같은 땅에서 둘 혹은 그 이상의 농작물을 재배하는 일이 흔히 가능한 일이다. 이훈구에 의하면[29] 1930년도의 한국에 있어서의 평균 이용 빈도는 1.34였다. 즉 경작지의 34% 지역에서 이모작이 행해지고 있었다. 저자가 1938년에 있어서의 보고된 추수 면적을 경지 면적으로(즉 607만 8,000정보를 451만 6,000정보로) 나눈 결과 1.35의 숫자를 얻었는데, 이것은 이 교수의 그것과 극히 가까운 것이다. 흥미 있는 것은 일본에 있어서의 평균 토지 이용은 나스 교수에 의하면 1.28로서, 한국보다 기온이 높고 우량이 많음에도 불구하고 그 빈도가 낮다. 이러한 사실은 흔히 주장하는 바와 같이 한국 농민이 게으름뱅이가 아니라는 것을 말해준다. 그들은 수확을 늘릴 수 있는 모든 기회를 이용하고 있는 것이다. 이 숫자는 평균된 것이다. 자연 남부 여러 도에서는 그 빈도가 높다. 경남에서는 논은 2.08이요, 밭은 1.84이다. 한국에서는 이 이상의 이용 빈도를 가지기가 곤란하다. 이것은 부분적으로는 관개의 문제이다. 그것은 이미 언급한 바와 같이 하계를 제외하고는 월평균 강우량이 오히려 낮은 편이기 때문이다.

## 품종 개량

일본 측 통계에 의하면, 1915년에는 도작 면적의 겨우 22%에서 개량종을 재배하였는데, 1937년에는 84.4%의 비율이 되었다고 한다. 이것은 한편으로는 농사시험장(農事試驗場)에서 상당한 업적을 남겼다는 것과, 다른 한편에서

---

29 이훈구, 앞의 책, p.111.

는 한국 농민들이 이러한 개량 성과를 잘 받아들였다는 것을 말해준다. 1932
년에 있어서의 개량하지 않은 도종(稻種)의 정보당 평균 생산량은 8.86석이었
는데, 개량종의 그것은 10.34석으로서[30] 17%의 증가를 보이고 있다. 물론 개
량종이 보다 나은 관개시설의 이익을 받는다든가 혹은 그 밖의 원인으로 인
해 비교가 곤란하기는 하다. 그러나 이 숫자는 양자의 수확고의 상당한 차이
를 말해준다.

## 비료

농업에 있어서의 비료의 중요성은 새삼스레 말할 필요조차 없다. 더군다나
한국과 같이 수천 년 동안이나 토지를 경작해온 나라에서는 특히 그러하다.
농업에 관한 모든 통계 중에서도 비료의 사용에 관한 것은 가장 신뢰하기 어
렵다. 그러나 매년의 통계는 일정한 경향을 표시하고 있으므로 어떤 결론을
내릴 수 있게 한다.

〈표 5-10〉　　　　　　　　한국 농업에 있어서 비료 사용량

| | 양(천 톤) | | | 가격(백만 원) | | |
|---|---|---|---|---|---|---|
| | 녹비(綠肥) | 퇴비(堆肥) | 금비(金肥) | 녹비(綠肥) | 퇴비(堆肥) | 금비(金肥) |
| 1919 | 127.8 | 6,401 | 48.1 | 0.6 | 34.6 | 4.0 |
| 1928 | 814.7 | 15,758 | 285.8 | 6.4 | 91.8 | 21.7 |
| 1938 | 1,774.6 | 28,126 | 367.6 | 9.0 | 112.2 | 90.0 |
| 1939 | … | 27,680 | … | … | … | … |

【자료】『朝鮮經濟年報』(1939) 및 『朝鮮年鑑』(1941)

〈표 5-10〉의 통계는 20년 동안에 있어서 비료의 사용이 상당히 증대하였
음을 말해주고 있다. 여기에는 몇 가지의 농가 제조 비료(재[灰]·풀·인분 등)
가 포함되어 있지 않지만, 그러나 1939년까지 점차로 향상하였음을 나타내

---

30 다카하시, 앞의 책, p.262에 제공된 자료로 계산한 것이다.

고 있다. 녹비(綠肥), 퇴비 및 그 밖의 비료에 관한 숫자의 신빙성은 물론 의문인 채로 남아 있다. 금비(金肥)에 관한 숫자는 보다 신뢰할 수 있다. 그것은 금비상(金肥商)이 정부기관에 보고를 하기 때문이다. 1939년도 『조선경제연보』는 금비의 사용이 증가한 것을, 합병 후 산야에서 녹초 수집이 점차 어려워지고 심지어는 불가능하게 된 것, 가마니 제조 때문에 비료에 이용할 수 있는 짚의 양이 감소한 것, 그리고 일본에의 가축 수출이 이용할 수 있는 구비(廐肥)의 양을 감소시킨 것 등에 관련시켜서 말하였다.[31] 또 인정식(印貞植)도 산림이 개인 소유로 되어 녹초의 수집이 금지되었으므로 근년에 이르러 농가 제조 비료의 양이 실제로 감소하였다고 생각하고 있다. 저수지나 배수구에 연(沿)한 토지도 또한 개인의 소유가 되었으며, 농민들은 거기서 풀을 베거나 가축에게 풀을 먹이는 것이 저수지를 위험하게 하는 행동이라 하여 금지되었다.[32] 이러한 이유로 해서 금비가 한국 농업에서 특별한 중요성을 차지하게 되었으며, 그 비용은 한국 농민들의 현금지출의 약 50%에 달할 것으로 추정되고 있다.[33] 전쟁의 위협하에서 행해진 미곡증식계획은 수확의 증가를 생각하고 있지만, 이것은 금비를 사용하지 않고서는 도저히 불가능한 일이었다. 어비(魚肥)의 생산이 증가된 것은 사실이지만, 이것은 주로 일본 본토로 가고 있으며 콩깻묵〔大豆粕〕 또한 마찬가지이다. 1938년 이전에 증가된 것은 주로 이 지방에서 생산되는 유산(硫酸)암모니아와 과인산석회(過燐酸石灰)였다. 그러나 1938년 일본에서 이것이 부족해지자 정부로 하여금 한국에 공급하는 것을 반감하도록 하였다.[34] 그러고서는 필요로 하는 쌀의 증산을 위해 당국은

31 다카하시, 앞의 책, p.157.
32 『朝鮮의 農家地帶』(東京, 1940), pp.29~32.
33 위와 같음.
34 위와 같음. 공식통계에 의하면 황산암모니아의 소비가 1938년은 1937년보다 겨우 5% 감소한 것으로 되어 있다. 그러나 1940년도 『朝鮮經濟年報』, p.146에 의하면 1938년에 소비된 양은

농가 자체에서 만든 비료의 보다 많은 사용을 장려하였다.

일제의 유산암모니아 생산계획(1939년 7월)은 일본에서 121만 톤, 한국에서 46만 톤, 그리고 타이완에서 20만 톤을 생산할 것을 규정하였다. 그러나 일본 본토는 계획보다 훨씬 부족할 것이 명백해졌으므로 한국에서 일본으로 가져가는 유산암모니아의 양을 증가시켜야만 했고, 이에 따라 한국에서는 화학비료의 사용을 감소시켜야 했다. 그 이후 이러한 사정이 나아졌을지는 의심스러운 일이다.

## 농기구

한국의 농구에 관해서 1940년에 인정식은 "한국인이 사용하고 있는 농구는 가장 원시적인 것이다"라고 말하였다.[35] 한편 조선총독부는 농기구의 사용이 놀랄 만큼 증가한 것을 나타내는 통계숫자를 제시하고 있다.

〈표 5-11〉　　　　　　　　　농기구의 사용 상태

| | 수량 | | 증가율(%) |
|---|---|---|---|
| | 1929 | 1938 | |
| 발동기(發動機) | 3,711 | 7,567(1935) | 104 |
| 족답양수기(足踏揚水機) | 20,004 | 30,639 | 53 |
| 동력양수기(動力揚水機) | 772 | 3,539 | 357 |
| 개량 쟁기〔改良犁〕 | 41,140 | 288,538 | 601 |
| 키〔唐箕〕 | 59,193 | 93,809 | 59 |

【자료】『朝鮮年鑑』(1941)

〈표 5-11〉의 통계는 '급속한 발전'—어떤 경우에는 연 4%의 증가, 개량려(改良犁)에 있어서는 21%의 고율 증가를 표시하고 있다. 그러나 우리는 한국 농민의 수를 늘 염두에 두어야 한다. 1938년에 농부의 수는 305만 2,392명에

---

1937년에 비하여 30% 감소하였다. 한편 그 가격은 19% 증가하였다.

**35** 위의 책, pp. 28~29.

달하고 있는 것이다. 만일 이 수와 1938년의 농기구의 수를 비교해본다면, 11농가 중에서 겨우 한 농가가 개량려를 갖고 있을 뿐임을 알게 된다. 그 나머지는 그들의 선조 농부들이 수백 년 동안 사용해오던 것과 같은 원시적인 농기구를 사용하고 있는 것이다. 그리고 863농가 중에서 한 농가만 동력(動力)양수기를 갖고 있으며, 또 100 중의 하나가 족답(足踏)양수기를 갖고 있었다. 이것은 오직 소수의 부농이나 지주만이 이러한 농기구를 가지고 있었음을 명백하게 말해주는 것이다. 미국에서는 1939년에 농기구에 대한 농가당 평균 지출이 329달러였는데,[36] 한국에서는 겨우 1.4원이었다.[37] 이것은 한국의 농업이 아직도 의심의 여지 없이 후진적이라는 것을 말해주는 것이다. 대전(大戰) 때에는 금속가격의 가파른 앙등(昂騰)과, 철과 강철에 대한 엄격한 통제로 인해 이 점에 대한 아무런 개선도 있을 수 없었다.

## 축산

슘페터(E.B. Schumpeter) 박사는 다음과 같이 말하였다.

가축의 사육은 농가의 부업으로서 그 중요성을 증대시키고 있다. 한국의 소는 농가에서 필요로 하는 노동력의 중요한 부분을 담당할 뿐만 아니라, 또한 그 고기가 기호에 맞는 것으로 생각되고 있다. 그 수는 1910년의 70만 마리에서부터 1936년에는 170만 3,000마리로 증가하였다.[38]

---

36 168만 6,609농가에 의해 5억 4,930만 달러가 소비되었다고 보고되었다(*Statistical Abstract*, p.698).

37 이 숫자는 인정식에 의해 인용된 것이다. 이훈구는 그가 조사한 세대에 있어서는 세대당 4.68원이라고 하였다(앞의 책, p.210). 그러나 이훈구가 조사한 농가는 모든 점에 있어서 보통 농가보다 훨씬 수준이 높았다.

38 앞의 책, p.293.

그러나 1910년에 있어서의 숫자는 신뢰할 수 없다는 것이 강조되어야 한다. 합병 후 수년 동안 정부는 인구의 조사조차 할 수 없었고, 또 경지 면적의 정확한 추산조차 할 수 없었다면, 소나 돼지의 수를 정확히 추산할 수 있었으리라고는 거의 생각할 수 없다. 이러한 가정은 다음과 같은 통계에 의해 더욱 지지를 받는다. 즉 축우(畜牛)의 수는(전년에 비해, 이하 같음) 1911년에 29% 증가하였고, 1912년에는 15%, 1913년에는 16%, 1914년에는 10% 등으로 증가하였다. 그러나 1919년 이후에는 현저한 변화가 일어났다. 즉 1920년에는 2% 이하가, 1923년에는 약 0.2%가 증가하였고, 1924년에는 조금 감소하였으며, 1925년에는 많이 감소하였다. 이러한 통계를 통해서 1910년부터 1919년에 이르는 동안의 것은 사육되고 있는 축우의 수가 아니라 당국이 등록할 수 있는 수를 가리킨 것임을 분명히 알 수 있게 된다.

| 〈표 5-12〉 | 가축의 수 | | (단위 : 천) |
|---|---|---|---|
| | 1919 | 1929 | 1938 |
| 소 | 1,462 | 1,586 | 1,717 |
| 말 | 53.2 | 55.8 | 51.6[b] |
| 나귀 | 13[a] | 7 | 3 |
| 면양 | 0 | 2 | 27 |
| 산양 | 114[a] | 22 | 44 |
| 돼지 | 963 | 1,327 | 1,507 |
| 닭 | 4,998 | 6,185 | 7,165 |

【자료】『朝鮮經濟年報』 및 『拓務統計』
(a) 1915년　(b)1936년

통계 〈표 5-12〉는 최근 20년 동안에 있어서 약간 가축이 증가, 특히 돼지와 닭이 증가하였음을 표시하고 있다. 그러나 이 증가를 정확하게 평가하기 위해서는 농가 수와 관련해 생각하는 것이 필요하다.

농가당 말과 나귀의 수는 감소하였고, 소의 수는 실제에 있어서 마찬가지이고, 돼지의 수는 0.36에서 0.49로 증가하였고, 닭은 1.92에서 2.35로 되었

| 〈표 5-13〉 | 농가당 가축 수 | |
|---|---|---|
| | 1919 | 1938 |
| 소 | 0.55 | 0.56 |
| 말 | 0.020 | 0.017 |
| 나귀 | 0.005 | 0.001 |
| 면양 | 0 | 0.009 |
| 산양 | 0.005 | 0.014 |
| 돼지 | 0.36 | 0.49 |
| 닭 | 1.92 | 2.35 |

다. 현재 한국에는 두 농가에 1마리의 소와 돼지 및 5마리의 닭이 있고, 그리고 극히 적은 수의 농가에 말이나 나귀 또는 면양이 있다. 공식통계에 의하면 1915년의 축산액(畜産額)은 공산액(工産額)의 14.1%였고, 1919년에는 6.1%, 1929년에는 6.1%, 그리고 1938년에는 6.5%였다. 이것은 분명히 슘페터 부인이 "가축의 사육은 농가의 부업으로서 그 중요성을 증대시키고 있다"라고 한 말을 지지해주지 않는다.

계산에 따르면, 300만 이상의 농가 중에서 약 65만이 겨우 일할 수 있는 나이의 축우를 가지고 있다. 물론 부농은 그의 황소나 암소를 빈농에 빌려줄 수 있고, 따라서 같은 수의 축우일지라도 그 이상의 일을 할 수가 있다. 이러한 일은 한국에서는 실제로 흔히 있는 것이다. 이훈구에 의하면 (한국에서) "축력은 인력을 제하고는 농촌 노동력의 최대의 근원이다."[39]

말을 가지고 있는 것은 1938년도에는 305만 2,400의 농가 중에서 불과 3만 7,000뿐이었으며, 돼지는 겨우 112만 4,237, 즉 세 농가 중에서 약 한 농가였다. 면양을 갖고 있는 농가의 수는 300만이 넘는 속에서 겨우 2,949였다. 닭에 대하여는 입수된 아무런 보고도 없지만, 그러나 만일 한 농가에 수탉 1

---

39 앞의 책, p. 220. 방점 저자.

마리와 암탉 4마리가 있다고 가정한다면, 세 농가 중에서 다만 한 농가가 닭을 사육할 수 있을 정도로 부유할 뿐이라는 것을 의미한다.

## 농촌의 사회적 계층구조

지금까지 한국 농민의 문제는 마치 그들 모두가 한결같이 부유하거나 혹은 한결같이 가난한 것처럼 논의하여왔다. 이러한 평균된 통계숫자는 일본 통치의 실질적인 결과가 성공이라고는 부를 수 없으며, 또 그들에 의하여 성취된 것은 한국에는 낯선 관료기구에 의하여 오직 일본 정부의 이익만을 위하는 관점에서 행해진 것임을 말해준다. 이 접근 방법은 유익하기는 하지만, 그러나 한국인의 빈곤의 근본적인 원인을 설명하는 데 충분한 것은 아니다. 이에 대한 진정한 해명은 한국의 농촌에 보편적인 사회적 조건을 밝히는 데에 있는 것이다. 만일 그러한 사회적인 조건이 변화될 수가 있다면 단시일 안에 보다 나은 결과가 한국에서 이루어질 수 있을 것이다. 뒤에 우리는 일본의 지배가 한국 농촌에 있어서의 가내방직(家內紡織)을 어떻게 심하게 파괴하였는가 하는 것에 대하여 언급하게 될 것이다. 이러한 것은 사회적인 현상이며, 기후나 또는 어떠한 그 밖의 자연적 조건에 원인이 있는 것이 아니다. 그러면 한국의 경제적 발전의 행정에 가로놓여 있는 사회적인 조건이라는 것이 무엇인지 살펴보기로 하자.

## 일본의 토지 약탈

우리가 이미 인구에 관한 장에서 본 바와 같이, 한국에 거주하고 있는 일본인과 한국인은 그 사회적인 지위가 크게 다른 두 개의 그룹을 이루고 있다. 이러한 상태하에서는 여기 혹은 저기의 특정된 경지가 일본인의 소유라는 것은 사회적 · 정치적으로 커다란 중요성을 지닌다.

1914년에 총독은 다음과 같이 말하였다.[40]

앞서 일본인이 한국에서 전답(田畓)을 구매한 것은, 한국인에게 이를 소작으로 주어서 그로부터의 수입을 획득하거나 혹은 재매도(再賣渡)함으로써 이익을 거두자는 데에 그 목적이 있었다. 그러나 지금은 스스로 농업에 종사하는 자가 점점 증가되어가고 있다. 게다가 총독부의 감독하에 있는 東洋拓殖會社가 일본 농민의 이민을 장려한 결과로서 한국에 거주하는 일본인 농부의 수가 크게 증대하였다.

그러나 이미 보아온 바와 같이 일본인 농부의 수는 크게 증대하지 않았다. 다만 일본인 회사, 지주 및 투기업자의 활동이 실제로 증대하였을 뿐이었다. 1926년에 한국을 방문하여 농촌 상황을 조사한 바 있는 브루너(E. de S. Brunner) 교수는 다음과 같이 말하였다.[41]

정부의 통계는 농경지와 주택지의 6%보다 적은 것이 일본인의 소유로 등기되어 있는 것을 표시하고 있다. 그러나 이 사실은 신중한 검토를 필요로 한다. 한국의 인가장(認可狀)을 받은 회사에 속하는 모든 토지는, 비록 그 회사의 소유주가 일본인일지라도 한국인을 소유주로 분류하고 있다. 몇몇 이러한 회사의 소유지는 상당한 것이다. 한편 일본 본토에서 조직된 약간의 회사는 한국인 주주를 갖고 있다.[42] 더욱이 명의상으로는 한국인으로 되어 있지만, 실제로는 토지의 소유권이 일본인에게 넘겨진 것도 있는데, 이것은 일본인의 회사나 개인이 대금(貸金)을 함으로써 생기는 것이다. 이 점에 관해서는 이용할 수 있는 아무런 자료도 없다. 정부기관에 속하지 않은 공정한 일본인 및 한국인의 다각적이고 신중한 추산에 의하면 현실적으로 혹은 실질적으로 일본인에 의한 토지 소유율이 12~20%에 이를 것으로 생각하

---

40 『合倂後 三年間의 朝鮮統治의 治績』(朝鮮總督府, 1914년 1월).
41 *Rural Korea*(International Missionary Council, 1928), p.126.
42 그러한 주주의 수는 극히 적은 것이었다.

고 있다. 남한의 어떤 군에서는, 조세기록에 의하면 일본인의 소유가 전 경지의 반 이상에 이를 것이라고 일컬어지고 있다. 경남의 울산* 지방 같은 데서는 지주이자 교육자인 한 한국인이 조사한 결과, 과세재산가격의 32%가 12만 명의 한국인의 수중에 있었고, 그 68%가 8,000명의 일본인의 수중에 있었다고 보고되었다. 일본 인이 소유하는 토지의 대부분이 남부에 있으므로, 이 지역에서는 토지의 약 4분의 1이 한국인의 손을 떠났다고 결론짓는 것이 아마 공정할 것 같다.

이와 관련해서 남부지방은 밭의 거의 2배의 생산물을 산출하는 논이 주로 있는 지역임을 기억해야만 한다. 즉, 남부에서 25%의 토지를 소유하고 있는 것의 경제적인 중요성은 그 숫자가 표시하는 것 이상으로 큰 것이다. 버스커 크(J.D. van Buskirk)는 다음과 같이 말하고 있다.[43]

토지의 반 이상이―어떤 사람은 3분의 2가―일본인의 지배하에 들어갔다고 주 장하고 있다. …… 물론 이러한 숫자는 대단히 과장된 것이지만, 그러나 그러한 보 고에는 그리고 그 밑바닥에 깔려 있는 사실의 기초에는 근거가 있는 것이다.[44]

총독부가 한국에 있어서의 일본인의 소유에 대한 통계를 더 이상 공표하지 않는 것은 아마 의미 있는 일인 것 같다. 1921년에서 1927년에 이르는 사이

---

* 원문에는 Ikson으로 되어 있으나, 일역본에 의거해서 울산으로 하였다〔『外人がみる最近の朝鮮』 (朝鮮總督府, 1932), p.30〕.

43 *Korea, Land of the Dawn*, pp.71~72.

44 만일 전국을 고려의 대상으로 한다면 이것은 버스커크가 생각하는 바와 같이 그렇게 대단한 과 장은 아니다. 합병 후에 일본 정부는 황실 소유, 삼림의 대부분, 역둔토 및 그 밖의 공유지가 정부 의 소유, 즉 일본의 소유임을 언명하였다. 아마 사유림의 반 이상이 일본인의 수중에 있을 것이 다―이것을 반이라고 하자. 그러면 일본인의 소유는 다음과 같다. 국유림 670만 정보, 사유림 370만 정보, 그리고 만일 사유경지의 20%가 일본인의 소유라고 하면 그것이 100만 정보, 국유농 지 약 10만 정보, 즉 計 약 1,150만 정보이다. 그러므로 일본인이 소유하는 경지가 20%뿐이라 하 더라도 그들은 2,220만 정보의 전 면적에서 1,150만 정보를 소유하고 있는 것이 되며, 이것은 전 면적의 반 이상인 것이다.

에 일본인의 소유로 분류된 면적[45]은 24만 2,500정보에서 34만 6,200정보
로,[46] 즉 43%가 증가하였다. 1929년 이후에 이러한 한국 농민으로부터의 수
용 과정이 크게 촉진되었다고 믿을 만한 이유가 있다.[47]

## 지주와 소작

한국의 농업 인구는 다음의 일곱 그룹으로 나눌 수 있다.

1. 지주— 농장에서 노동을 하지 않으며, 또 그들의 농장에서 일하는 노동
자를 고용하지도 않고, 그들이 소유하는 모든 토지를, 자신의 토지를 전혀 소
유하고 있지 못하거나 혹은 충분히 가지고 있지 못한 사람들에게 빌려주고
그 대신 소작료를 받는 사람들이다. 정통파 경제학자들은 이러한 기생충의
존재를 정당화하려고 노력하였지만, 그러나 큰 성공을 거두지는 못하였다.[48]

2. 지주 겸 자작농—그들 소유지의 많은 부분을 소작에 맡기지만 또 동시에
보통 고용노동자의 도움을 받아 그 일부를 경작하는 사람들이다. 이들은 순
전한 기생적인 존재와 자본주의적인 기업가와의 중간 그룹을 대표한다.

3. 자작농—그들 자신의 토지를 소유하고 이를 스스로 경작하는 사람들, 즉
그들의 가옥의 소유자요 그들이 경작하는 토지의 소유자로서 그들의 토착하

---

45 그리고 브루너 교수가 지적한 바와 같이 한국에 등기된 일본인 회사의 것은 한국인의 소유로 분
류되어 있다.

46 이훈구, 앞의 책, p.146.

47 일본인의 소유가 증가하고 있다는 사실 그 자체가 소작 상태의 악화를 의미하는 것은 아니다.
새로운 큰 주인은 조그마한 한국인 지주보다 어떤 점에서는 보다 나을 수도 있다. 그러나 한국인
지주는 많은 점에서 한국인의 생활과 관계를 가지고 있는 반면, 일본인의 관심은 일본의 이익에
있는 것이다. 일본인의 수중으로 넘어가는 1정보의 토지마다 한국인에 대한 압박을 증가시키는
것이다.

48 저자가 어떤 선입견을 갖고 있는 것은 아닌가 하고 의심하는 사람에 대하여는 일본의 유명한 경
제학자 다카하시의 다음과 같은 견해를 인용하여 한국의 지주를 기생충이라고 부른 것에 대한 지
지를 얻고자 한다. "한국의 소작제도(小作制度)는 특히 가혹(苛酷)하고 기생적이다."(앞의 책,
p.187).

는 농토에 대해 깊은 집착을 가진 사람들이다.

4. **자작 겸 소작농**(혹은 반소작인, 또는 반자작농)―그들 자신의 소유지만으로는 불충분하므로 지주나 지주 겸 자작농으로부터 약간의 토지를 차용하지 않으면 안 되는 사람들이다.

5. **소작농**―그들 자신의 토지는 조금도 갖고 있지 못하므로 지주로부터 토지를 차용하고 이에 대한 소작료를 지불하는 농부들이다.

6. **화전민**(火田民)―그들 자신의 토지를 소유하고 있지 못하고 정부 혹은 개인 소유의 삼림이나 황무지 속의 개간지를 경작하면서 한 지구(地區)에서 다른 지구로 이동하는 농부들이다.[49]

7. **농업노동자**―비록 그들 자신의 사용을 위해 좁은 면적의 토지를 차용한다 하더라도, 그들의 주요한 소득을 임금노동에서 얻는 사람들이다.[50]

물론 토지를 소유하고 있지 않은 자본가도 토지를 차용하여 노동자의 도움을 받아 이를 경작할 수 있으며, 따라서 비록 그의 사회적 및 경제적인 지위

---

49 어떤 사람은 화전민을 소작인 밑에 놓는 것을 찬성하지 않을지도 모른다. 그들은 소작료를 지불하지 않으며, 따라서 실제의 상태를 알지 못하는 사람에게는 자작농의 범주에 가까운 것으로 보일지도 모르겠다. 그러나 일본 측 보고가 그들의 성격을 어떻게 묘사하였는가를 다음에서 살펴보자. "이 가난한 사람들은 굶주림에 쫓겨 여기저기로 돌아다니며 통나무집 속에서 비바람을 피하고, 그리고 산기슭에 곡물과 채소를 심어서 그들의 심신(心身)을 유지해나가는 것이다."〔『施政年報』(1934~1935), p.116〕.

50 일부 학자들은 이러한 사회적인 계층의 분류는 지나치게 간소화한 것으로 생각할 것이다. 그들이 소유하는 토지의 일부를 타인에게 대여하고 그리고는 타인의 다른 토지를 차용하는 농부도 있을 것이며, 보다 가난한 소작인에게 재대여하기 위하여 타인의 토지를 차용하는 농부도 있을 것이다. 이것은 사실이다. 생활이란 단순한 것은 아니며, 각양의 현상이 정확한 표제 아래 분류된다는 것은 어려운 일이다. 그러나 우리는 통계숫자를 이용할 수 있는 형식을 고려해 넣으면서 최선의 것을 택해야 한다. 만일 그들이 차용한 토지를 재대여하는 소작인의 수에 대한 보고를 통계가 제공해주지 않는다면 이를 어떻게 다룰 수가 있을 것인가. 더욱이 위의 구분은 주요한 그룹을 대표하는 것이다. 차용한 토지를 재대여하는 소작인의 경우를 예로 들어보자. 그러한 소작인의 수는 적은 것이어서, 가령 소작제도 변화의 일반적인 경향 같은 데에 영향을 줄 수가 없다. 예컨대 그들의 급격한 증가는 소작인 수의 대증가가 없이는 일어날 수가 없다. 그들의 토지의 일부를 대여하고 타인의 토지를 차용하는 자작농의 수는 자작 겸 소작인의 전 수에 비하면 적은 것이다.

가 대부분의 자작농보다 우위에 있다 하더라도 그를 소작농으로 분류할 수
있다. 그러나 한국에는 그러한 소작농은 없다. 한국의 소작농은 일자리를 얻
을 수만 있다면 즐겨서 임금노동을 하며, 생존하기 위해서 토지를 차용해야
만 하는 농부인 것이다.[51]

1910년에서 1918년의 통계는 이미 말한 바와 같이 신용할 수 없는 것이다.
1919년에서 1932년에 이르는 기간에 있어서의 농업 인구의 사회적인 구성
은 〈표 5-14〉와 같다.

1932년에 정부는 통계의 형식을 변경시켰다. 비자작 지주는 생략되었다.

〈표 5-14〉         토지소유계급별 농가 호수            (백분비)

|  | 1918 | 1928 | 1932 |
|---|---|---|---|
| 비자작(非自作) 지주 | 0.6 | 0.7 | 1.2 |
| 기타 지주 | 2.5 | 3.1 | 2.5 |
| 자작농 | 19.7 | 18.5 | 16.6 |
| 자작 겸 소작농 | 39.5 | 32.3 | 25.9 |
| 기타 소작 | 37.7 | 45.4 | 53.8 |
| 계 | 100.0 | 100.0 | 100.0 |

1939년도 『朝鮮年鑑』의 자료에서 계산했음.
〔주〕1928년 및 1932년의 통계에서 화전민은 제외했다. 화전민에 대
   한 통계를 이용할 수 있는 것은 1926년 이후의 일이기 때문이다.

〈표 5-15〉      한국 농민의 경제적 지위의 변화        (백분비)

|  | 1932 | 1938 |
|---|---|---|
| 자작농 | 18.4 | 18.1 |
| 자작 겸 소작농 | 24.9 | 23.9 |
| 기타 소작농 | 51.8 | 51.8 |
| 화전민 | 2.0 | 2.4 |
| 농업노동자 | 2.9 | 3.8 |
| 계 | 100.0 | 100.0 |

---

51 신용대부와 농가부채에 대해서는 뒤에 언급할 것이다.

그 밖의 지주는 자작농과 합쳐졌다. 그리고 노동자라는 새로운 범주가 생겼다. 1927년부터는 화전민에 관한 정보도 나타나고 있다. 이전 시기와 비교할 수 있는 기초를 제공하기 위해 앞의 통계표에 나타난 최종년인 1932년의 통계로부터 시작하기로 한다.

〈표 5-14〉, 〈표 5-15〉에 나타난 바와 같이 한국 농촌에서의 변화는 현저한 점들이 있다. 지주의 비율은 증가하였지만, 그러나 물론 여전히 소수이다. 그것은 모든 다른 나라의 부유층과 같이 지주가 전 인구의 중요한 부분을 구성하는 것이 아니기 때문이다.[52] 자작 겸 소작농은 1918년에는 39.5%이던 것이 1932년에 와선 25.9%로 떨어졌으며, 1932년에서 1938년에 이르는 동안에 또 1%가 줄어들었다. 순소작농은 1918년에는 37.7%였는데, 1932년에는 53.8%—전체의 반 이상—로 되었으며, 그 지위는 1932년에서 1938년 사이에 조금도 변화가 없었다. 그러나 사회적인 지위가 소작농보다 낮은 다른 두 그룹은 급속히 증가하였다. 화전민—임간(林間)의 조그마한 반(半)개간지에서 생계를 꾸미며 이리저리 흘러 다니는 무소유농민—은 1932년의 2%에서 1938년의 2.4%로 되었으며, 농업노동자는 2.9%로부터 3.8%가 되었다(이 부분은 정확한 통계보고가 가장 어려운 데다 이훈구 등의 계산으로 미루어보면 훨씬 더 많았을 것으로 생각된다). 모든 종류의 소작농, 화전민 및 노동자는 합쳐서 1938년에는 전 농민의 81.9%를 이루고 있다. 그들 자신의 땅을 한 조각도 가지지 못한 자가 전 농가의 58%를 이루고 있는데, 1918년에 그들은 37.7%였다. 이러한 통계를 통해서 한국 농민들이 급속히 무산 상태로 전락해가는 과정을 분명히 볼 수 있다. 그들은 처음에는 자작 겸 소작농이었다가 다음에는 소작농

---

52  1928∼1932년의 기간—지주에 관한 자료를 갖고 있는 최종 기간—에 스스로 경작에 종사하지 않는 지주의 수가 1만 2,153호나 증가하였으며, 그들 소유지의 일부를 자작하는 지주의 수는 같은 기간에 있어서 1만 2,426호나 감소하였다. 다시 말해서 한국의 지주들은 더욱더 기생적 성격을 드러내고 있었다. 이 숫자는 1939년도 『朝鮮經濟年報』, pp.96∼97에서 취한 것이다.

으로, 나중에는 무산자, 화전민, 걸인 및 부랑자가 되었던 것이다.[53]

우리는 앞서 "한국 토지의 반 이상이 일본인의 지배로 넘어갔다"라는 주장이 한국의 전 면적을 고려할 때에는 '대단한 과장'이 아니라는 것을 말하였다. 그러나 경지에 한해서 보더라도 이러한 주장은 사실과 거리가 먼 것은 아닌 것 같다. 1918년에 전 농민의 22.2%이던 자작농은 1938년에는 18.1%로 되었으며,[54] 자작 겸 소작농은 39.5%에서 24%나 25%로 되었다. 이것은 경지면적의 증가에도 불구하고 수만의 농민이 토지를 박탈당하고 또 수만의 젊은 세대가 토지를 획득할 수 없게 되었음을 의미하는 것이다. 모든 새로운 개간지는 기(旣) 경작지의 대부분과 함께 비교적 적은 수의 지주의 수중으로 넘어갔다. 이러한 지주들은 한국인이었는가 그렇지 않으면 일본인이었는가? 이문제에 관하여 공식보고가 침묵을 지키고 있는 것 자체가 사실을 웅변으로 말해주고 있다. 민족별 토지 소유의 통계 발표가 중단된 이유는 무엇인가? 한국인 경제학자 이훈구의 견해에 의하면, 이러한 종류의 공표가 한국인을 자극하여 1919년에서와 같은 혁명적인 운동을 폭발시키는 원인이 될지도 모르기 때문이었다.[55]

이 문제에 대해서 다른 관점에서 살펴보기로 하자. 우리는 이미 한국에서의 일본의 농업정책이 미곡 증산을 지향하고 있었음을 말하였다. 그러면 농민의 무산화 과정이 다른 곳보다도 산미지대(産米地帶)에서 더욱 진전되었으

---

53 물론 이 순서는 변경될 수 있는 것이며, 지주가 곧장 노동자로 되는 수도 있었을 것이다. 그러나 보통 농민들은 그들의 지위를 지키기 위해 완강하게 싸웠으며, 따라서 점차적으로 사회적인 계제가 내려갔을 것이다.

한국에 관한 저술을 한 많은 사람들이 데라우치 대장을 위시하여 미나미 대장까지에 이르는 많은 일본인들이 이 무산화 과정을 방지하고 심지어는 역전시키려는 노력을 하였다고 말한다. 그러나 이러한 노력이 적절했다기에는 너무나 거리가 멀었던 것으로 보인다.

54 이미 본 바와 같이 이 숫자는 엄격한 의미에서는 비교될 수 없다. 그러나 직접적인 비교에서 생기는 과오는 극히 적다.

55 앞의 책, p.144.

리라고 예견하는 것은 자연스러운 일이다. 앞서 인구의 밀도를 검토할 때에 한국을 다음의 세 지대로 구분하였다. ① 논〔畓〕이 경지 면적의 50~100%를 차지하는 답작지대(畓作地帶), ② 논이 경지 면적의 20~50%를 차지하는 답전 혼합지대(畓田混合地帶), ③ 논이 경지 면적의 20% 이하를 차지하는 전작지대 (田作地帶). 이 세 지대에 있어서의 토지소유별 일람표는 〈표 5-16〉과 같다.

〈표 5-16〉　　　　　　1937년도 경제지대별 토지소유관계　　　　　(백분비)

|  | 답작지대(畓作地帶) | 전답혼합지대(田畓混合地帶) | 전작지대(田作地帶) |
|---|---|---|---|
| 자작농 | 13.7 | 16.5 | 31.3 |
| 자작 겸 소작농 | 25.2 | 23.9 | 21.8 |
| 소작농 | 55.8 | 52.6 | 40.7 |
| 화전민 | 0.3 | 4.0 | 5.1 |
| 농업노동자 | 5.0 | 3.0 | 1.1 |
| 계 | 100.0 | 100.0 | 100.0 |

〔주〕 히시모토의 『朝鮮米의 硏究』, p.91에 실려 있는 공식자료로부터 계산했음.

이 표에 의하면 답작지대에 있어서는 자작농은 전 농가의 13.7%밖에 되지 않으며, 노동자는 5%로 되어 있다. 전작지대에 있어서는 자작농은 아직 전 농가의 31.3%이며, 노동자는 소수이다. 그러나 화전민의 수는 많아서 5.1% 를 이루고 있다. 이같이 일본인의 관점에서 볼 때 가장 중요한 지대에서 독립 적인 농가가 소수를 이루고 있는 것이다.

총독부는 비자작 지주, 자작농 및 자작 겸 소작농이 소유하고 있는 토지에 대한 통계를 발표하지 않고 있다. 그러나 그 실제를 들여다볼 수 있는 약간의 계산을 할 수가 있다. 다음 통계표는 일정한 가정 위에 기초를 둔 것이기 때 문에[56] 그 정확성을 크게 주장할 수는 없지만, 그러나 한국의 실정을 보다 잘

56 가정이라는 것은 다음과 같다.
　① 부재지주의 수는 1932년의 수, 즉 3만 3,000명과 같다.
　② 자신의 소유지의 일부를 경작하는 지주의 수는 5만 명이며, 그들이 경작하는 토지의 평균 면 적은 5정보이다.

〈표 5-17〉　　　　　　　　한국에서의 토지 분배(추정)

| 구분 | 수 | 소유 면적 (천 에이커) | 전체에 대한 백분비 | |
|------|-----|------------------|-----------------|-----|
| | | | 수 | 면적 |
| 지주 | 83,000 | 7,198 | 2.7 | 63.9 |
| 자작농 | 502,320 | 2,888 | 16.3 | 25.7 |
| 자작 겸 소작농 | 729,320 | 1,174 | 23.6 | 10.4 |
| 소작농 | 1,583,435 | 0 | 51.3 | 0 |
| 화전민 | 71,187 | 0 | 2.3 | 0 |
| 농업노동자 | 116,020 | 0 | 3.8 | 0 |
| 계 | 3,085,282 | 11,260 | 100.0 | 100.0 |

이해하는 데 도움이 될 것이다.

이 추산에서 임금노동자, 화전민 및 소작농의 토지가 영(零)인 것은 물론이다. 지주가 소유하고 있는 토지는 대체로 실제에 가까운 것이다. 이 통계표에서 전 농가의 3%도 못 되는 수가 전 경지의 약 3분의 2를 소유하고 있으며, 16.3%가 25.7%의 면적을, 그리고 나머지 81%가 10.4%의 면적을 소유하고 있다는 사실을 알게 된다. 더욱이 한국에서는 토지가 없는 사람이 토지를 구득(購得)한다는 것은 극히 힘든 일이다. 농업임금은 1939년에 월당 약 15원이었다. 만일 농업노동자가 그 금액의 반을 저금할 수 있다고 하면 24년 후에 논* 1정보(2.45에이커)를 구득할 수 있을 것이다.[57] 이러한 조건하에서 토지 없는 농민의 대부분이 토지 소유자가 될 수 없다는 것은 명백하다. 한국의 농민은 토지를 구매하는 것이 '자유'이며, 따라서 토지 소유의 행복을 누릴 수 있

---

③ 자작 겸 소작농 중에서 공식통계에서 '주로 자작농'이라고 한 것은 그들이 경작하는 토지의 75%를 소유하고 있고, '주로 소작농'이라고 한 것은 그 25%를 소유하고 있는 것으로 가정한다.

④ 공식통계에서 나타난 각 계층의 호당 소유토지의 평균 면적은 각 계층 간의 차이의 중간점이다.

⑤ 자작농은 그의 토지를 대여하지 않는다.

* 원문에는 밭으로 되어 있으나 주 57의 계산에 의하면 논이 옳다.

57　1938~1939년에는 논(畓) 1정보의 가격이 평균 2,160원이었고, 밭(田) 1정보는 750원이었다 〔『國勢グラフ』(日文 月刊, 1940년 7월), p.500〕.

긴 하지만, 그러나 실제로는 구득할 수가 없는 것이다.

토지의 차용에 관해서는 다음의 두 가지 중요한 문제가 있다. 첫째는 얼마나 많은 경쟁자가 있는가 하는 것이고, 둘째는 소작료의 액수이다. 이 두 문제는 밀접한 관련을 가지고 있다. 즉, 경쟁자의 수가 많으면 많을수록 소작료가 비싸질 것이고, 또 차용할 수 있는 지면이 적어질 것이기 때문이다.

만일 한국의 전 경작지가 균등하게 배분되어 있다고 하면, 그 평균 소유면적은 1.48정보, 즉 3.6에이커가 될 것이다. 이것은 미국의 표준에서 볼 때 지극히 적은 것이기는 하지만, 그러나 한국의 실정에서는 생존을 가능하게 하는 정도의 것이다. 그러나 부록 I의 〈표 8〉에서 알 수 있는 바와 같이* 거의 50만 명의 농민(17%)이 0.74에이커 이하를 경작하고 있으며, 그들의 대부분은 소작농이거나 자작 겸 소작농인 것이다. 그 밖의 21.4%의 농민이 0.74~1.26에이커의 토지를 각기 경작하고 있다. 우리는 일본의 농지가 적다는 말을 많이 들어왔지만, 그러나 한국의 사정은 그보다 나은 것이 아니다. 〈표 5-18〉은 가장 가난한 농민이 일본에서보다 한국에서 더 많은 비율을 차지하고 있다는 것을 보여준다. 그리고 소작농은 소작료를 지불해야 하므로 자작농

〈표 5-18〉     한국과 일본의 농장 경영 규모의 비교

|  | 전 농가 수에 대한 백분비 | |
|---|---|---|
|  | 한국(1938) | 일본(1937) |
| 0.5정보 이하 | 38.4 | 33.8 |
| 0.5~0.99정보 | 24.9 | 34.2 |
| 1~1.99정보 | 19.7 | 22.7 |
| 2~2.99정보 | 10.9 | 5.7 |
| 3~4.99정보 | 4.7 | 2.3 |
| 5정보 이상 | 1.4 | 1.4 |
| 계 | 100.0 | 100.0 |

【자료】『國勢グラフ』(1939년 2월), p.106.

---

* 원문에는 〈표 5〉라고 했으나 〈표 8〉이 맞다.

보다 훨씬 못한 상태에 놓여 있는 것이다.

한국의 소작료에는 보통 다섯 가지 형태가 있는데, 그중 셋은 현물로 내는 것이며 둘은 현금으로 내는 것이다. 물납소작료(物納小作料)에는 다음과 같은 것이 있다. 즉 ① 소작인이 그의 수확고에서 사전에 합의된 양을 인도하는 고정소작료〔固定小作料, 정조법(定租法)〕, ② 추수 후에 결정되는 소작료〔집조법(執租法)〕, ③ 수확고 중에서 사전에 합의된 비율의 현물을 지불하는 소작료〔타조법(打租法)〕이다. 현금납소작료(現金納小作料)에는 다음의 두 종류가 있다. ① 사전에 소작료가 현금으로 결정되는 사실상의 금납소작료, ② 소작료의 액수는 현물로 결정되지만, 소작인이 지불할 때에는 그와 같은 가치의 현금으로 하는 대금납소작료(代金納小作料)이다. 금납소작료는 한국에서는 비교적 드물다. 물납소작료에 있어서는 정조법이 2개 도(道)에서, 추수 후에 결정되는 집조법이 3개 도에서, 그리고 비율에 의해 내는 타조법이 9개 도에서 널리 행해지고 있다.[58] 수확고 중에서 지주가 취하는 양의 비율은 〈표 5-19〉에서 알 수 있다.

〈표 5-19〉 한국에 있어서의 소작료의 수확고에 대한 비율(1930년) (%)

|  | 정조법(定租法) | 집조법(執租法) | 타조법(打租法) |
|---|---|---|---|
| 최고 | 58~90 | 50~79 | 50~80 |
| 보통 | 40~51 | 45~60 | 50~55 |
| 최하 | 20~39 | 30~44 | 30~50 |

【자료】 히시모토, 『朝鮮米의 研究』

여기서 가장 보편적인 비율이 수확고의 50%인 것을 알 수 있다. 그러나 최고 90%까지 높아지는 대신에 최하는 20% 혹은 30%까지밖에 내려가지 않는다는 사실에서 볼 때, 평균 소작료는 50% 이상으로 아마도 60% 수준까지 될

---

58 즉 다른 두 형태의 물납소작료보다 더 많이 행해지고 있다.

것이다.

그 위에 소작인들은 보통 지세(地稅)를 지불하며,[59] 수리조합에는 수세(水稅)를 내고, 곡물을 운반해주며(지주가 도시에 살고 있는 경우에는 그 비용은 상당히 컸을 것이다), 미곡검사료를 지불하고, 축력(畜力)·종곡(種穀)·비료를 공급하며, 또 지주에게 선물을 보낸다. 더욱이 대부분의 지주들은 부재지주(不在地主)이며, 그들은 농장에 관리인을 갖고 있는데, 다카하시에 의하면 그들은 소작인에게 선물, 노동 봉사 등을 강요하고, 자신에게 편리한 시기에 추수할 것을 명령하며, 그들 자신의 이득을 위해 소작료를 증수하며, 또 그 밖의 여러 가지 방법으로 소작인에게 부담을 늘린다.[60] 모든 이러한 사실의 결과로써 소작인은 수확고의 적은 부분밖에 차지할 수 없다. 인정식에 의하면 강원도 지방의 소작인들은 미곡 수확의 18%밖에 남기지 못했으며, 김포 지방*에서는 25%를 남겼을 뿐이었다고 한다.[61]

대부분의 소작인들은 구두(口頭)로 계약할 뿐이다. 히시모토에 의하면 겨우 27%의 소작계약이 문서로 되어 있다고 한다.[62] 1930년의 조사에 의하면 소작계약의 81%가 기한을 결정하지 않고 있었다.[63] 즉, 지주는 언제든지 소작인을 떼버릴 수가 있었다. 기한이 결정되어 있는 경우에는 보통 1년이나 3년

59 "합병 이후의 지세(地稅)는 지주가 물도록 규정되었지만, 그러나 옛 관습에 의해 공적인 세금이나 부과금(賦課金)은 여전히 소작인이 부담하였고, 이것은 특히 충청·전라·경상의 제도(諸道)에서 그러하였다."(히시모토, 앞의 책, p.122).

60 이러한 사실들은 다카하시, 앞의 책, p.187 이하 및 히시모토, 앞의 책, p.116 이하에서 취한 것이다.

* 원문에는 Kimpi라고 되어 있는데, Kimpo의 오식이다.

61 앞의 책, pp.14~15. 인정식의 저서는 1940년의 것이다. 그러나 1926년에 브루너도 다음과 같이 말하였다. "라이언(W. Lyon)의 면밀한 조사에 의하면 대구 지방의 어떤 농촌에서는 소작인의 사실상의 실수입이 수확고의 17%였다. 이것은 이 지방에 있어서 결코 예외적인 것이 아니었다."(앞의 책, p.127).

62 연도는 씌어 있지 않다. 이 책은 1938년에 저술된 것이다.

63 히시모토, 위의 책, p.124.

이었다.

　이것이 1935년, 1938년, 그리고 1940년에 일본인 저술가들에 의해 묘사된 한국의 소작제도의 상황이다. 모든 일본인 경제학자들은 이러한 상황이 좋은 것이 못 된다는 데에 의견이 일치하고 있다. 그런데 우리는 미국인 클라이드의 저서 속에서 다음과 같은 기술을 발견할 수 있다.

　　자작농이 아니라 소작농을 보호하기 위해 총독부는 1928년에 예규를 작성하였으며,* 이로써 소작인은 토지의 차용, 토지 비옥의 유지, 소작료와 지세의 지불 방법 및 쟁의의 해결에 있어서 보호를 받게 되었다. 이러한 예규는 세계적인 불경기에 의해 농민의 곤궁 상태가 악화되었을 때에 유익한 결과를 가져왔다.[64]

　이것이 사실이라면 한국 농민은 1928년 이후 보호를 받았으며, 이러한 예규에 의한 유익한 결과를 누렸을 것이다. 불행히 이 주장은 오해로 인한 것이다. 한국에서의 소작쟁의(小作爭議)는 1920년대에 급속히 발전하기 시작하였다. 이미 언급한 바와 같이 한국에서의 소작농지의 많은 부분이 일본인의 소유였다. 이훈구의 말을 빌리면 다음과 같다.

　　일본인 지주와 한국인 소작인 사이에 쟁의(爭議)가 벌어지면 이것은 민족적인 감정으로 인해 쉽사리 직접적인 경제적 문제 이상의 중대한 사태로 발전하는 것이다.[65]

　『조선연감』도 또한 그것이 여론에 영향을 미치리라는 견지에서 이러한 쟁의의 위험성을 지적하고 있다.[66] 이러한 사태에 대처하기 위하여 총독부는

---

*　'小作慣行改善要綱'이란 것을 말한다.
64　앞의 책, p.446.
65　앞의 책, p.176.

1928년에 임시소작조사위원회를 설치하였다. 이 위원회는 "조사를 행하고,—이 조사에 기초를 두고—소작 관행의 개선을 위한 계획을 세우고, 그리고 이 개선을 착수하기 위한 행정적인 지도에 진력한다"라고 하였다.[67] 이리하여 1932년 12월에 소작조정령(小作調停令)을 공표할 터전이 마련되고, 이어 1933년 2월에 발효하였다. 이 법령은 1929년에서 1933년에는 존재하지 않았던 것이며, 따라서 그 '유익한 결과'를 클라이드 교수가 어떻게 관찰할 수 있었는지 이해하기 곤란하다. 이훈구는 1935년이거나 1936년에 "이 법령이 실제에 어떠한 영향을 끼칠 것인가는 후일의 문제에 속한다"라고 하였다.[68] 히시모토도 1937년에 비록 "농지령(1934년에 공포된 보다 포괄적인 법령, 하단 참조)의 결과는 시행된 지 수년밖에 안 되므로 아직 나타나지 않았지만, 그러나 공헌이 있을 것이다"라고 하였다.[69]

1934년 4월에 상기 임시소작조사위원회의 조사를 토대로 총독부는 농지령을 공포하였는데, 이것은 1934년 10월부터 발효하였다. 다카하시는 이 법령이 지주의 반대를 물리치고 통과되었으며, 소작 문제의 조정은 한국이 일본보다 앞서고 있다고 말하였다.[70] 공식적인 『척무요람(拓務要覽)』(1939)은 이 법령에 대해서 다음과 같은 말로 표현하고 있다. 이것은 "소작농의 지위를 안정시키며, 지주 대리인의 행동을 규제하며, 지주와 소작인 간의 마찰을 피하여 농촌에 있어서의 평화를 유지하며 …… 소작농의 이익만이 아니라 지주의 이익도 보호하며, 이리하여 지주 소작인 간의 협조 융화 속에서 농업이 발전하고 농민이 향상되기를 바랄 수 있게 되었다."[71]

66 『朝鮮年鑑』, p.307.
67 『拓務要覽』(1939), p.184.
68 앞의 책, p.180.
69 앞의 책, p.137.
70 앞의 책, p.198.
71 『拓務要覽』(1939), p.185.

그러나 농지령은 상전(桑田)·삼림(森林)·염전(鹽田)의 소작이나 또는 영구(永久)소작에는 적용되지 않았다. 한국의 농업에 관한 한 이것은 중요한 예외였다. 지주의 대리인들은 지방의 소작위원회에 등기(登記)를 하고 거기서 그들의 적부(適否)를 조사하도록 규정되어 있으며, 이 규정에 응하지 않으면 최고 300원의 과료를 내게 마련이었다. 계약 기간에 관해서는 목표가 3년으로 정해졌다. 계약 만료 3개월 전에 쌍방이 모두 통고를 하지 않는 경우에는 갱신된 것으로 간주되었다. 불충실이나 그 밖의 이유로 지주는 계약의 갱신을 거절할 수 있었다. 가장 중요한 문제―소작료―에 관하여는 단지 그것이 '특히 곤란한 문제' 임을 인정하고 소작료로 인한 분쟁이 생겼을 경우에, 이 분쟁은 조정(調停)에 의해 해결되어야 한다고 말했을 따름이었다. 그러나 만일 소작료가 법령에 의해 결정되지 않는다면, 이 법령의 다른 모든 규정은 의의가 적으리라는 것은 명백하다. 그것은 지주가 과다한 소작료를 요구함으로써 어떠한 소작인이라도 축출할 수 있기 때문이다.[72] 더군다나 너무나 많은 것이 일본인의 수중에서 운영되는 소작위원회와 재판소에 의지하고 있다. 그러므로 이 농지령을 공포한 결과로 해서 소작인의 지위에 어떤 중요한 변화가 있으리라고 보기는 힘들다.

일본인은 다음의 두 가지 이유에서 그러한 상태를 변동시킬 수 없다. 첫째로 한국에서와 같은 중세적인 토지관계는, 같은 제도가 일본 자국에서 아직 보편적으로 행해지고 있는 동안, 그것을 쉽사리 붕괴시킬 수 없다. 본국에서보다 식민지에서 더 자유주의적인 국가란 거의 기대할 수가 없는 것이다. 둘째로는 이 제도가 일본의 필요와 일치한다는 것이다. 일본에 대해서 한국은 주로 원료와 식량의 공급원이다.[73] 한국 농민들은 극히 적은 쌀밖에 먹지 못

---

72 1940년 10월의 『東洋經濟』는 "어떤 지주―악덕지주―는 최근 그들의 소작인을 매우 자주 변경한다" 라고 하였다.

한다. 쌀을 일본 본토로 수출해야만 하기 때문이다. 소작제도는 납세제도와 함께 한국으로부터 쌀을 거둬들이는 중요한 수단인 것이다. 한국의 농민들은 소작료와 지세를 지불하고 나면 그들이 생산한 쌀의 적은 부분만이 남게 된다. 이 방법이 실제에 어떻게 행해지는가를 보기로 하자. 1932년에 일본 당국은 한국에서 쌀이 상품화할 수 있는 잉여량을 결정하기 위한 조사를 행하였다. 그 조사의 결과는 〈표 5-20〉과 같은 것이었다.

〈표 5-20〉　　계층 간에 있어서의 미곡의 배분

| 계급 | 총 생산고(천 석) | 1인당 취득미(석) |
|---|---|---|
| 지주 | 6,486 | 11.43 |
| 자작농 | 2,578 | 0.99 |
| 자작 겸 소작농 | 4,892 | 1.21 |
| 소작농 | 3,440 | 0.41 |
| 계 | 17,398 | 1.88(평균) |

【자료】『朝鮮米穀經濟論』
〔주〕 자작 겸 소작농 및 소작농이 취득하는 양은 실제로는 상기 양보다 적었다. 그것은 이 조사에서는 소작료만이 고려되고 있기 때문이다.

〈표 5-22〉에서 평균만을 가지고 이야기하는 것이 얼마나 오해를 가져오는 것인가를 알 수 있다. 평균량은 1인당 1.88석이다. 그러나 지주는 11.43석이며, 소작인(전체의 반 이상)은 겨우 0.41석이다. 이것은 또 쌀이 한국으로부터 걷히는 방법을 말해준다. 특히 만일 세금 및 비료대의 지불, 그리고 그 밖의 비용을 고려한다면 농민에게 남는 쌀의 양은 극히 적다. 그들은 자신을 위해 충분한 양을 가지지 못한다. 그러나 지주는 상당한 잉여량을 가지며, 이 잉여량이 일본으로 가는 것이다.

---

73　1940년 10월 20일 발행의 『東洋經濟』는 다음과 같이 말하고 있다. "그의 지리적인 위치─대륙에 대한 군사기지─때문에 군수물자(軍需物資) 및 식량의 공급창(供給廠)으로서의 한국의 역할은 극히 중요한 것이다. 제국(帝國)의 쌀의 수요에 대한 한국의 공헌 …… 또한 극히 큰 것이다."

이제는 "보다 많이 소비하게 되는 일반적인 경향"[74]을 더 잘 인식할 수 있게 되었다. 1939년과 같은 흉년을 제외하고, 이러한 '개선된 상태'와 '보다 많이 소비하게 되는 일반적 경향'이 어떻게 한국인 전체에 영향을 끼쳤는가를 살펴보자.

〈표 5-21〉         한국의 1인당 쌀 소비량         (단위 : 석)

| 연도 | 양 | 지수 |
|------|------|------|
| 1915~1919(평균) | 0.707 | 100 |
| 1920~1924( 〃 ) | 0.638 | 90 |
| 1925~1929( 〃 ) | 0.512 | 72 |
| 1930~1933( 〃 ) | 0.449 | 63 |
| 1934~1938(a)( 〃 ) | 0.396 | 56 |

【자료】1915~1933년은 『朝鮮米穀經濟論』,* 1934~1938년은 저자에 의한 계산임.[75]

(a) 1936~1938년의 수정된 수확고는 부록 II 참조.

경향은 분명하다. 그러나 슘페터 박사가 발견한 경향과는 전혀 다른 것이다. 한국에서의 쌀 소비량은 20년 동안에 거의 반감하였으며, 일본에서는 1939년도에 1.089석이었는 데 대해 한국은 1934년에서 1938년에 0.396석이었다.[76, 77]

---

74 슘페터, 앞의 책, p.292.
* 원문에는 Beikoku가 Keikoku로 되어 있으나 오식이다.
75 계산 방법(일본인이 사용한 것과 같은 방법)은 다음과 같다. ① 가령 1937년도의 미곡은 1938년에 소비된 것으로 간주하였다. ② 수출량은 1940년도 『朝鮮經濟年報』, p.52에서 취하였다. ③ 인구 통계는 현세통계에 의한 것이다(국세조사에 의하면 소비량은 더 적어질 것이다. 그러나 1936~1937년도의 생산고는 전년의 것과 비교할 수 있게 하기 위해 '재계산' 되었다. 그 이유는 부록 II에 설명되어 있다).
76 『農業年鑑』(1941), p.270.
77 이러한 계산에 대하여는 하나의 반대—"재고품과 이월품(移越品)에 대한 정확한 통계의 결여"(슘페터)—가 있을 수 있다. 그러나 이 통계의 결여는 이상의 결론을 무효로 하는 것은 아니다. 1934~1936년에 있어서의 한국 미곡창고의 보관 능력은 150만 석이었다. 미곡을 이리저리 이동시키기 때문에 특수한 해에는 5~10%의 변화가 있을 수도 있다. 그러나 이것은 5년간의 평균에 커다란 영향을 줄 수는 없다. 왜 그런가 하면, 그 기간의 시초에 창고가 가득 차 있었고, 기간 말에는 완전히 비어 있다 하더라도 (혹은 반대의 경우일지라도) 이것은 5년간의 평균에 겨우 2~3%

그러나 어떤 사람은 이렇게 질문을 할 것이다. 어째서 한국인은 반드시 쌀을 먹어야만 하는가 하고. 그들에게는 조〔粟〕도 마찬가지로 좋지 않은가. 가령 슘페터 박사는 다음과 같이 말하였다.

그들(한국인)은 자신이 생산한 보리〔大麥〕·밀〔小麥〕·조〔粟〕를 소비하며, 또 만주로부터 조를 수입한다. 가난한 한국 농민들은 자신의 쌀을 팔고[78] 그 대신 값싼 조를 사들이거나 재배하는 것이다.[79]

그러나 〈표 5-22〉에 표시된 바와 같은 한국에서의 모든 곡류의 소비를 검토한다면, 쌀만이 아니라 다른 모든 곡류들의 소비량도 줄어들고 있는 것을 발견하게 된다.[80]

| 〈표 5-22〉 | 한국의 1인당 곡류 소비량 | (단위 : 석) |
|---|---|---|
| | 1915~1919 | 1930~1933 |
| 쌀〔米〕 | 0.707 | 0.447 |
| 조〔粟〕 | 0.303 | 0.325 |
| 보리〔大麥〕 | 0.430 | 0.411 |
| 콩〔豆類〕 | 0.190 | 0.142 |
| 기타 | 0.402 | 0.343 |
| 계 | 2.032 | 1.668 |

【자료】『朝鮮米穀經濟論』

---

의 영향을 줄 수 있을 뿐이다. 그러나 그 기간의 시초나 종말에 창고가 완전히 차 있거나 비어 있지는 않았음은 명백한 일이다.

78 '가난한 한국 농민'은 그의 모든 잉여 미곡을 빼앗겼으므로, 쌀을 팔 수 없다는 것은 이미 위에서 보아온 바다.

79 앞의 책, p.290.

80 1석을 186kg이라 하면 한국에 있어서의 1인당 1일 양곡 소비량은 1.87파운드이다. 그 일부는 가축의 사료가 되고, 일부는 종곡으로 사용되며, 또 일부는 술을 빚는 데 이용된다. 게다가 부자(일본인 포함)가 소비하는 양은 평균보다 훨씬 많은 것이다. 1938년에 있어서의 한국의 1인당 1일 평균 육류 소비량은 약 0.02~0.03파운드였다.

통계숫자에 의하면 이 '경향'은 1938년까지 계속되었으며, 1939년에는 미증유의 흉작이 있었고, 1940년도 평년보다 좋지 못했으며, 1941년은 1938년과 같은 양의 수확을 거두었고, 1942년은 또 심한 흉작이었다.

일본인 경제학자들도 (일문 저서에서) 이 경향을 승인하였다. 그 저술이 본서에 인용되어 있는 히시모토·다카하시·인정식*·오가와(小川)·도바타(戸畑)·후쿠이(福井) 등은 공직에 있었는데, 그들의 임무는 그들이 발견한 것을 조사 보고하는 것이었다. 총독은 한국 농민들의 곤경을 잘 알고 있었음을 나타내주었다.[81] 그러나 같은 제도가 일본에서도 널리 행해지고 있는 동안은 한국의 사회제도를 변경시킬 수가 없었다. 또한 한국의 농업에 거액의 자본을 급작스럽게 투자할 수가 없었다. 군비와 전쟁 준비가 이용할 수 있는 모든 자원을 흡수하고 있었기 때문이다. 유산암모니아의 생산을 위한 자금을 얻었던 것은 그것이 전시에 폭발물로 사용될 수 있기 때문이었다. 제철소 건설을 위한 자금을 획득한 것은 그것이 전쟁 수행에 중요하기 때문이었다. 그러나 토지 개간, 농업 개량 혹은 주택 건설을 위한 자금은 없었다. 그러한 환경 속에서 행정부가 무엇을 할 수 있었겠는가. 우가키 총독 때에 농촌진흥운동이 조직되고 자조, 자립 및 정신동원을 강조하였다.

이 운동은 불경기가 절정에 달한 1934년 1월 1일에 시작되어 농민에게 약간의 희망을 주도록 계획되었다. 이 운동의 표어는 다음과 같았다.

---

* 저자는 인정식을 일본인 경제학자로 언급하였지만, 인정식은 조선인이었다.

81 공식조사에 의하면 1929년에 83만 7,000의 농가가 아무런 생계 수단을 갖고 있지 못하였다(다카하시, 앞의 책, p.201). 1930년 봄에(이해는 흉년이 아니었다) 125만 3,000의 농가가 절량(絶糧)이었으며, 풀과 나무껍질로 연명하고 있었다. 상기 1935년의 정부보고는 3인의 대표적인 한국인 농부를 들었는데, 그들은 모두 현금이나 양곡이 부족하였다. 1940년에 인정식은 한국 농촌의 점차적인 빈곤화 과정과 자연경제에의 복귀에 대한 묘사를 하고, 그것은 농민들이 아무런 물건도 살 수 없기 때문이라고 말하였다.

각 농가는 식량의 자급자족을 이룩하라.

부채를 상환하라.

수지(收支)의 균형을 맞추라(다른 말로 하면 제품을 사지 마라).[82]


약간의 모범 부락이 선정되고 여기서 각 농가는 어떻게 하면 5년간에 자각과 자력과 정신동원으로써 물질적으로나 정신적으로 향상할 수 있을 것인가 하는 모범적인 방법을 보이기 위한 구체적인 계획이 실시되었다. 그러한 1개 모범 부락에 대한 조사가 행해졌다. 이에 의하면, 가령 그 부락은 여덟 마리의 축우, 그것도 둘은 남에게서 빌려온 것이었는데, 그 수를 스물로 증가시키라는 권고를 받았다. 그리고 사료와 마구(馬具)의 개량이 권고되었다. 만일 이 부락민들이 이만저만한 현금수입을 가질 수 있을 정도로 생산을 증진시킨다면—물가는 불변인 것으로 가정하고—무엇보다도 먼저 그들이 진 부채를 갚을 것이고, 그리고는 토지를 구매할 것이고, 따라서 소작인은 자작농이 될 것이라는 계산이었다. 지주의 자비심도 이에 공헌하는 하나의 요소로 언급되고 있다. 노동일수도 평균 95에서 100으로 증가될 예정이었고, 잉여시간은 문화의 향상에 사용될 예정이었다.[83]

우가키 대장은 이러한 방법에 의해 한국의 적빈(赤貧) 상태는 10년 만에 사라지고, 한국인의 내적인 갱생이 이루어질 것이며, 다음 10년에 한국인은 자치(自治)의 준비까지 하고, 마침내 제국의 신민이 될 수 있을 것이라고 단언하

---

82 다카하시는 이 독특한 표어에 약간 당황하고 있다. 즉 그것은 자본가의 이익을 위협하는 것이었다(앞의 책, pp.79~85).

83 다카하시는 앞의 책, pp.85~86에서 또한 다음과 같은 것이 필요하다고 말하였다. ① 여자들의 가외노동의 증대—이것은 공업에 값싼 노동력을 제공할 것이다. ② 牛馬 사료를 끓여 먹이는 것의 정지—그 관습은 많은 시간, 값싼 땔감, 또 퇴비 제조에 필요한 짚값 등을 낭비해왔던 것이다. 브루너 교수는 다카하시보다 앞서 한국 농촌의 불경기의 원인을 다음과 같이 말하였다. ① 전 세계적인 농업 불황, ② 한국에 있어서의 과도기(농업에서 공업화에의), ③ 연구심의 결핍, ④ 낭비, ⑤ 정치적 상태. 최후의 원인은 중시되지 않았으며, 소작제도는 언급조차 하지 않았다.

였다.[84] 1939년에 후쿠이*는 "위 운동이 시작된 지 이미 5년이 지났다. 비록 성과가 적은 것은 아니지만, 다른 반면 관리들의 지도에 지나치게 의뢰하였다"라고 말하였다.[85]

전쟁은 이러한 상태를 조금도 개선하지 못하였다. 이미 본 바와 같이 한국 농민의 대부분은 소작료, 지세, 그 밖의 부담에 곡물을 제공하므로 시장에 판매할 곡물은 조금도 남겨 갖지 못했으며, 따라서 비록 곡가(穀價)가 오르는 경우에라도 이것이 그들을 돕지는 못하였다. 지금 그들이 자신의 짚신을 스스로 만들어 신고, 등유(燈油) 대신에 종유(種油)를 사용하고 있는 것은 사실이다. 그러나 자연경제에의 완전 복귀라는 것은 불가능한 일이다. 그것은 정부의 억매정책(抑賣政策)과 직기(織機)의 파괴로 인해 가내방직이 파괴되고 또 그러한 사업에 대한 조세 부담이 증가되고 있기 때문이다.[86]

금비(金肥)의 공급도 증가되고 있지 않다. 군사적인 필요(군수공장·탄광·도로공사·비행장 및 최근에는 징병)로 인해 농촌의 노동력은 고갈되고 있다. 그리고 소요 강철이 부족하기 때문에 농기구의 생산은 감소되어왔다. 유일한 희망은 고리대의 부담(이에 대하여는 뒤에 다시 언급한다)이 통화 하락에 의해 경감될지도 모른다는 것이었다. 그러나 이것조차 의심스러운 일이다. 고율의 이

---

84 다카하시, 앞의 책, p.572.

* 그는 전국경제조사기관연합회 조선지부장이었다.

85 『朝鮮經濟年報』(1939), p.104. 버스커크(Buskirk)는 『새벽의 나라 韓國』 속의 '국민의 구제를 위한 노력'이라는 대목에서(p.74) 두림리라는 모범부락에 대하여 다음과 같은 열정적인(enthusiastically) 설명을 가하였다. "두림리의 연 수입은 400달러 이상이며, 이것은 한국의 그 지방의 평균보다 2배 반이나 더한 것이다. 그 부락민들은 번영을 향유하여 토지를 구득할 수 있었으며, 현재 28호의 자작농과 18호의 자작 겸 소작농이 있다. 소작농은 겨우 14호에 지나지 않는다. (그 부락의) 각종 조합은 현금과 토지를 7,500달러 이상이나 가지고 있다. 이들은 자기 부락민에 대하여는 18%의 이율로 돈을 대여하지만, 타 부락민에 대하여는 보통 36%의 이율로 대여한다." 이 훌륭한 모범 부락은 타 부락민에 대하여 36%로 대금을 하고 자기 부락민에게는 겨우 18%로 대금을 하고 있다! 그러나 만일 모든 부락이 번영하기 위해 고리대금업자가 된다면 결국 그 희생물은 누가 될 것인가.

86 인정식, 앞의 책, pp.33~34.

자를 가진 대부는 보통 단기의 것이고, 또 고리대금업자들은 농민들보다도
더 잘 통화 하락의 위험을 이해하고 있기 때문이다. 그들은 현물로 산출해서
지불할 것을 요구할 수도 있고, 또 농민들은 이들 고리대금업자에 의존하고
있으므로 어떠한 정부의 법령으로도 농민을 구조할 수는 없는 것이다. 고리
대금업자들은 또 곡물을 저축하고 토지를 구매하여 통화 하락에서 자신을 보
호한다. 이에 따라서 토지 가격이 급격히 상승하고 있다고 알려지고 있다. 이
러한 모든 것에다가 1939년의 흉작과 기근의 영향이 첨가되어야 한다.

# 제6장 임업과 어업

## 임업

조림(造林)에 대하여는 총독부에 의해서, 또 총독부를 위해서 주장된 업적
들이 널리 선전되어왔다. 이 장의 목적은 그 업적들을 검토하는 데 있다.

〈표 6-1〉　　한국의 임야 면적　(단위 : 천 정보)

| | |
|---|---|
| 1910 | 15,850 |
| 1930 | 16,601 |
| 1938 | 16,317 |

【자료】『施政年報』(1910~1911, 朝鮮總督府) 및 『拓
務統計』(1938)

〈표 6-1〉에 의하면, 현재 전 한국 면적의 약 74.6%를 차지하고 있는 임야
면적(일본은 약 63%이다)은, 처음 20년 동안에 70~80만 정보가 늘었는데, 이
어 30만 정보가 줄었다. 그러나 이 비교는 그 가치가 의심스러운 것이다.
1910년에는 임야 면적이 다음과 같은 식으로 구분되어 있었다. 즉, 512만
3,000정보는 입목지(立木地)로, 661만 9,000정보는 산생지(散生地)로, 그리고
410만 7,000정보는 미(未)입목지로 기록되어 있었다. 그러나 이러한 구분에
의한 통계는 후기에는 이용할 수 없다. 그리고 그것이 없이는 비교가 아무런
의의도 가지지 못한다. 그러나 1927년 이후의 임야 축적에 대하여 〈표 6-2〉

와 같이 추정하고 있다.[1]

| 〈표 6-2〉 | 임야 축적 | |
|---|---|---|
| | 백만 척체(尺締) | 백만 입방미터 |
| 1927 | 824.7 | 247 |
| 1930 | 747.8 | 224 |
| 1933 | 719.9 | 216 |
| 1936 | 659.2* | 198 |
| 1938 | 673.2 | 202 |

【자료】『朝鮮經濟年報』(1939) 및 『朝鮮年鑑』(1941)

이 표에 의하면 한국의 임야 축적은 11년 동안에 8억 2,470만 척체(尺締)에서 6억 7,320만 척체로, 즉 18.4%가 감소되었다. 한국에 관한 거의 모든 저술들이 일본의 조림 성과를 칭찬하고 있는데 이러한 일은 어떻게 해서 가능한가 하고 질문하는 사람이 있을지도 모르겠다. 이에 대한 대답은 다음과 같다. ① 수만 정보의 훌륭한 삼림이 매년 화재로 말미암아 소멸되었다. ② 매년 3만~4만 정보가 화전민에 의해 소각되었다.[2] 화전민들은 이미 말한 바와 같이 그들의 경작지를 개간하기 위해 삼림을 소각하면서 이리저리 이동한다. ③ 해마다 일본인 회사가 더욱 많은 양의 목재를 찍어냈다.

이와 같이 공식보고에 의하면 마지막 수년 동안에 채벌된 양은 전 입목(立木)의 1.3~1.4%에 이르고 있다. 그러나 실제 채벌되는 것은 아마 훨씬 더 많았을 것이다. 공식숫자는 당국에 의하여 채벌 인가를 받은 것에 기초를 두고 있기 때문이다. 그러나 사유림(이것이 삼림의 대부분을 이루고 있다)의 채벌은 추산하기가 곤란하며, 또 국유림의 채벌도 종종 인가된 양 이상이다. 게다가 매년 화목(火木), 목탄, 그 밖의 임산물에 사용되는 양이 또한 많은데, 그 양은 중

---

1 그 이전에 관한 것도 있을 것이지만, 저자는 1927년 이전에 관한 자료를 얻을 수가 없었다.

* 원문에는 569.2로 되어 있으나, 원자료에 의해 수정하였다.

2 K. Popov, *Economica Yaponii*, p.389.

량으로 표시되는 것이므로 다른 통계와 비교하기가 곤란하다. 그 위에 우연
한 산화(山火)와 화전민에 의한 방화로 말미암아 많은 삼림이 소멸되고 있다.

〈표 6-3〉     한국 삼림 채벌량 (단위 : 백만 m³⁽ᵃ⁾)

| 연도 | 채벌량 |
|------|--------|
| 1910 | 0.673 |
| 1920 | 0.890 |
| 1930 | 1.250 |
| 1935 | 2.265 |
| 1936 | 2.269 |
| 1937 | 2.436 |
| 1938 | 2.649 |
| 1939 | 2.780 |

(a) 1척체는 0.333㎥로 계산하였다. 1939년도 『朝鮮
經濟年報』 및 1941년도 『朝鮮年鑑』에 의거하여 계
산하였다.

이러한 모든 사실은 정부의 성공이라는 게 대단한 것이 아니었으리라는 것
을 말해준다. 한편 약간의 조림(이것은 주로 개인적인 노력에 의한 것이다)은 남부
와 중부에서 행해지고, 채벌은 북부에서 급속히 진행되었는데, 훌륭한 삼림
은 오직 북부에서만 발견할 수 있었다. 1937년 이전에 정부가 임정(林政)에
사용한 금액은 매년 200만 원 이하였지만, 1939년의 임산액(林産額)은 거의 2
억 원이었던 것이다. 1939년에 세워진 15년 예정의 계획조차도 겨우 7,660
만 원, 즉 연당 약 500만 원의 지출이 예정되었고, 매년 1만 5,000~23만 정
보의 조림을 고려했을 뿐이었다. 그러나 그 기간에 대규모의 공업 건설로 인
하여, 그리고 더욱 중요한 것은 일본이 해외로부터의 목재와 펄프 공급을 중
지당했는데 전쟁과의 관련 때문에 일본의 목재 수요는 급증하였고 한국은 가
장 가까운 공급원이었기 때문에, 한국에서의 채벌은 굉장히 증대하였을 것이
분명하다.[3]

_____

3 위의 계획은 1938년에 총액 2,700만 원의 새로운 계획에 의해 보완되었는데, 이것은 20년 동안

삼림에 관해서는 또 하나의 발전이 주목되어야 한다. 즉, 소유권의 성격 변화이다. 일본인이 오기 전에는 국유림이란 극히 드물었고, 삼림은 개인 소유거나 국왕의 소유였다. 합병 이후에는 국왕의 소유뿐만 아니라 사유림도 일본의 재산이 되었다.

1910년 일본의 한국 합병 이후에 사유림의 대부분은 정부에 의해 국유림으로 되어버렸다. 그것은 소유주가 1908년의 법령[삼림법]에 의한 등기를 하지 않았기 때문이었다. 이렇게 함으로써 총독부는 전 임야 면적의 5분의 4 이상을 획득하였다.[4]

그러나 이 임야 몰수 이후에 정책이 변경되었다. 첫째, 한국인이 소유주로부터 몰수한 약간의 임야가 반환되었다(약 350만 정보). "일반적으로 돌보아지지 않은" 혹은 "불모의" 임야도 또한 "각지에 산재해 있었기" 때문에 정부에 의한 적절한 관리가 곤란하였다. 한편 전(前) 소유주에 반환하지 않고 어떤 다른 방법으로 처리한다면 이것은 삼림의 존속에 대한 위협이 될 것이다.[5] 바꾸어 말하면 그러한 토지는 이용이 불가능하기 때문에 반환된 것이다. 그러나 또 개인의 소유로 넘어간 좋은 임야도 많이 있었다.

새로운 법령은 또 국유림을 조림의 목적으로 개인에게 대여하고, 그 목적에 성공하는 자에게 결국은 소유권을 넘겨주는 방법을 규정하였다. 일본인이나 한국인이

---

에 완료될 예정이었다. 그 방법은 다음과 같았다. 즉 ① 채벌지의 재조림, ② 치수(稚樹)의 보육, ③ 미입목지 혹은 산생지의 조림, ④ 펄프용재를 위한 매년 2만 정보의 파종─이것은 전체로 40만 정보의 면적이 될 것이다. ⑤ 150의 삼림구역의 설정, ⑥ 애림사상(愛林思想)의 함양 등이다. 그러나 1939년에는 신계획이 채용되었다. 즉 20년 동안에 2,000만 원의 금액으로 100만 정보의 식림을 하는 것이었다. 이 계획의 난발은 전쟁이 일어난 이후에 삼림 채벌이 얼마나 급속도로 진행되었는가 하는 것을 반영한다. 그리고 〈표 6-2〉에 의하면, 1937년과 1938년에 1936년보다 임야 축적이 약간씩 증가하였는데, 이에 대하여는 의심을 품게 된다.

4 이훈구, 앞의 책, p.183.
5 『施政年報』(1936~1937), pp.127~128.

나 모두 그러한 기회의 혜택을 입었다.[6]

불행히 정부는 "조림의 목적을 위해서"뿐만 아니라 채벌의 목적을 위해서
도 임야를 일본인에게 양도하였다. 그렇게 양도된 임야의 규모는 다음의 예
에서 알 수가 있다. 1937년 9월 1일에 조선임업개발주식회사가 2,000만 원
의 공칭자본(公稱資本)과 200만 원의 불입자본(拂入資本)으로써 조직되었다.
이 회사의 목적은 국유림을 개발하고 사유림 소유주에게 '원조'를 제공하는
것이었다. 회사는 조선총독부로부터 50만 정보의 훌륭한 임야―나머지 훌륭
한 임야의 약 4분의 1―를 무상으로 양도받았다. 더욱이 이 회사는 1946년까
지 연 740만 원의 보조금을 받기로 되어 있었다.[7] 이제 "한국의 임업은 단순
한 보호와 식림의 단계로부터 이용과 개발의 단계에 도달하였다"라고 함축
있는 보고가 행해졌다.[8] 우리는 이미 1937년 전이라 하더라도 '단순한 보호
와 식림'에 한정되어 있지 않았다는 것을 살펴보았다.

조림보다도 파괴가 더 진행되었던 것이다.[9] 이제 분명히 한국의 나머지 삼
림을 더욱 함부로 채벌할 때가 온 것이다. 1927년부터 1937년 사이에 국유림
의 임야 축적은 5억 8,000만 척체로부터 3억 3,800만으로 감소되었다. 한편
사유림은 2억 1,000만 척체로부터 2억 8,000만으로 증가하였다. 다시 말하
면 이 기간에 국유림의 상당한 부분이 개인 소유로 전화하였다. 이러한 통계
를 갖고 있음에도 불구하고 총독부는 불행히도 일본인이 소유하고 있는 토
지―농경지건 임야건 간에―의 통계를 발표하지 않은 것이다. 1939년의 임

---

6 이훈구, 앞의 책, p. 183.
7 『朝鮮經濟年報』(1940), p. 185.
8 『朝鮮經濟年報』(1939), p. 177.
9 이것은 일본인 자신의 견해이다. "採伐과 植林이 균형을 취하지 못하고 있기 때문에 (森林은)
　매년 減少하는 경향을 나타내고 있다."〔『朝鮮經濟年報』(1940), p. 179〕.

산물의 총액은 1억 9,260만 원이었고, 그 내용은 〈표 6-4〉와 같다.

〈표 6-4〉 1939년도 임산액

| 임산물 | 생산량 | 금액(백만 원) |
|---|---|---|
| 용재(用材) | 2,780,000㎥ | 37.6 |
| 화목(火木) | 4,670,000톤 | 42.2 |
| 지엽(枝葉) | 4,090,000톤 | 28.8 |
| 녹비(綠肥)(1938) | 850,000톤 | 3.3[a] |
| 퇴비원료(堆肥原料)(1938) | 5,170,000톤 | 14.7[a] |
| 기타(녹비, 퇴비원료 포함) | | 84.0 |
| 계 | | 192.6 |

【자료】『朝鮮經濟年報』(1940) 및 『朝鮮年鑑』(1941)
(a) 총계에서 제외함.

만일 이러한 공식보고가 정확하다면 한국인은 일본인 회사가 용재(用材)에 대하여 지불하는 것 이상을 화목(火木)·지엽(枝葉) 및 녹비(綠肥)로 지불하고 있는 것이다.

## 어업

수많은 섬과 만(灣)으로 이루어진 한국의 해안선은 지극히 길어서, 약 1만 7,600km나 된다(일본의 해안선은 2만 8,000km이다). 더욱이 한국의 해안에서는 한류와 난류가 합류하고 있어서 어업에 좋은 조건을 제공하고 있다. 한국 해역에는 약 75종의 식용어류가 있고, 20종의 패류, 15종의 해조 및 10종의 다른 해산 동식물이 있다. 중요성에 따라 순서대로 쓰면 멸치〔鰮〕·명태(明太)·청어〔鯖〕·조기〔石首魚〕 및 갈치〔太刀魚〕이다.

합병 이래 어업은 급속한 발전을 이룩하였다. 공식 추산에 의하면 한국 수역에서 잡힌 해산물의 액수는 1912년의 850만 원에서 1938년에는 8,710만 원으로 증가하였다. 1912년의 통계는 거의 믿을 수 없다고 생각되지만, 그러나 1918년의 그것과 비교하더라도 어획고는 배증하였으며, 양은 대략 4배가

되었다. 1939년에 한국 수역에서 잡힌 어획량은 159만 6,000톤이었으며, 패류·해초 및 그 밖의 해산물을 포함하면 175만 8,100톤이었다. 이에 대해서 일본 수역에서의 어획량은 242만 5,900톤이었다. 이같이 한국에서의 어획량은 어업계에서 세계를 리드하고 있는 일본의 거의 75%에 달하고 있다. 그러나 이 놀라운 발전은 결과에 대한 아무런 고려도 없이 무작정 수산자원을 포획한 데서 빚은 결과가 아닐까 하는 의문을 갖게 한다.

한국 어획량의 증대는 주로 멸치잡이의 놀라운 증가에 의한 것이었다. 즉, 1932년의 27만 5,000톤(전 어획량의 23.6%)에서 1937년에는 138만 8,200톤(전 어획량의 65.5%)으로 증대한 것이다. 1938년에는 멸치 어획량이 급격히 떨어져서 97만 5,500톤이 되었다. 이 감소는 물론 일시적인 현상일지도 모르지만, 그러나 남한의 어업 조합원들은 그들의 수역에 이제는 고기가 없다고 불평을 하고 있다. 가령 어선당 어획량은 경남(慶南)에서는 불과 3,600원에 지나지 않지만, 겨우 최근에야 어업이 발전한 함북(咸北)에서는 12만 7,000원인 것이다. 양 도에 있어서의 어선당 어획량의 이 같은 차이는 장비의 질적인 차이에 인한 것일 수가 없다. 이들 어선은 모두 일본인 기업가에 속해 있는 것이기 때문이다.

| 〈표 6-5〉 | 수산제조업의 발달 | |
|---|---|---|
| 연도 | 생산량(천 톤) | 금액(백만 원) |
| 1918 | … | 19.1 |
| 1923 | … | 29.6 |
| 1928 | … | 44.9 |
| 1933 | … | 35.6 |
| 1937 | 556 | 93.4 |
| 1938 | 453 | 96.8 |

최근에 수산제조업이 커다란 중요성을 띠게 되었다. 적어도 한국에서 잡히는 전 어획량의 4분의 3이 식용 이외에 사용되고 있다. 1937년의 멸치 어획

량의 91%가 주로 온유(鰮油) 및 온착박(鰮搾粕)으로 제조되었다. 온유는 경화유(硬化油)·글리세린·지방산·화약·약품·비누·초〔蠟燭〕·마가린의 제조에, 온착박은 비료에 사용된다.[10]

〈표 6-6〉은 수산제조물의 54%가 식료로서 사용되지 않고 있다는 것을 말해준다. 그리고 그중 얼마는 전쟁 목적에 중요한 역할을 하고 있다.

〈표 6-6〉　　　1938년도 수산제조물

| 품종 | 수량(톤) | 금액(천 원) |
|---|---|---|
| 건어〔素乾魚〕 | 34,800 | 12,832 |
| 염건어(鹽乾魚) | 7,300 | 1,779 |
| 훈제어〔煮乾魚〕 | 15,600 | 6,745 |
| 염장어(鹽藏魚) | 42,500 | 6,400 |
| 통조림(단위 : 천 통) | 2,019[a] | 4,178 |
| 염신어(鹽辛魚) | 12,900 | 3,217 |
| 해조(海藻) | 10,200 | 6,915 |
| 〔해태(海苔) 등〕 | | |
| 기타 식료품 | 12,600 | 2,595 |
| 소계 | 135,900 | 44,661 |
| 비료(肥料) | 198,900 | 28,926 |
| 어유(魚油) | 116,000 | 21,979 |
| 기타 제품 | 2,500 | 1,252 |
| 총계 | 453,300 | 96,818 |

【자료】『拓務統計』(1938)
(a) 計에는 포함되지 않았다.

한국 내해에서의 양어(養魚)에 대해서도 언급되어야 할 것이다. 1938년에 이러한 곳에서 잡힌 어획고는 590만 원이었으며, 그 양은 6,400톤이었다.

거의 200만 톤에 가까운 어획량은 인구 1인당 거의 100kg에 해당하는 것이므로, 한국인의 식생활에 막대한 보조가 될 수 있는 것으로 보일 것이다. 불행히도 이것은 그렇지가 못하다. 이미 언급한 바와 같이 어획량의 4분의 1

───────────────

10 『朝鮮經濟年報』(1939), p. 183 이하.

이하 및 수산제조물의 반 이하가 직접 식용에 제공될 뿐이다. 그러나 이것만으로써 이야기가 그치는 것이 아니다. 한국 어업의 발전과 평행하여 수출, 주로 일본에 대한 수출이 급속도로 발전해갔다. 그 사실을 〈표 6-7〉에서 찾아볼 수 있다.

〈표 6-7〉                    수산물의 무역

| 연도 | 수입 | | 수출 | | |
|------|--------|----------|--------|----------|----------|
|      | 금액(천 원) | 수량(천 톤) | 금액(천 원) | 수량(천 톤) | 수출초과액 |
| 1926 | 1,895 | 11 | 25,672 | 103 | 23,777 |
| 1929 | 2,994 | 12 | 36,404 | 159 | 33,410 |
| 1932 | 2,870 | 13 | 22,016 | 161 | 19,146 |
| 1935 | 2,951 | 14 | 42,215 | 248 | 39,264 |
| 1938 | 5,519 | 21 | 81,862 | 510 | 76,343 |

【자료】『朝鮮年鑑』(1941)

이 표는 다음과 같은 사실을 말해주고 있다. ① 한국은 수산물의 수입이 수출에 비하여 지극히 적다(근년에 있어서는 전 무역량의 3~4%이다). ② 12년 동안의 수출은 양에 있어서 거의 5배, 금액에 있어서는 3배 이상이 증가하였다. ③ 적어도 어물 및 그 밖의 수산물의 8분의 5가 수출된다. 이것은 어획량의 증가가 한국인의 생활에 거의 이익을 끼치지 않고 있다는 것을 말해준다. 이것은 또 슘페터 박사와 같이 수산액의 증가가 '감동적인 기록'이라고 생각하는 것이나, 또 "모든 …… 통계는 상태가 개선되었음을 말해준다"라고 믿는 것이 얼마나 위험한 것인가를 말해주고 있다.[11]

도합 약 50만 명이 어업에 종사하고 있으며, 3만 명이 수산제조업에 종사하고 있다. 투자된 자본은 4,000만 원으로 추산되는데, 이것은 한국의 현상으로서는 중요한 산업인 것이다. 그러나 불행히 수산업도 한국의 다른 산업

---

11 수산액에 대해서는 앞의 책, p.289, '통계' 방법에 대해서는 p.292 참조.

과 마찬가지의 양상을 나타내고 있다. 즉, 일본인과 한국인이 모두 수산업에 종사하고 있지만, 그들 사이에는 거의 공통점이 없는 것이다. 한국에서의 일본인 어부의 수는 1915년엔 2만 9,063명이었는데, 1932년에는(이것은 통계가 입수된 최종 연도이다) 1만 5,931명이 되었다. 즉, 17년 동안에 반감하였다. 그러나 한국인 어부의 수는 24만 2,000명에서 약 45만~48만 명으로 증가하였다. 같은 해인 1932년에 한국인 어부의 1인당 어획고는 102원이었는데, 일본인 어부의 1인당 어획고는 1,910원, 즉 19배 이상이었다. 이것은 일본인이 한국인보다 어획에 능란한 때문이 아니라 그들이 가장 좋은 어장과 보다 나은 장비를 가지고 있었기 때문이었다. 1932년의 일본인 어부 1인당 장비액은 265원으로 한국인의 15원 20전에 대해 17배가량이나 많다. 더욱이 일본인은 어부 2명이 1척의 어선을 갖고 있었지만, 이에 비해 한국인은 13명이 1척(그것도 물론 극히 작은 그리고 원시적인 장비밖에 가지지 못한)의 어선밖에 가지고 있지 못하였다. 여기서 일본인 '어부'는 실제로는 한국인을 노동자로 사용하는 기업가라는 것이 명백해진다. 만일 한국인이 자금을 대부받고 어선에 장비를 갖추어 좋은 성과를 얻으려면, 일본인의 은행에 가거나 한국인 고리대금업자에게 가야만 한다. 이 어느 경우에도 사정은 마찬가지이다. 다카하시는 한국인은 그들의 어선이 작기 때문에 주로 연해에서 어획을 한다는 사실을 지적하였다. 그들은 상인에 의존하고 있다. 그들 '자본'의 상당한 부분이 연 3할의 이자로 빌려 쓴 것이거나 혹은 표면상 무이자이지만 그들의 어획물을 오직 그들의 채권자에게 헐값으로 넘겨준다는 약속하에 빌린 것이다.[12] 그러나 때로는 일본인 기업가들의 지위라 하더라도 평탄한 것이 아니다. 생선의 3개 구매자—일본유비(日本油肥), 조선질소(朝鮮窒素) 및 조선유비(朝鮮油肥)—가 시장을 지배하고 있기 때문이다.

---

12 앞의 책, p.314 이하.

# 제7장 동력과 광산자원

## 동력자원과 그 개발

화목(火木) · 석탄 · 수력 · 유류(油類) 및 풍력은 한국의 공업 및 광업에서 동력원을 이루고 있다. 가내공업에서는 인간의 노동력과 축력이 널리 사용되고 있지만, 현대공업은 이것을 기초로 해서는 건설될 수가 없다. 화목은 한국의 현실에서는 동력원으로서 너무나 고가이며, 풍력도 많이 이용되고 있지 않다. 어느 특수회사가 1935년 이래 유류자원의 조사를 진행하고 있지만,[1] 이를 발견했다는 아무런 보고도 없었으며, 유류의 수입도 소량이다. 이리하여 현재로서는 석탄과 수력이 유일한 한국의 중요 동력자원이 되고 있었다.

1932년 베인(H.F. Bain)은 한국의 석탄 매장량을 4,200만 톤으로 추정하였다.[2] 그 후 막대한 매장량이 발견되었으며, 1939년에는 무연탄이 13억 4,000만 톤, 유연탄은 4억 1,000만 톤으로 추정되었다. 이 매장량은 많은 것은 아니지만, 그러나 매년 불과 200만 톤의 소비율(1936년)밖에 없으므로 800년 이상을 충분히 사용할 수 있을 것이다. 그리고 새로이 매장량이 발견되어 그 숫자가 보다 높아질 가능성은 충분히 있다. 한국은 석탄이 풍부한 편은 아니지

---

1 포포프, 앞의 책, p.393.
2 H.F. Bain, *Ores and Industry in the Far East*(1933), p.40.

만, 가령 이탈리아보다는 많이 있으며, 그리고 그 상당한 부분이 무연탄이다.
석탄 생산량은 〈표 7-1〉에 1930년과 1936년 사이에 급속도로 증가하였음이
나타나 있다. 1936년 이후의 생산량은 공표되지 않았다.

〈표 7-1〉      한국 석탄 생산고      (단위 : 천 톤)

| | |
|---|---|
| 1910 | 78 |
| 1920 | 289 |
| 1929 | 938 |
| 1930 | 884 |
| 1936 | 2,282 |

【자료】『朝鮮經濟年報』(1939)

〈표 7-2〉      석탄 매장량의 분포

I. 무연탄

| 도별 | 탄광 지역 | 매장량(백만 톤) |
|---|---|---|
| 강원 | 영월 및 삼척 | 374 |
| 평남 | 남부 | 300 |
| | 북부 | 491 |
| 함남 | 문천 및 고원 | 125 |
| 경북 | 문경 | 27 |
| 평북 | 강계 | 20 |
| 전남 | 화순 | 3 |
| 계 | | 1,340 |

II. 유연탄

| 도별 | 탄광 지역 | 매장량(백만 톤) |
|---|---|---|
| 함북 | 두만강변, 길주 | 373 |
| 평남 | | 20 |
| 경북 | | 10 |
| 황해 | | 5 |
| 함남 | | 1 |
| 계 | | 409 |

〈표 7-2〉는 한국 북부 및 중동부만이 풍부한 석탄 매장량을 갖고 있음을
나타내고 있다. 이 지역은 또한 막대한 수력과 철광 매장량을 가지고 있다.
그러므로 한국 중공업의 중심지가 될 운명을 지니고 있다.

실제 석탄 생산량은 1936년에 각 도별로 다음과 같은 분포 상태였다(〈표7-3〉). 이 통계표는 석탄의 생산이 거의 전부 2개 도―평양 및 개천 부근의 평남과 러시아 접경지대인 함북―에 집중되어 있음을 표시하고 있다. 그러나 강원탄전은 급속히 개발되고 있으며, 그 질은 인도차이나의 것과 마찬가지라고 일본인들은 말하고 있다.

〈표 7-3〉      석탄 생산량

| 도별 | 생산량(천 톤) |
| --- | --- |
| 평남 | 966 |
| 함북 | 945 |
| 황해 | 175 |
| 함남 | 86 |
| 평북 | 58 |
| 전남 | 35 |
| 강원 | 9 |
| 경북 | 8 |
| 계 | 2,282 |

【자료】『朝鮮年鑑』(1941)

주요한 무연탄 채광회사는 조선무연탄주식회사, 동양광산개발주식회사 및 일본해군과 미쓰비시(三菱)광업회사 등이다. 유연탄의 생산은 조선석탄공업주식회사, 조선합동석탄공업주식회사, 메이지(明治)광산회사 및 일선(日鮮)광산회사 등의 수중에 있는데, 이들 모두가 일본인 회사이다.

갈탄의 액화에 대한 실험을 여러 차례 행한 결과, 저온건류법에 의해 용이하게 타르·중유·휘발유 및 파라핀으로 변환시킬 수 있게 되었다고 한다. 조선질소비료주식회사는 1938년 혹은 1939년에 이러한 목적으로 영안(永安)에 공장을 건설하기 시작하였으며, 조선석탄공업주식회사(조선질소계)는 아오지탄전의 석탄으로부터 해군용 유류 생산에 착수하였다.

1937년에 한국의 석탄 증산을 위한 5개년 계획이 작성되었으며, 이 계획은 순조로이 진행되고 있다고 한다. 그러나 한국 및 일본에서의 석탄 수요의 대폭적인 증가는 무리한 생산을 초래하였다. 1937년 이전에 한국은 비록 적은 양이기는 하지만 석탄은 수입 초과를 이루고 있었다. 그러나 1937년 이후 일본 중공업의 전시 팽창은 한국 무연탄에 대한 수요를 크게 증대시켰다. 하지만 한국 석탄공업의 급격한 확장은 물자와 노동력의 부족 및 새로운 상태에 적응할 만한 철도지선의 수송력 부족에 의해 지연되었다. 그리고 정부가 사정(査定)한 석탄가가 너무나 낮아서 특수한 탄전에서는 채산이 맞지 않는다는 불평이 있었다. 이러한 모든 난점에도 불구하고 1936년에 비해 현저하게 석탄이 증산되었다. 어떤 전문가는 1936년의 석탄 생산량이 230만 톤이었으나, 1943년에는 650만 톤에 도달할 것이라고 예견하고 있다.

## 수력과 발전

1911년부터 1914년까지 사이에 조선총독부가 수력자원 조사를 실시한 결과, 발전력은 불과 5만 7,000kW에 지나지 않는다는 결론에 도달하였다. 당시에는 건기(乾期)와 우기(雨期)에 있어서의 수량의 큰 변화가 주요한 장애로 생각되고 있었다. 1922년에서 1926년에 걸쳐 행해진 제2차 수력조사는 발전력이 225만 kW에 달할 것으로 추정했다. 이러한 추산의 변화는 새로운 기술—보다 높은 댐, 분수령을 뚫는 터널, 보다 큰 저수지—에 말미암은 것이라고 한다. 이 모든 것은 사실이다. 그러나 40배의 증가라는 것은 너무나 심한 것 같다. 더욱이 최근 조사에 의하면 국경을 이루는 강인 압록강과 두만강에서 발전될 수 있는 100만 kW(실제는 200만 kW이지만, 그 반은 만주로 송전되어야 한다)를 포함해서 발전력이 500만 kW에 달할 것이라고 추산하고 있다.[3]

---

3 『朝鮮經濟年報』(1939), p. 238.

더욱이 해조의 간만 차 이용 여부를 결정하기 위한 조사가 행해지고 있는데, 인천*에서의 간만 차를 이용한 수력발전소는 100만 kW를 발전할 수 있을 것이라고 추산되고 있다. 이같이 한국은 수력자원에 있어서는 세계 여러 나라 중에서 비교적 높은 순위에 있다. 그러므로 만일 이 모든 수력이 이용된다면 1937년의 이탈리아나 프랑스에서 발전되고 있는 것 이상의 전력을 발전시킬 수 있을 것이다.

이러한 상황은 한국의 장래를 위해 극히 중요하다. 한국의 임야 축적은 이미 언급한 바와 같이 급속히 고갈되어가고 있으며, 석탄자원도 현재 알려져 있는 바로는 대단한 것이 아니다. 그러나 한국의 수력자원은 중요한 대규모 공업의 발전을 가능하게 해줄 것이다.

〈표 7-4〉　　　　　　　　　　　　발전소의 발달　　　　　　　　　　　（단위 : 천 kW）

| | 가동 중 | | | | 공사 중 | | |
|---|---|---|---|---|---|---|---|
| | 수력 | 화력 | 기타 | 계 | 수력 | 화력 | 계 |
| 1910 | … | 1.7 | … | 1.7 | … | … | … |
| 1917 | 0.1 | 6.5 | 1.4 | 8.0 | … | … | … |
| 1923 | 3.5 | 18.6 | 3.3 | 25.4 | 22.6 | … | … |
| 1929[a] | 13.4 | 34.5 | … | … | … | … | … |
| 1931[b](3월) | 109.4 | 53.4 | … | 162.8[b] | 274.9 | 0.1 | 274.9 |
| 1938(3월) | 722.3 | 145.8 | … | 668.1[b] | 798.3[c] | 50.2 | 848.5 |

【자료】『朝鮮經濟年報』(1939)

(a) 『拓務統計』에 의하면 1929년의 총계는 11만 2,434kW였다.
(b) 『拓務統計』에 의하면 1931년의 총계는 23만 4,532kW였다. 차이는 일자의 상이에 말미암은 것인지도 모르겠다. 『拓務統計』의 것은 12월 31일 현재의 것으로 생각된다.
(c) 압록강발전소의 32만 kW를 포함하고 있다.
(d) 한국 발전소의 발전량은 1943년 말까지 200만 kW에 달할 것으로 추정된다.

그러나 이러한 자원을 충분히 이용하는 것은 아직 장래의 문제에 속한다. 〈표 7-4〉와 〈표 7-5〉는 1938년까지 개발된 정도를 표시한 것이다.

---

* 원문에는 Kinsen으로 되어 있으나, Zinsen의 오식이며 인천이어야 할 것이다.

〈표 7-5〉　　　　　발전소 발전력의 비교

| 국명 | 연도 | 발전력(천 kW) | 수력에 대한 백분비 |
|------|------|---------------|-------------------|
| 한국 | 1938 | 668.1[a] | 78 |
| 일본 | 1937 | 7,166.5[b] | 55 |
| 미국 | 1940 | 41,639.0 | 28 |

【자료】 일본의 것은 『大日本帝國年鑑』(1939), 미국의 것은 *Statistical Abstract*(1941).

(a) 1943년 말에는 200만 kW에 달할 것이라고 추산하는 사람도 있다.

(b) 1943년 말에는 1,320만 kW에 달할 것이라고 추산하는 사람도 있다.

〈표 7-4〉는 1930년 이전에는 전력의 발달이 일반적으로 극히 완만했으며, 특히 수력의 발달이 그러하였음을 표시하고 있다. 1929년에는 화력발전소의 출력이 3만 4,500kW인 데 대하여, 수력발전소의 출력은 겨우 1만 3,400kW에 지나지 않았다. 최초의 대발전―1931년―은 표면상으로는 질소비료의 제조를 위한 필요에서 이룩된 것이었다. 그러나 질소제작물은 농업뿐만 아니라 전쟁을 위해서도 중요한 것이기 때문에 그것은 주로 군부로부터의 압력의 결과로 행해진 것이라고 생각할 수도 있다. 한국은 대륙에 대한 군사적 진출을 위한 강력한 경제적 기지(대륙병참기지)가 될 예정이었으며, 이 목적을 위하여 정부의 통제하에 급속한 전력의 발전이 필수적인 것으로 생각되었던 것이다. 이리하여 1932년에, 새로운 발전소의 건설은 총독부에 의해 인가되어야 한다는 것, 설계도는 총독부가 작성한다는 것, 총독부는 모든 발전소에 대한 전반적인 통제를 행한다는 것, 그리고 전력회사의 상석(上席) 행정원 및 기술원은 인가를 받아야 한다는 것 등을 규정한 법령[조선전기사업령(朝鮮電氣事業令)]을 공포하였다.[4]

이것은 1931년 이후의 급속한 동력자원 개발이 개인적인 관심에서 움직여진 순전한 '자발적' 행동이 아니었음을 분명하게 말해주는 것이다. 〈표 7-4〉

---

4 포포프, 앞의 책, p.392.

에 의하면 1938년 3월까지 가동되고 있는 발전소는 66만 8,100kW의 발전력을 가지고 있지만, 한편 84만 8,500kW의 발전력을 가진 발전소들이 공사 중에 있었다. 1938년에 수력은 주요한 지위를 차지하게 되어, 52만 2,300kW가 가동 중이고 79만 8,300kW가 공사 중에 있었다. 그러나 〈표 7-5〉는 1938년 3월 현재의 한국 발전력이 1937년에 있어서의 일본 전 발전력의 9.3%에 불과하였고, 1940년의 미국 발전력의 겨우 1.6%였음을 말해주고 있다. 그리고 또 당시 건설 중에 있는 모든 계획이 완성된 뒤라 하더라도 발전의 여지가 아직 남아 있음을 말해주고 있다. 1940년 이전에 수력발전소는 그 발전력을 71만 kW, 화력발전소는 4만 kW를 증가할 것이 예정되어 있었다. 이리하여 1943년 말까지 발전력은 총계 200만 kW가 될 것이라고 추정하는 사람도 있었다.

부영(府營)인 겸이포(兼二浦)의 것을 제외한 모든 발전소는 개인회사의 수중에 있는데, 이들 회사는 대자본을 소유하고 있다. 1933년에는 63개의 회사가 있었으나 합동으로 인하여 그 수는 18개로 감소하였다(1939년). 그중에서 3개 회사가 각기 100만 원 이하의 자본을 갖고 있을 뿐이고, 그 밖의 13개 회사는 각기 1,000만 원 혹은 그 이상을 갖고 있으며, 3개 회사는 각기 5,000만 원 이상의 자본을 가지고 있다. 이러한 회사들은 이같이 일본의 전기회사들보다 큰 것이다. 일본에서는 전기회사의 13~14%가 1,000만 원 혹은 그 이상의 자본을 가지고 있을 뿐이다.

한국의 전기회사의 불입자본은 〈표 7-6〉과 같이 증가하였다.

낙성되었거나 혹은 공사 중의 가장 중요한 발전소 중에는 다음과 같은 것들이 있다.

① 부전강(赴戰江)―낙성(落成). 18만 kW의 발전력을 가지고 있다. 조선질소비료주식회사에 속하며, 그 전력은 흥남의 거대한 질소공장에서 이용되고

〈표 7-6〉　　　　전기회사 자본

| 연도 | 자본(백만 원) |
|---|---|
| 1919 | 10.2 |
| 1929 | 34.5 |
| 1934 | 100.4 |
| 1937 | 267.6 |

【자료】『朝鮮年鑑』(1941)

있다. 공사비는 5,500만 원이었다. 저수지 면적은 9평방마일, 댐의 높이는 87m, 제1폭포의 낙차는 707m, 제2폭포는 216m, 제3폭포는 94m, 그리고 마지막 것은 41m이다. 같은 발전소의 전 발전력은(제4폭포가 완성되면) 20만 2,000kW이다.

② 장진강(長津江)―공사 중. 종국의 발전력은 32만 5,000kW. 장진강수전주식회사 소유. 예정된 공사비 6,000만 원. 1941년까지는 발전이 예상되고 있다. 저수지의 수량은 10억 5,900만 m³, 유효량은 8억 4,000만 m³이다. 댐의 높이는 48.5m, 길이는 733m, 제1발전소(14만 4,000kW)의 낙차는 465m, 제2(10만 6,000kW)는 313m, 제3(4만 7,000kW)은 142m, 제4(11만 8,000kW)는 92m이다. 제1발전소에는 3만 6,000kW의 터빈 4대가 설치될 것이다.

③ 압록강(鴨綠江)―압록강의 7개 발전소의 종국적인 발전량은 158만 kW로 추정되고 있다. 총 공사비는 3억 5,400만 원 예정이다. 그러나 현재로서는 만주압록강수력발전주식회사와 조선압록강수력발전주식회사에 의해 최대의 것만이 수풍(水豊)에 공사 중이다. 두 회사는 각기 5,000만 원씩 출자하고 있는데, '조선' 측의 자금은 조선송전주식회사와 그 밖의 곳에서 나오게 되어 있다. 현재 조업 중에 있는 것으로 보고된 이 발전소의 발전량은 최대 수량인 경우에 64만 kW이다. 그러나 평균량은 44.5만 kW이며, 그 반이 한국으로 오게 되어 있다. 댐의 높이는 94m가 될 것이며, 넓이는 밑이 80m, 위가 8m일 것이다. 저수지의 면적은 300km²가 될 예정인데, 이것은 일본의 유명

한 비와호(琵琶湖)의 반이나 되며, 수량은 73만 m³이다. 터빈의 하나가 9만 2,000kW가 될 것이다. 1941년 말까지는 공사가 완료될 것으로 예정되고 있지만,[5] 약간의 침수가 공사를 지연시키고 있다.

④ 화천(華川) 및 청평(淸平)─한강수력전기주식회사 소유. 1939년 2월 착공. 제1(청평)발전소의 17만 kW는 1941년 12월까지 완료 예정이며, 제2(화천)발전소는 1942년 6월까지 완공 예정이다.

⑤ 두 개의 강계(江界)발전소는 약 20만 kW이다.

⑥ 부령(富寧)발전소는 북부지방의 화학공업을 위해 1939년 11월에 처음으로 발전을 시작하였다.

⑦ 영월─서울 및 원주의 동남방에 위치하는 10만 kW의 발전량을 가진 화력발전소인데 1940년에 완공될 예정이다.

⑧ 평양의 상류인 덕천(평남)에도 1개의 발전소가 계획되었다.

이 밖의 것까지를 합하면 수력발전소에서 149만 3,360kW, 화력발전소에서 51만 7,000kW로서, 즉 총계 201만 360kW이다.

수년 내에 하나의 송전선망이 전국을 커버할 것이며, 수요와 공급의 균형이 가능할 것으로 기대되고 있다.[6] 이것은 배전(配電)의 통제를 필요로 했던 공업

---

5 부전강·장진강 및 압록강의 발전소 계획에 대한 상세는 고지마 세이치(小島精一), 『鮮滿支新興經濟』, pp.70~77에 의거하였다.
6 송전선(送電線)의 발전은 아래 표에서 알 수 있다.

송전선의 길이     (단위 : 마일)

|  | 1931년 3월 | 1938년 3월 | 1939년 10월(증가계획) |
|---|---|---|---|
| 66,000V | 125 | 1,490 | 450 |
| 110,000V | 83 | 409 | ... |
| 154,000V | ... | 423 | ... |
| 220,000V | ... | ... | 2,022 |
|  | 208 | 2,322 | 2,472 |

【자료】「朝鮮經濟年報」(1939)
이같이 1년에 2배 이상의 송전선이 계획되고 있다.

을 위한 수요가 '미증유'의 증가를 하였다는 점에서 볼 때 특히 중요하다.

　전쟁과 인플레의 시기에는 이러한 회사들이 청구하는 전기요금의 문제는 평화 때보다 중요하지 않다. 하지만 발전을 독점하고 있는 일본인 대회사(日本人 大會社)의 정책을 나타내주는 것이므로 여기서 논급해둘 가치가 있다. 미국에서는 1937년 kWh당 평균 요금이 비농가주택의 가사 수요에 대하여는 4.3센트이고, 비농가인 상공업 수요에 대하여는 1.7센트였다. 다시 말하면 일반소비자에 과하는 가격은 공장에 과하는 것보다도 2.52배가 많았던 것이다. 그런데 한국에서는 공장에 대한 평균 요금이 약 2전인 데 대하여 일반소비자에게는 15~16전, 즉 7~8배나 더 받았던 것이다. 더욱이 공장에 과하는 것이라 하더라도 수요량에 따라 차이가 있어서 소공장에서는 kWh당 4~5전이요, 대공장에서는 1.4~2.2전이었다. 이같이 소기업주는 대기업주보다 최소 2배나 더 지불하였다. 그런데 뒤에 언급할 것과 같이 대공장이란 오로지 일본인의 소유였던 것이다. 일본인 기업가들이 누리고 있는 이점(利點)에는 대부, 납세 이외에 값이 싼 동력이란 것이 있었다. 한때 일부 경제학자들은 전력이 소기업가에 대한 대기업가들의 이점을 없애리라는 희망을 건 일이 있었다. 그러나 적어도 한국에서는 대기업가들의 이점을 증가시켰다.

〈표 7-7〉　　　전등 사용 호수

| | 연도 | 전 호수에 대한 백분비 |
|---|---|---|
| 한국 | 1939 | 12.5 |
| 일본 | 1937 | 90~91 |

　끝으로 한국과 일본에 있어서의 전등 사용 호수를 비교해보기로 하자. 〈표 7-7〉을 보면 일본에서는 전 호구의 10분의 9가 전력을 공급받고 있는데 대해, 한국에서는 온갖 발전에도 불구하고 인구의 8분의 1만이 그 혜택을 누리고 있을 뿐이다.

## 광업

한국에서의 광업의 발전상은 〈표 7-8〉에서 찾아볼 수 있을 것이다. 이 표
는 다음과 같은 사실을 말해주고 있다. ① 봉천사건(奉天事件) 이전은 오히려
완만한 발전을 해왔다. ② 1921~1922년 및 1930~1931년의 저하는 디플레
이션에 말미암은 것이다. ③ 1931년 이후에 생산고가 급격히 높아졌다. 물론
이러한 증대의 일부는 물가의 등귀에 말미암은 환상적인 것이다. 그러나 전
체적으로 대폭적인 증대가 있은 것은 사실이다. 그것은 광부의 수가 1931년
의 3만 6,000명에서 1936년에는 14만 명으로, 1938년에는 22만 명으로 증가
했다는 사실로도 알 수 있다.

| 〈표 7-8〉 | 광산액 | (단위 : 천 원)[a] |
|---|---|---|
| 1910 | | 6,068 |
| 1915 | | 10,516 |
| 1920 | | 24,205 |
| 1922 | | 14,503 |
| 1929 | | 26,488 |
| 1931 | | 21,746 |
| 1936 | | 110,430 |
| 1937 | | 150,000[b] |

【자료】『朝鮮經濟年報』(1939)
(a) 석탄의 생산액도 포함하고 있다.
(b) 『朝鮮經濟年報』(1940), p.200에서 취함.*

모든 자료는 봉천사건 이후에 한국 광업이 급격하게 발전하였음을 표시하
고 있다. 이에 대하여 다카하시는 다음과 같은 원인들을 들고 있다. ① 원화
가치의 저하와 이에 따르는 물가의 상승 및 금의 '대량적인 수요', ② 새로운
금속의 발견—여기에는 제1의 원인도 일부 작용하고 있다, ③ 군수공장의 금
속에 대한 수요, ④ 새로운 경금속의 개발, ⑤ 값이 싼 전력과 조선총독부의

---

* 원문에는 '1939년, p.195'로 되어 있으나 저자의 착오였기에 수정해둔다.

〈표 7-9〉     광업회사의 불입자본 (단위 : 백만 원)

| 1914 | 9.6 |
|------|-----|
| 1933 | 24.5 |
| 1938 | 183.6 |

【자료】 1914년의 자료는 『施政年報』(1913~1914),
　　　1933년의 자료는 다카하시의 『現代朝鮮經濟論』,
　　　1938년의 자료는 『國勢グラフ』(1940년 4월호)에
　　　의거하였다.

장려 등이다.

다카하시가 말한 제2 및 제4의 원인은 무시해버릴 수 있다. 그것은 금과 철 이외의 금속은 극히 미미한 역할밖에 하지 못하고 있으며, 또 알루미늄과 마그네슘 같은 경금속의 개발은 일본 군수공업의 요구에 대한 직접적인 결과이기 때문이다. 더욱이 총독부의 장려라는 것은 전반적인 것이 아니라 일정한 계획에 따르는 것이며, 쉽사리 알 수 있는 바와 같이 이것은 군사적인 계획과 밀접한 관계를 가지고 있다. 가장 많은 보조금은 금광업자에게 주어졌다. 미국으로부터의 폐철(廢鐵)·동·아연 등의 수입에 대하여 일본이 금을 수출하고 있었다는 사실에 주의하는 사람이면, 이러한 장려의 배후에 숨어 있는 이유를 쉽사리 알아차릴 수 있다. 금광업자 다음으로 가장 많은 장려— 금전상으로나, 면세 등으로—를 받은 것은 비행기의 생산에 극히 필요한 알루미늄과 마그네슘 광업자였다. 다시 말하면 한국에 있어서의 광업 및 약간 종류의 공업에 대한 열광적인 진흥정책은 대규모 전쟁 준비의 한 단계에 불과하였다.[7]

200종의 광물과 광석이 한국에서 발견된 것으로 추정되며, 그중 137종이 현재 공업에 이용되고 있다. 한국에서는 유황·동·크롬·주석·망간 등이 극히 적거나 혹은 전혀 없다. 생산량에 따라서 광업의 발전을 살펴봄에 있어

7 『朝鮮經濟年報』(1940), p.199에 의하면 "지금까지 많은 자원을 매장하고 있음에도 불구하고 채산 관계로 대규모의 개발을 하지 못하였다."

서, 먼저 철광과 제철에 대해 검토하고 이어 금 · 알루미늄 · 마그네슘을, 다음으로 13종의 다른 광산물에 대해서 검토할 것이다.

철광—한국의 철광은 일본을 위해서 극히 중요하다. 1929년에는 55만 1,814톤의 철광이 한국에서 채굴되었는데, 1936년에는 23만 4,400톤으로 되었다. 그 이후는 공표된 자료가 하나도 없다. 그러나 중요한 새로운 매장물이 발견되고 그 개발을 위해 커다란 노력이 경주되었다고 한다. 전문가들은 1943년의 생산량이 630만 톤에 달했을 것으로 추산하고 있다. 이것은 같은 연도의 만주의 생산량보다도 약간 많고, 일본보다는 6배나 많은 것이다. 비록 이러한 추산이 지나치게 '낙관적'인 것으로 보이기는 하지만, 그러나 막대한 생산의 증가가 있었음은 의심할 바 없다.

한국에는 양광(良鑛) 약 2,000만 톤, 빈광(貧鑛) 10억 톤 이상의 철광 매장량이 있는 것으로 추정되고 있다(만주의 매장량은 8억 톤으로 추정되고 있다). 빈광 중 가장 중요한 광산은 러시아 국경으로부터 약 100마일 떨어진 만주 접경의 무산(茂山)이다. 여기의 매장량만도 10억 톤에 달하는 것으로 추정된다. 이 광상은 이미 오래전에 발견되었는데, 1925년에 수십억 톤을 매장하고 있는 것으로 추정된 바 있다. 그러나 이 자철광(磁鐵鑛)은 32%의 철밖에 함유하고 있지 않다. 그 개발은 미쓰비시에 의해 시작되었으나, 최근 미쓰비시광업주식회사, 일본제철주식회사 및 일본철광업주식회사가 채굴을 목적으로 무산광업개발주식회사를 조직하였다. 철광은 또 황해도, 특히 진남포 근방의 겸이포, 평남*의 개천, 함남의 이원**(利原, 해안 부근인데, 극히 풍부한 광상이 최근에 발견되었다)과 단천(端川), 평북 압록강 부근의 자성(慈城) 및 강원도의 2개 광상 등 5개 처에서 발견되었다. 1936년에 엔(円)블록 여러 나라의 강철 수요량은

---

\* 원문에는 Keian이나 이것은 분명히 Heian의 잘못이다.
\*\* 원문의 Tigen은 Rigen의 오식일 것이다.

600만 톤으로 추산되었는데, 그중 불과 50%가 철광〔선철(銑鐵)로서〕에 의하여
충족되었으며, 그 이외는 미국으로부터의 폐철로 충족되었다. 그런데 후자
는 전쟁으로 인하여 이용할 수 없게 되었다. 1941년의 엔블록에서 소요되는
강철은 1,200만 톤으로 추산되었고, 이를 위하여는 최소 2,400만 톤의 철광
이 필요하였다. 무산의 막대한 매장량은 엔블록 지역에 철광을 공급하는 데
특히 중요한 역할을 할 것으로 기대되었다.

　이제 선철과 강철의 문제를 살펴본다면 〈표 7-10〉과 같은 발전상을 찾아
볼 수 있다. 1936년 이래 선철 및 강철의 생산에 대한 공식자료는 공표되지
않았지만, 그러나 상당한 발전이 이루어진 것으로 알려지고 있으며, 1943년
에는 선철 생산량이 80만 톤, 강철 생산량이 30만 톤에 달했을 것으로 추정되
었다.

〈표 7-10〉　　선철 및 강철의 생산　(단위 : 천 톤)

| 연도 | 선철(銑鐵) | 강철(鋼鐵) |
| --- | --- | --- |
| 1917 | 0.002 | … |
| 1918 | 42.7 | … |
| 1923 | 99.9 | … |
| 1925 | 101.9 | … |
| 1929 | 155.5 | … |
| 1931 | 147.9 | … |
| 1934 | 175.5 | 59.7 |
| 1935 | 147.8 | 97.4 |
| 1936 | 155.5 | 87.0 |

【자료】『朝鮮經濟年報』(1939)

　무산광업개발주식회사는 1939년 말에는 독일식 제법(製法)으로 최초의 선
철을 생산할 예정이었으며, 한편 조선질소비료주식회사는 1938년 2월에 유
화철(硫化鐵)로부터 철을 생산하는 데 대한 인가를 얻었다. 조선이연금속주식
회사는 1939년 3월에 인천(제물포)에서 강철을 생산하는 인가를 얻었다.
1939년 5월에는 미쓰비시청진제강소의 송풍식 용광로가 가동하기 시작하였

으며, 한편 일철(日鐵)청진제철소도 1941년 4월까지는 완성될 것으로 예정되고 있다. 이같이 과거 20년 동안 선철 및 강철의 유일한 생산공장이던 겸이포의 제철소(처음은 미쓰비시, 뒤에는 일본제철) 이외에 수곳의 제철소가 작업을 시작하려고 하고 있으며, 그중에서 가장 중요한 곳이 바로 청진의 제철소이다.

금과 금광―한국에서의 금의 생산액은 1910년에는 317만 원*이었는데, 1923년에는 390만 원으로, 1931년에는 900만 원으로 증가하였다. 그러나 뒤에 더욱 급속한 발전을 하여서 1936년에는 4,990만 원에,[8] 1937년에는 6,900만 원에 달하였다. 금광 개발을 위한 우가키 계획은 전쟁의 압력하에서 새로운 5개년 계획으로 대체되었다. 1937년의 생산량 20톤은 매년 10톤씩 증산됨으로써 1942년에는 75톤에 달할 예정이었다. 이 계획이 채택되었을 당시에는 그 실시가 가능할 것으로 생각되었다. 정부는 장려금과 보조금[9]을 아끼지 않고 대규모 생산자[10]에게 주었으며, 이 목적을 위해 지출한 금액은 몇 천만 원에 달하였다.

이 계획은 제1차 연도(1938년)에는 제대로 완수되지 못하였다. 생산자들은

---

* 원문의 317million은 3.17million의 잘못이다.

8 다카하시(앞의 책, p.323)에 의하면 이것은 실제 생산량의 일부에 불과하다고 한다. 그것은 대량의 금이 국외로 밀수출되고 있기 때문이다.

9 1939년도의 예산 속에는 2,500만 원이 이 목적을 위해 배당되었다. 〔『朝鮮經濟年報』(1940), p.201〕.

10 태평양전쟁 발생 이후에 일본은 금이 필요없어졌으며, 따라서 금광에 대한 대규모적인 투자는 당분간 이익을 보지 못하게 되었다. 이것이 그렇지 않았을 경우에 응당 차지했어야 할 위치보다 덜한 자리에 우리가 금광을 두는 이유이다. 그러나 정책에 관한 문제는 상당한 역사적인 흥미를 이끌어준다. 보조금이 교부된 것은 다음과 같은 회사들이었다. 즉 ① 최소 3년 동안 이미 채광에 종사한 회사, ② 생산고가 연 약 1만 원을 넘고, 계속하여 증가할 것이 예기되는 회사, ③ 인가된 광구(鑛區)를 소유하고 있는 회사(한국인에게는 해당되지 않은 조건이다), ④ 천공기(穿孔機)를 사용하고 있는 회사 등이다. 1931년에는 전 생산고의 55.7%가 50만 원 혹은 그 이상의 생산고를 가진 기업가들에 의해 생산되었고, 20.4%가 생산고 20~50만 원인 기업가들에 의해 생산된 것이었다. 소생산자들은 또 '기술 장려'의 형식으로 도움을 받을 예정이었다. 일본에서 나온 최근 보고에 의하면, 금광 채굴에는 아무런 새로운 발전이 없으며, 전쟁에 필요한 다른 금속으로 관심이 전환되었다고 한다.

필요한 자재 획득의 곤란, 노동력의 부족 및 자연적인 재난 등에 대하여 불평을 하였다. 제2차 연도에 대하여는 그 결과가 "낙관을 불허한다"라고 전해졌다. 이에 정부에서는 개인이 가지고 있는 모든 금장식품(金裝飾品)을 헌납할 것을 명령하였다. 동시에 마지막으로 외국인 금광회사들도 공출이 강요되었으며, 1899년 이래 경영되어온 운산(서북부)의 한 미국인 회사는 1939년 7월 14일에 매각되었다. 일본인 관리들은 외국인 회사들이 한국 금광의 발전을 방해하려 하였다고 주장하였다.

제련소는 ① 진남포〔구하라계(久原系)〕, ② 흥남〔노구치계(野口系)〕, ③ 장항(조선제철주식회사, 자본금 1,000만 원), ④ 문평〔원산〕〔스미토모(住友)회사〕 등에 네 개가 있었다. 이 밖에도 둘이 현재 공사 중에 있는데, 하나는 황해도 해주의 것으로 1940년 6월까지 완성될 것이며, 다른 하나는 용암포(압록강 입구)의 것으로서〔미쓰이계(三井系)〕 1940년 10월까지 완성될 것이다.

알루미늄―일본의 알루미늄 생산은 전쟁이 일어나기 전에는 약 1만 4,000톤이었으며, 5개 회사(스미토모 포함)의 수중에 있었다. 그러나 알루미늄 공장은 일본 내에 원료원을 갖고 있지 못하였기 때문에 한국에 대한 특별한 관심이 경주되었던 것이다. 목포 근방의 해안 및 도서(島嶼) 지역에는 20~35%의 알루미늄을 함유하고 있는 명반석의 매장량이 2,000만~3,000만 톤이나 있다. 1939년에는 이것이 채굴되어 일본으로 보내졌는데, 조선질소비료주식회사는 가사도(加沙島, 전남)*에 채광소를 건설하였으며, 99.5%의 순알루미늄을 생산하고 있다.

평양탄전에서는 반토혈암(礬土頁岩)이 석탄과 호층(互層)을 이루고 발견된다. 그것은 40~50%의 알루미늄을 함유하고 있으며, 매장량은 4,000만 톤으로 추정된다. 이것이 이전에는 내화물의 제조에만 이용되었으나, 이 광석으

---

* 원문에는 Zenra Nanko로 되어 있으나 이것은 Zenra Nando의 잘못이다.

로부터 알루미늄을 생산하기 위한 공장이 조선이연금속주식회사에 의해 진남포에 건설되고 있다. 1940년에는 흥남의 조선질소비료주식회사가 알루미늄 공장 건설을 거의 완료하였으며, 일부는 이미 가동되고 있다. 1943년에 있어서의 한국의 알루미늄 생산은 아마 1만 톤의 목표를 많이 내려가지 않았을 것으로 짐작된다.

## 기타 광물

마그네사이트—한국에서 지표상으로는 마그네사이트의 매장량이 단천(함남, 해안에 위치)의 것이 6억 5,000만 톤, 다른 곳의 매장량이 30억 톤으로 추정되며, 길주(함북, 청진 남쪽)의 매장량이 또 몇 천만 톤으로 추산되고 있다. 이같이 한국은 마그네사이트 매장량에 있어서 높은 순위를 차지하고 있다. 마그네사이트 개발을 위한 최초의 회사는 1934년에 조선질소비료주식회사와 몇몇 미국인 자본가들에 의해서 조직되었는데, 흥남에 공장을 갖고 있었다. 1935년에는 일본마그네사이트화학공업주식회사가 성진(城津)*에 공장을 세우기 시작하였다. 조선이연금속주식회사는 진남포에 공장을 건설하였으며, 1939년에는 정부가 새로 발견된 광상의 채굴을 위해 특수회사를 설치하였다.** 이외에도 마그네슘 생산을 위한 몇 개의 공장이 1939~1940년 현재 건설 공사 중에 있다. 이것은 1940년에는 13만 톤의 광석을 채광할 것이 계획되었다.

중정석(重晶石)—한국의 중정석 매장량은 많이 있으며, 또 세계에서 가장 우수한 것에 속한다. 중정석은 염료·화장품 및 군수용에 사용되고 있다. 고지마(小島)에 의하면, 한국의 중정석에서 대한 "수요는 만주사변 이후에 급격

---

* 원문에는 Seishin이나 Joshin의 잘못이다.
** 조선마그네사이트개발주식회사를 말한다.

하게 증가되었다" 고 한다.[11]

동(銅)—한국에서는 중요한 동광이 발견되지 않고 있다. 한국에서 생산되는 동(연 2,000~3,000톤)은 금은광의 부산물이었다. 1943년의 동 생산량은 1만 톤을 넘을 것으로 예상되었다.

형석(螢石)—형석은 철·유리〔硝子〕·시멘트 및 알루미늄의 생산에 사용되고 있다. 일본의 형석 생산은 대단한 것이 못 된다. 한국에서의 형석 채굴은 1928년에 시작되었는데, 그 해의 생산량은 8,740톤에 달하였다. 그 후 대규모의 광상(약 100만 톤)이 황해도에서 발견되었고, 이것은 미쓰비시에서 채굴하고 있다. 형석은 또 강원도와 함남에서도 채굴되고 있다.

흑연(黑鉛)—일본은 전기공업에 지극히 중요한 흑연을 극히 소량 소유하고 있을 뿐이다. 그러나 한국에는 상당한 매장량이 있고 전국 각 도에서 발견된다. 1936년도의 생산량은 4만 1,000톤이었는데, 주로 함남과 경북에서 채굴되었다. 그러나 인상(鱗狀) 흑연(제련공업에 가장 필요한 종류)은 10%에 불과하며, 이에 대한 새로운 조사가 시행되고 있다.

연(鉛)—연광은 평남과 함남에서 발견되며, 그 생산량은 1927년에는 824톤이다가 1936년에 와서는 2,737톤으로 증가하였다. 한국의 연광 매장량은 장차 일본이 외국으로부터 연을 수입하지 않아도 좋을 정도의 양이라고 한다. 1943년의 연 생산량은 (미국 전문가들에 의하면) 1만 톤에 달할 것으로 예상되었다.

리튬—(경금속). 풍부한 리튬 광상이 충북 단양에서 발견되었다.

수은(水銀)—수 개 도에서 발견되고 있고, 또 수 세기 동안이나 채광되었음에도 불구하고 연 생산량은 1톤 이하이다.

운모(雲母)—전기공업에 있어서의 절연체(絶緣體)로 사용되고, 또 유리〔硝

---

11 고지마, 앞의 책, p.107.

子) 공업에도 사용되는 등 그 용도가 갑자기 증대되어가고 있다. 일본에서의 생산량은 적으며, 한국에서는 연 70~80톤이다. 가장 중요한 운모광산은 평북의 동양운모, 평남의 금강운모*(백운모), 함북의 포수(砲手)와 임동(林洞) 등이다.

몰리브덴—특수 강철의 생산에 사용되며, 일본 본토에서는 거의 나지 않는다. 전쟁의 압력하에서 한국의 몰리브덴광 채굴은 급속히 증가하고 있으며, 전 생산량이 일본으로 수출된다. 매장 지역도 광범위하게 퍼져 있다. 연 생산은 100톤으로 추정된다.

니켈—강원도 금화 지역에서 니켈광이 발견되어 스미토모에 의해 채굴되고 있으며, 또 함남 단천(니켈 함유량은 25~35%)에서 육군과 총독부에 의해 채굴되고 있다. 니켈은 또 충남 등에서도 발견되었다. 장차 일본의 수요에 충분히 응할 만한 양을 산출할 것으로 믿어지고 있다.

은(銀)—은광은 주로 금 또는 금동과 혼합되어서 발견된다. 1936년의 생산은 59톤이었다.

유화철(硫化鐵)—1925년 이래 단천(함남) 광상이 채굴되었고, 최근에는 새롭게 중요한 광산이 발견되었다. 이것은 조선질소비료주식회사 흥남공장에서 유산(硫酸)을 제조하는 데 사용된다. 게다가 이 회사는 1938년 12월에 그 광재(鑛滓)로써 철을 생산하도록 인가를 받았다.

텅스텐—텅스텐광은 한국의 많은 곳에서 발견된다. 제1차 세계대전 중에 발굴이 시작되었는데, 전후에 가격이 떨어지자 이에 채굴도 중지되었다. 그러나 1927년에 다시 채광이 시작되어서, 그해에 5톤밖에 안 되던 것이 1933년에는 152톤으로, 그리고 1936년에는 1,706톤으로 증가하였다. 그 후 전시 수요에 자극을 받아서 일로 증산을 계속하였다. 그러나 생산량은 공표되지

---

* 원문에는 Kinko로 되어 있으나, 이것은 Konko의 잘못이다.

않았다. 1943년의 생산량을 2,500톤이라고 추정하는 사람도 있다.

아연(亞鉛)—일본의 아연 국내 채굴량은 수요량의 4분의 1에서 3분의 1을 겨우 충족시킬 정도이다. 이 사실은 한국의 아연광에 특별한 중요성을 부여하고 있다. 아연광 이외에 풍부한 아연·연·동·금 및 은의 혼합광이 경북(영양)에서 발견되었다. 채광이 증가되면 일본의 수요를 충족시킬 수 있을 것으로 짐작된다. 1936년에 있어서의 아연광의 채굴량은 5,571톤이었고, 그 전부가 일본으로 수출되었다. 1943년의 채굴량은 1만 8,000톤에 달할 것으로 예상되었다.

한국에서 채굴되는 광석에 대한 상기 목록은 물론 불완전한 것이다. 그러나 일본의 전력(戰力)에 대한 한국의 중요성을 개관하기에 충분하다. 광업의 급속한 발전은 전쟁 수요에 의한 것임을 명백히 밝힐 수 있다. 이 목적을 위해서 장려·보조·면세·손실 보상 등 온갖 수단이 취해졌다. 소유지에서 광석을 발견한 지주는 하룻밤 사이에 백만장자가 되었다. 수많은 광업 신청이 갑자기 쇄도하여 1933년에 5,200건이던 것이 1938년에는 1만 5,700건이나 되었다. 그러나 신청자의 적은 부분만이 광업 인가를 받았다. 1933년에는 728건이 인가되었으며[해년도(該年度) 신청 수의 14%], 1938년에는 1,466건이 인가되었다(신청 수의 9%). 물론 깊이 고려할 가치가 없는 신청도 많이 있었다. 그러나 이와 같이 하는 것이 한국인이 일을 시작하는 것을 방해하기 위하여 일본 정부가 마음대로 할 수 있는 강력한 무기였다. 더욱이 인가를 받는 것과 채광을 시작하는 것은 별개의 일이다. 가령 1936년에는 1,268건이 인가되었지만, 새로이 시작된 업체는 겨우 500개밖에 안 되었다. 많은 한국인들이 일을 시작할 만한 충분한 자본을 가지고 있지 못했기 때문이다. 이에 1939년 7월에 일본 정부는 수면(睡眠)광산의 개발을 위해서 특수한 회사를 조직하였다.*

---

* 조선광산개발주식회사를 말한다.

그러나 이미 채광을 시작한 것이라 하더라도 대부분 계속하기가 불가능하여 중지해버리거나 혹은 대회사(大會社)에 매각해버리거나 하였다. 이리하여 대회사—미쓰비시계·스미토모계 등—들은 광업의 지배권을 획득하였다. 구미인(歐美人)의 광업회사는 1910년에는 41개가 있었는데, 1921년에는 11개가 되었고, 1937년에는 2개, 그리고 1941년에는 하나도 없이 되었다. 1916년의 광업령(鑛業令)은 외국인 광업회사의 신설을 금지하였다.

이리하여 우리는 광업에 있어서도 한국의 다른 분야에서와 마찬가지의 상황—일본인 자본의 지배를 발견한다. 1933년의 일본인 회사의 광산액은 3,590만 원이었고, 한국인의 것은 780만 원이었다. 1938년 12월 31일에 한국에서 광업에 종사하고 있는 121개 일본인 회사의 불입자본은 1억 7,110만 원이었는데, 한국인의 회사는 불과 29개였고, 그 자본은 1,244만 9,000원, 즉 일본인 회사 자본의 7.3%였다. 약간의 예외는 있지만 한국인은 광산에 노동자로 고용되고 있을 뿐이었다.

한국의 광산에서의 노동 상황에 대하여 드레이크는 다음과 같이 말하였다.

거기(북부지방 탄광)에는 8시간 노동이란 없고, 2조에 의한 12시간 노동이 있을 뿐임을 알았다. 노동자들은 …… 창백하고 초라하였다. 그들은 단칸방에서 생활하고 있는 듯하였는데, 그 속에 가족들은 토끼처럼 떼 지어 있었다. 칼리스투스(Calistus) 신부의 말에 의하면 늘 탄가(炭價)는 오르고 임금은 내린다는 것이었다.[12]

1939년 3월에 한국의 광업주들은 제2회의 회의*를 개최하였다.[13] 그들은 곤란한 사태에 당면하고 있었던 것이다. 정부는 그들에게 증산을 요구하였

---

12 앞의 책, p.196.
* '朝鮮産金協議會'를 말한다.
13 『朝鮮經濟年報』(1940), p.211.

지만 그들은 기구 부족, 자재 부족 및 숙련공 부족 등의 여러 문제에 부딪혔던 것이다. 같은 회의는 정부에 대하여 새로운 보조금, 자재가(資材價)의 인하, 광석에 대한 철도운임의 추가 인하 등을 요구하였다. 그러나 노동자를 잊어버리지 않고, 다음과 같이 건의를 하였다.

① 근로보국(勤勞報國) 정신의 함양.
② 노동자 대우의 개선.
③ 노동자 통제에 관한 협정의 체결.
④ 노동자의 양성.

그러나 노동임금이나 노동시간에 대해서는 언급되지 않았다.

# 제8장 공업의 발전

## 공업의 규모 · 성격 및 구성

한국의 공업 통계는 불충분한 점이 한두 가지가 아니다. 첫째로 투자된 자본에 있어서는 법인체에 관한 것만이 통계에 나와 있는데, 그러한 회사는 주로 대기업체인 것이다. 그러나 이러한 통계조차도 많은 경우에 현재의 투자 상황과는 관계가 먼 '공칭자본' 및 '불입자본'에 관한 통계뿐이다. 생산고에 있어서는 총액의 통계만이 나와 있다. 노동자의 수는 5명 이상의 노동자를 갖고 있거나 발동기를 소유하고 있는 공장의 것에 한해서 통계를 입수할 수가 있다. 이러한 모든 것이 불완전한 영상을 던져주는 것이다. 더욱이 때때로 이러한 통계들은 서로 비교할 수가 없다. 가령 노동자의 수는 공장노동자에 관한 것만인데, 생산고의 총액은 가내공업까지를 포함하고 있다. 다카하시의 견해에 의하면 한국의 공업 통계는 일반적으로 과장되어 있다고 한다. 그것은 공업에는 신빙할 만한 자료를 제공해줄 세금이 없으며, 또 지방관리들은 자기들의 장려에 의하여 좋은 성과를 거두었다는 것을 과시하려고 하기 때문이라고 한다.[1] 그러나 그 이후 한국에도 수많은 공업세가 부과되었으므

---

1 『現代朝鮮經濟論』(東京, 1935), pp. 104~105.

로 이러한 비판은 이미 가치를 잃고 있다.

물론 이러한 결함이 자료를 무가치하게 만드는 것은 아니다. 마땅히 해야 할 주의만 기울인다면, 중요한 결론에 도달할 수도 있는 것이다. 이러한 분석의 목적을 달성하기 위해 1922년을 시발점으로 사용하려고 한다. 그것은 그 이후에야 가내공업의 생산액이 어느 정도 정확성을 가지고 계산되었으며, 또 이해에야 비로소 국유 및 공공기업체의 생산액이 총 생산액 속에 포함되고 있기 때문이다.

| 〈표 8-1〉 | 공업의 발전 | |
|---|---|---|
| 연도 | 종업자 수(천 명) | 총 생산액(백만 원) |
| 1922 | 46 | 223.3 |
| 1929 | 94 | 351.5 |
| 1933 | 120[a] | 367.2 |
| 1937 | 207[a] | 959.3 |
| 1938 | 231[a] | 1,140.1 |
| 1938(일본) | 3,215 | 19,667.0 |

【자료】『拓務統計』(1938) 및 『朝鮮經濟年報』(1940)
(a) 이것은 종업자의 수다. 노동자의 수는 1939년에는 10만 8,800명,
　　1937년에는 16만 6,700명, 1938년에는 18만 2,800명이었다.

〈표 8-1〉에 의하면 종업자의 수는 15년 동안에 4만 6,000명에서 20만 7,000명으로, 즉 16만 1,000명이 증가하였는데, 연평균은 1만 1,000명이다. 그러나 1938년에는 일약 2만 4,000명이나 증가하였다(이는 군수공장의 급속한 증가에 말미암은 것이다). 그러나 1938년에 있어서도 공장종업자의 수는 일본 본토 노동자 수의 7.9%에 불과하였다. 이에 대해서 한국의 인구는 일본의 약 33%였다.

공업회사의 공칭자본은 1936년의 1억 8,220만 원으로부터 1938년에는 6억 6,300만 원으로, 또 1939년에는 7억 2,870만 원으로 증가하였다.[2] 그러나

---

2 가스 및 전기회사의 자본까지 포함한 것.〔『朝鮮經濟年報』(1940), pp. 239~240〕.

1938년에 있어서도 이 자본액은 일본의 공업회사 공칭자본의 4.4%에 불과한 것이었다.

총 생산액의 통계는 종업원의 통계와 비교될 수가 없다. 그것은 그 총액 속에 가내공업의 생산액도 포함되어 있기 때문이다. 총 생산액은 1922년에 2억 2,300만 원이었는데, 1938년에는 11억 4,260만 원으로 증가하였다. 그러나 물가수준의 변동을 고려해 넣어야 할 것이다. 만일 이것을 도매가(서울)의 지수로 나눈다고 하면, 그 결과는 〈표 8-2〉와 같이 약간 달라질 것이다.

**〈표 8-2〉          공업 생산 총액**
(1933년을 표준으로 물가지수에 의해 수정된 것, 단위 : 백만 원)

| | |
|---|---|
| 1933 | 367 |
| 1937 | 672 |
| 1938 | 690 |

〈표 8-2〉는 1933년 이후의 실질적인 증가는 80%를 약간 넘는 것이며, 1938년에는 전년보다 노동자의 수가 대폭적으로 증가하였음에도 불구하고 생산액의 증가가 극히 적었음을 시사한다.

만일 여기서 가내공업의 생산액을 뺀다면, 한국 공업의 총 생산액은 1938년에 있어서 겨우 8억 5,850만 원에 불과한데, 이것은 일본의 196억 6,700만 원의 4.4%밖에 안 되는 것이다. 따라서 이것은 한국의 공업이 1929년 이래 발전해오기는 하였지만, 그러나 아직 극히 후진적임을 명백히 보여준다.

1929년에는 식료품공업이 한국 공업의 제1위를 차지하고 있었으며, 방직공업은 초라한 2위였다. 다른 부분의 공업도 존재하였지만, 그러나 식민지에 있어서조차 필요 불가결한 것들(수리공장, 정부 간행물의 인쇄, 약간의 가스시설 등)에 한정되어 있었다. 그러나 점차로 화학공업이 발달하여 제1위를 차지하기에 이르렀으며, 1938년에는 총 생산액의 3분의 1을 점유하게 되었다. 식료품공업이 제2위였고, 방직공업이 제3위, 그리고 금속공업이 제4위였다.

〈표 8-3〉　　공업에 있어서의 가내공업의 비중
(총 생산액에 대한 백분비)

| | |
|---|---|
| 1933 | 40.1 |
| 1935 | 33.1 |
| 1937 | 27.1 |
| 1938 | 24.7 |

한국의 가내공업, 즉 '기업주'의 집에서 그의 가족원이 보통 여가에 행하는 공업[3]은 1933년의 공업 총 생산액의 40.1%에 해당하며, 1938년에 있어서조차도 총 생산액의 4분의 1에 해당하였다. 물론 이것은 가내공업의 현저한 발달이라기보다는 공장공업의 미발달 상태를 말해주는 것이다. 가내공업의 총생산액은 〈표 8-4〉와 같이 증가하였다.

〈표 8-4〉　　가내공업의 총 생산액　　(단위 : 백만 원)

| | |
|---|---|
| 1933 | 147.1 |
| 1935 | 200.1 |
| 1937 | 260.2 |
| 1938 | 281.7 |

【자료】 ① 『朝鮮에 있어서의 家庭工業調査』
　　　　② 『朝鮮經濟年報』(1940)

같은 기간에 있어서의 물가 상승을 고려한다면 이것은 1933년 수준의 약 15% 증가를 말한다. 물론 가내공업에 관한 통계는 공장공업의 그것보다 덜 신용이 되지만, 그렇더라도 발전의 경향만은 분명하다. 이것은 농민으로 하여금 빈약한 토지로부터의 수입을 보충하도록 강요하는 농촌사회의 불만족스러운 상태라는 관점에서 이해되는 것이다. 가내공업의 발달은 거의 전적으로 한국인의 능력과 끈기에 힘입은 것이라고 할 수 있을 것이다. 보조금이니 장려금이니 혹은 특허니 면세니 하는 등의 어떤 종류의 '공업 장려'도 가내공업에는 적용되지 않았기 때문이다. 이러한 사실은 중요한 일이다. 왜 그

3 『朝鮮에 있어서의 家庭工業調査』(서울, 1937)에 있는 정의를 참조.

런가 하면 일본인 경제학자들은 흔히 한국인 노동자를 게으르고 무능력한 사람들이라고 표현하고 있기 때문이다.[4]

가내공업의 주요한 것은 식료품공업 · 목제품공업 및 '기타'이다. 방직공업에서는 가내공업이 1938년도 총 생산액의 21.9%에 해당하였고, 기계기구공업은 15.6%, 요업은 26.5%였다. 화학공업조차도 10.7%에 해당하였다. 가내방직공업이란 주로 누에고치와 비단조각의 처리 및 인견(人絹)과 저마(苧麻)의 방직이었다. 금속공업에서는 주방도구를 만든다. 기계기구공업에서는 농구와 간단한 공구, 하차(荷車)와 선박 등을 만들었다. 요업에서는 도자기 · 벽돌 및 기와 등을 만들었다. 요업에서 공장공업이 우세한 지위를 차지하고 있는 것은 시멘트와 법랑(琺瑯)철기가 공장에서만 생산되었기 때문이다. 화학공업에서는 약제(자가재배의 약용초목으로 만든 것), 식물성 유류 및 동물성 지유의 제조, 어유(魚油) · 지류(紙類) · 어비(魚肥) 및 연탄 등을 만들었다. 목제공업에서는 주로 가내에서 가구 · 통 · 함지 · 나막신 · 회전원반 등을 만들었고, 식료품공업에서는 탁주와 그 밖의 주류 · 간장 · 된장 · 밀가루 · 사탕과자 · 빵 · 어류제품 등을 만들었다. 조선총독이 바로 본 바와 같이 농촌공업화의 중심인 '기타' 생산품 속에는 유(柳)제품 · 죽(竹)세공품 · 종이제품 · 등(藤)제품 · 왕골제품 · 갈대제품 · 야초(野草)제품 · 짚제품 · 자수(刺繡) · 가죽신류 등이 있다.

---

4 가령 다카하시는 한국인 노동자는 다음과 같은 결점들을 지니고 있다고 지적하였다(앞의 책, p.402). 즉 향상심의 결여, 나태, 응용추리심의 결여, 책임 관념의 박약 등. 그는 또 장점으로서 저임금과 낮은 생활수준, 충분한 체력, "어떠한 일에도 순응할 수 있는 가능성" 등을 들고 있다(앞의 책, p.403). 그러나 다카하시는 여러 공장을 방문하는 중에(앞의 책, p.404) 교육을 받은 한국인 노동자들은 책임 관념이 아직 약하기는 하지만, 극히 유능하다는 것을 인정하고 있다.
　이토 세이카쿠는 『朝鮮에 있어서의 家庭工業調査』(p.216)에서 한국인 노동자의 다음과 같은 '장점'을 지적하고 있다. 즉 건강, 단조로운 노동에 장시간 견디는 능력 및 천성의 유순 등이다. 이토의 견해에 의하면 한국인 노동자의 단점은 다음과 같다. 즉 창조력의 결여, 기술 개선에 대한 무관심 및 규칙에 대한 혐오 등이다.

이와 같이 열거된 품목들은 한국의 가내공업도 타국에서와 같이 농부와 직공들이 원료를 획득할 수 있는 한, 혹은 원료가 야초·갈대 및 토기용 점토 등과 같이 독점하기 곤란한 거의 무료의 자연적인 것인 곳에서만 존재한다는 것을 보여준다. 이것은 중요한 사실이다. 그러므로 일단 수출회사나 대공업이 이러한 원료들을 독점하면 해당 가내공업은 종말을 고하게 되는 것이다.[5] '중일사변(中日事變)' 개시 이전에조차도 가내공업의 발달이 어떠한 이유로 인해 마땅하게 생각되지 않는 경우에는 법령이나 행정적인 조치가 적용되었다. '사변' 이후에는 경찰력과 법률이 가내공업에 필요한 보급을 약화시키는 데에 더욱 강력히 사용되었다.

## 근대공업

원시적인 기구를 사용하는 가내공업과는 반대로 세계 최신의 것과 비교할 수 있는 지극히 근대적인 공장이 한국에도 있다. 1929년 이후에 한국에 창립된 회사들은 미쓰이(三井)·미쓰비시(三菱)·스미토모(住友) 및 야스다(安田) 등 여러 재벌과 관련된 것이며, 일본 본토의 여러 기업체보다도 큰 규모로 설립되었다. 가령 조선질소비료회사는 일본질소회사계인데, 1937년에 6,250만 원의 자본을 가지고 있었으며, 세계 제2의 비료회사라고 주장되었다. 일본질소회사의 일본 본토에서의 유산암모니아 생산량은 8만 톤에 지나지 않았지만, 조선질소비료회사의 연 생산능력은 50만 톤이었다.[6] 이러한 회사들

---

5 원료 획득을 위한 투쟁에서 일본 정부가 비상한 수단을 적용하였다는 것은 주의할 만한 흥미 있는 사실이다. 인정식에 의하면〔『朝鮮의 農業地帶』(東京, 1940), pp.22~28〕, 어떤 곳에서는 농촌에서의 수직기(手織機) 사용을 금지하였으며, 또 어떤 곳에서는 1인당 10근(13파운드) 이상의 방사(紡絲)의 사용을 금지함으로써 수직기를 무용화시켰다. 직기는 종종 공공연하게 혹은 소유자에게 과하는 벌금 형식으로써 몰수되었다. 이러한 정책은 일본인 대리기관에 면화나 견사를 규정된 가격으로 팔아야 하는 공판제에서 무자비하게 또 성공적으로 수행되었다.

6 미야케 세이키, 『新興コンツェルン讀本』(東京, 1937), pp.75 및 143~144.

은 보통 합동된 것이므로 공업회사의 발전은 한국에서의 근대공장공업 발전
의 좋은 지표가 될 것이다.

〈표 8-5〉                    공업회사의 발전(광업 포함)

|  | 1929 | 1932 | 1935 | 1938 | 1939 |
|---|---|---|---|---|---|
| 회사 수 | 484 | 563 | 717 | 1,203 | 약 1,300 |
| 공칭자본(公稱資本)(백만 원) | 189.9 | 260.9 | 287.9 | 656.3 | 728.7 |
| 불입자본(拂入資本)(백만 원) | 76.7 | 143.6 | 198.1 | 430.1 | 약 510 |
| 한국 전 회사의 불입자본<br>(백만 원) | 310.6 | 373.3 | 591.3 | 1,028.1 | … |
| 전 회사 자본에 대한 공업회사<br>자본의 백분비 | 24.7 | 38.2 | 33.5 | 41.8 | … |
| 회사당 평균 자본(천 원) | 158 | 255 | 276 | 358 | 약 390 |

【자료】『拓務統計』(1938) 및 『朝鮮經濟年報』(1940)

〈표 8-5〉는 공업회사(광업 포함)의 불입자본이 1929년의 7,670만 원에서
1939년의 약 5억 1,000만 원으로 증가하였음을 보여주고 있다. 광업은 전체
의 약 3분의 1에 해당하였다. 표는 또한 전 자본에 대한 공업자본의 비율도
1929년의 24.7%에서 1938년의 41.8%로 증가하였고, 회사당 평균 자본은
1929년의 15만 8,000원에서 1939년의 39만 원으로 증가하였음을 말해준
다.[7] 그런데 광업회사의 평균 자본은 1938년에는 200만 원 이상이었다.

일본인 경제학자들은 한 공업에서 타 공업으로의 성장과 전환이 계획(계획
추이)되었다고 강조하고 있는데, 이에 수반되는 사실들은 이러한 변화가 전쟁
준비의 일부로서 계획되었음을 보여준다.

방직공업—1938년의 방직공업의 총 생산액은 전체의 14.4%를 차지할 뿐
이었지만, 1937년에 있어서 노동자의 수는 21%를 차지하고 있었다(즉 5인 이
상을 고용하는 회사에서 3만 5,558명이었다). 이러한 발전은 오히려 최근의 일에

---

7 증가의 일부는 물가의 등귀에 말미암은 것이다.

속한다. 1917년 부산에 조선방직회사가 500만 원의 자본으로 창설되었다.
그러나 어떠한 이유에서인지 공장은 1922년 혹은 1923년에야 비로소 운영
되기 시작하였다. 1919년에는 영등포에 경성방직회사가 100만 원의 자본으
로 설립되었다. 그러나 이 두 회사조차도 일본공업과의 경쟁으로 인하여 불
안정한 존속을 하여왔고, 총독부의 보조금을 받아야만 했다. 1933년에야 비
로소 방직공업은 활기를 띠기 시작했는데, 이해에 인천에 동양방직회사의 공
장이 개설되었다. 이러한 발전은 일본 본토에서는 각종 산업의 통제를 위해
세금이 증가되었는데, 한국은 자본가들의 낙원과도 같았다는 사실에 의해서
설명될 수 있을 것이다. 즉 산업에 대한 과세는 거의 없는 것과 같았으며, 노
동자를 보호하는 법령은 완전히 결여되어서 임금은 일본 본토의 반보다도 적
었던 것이다. 이 결과 한국의 추수(錘數)는 1934년의 1만 5,000에서 1939년
의 21만 3,000으로 증가하였다. 1935년 및 1937년의 총 생산액을 항목별로
보면 〈표 8-6〉과 같다.

이 표는 급속한 발전을 표시해주는 것 같지만, 그러나 그 증가로 보이는 일
부는 물가 앙등에 인한 것으로 돌려야 한다. 가령 면사의 가격은 같은 기간에

〈표 8-6〉　　　방직공업의 총 생산액　　　(단위 : 천 원)

| 항목 | 1935 | 1937 |
|---|---|---|
| 생사(生絲) | 16,788 | 21,626 |
| 면사(綿絲) | 15,022 | 37,662 |
| 면직물(綿織物) | 27,053 | 50,972 |
| 견직물(絹織物) | 5,724 | 6,534 |
| 마직물(麻織物) | 7,438 | 8,793 |
| 인조견직물 | 1,671 | 3,455 |
| 인조견교직물<br>(人造絹交織物) | 1,752 | 2,322 |
| 메리야스 | 3,957 | 5,746 |
| 기타 직물 | 2,922 | 4,044 |
| 계 | 82,328 | 141,154 |

【자료】『拓務統計』(1938)

39%가 등귀(騰貴)하였다. 한국의 방직공업이 비교적 소규모라는 것은 1937
년에 한국에서 생산된 생사(生絲)가 2,148톤, 면사(綿絲)가 2만 7,021톤인 데
대해서 일본에서는 생사가 3만 7,132톤, 면사가 72만 1,904톤이었다는 사실
에도 나타나 있다. 앞서 이미 말한 바와 같이 생산액의 21.9%는 가내공업에
서 생산된 것이었다.

조면공장(繰綿工場)에는 200명 이상의 노동자를 사용하는 공장이 여섯 개
있었는데, 셋은 목포에, 그리고 대구·마산·인천에 각각 하나씩 있었다.
1940년에는 철원에도 하나 계획되고 있었다.

대규모의 제사공장(製絲工場)은 서울·청주·대전·전주·광주·대구·진
해·사리원·평양·함흥 및 철원에 있었다. 20개의 회사가(1938년의 74개 중
에서) 200명 이상의 노동자(주로 소녀)를 각기 고용하고 있었으며, 대규모의 것
들은 가네가후치(鍾淵)·가타쿠라(片倉) 등 일본인 대회사의 소유였다. 총 생
산액에서 가내공업이 차지하는 비율은 〈표 8-7〉에서 알 수 있다.

〈표 8-7〉                          제사공업(1938년)

| 기계공장 수 | 74 | 가내공업 호수 | 350,421 |
|---|---|---|---|
| 바신(basin) 수 | 9,204 | 바신 수 | 339,295 |
| 생산량(톤) | 1,392 | 생산량(톤) | 769 |

방직업은 부산과 서울에 집중되어 있다. 부산은 항구로서 가장 오랜 일본
인 거류지이며, 시모노세키에서 불과 120마일의 거리 안에 있다. 한편 서울
은 중요한 교역중심지이며 노동시장이다.

1938년에는 대규모의 메리야스공장이 부산·서울 및 평양에 있었지만, 이
것들은 주로 수출을 위한 생산을 하였다. 공장에서의 마직물 제조는 제국제
마회사(帝國製麻會社)의 공장에서만 행해지고 있었다. 그러나 가네가후치도
대전에 공장을 설치하려고 계획하였다. 제국제마회사는 군수용을 위해 인천

에 공장을 설치하였고, 다섯 개의 공장을 북부지방에 세우려고 계획하였다.
그러나 1938년도의 생산량은 아직 극히 적은 것이었다. 그리고 두 개의 대공
장(하나는 부산, 또 하나는 청진)이 제강(製鋼)공업에 착수하였다. 레이온은 가네
가후치방직 평양공장에서 제조되었는데, 하루 생산능력은 레이온 10톤, 인
조섬유 27톤이었다. 청진의 대일본방적공장은 레이온 24톤, 인조섬유 5톤의
일(日)생산력을 가지고 있다. 흥남에 건설 중인 태양레이온회사는 일생산력
이 20톤으로 예정되었으며, 군산에도 일생산력 10톤의 공장이 계획되었다.

그러나 한국에 있어서의 급속한 방직공업의 발전은 1939년에 갑자기 결말
을 고하게 되었다. 그 하나의 이유는 전쟁이 일본 정부로 하여금 한국에서도
산업세를 증가하지 않을 수 없도록 강요한 때문이었다. 그러나 이러한 상황
만이 결정적인 이유일 수는 없었을 것이다. 한국에서의 세금은 여전히 일본
보다 낮았으며, 게다가 노동임금은 극히 싼 것이었기 때문이다. 그러나 일반
적으로 면화와 원료가 부족한 것이 발전을 저지한 요소가 되었다. 1938년과
1939년에 방직공업의 확장은 정부의 명령에 의해 중지되었고, 다만 한 공장
만이 건설공사를 계속할 것을 승인받았다. 면화 사용의 제한, 면직물에 대한
인조섬유 혼합의 강제 및 무역회사와의 연관 시스템에서의 어려움―이러한
모든 것이 1939년 이후의 방직공업 몰락의 원인이 되었다.[8] 이러한 사정은
그 후도 개선된 것 같지 않다. 무엇보다도 현재 일본은 면화 및 양모의 공급
원과 단절되어 있으며, 또한 인조견사의 생산을 위한 펄프를 공급해주는 상
당한 부분과도 단절되었기 때문이다.

---

8 그러나 '몰락'은 이익의 감소를 의미하는 것이 아니다. 1939~1940년에 있어서의 대방직공장
의 순이익은 49~50%였다(『東洋經濟』, 1941년 10월 11일호).

## 금속공업

금속공업은 1938년의 한국 공업의 총 생산액의 8.1%를 차지하였으며, 264개의 공장에서 6,805명의 공장노동자를 고용하고 있었다. 가내공업은 1935년에는 총 생산액의 20.2%였는데, 1938년에는 4.3%로 떨어졌다. 그것은 육군을 위한 새로운 공장들이 업무를 개시하였고, 또 소공장들은 원료가 거부되었기 때문이다. 최근의 금속공업의 발전 모습은 〈표 8-8〉에서 찾아볼 수 있다.

〈표 8-8〉 한국의 금속공업

|  | 1935 | 1937 | 1938 |
|---|---|---|---|
| 선철(銑鐵)(천 원) | 5,948 | 11,704 | … |
| 선철(천 톤) | 217.2 | 237.5 | … |
| 주물(鑄物)(천 원) | 2,907 | 4,059 | … |
| 금은제품(金銀製品)(천 원) | 3,279 | 2,511 | … |
| 기타 금속제품(천 원) | 14,834 | 32,493 | … |
| 총 생산액(천 원) | 26,989 | 59,766 | 91,966 |

금액에 있어서의 발전은 보는 바와 같이 극히 빠른 것이었다. 3년간에 생산액은 3.4배로 증가하였다. 그러나 생산량에 있어서는 그와 같은 발전은 없었다. 1937년에 선철(銑鐵)의 생산액은 1935년의 그것보다 97%나 증가하였지만, 그러나 생산량의 증가는 겨우 9%밖에 없었다.

1939년 말에는 다음과 같은 공장들이 조업하고 있었다.

① 일본제철회사 겸이포(兼二浦)공장, 선철 및 강철 제조.

② 일본고주파중공업회사 성진(城津)공장, 전로강(電爐鋼) 생산.

③ 미쓰비시광업회사〔청진광업소〕, 무산(茂山)의 철광석을 원료로 하여 크루프(Krupp)식을 사용하고 있다. 이 공장은 1940년에도 아직 충분히 조업을 하지 못하였다.

현재 건설 중의 것은 다음과 같다.

① 일본제철회사 청진공장, 선철과 강철의 제조. 그 일부가 곧(1940년) 조업을 시작할 것으로 예상되고 있었다.

② 조선질소비료회사 홍남공장, 파세(Passe)법에 의한 특수강(鋼)의 제조.

③ 조선이연금속회사 인천공장, 로터리 킬튼식에 의한 특수강의 제조.

금 제련소에 대하여는 이미 광업에 관한 장에서 열거하였다.

## 기계기구공업(차량 및 선박 포함)

기계기구공업의 발전은 〈표 8-9〉에 의해 알 수가 있다.

〈표 8-9〉 　　　　　　　　　　　　기계제조공업

| 연도 | 공장 수 | 노동자 수 | 생산액[a](천 원) | 생산액[b](백만 원) |
|---|---|---|---|---|
| 1929 | 221 | 3,400 | 4,543 | … |
| 1933 | 272 | 3,967 | 3,010 | … |
| 1935 | 324 | 6,490 | 11,525 | 8.3 |
| 1937 | 417 | 9,542 | 16,565 | 12.9 |
| 1938 | 533 | 17,058 | 26,799 | 22.6 |
| 일본 | 11,135(1937) | 377,398(1937) | … | 3,558.7(1938) |

【자료】『朝鮮年鑑』(1941), 『拓務統計』(1938), 『國勢グラフ』(1941년 1월)
(a) 가내공업 제외.
(b) 가내공업 포함.

1933년 이후에 급속히 발전을 하였지만, 그러나 1938년에 있어서조차도 기계기구공업의 생산액은 한국 공업 총 생산액의 2.3%를 차지할 뿐이었다. 가내공업은 1938년도 생산액의 15.6%를 차지하고 있었다.

1935년 이전에는 대규모의 공장이 겨우 셋밖에 없었는데, 그중 둘은 200명 이상의 노동자를, 다른 하나는 약 200명의 노동자를 고용하고 있었다. 차량을 생산하는 용산공작주식회사, 농공기계를 생산하는 조선상공주식회사,

도량형기를 제조하는 조선계기주식회사가 그것이었다. 이 밖에도 내연기관 (內燃機關)으로 소선박(小船舶)을 제조하며, 농구·전구 등을 제조하는 군소공 장이 많이 있었다. 그러나 1935년 이후에 그 발전은 급속히 이루어졌다. 그 러한 발전은 계획에 의한 것이며, 그 목적은 전쟁의 준비였던 것이다.[9]

새로운 기계기구 제조공장의 명단은 다음과 같은 사실을 말해주고 있다. ① 주로 광업 및 전기 장비품과 선박의 제조에 주의가 집중되고 있었다. ② 기계제조공업의 중심지는 장차 인천·서울 및 부산이 될 것이다. 그 뒤의 보 고에 의하면 보급의 곤란으로 인하여 활동이 제한되었고, 이것은 특히 소생 산공장에서 심했는데, 그중에는 공장을 폐쇄할 수밖에 없는 것도 많이 있었 다고 한다.

## 요업

요업은 1937년에 9,666명의 노동자를 고용하고 있었다. 그러나 생산액의 4분의 1 이상이 가내공업에 의한 것이었다. 그리고 생산액의 반이 시멘트였 는데, 1937년의 시멘트 생산량은 67만 6,500톤에 달하고 있었다. 대규모 시 멘트공장은 다음의 3개 일본인 회사에 속한 것이다.

① 오노다(小野田)시멘트회사, 평양·천내리(원산 서북) 및 고무산(古茂山, 청진 서 북)의 3공장, 생산 능력 80만 톤.
② 조선시멘트회사, 우베계(宇部系), 공장은 해주 근방, 생산 능력 50만 톤.
③ 조선아사노(淺野)시멘트회사, 봉산(사리원, 평양 남), 생산 능력 18만 톤.

---

9 조선은행의 가와이 아키타케(川合彰武)가 "기계공업이 발달하지 못한 현재의 상태는 우리의 가 장 치명적인 결함이다"라고 한 말에 호응하여 조선광업회사 상무이사인 시부야(澁谷)는 다음과 같이 말하였다. "우리들 앞에 놓인 구체적인 문제는 군수공업의 건설이다."〔고지마, 『鮮滿支新 興經濟』(東京, 1938), p.118〕.

1939년의 총 생산능력은 156만 톤이었으나, 이것도 불충분한 것으로 생각되었다. 오노다는 삼척(강원도 동남부)에 또 하나의 공장을 증설 중에 있었으며, 압록강수력전기회사도 평양에 공장을 건설 중에 있는데 1940년에는 완성될 예정이었다. 그러나 이것으로도 계획된 수요에 충분히 응할 수 없으며, 이에 일본으로부터 유휴(遊休) 설비를 이동시킬 것이 제의되었다.

도자기공업으로는 대공장으로서 일본경질도기회사 하나가 있었을 뿐이며, 제품을 만주와 중국에 수출하고 있었다. 그러나 전시여서 수출이 감소되자 곤란을 겪게 되었다. 그 밖의 회사는 모두 소규모이다.

벽돌은 자급자족의 현상이다. 전전(戰前)에는 150개의 공장이 전 능력으로써 생산을 하고 있었다. 그중의 하나는 영등포에 있었는데, 200명 이상의 노동자를 고용하고 있었다. 그러나 석탄의 부족은 생산을 감소시켰을지도 모른다. 내화(耐火)벽돌은 일철겸이포공장(日鐵兼二浦工場)과 일본마그네사이트 화학공업회사에서 제조하고 있다. 판유리는 한국에서 생산되지 않고 있지만 가정용품이 소공장들에서 제조되고 있다.

근년에 법랑제품이 요업 속에 포함되게 되었다(이전에는 금속공업에 포함되었다). 법랑철기를 제조하기 위한 최초의 공장이 한국에 세워진 것은 일본 안에서의 속박을 벗어나기 위한 것이었다. 값싼 노동력은 다른 회사들을 유인해서 드디어는 8개의 공장을 설치케 하였다. 그중에서 조선법랑주식회사는 근대적인 대공장을 가지고 있다. 그러나 전시의 여러 제약이 이 공업을 마비시켰다.

## 화학공업

한국에서 가장 중요한 공업인 화학공업은 기이한 현상을 나타내고 있다. 즉, 한편에서는 군소공장들이 원시적인 기술을 사용해서 어유(魚油)·어비(魚

肥)·식물유(植物油) 등을 제조하고 있는가 하면, 다른 편에서는 근대적인 최신의 기술을 가진 소수의 거대한 공장이 있는 것이다. 그러나 화학공업의 장래에 대하여는 아무런 의심도 없다. 이미 1938년에 가내공업은 화학공업 총생산액의 10.7%를 차지하고 있을 뿐이었다.

⟨표 8-10⟩                              화학공업의 발전

| 연도 | 회사 수 | 노동자 수 | 총 생산액[a](천 원) | 총 생산액[b](천 원) |
|---|---|---|---|---|
| 1929 | 393 | 9,378 | 17,412 | ··· |
| 1933 | 820 | 20,883 | 51,992 | ··· |
| 1935 | 1,161 | 34,412 | 117,983 | 147,834 |
| 1937 | 1,581[d] | 50,871 | 269,599 | 304,948 |
| 1938 | 1,588[d] | 47,059[c] | 319,683 | 352,819 |
| 일본(1938) | 6,146 | 322,398 | 3,657,419 | ··· |

【자료】『朝鮮經濟年報』(1939 및 1940), 『朝鮮年鑑』(1941), 『拓務統計』(1938), 『國勢グラフ』(1941년 1월).

(a) 가내공업 제외.

(b) 가내공업 포함.

(c) 이 『國勢グラフ』에 나타난 숫자는 노동자 수의 감소를 표시하고 있다. 『朝鮮年鑑』(1941)에는 65,381로 되어 있는데, 이것이 보다 타당한 것 같다.

(d) 자료에 오식이 있었는지도 모르겠다. 즉 1938년의 숫자는 잘못 기록되었을 것이다.

대공장(노동자 5명 이상)에 대하여는 ⟨표 8-10⟩에서 그 발전상을 찾을 수 있을 것이다. 이 표에 의하면 그 발전은 급속하고도 거대한 것이었다. 그러나 "수력전기가 풍부하고 저렴한 동시에 무연탄이 풍부하기 때문에 한국은 동아시아에 있어서의 인조비료공업의 중심지가 될 것이다"[10]라고 주장하기에는 아직도 시기가 이른 것 같다. 화학공업의 구성은 ⟨표 8-11⟩과 같다.

⟨표 8-11⟩에 의해서 우리는 1937년에는 화학공업이 이미 평화산업에서 전시산업으로 바뀌었음을 알 수 있다. 농업용 비료의 생산은 감소되고, 그 반면에 '기타화학제품'은 3배 이상이나 증가하였다.

---

10 『朝鮮經濟年報』(1940), p.272. 편집자는 이에 곧 이어서 비료공업은 군사적인 관점에서도 중요하다고 말하고 있다.

〈표 8-11〉　　　　　　　　　　화학공업의 생산액

| 항목 | 생산액(천 원) | | 생산량(톤) | |
|---|---|---|---|---|
| | 1935 | 1937 | 1935 | 1937 |
| 약품 | 4,768 | 4,111 | … | … |
| 마유(麻油) | 1,592 | 1,937 | 2,539 | 2,709 |
| 면실유(棉實油) | 854 | 1,315 | 2,632 | 3,389 |
| 피마자유 | 230 | 256 | 614 | 486 |
| 기타 식물유(植物油) | 1,900 | 3,443 | … | … |
| 온유(鰮油) | 17,359 | 26,872 | 119,738 | 140,321 |
| 기타 유지(油脂) | 2,891 | 1,184 | … | … |
| 광물성유(鑛物性油) | 2,674 | 21,546 | … | … |
| 고무신류 | 10,522 | 17,036 | 531,737[a] | 36,677 |
| 종이류 | 7,248 | 9,200 | … | … |
| 비료 | 55,046 | 90,558 | … | … |
| 식물질비료(植物質肥料) | 2,434 | 6,481 | … | … |
| 동물질비료(動物質肥料) | 14,488 | 26,840 | … | … |
| 유산(硫酸)암모니아 | 28,226 | 35,771 | 452,934 | 421,057 |
| 기타 광물질비료 | 8,675 | 3,844 | … | … |
| 기타 비료 | 1,223 | 17,621 | … | … |
| 코크스 | 3,478 | 12,377 | 285,932 | 352,491 |
| 연탄 | 2,545 | 3,507 | 203,999 | 215,465 |
| 기타 화학제품 | 36,728 | 111,605 | … | … |
| 계 | 147,834 | 304,948 | | |

【자료】『拓務統計』
(a) 자료의 오식일 것으로 아마 31,737이 아닌가 한다.

〈표 8-11〉은 또 비료 제조가 화학공업에서 가장 중요한 지위를 차지하고 있음을 말해주고 있다. 한국에 있어서의 대규모 비료 생산은 '젊은' 일본인 회사인 일본질소회사에 의해 시작되었다. 이 회사는 1937년에 불입자본 9,000만 원이었고, 거의 2억 원의 불입자본을 가지고 있는 다른 27개의 회사를 통제하고 있었다. 그중에는 다음과 같은 회사가 포함된다.

① 조선질소비료─불입자본 6,250만 원, 증권 7,000만 원, 일질(日窒)의 지주(持株) 100%.
② 장진강수전(長津江水電)─4,500만 원, 일질의 지주(100%).

③ 조선석탄공업—250만 원, 일질의 지주 100%.

④ 신흥철도(新興鐵道)—152만 원, 지주 100%.

⑤ 단풍철도(端豊鐵道)—50만 원, 지주 100%.

⑥ 조선건축—50만 원, 지주 100%.

⑦ 조선질소화약—25만 원, 지주 100%.

⑧ 조선생사—5만 원, 지주 100%.

⑨ 웅기전기(雄基電氣)—62.5만 원, 지주 70%.

⑩ 조선송전(朝鮮送電)—600만 원, 지주 50%.

⑪ 조선석유—250만 원, 지주 20%.


이 회사, 그리고 그 사장인 노구치(野口)가 한국에 굉장한 관심을 가지고 있었다는 점에 비추어볼 때 이에 대하여 보다 상세하게 고찰할 만하다. 일본질소회사의 최대 주주는 노구치(동시에 조선질소비료회사, 압록강수력전기회사 및 한국의 다른 많은 회사의 사장이다)와 미쓰비시계의 이와사키(岩崎)이다. 그들로 하여금 한국에 있어서의 다방면에 걸친 활동을 하게 한 주된 이유는 무엇인가. 그것은 3개국의 27개 회사를 동시에 지휘할 수 있는 '넓은 시야'와 '능력'과는 별도로, 일본에서는 그들의 일본질소회사가 11~13%의 순이익을 얻고 있을 뿐이지만 한국에서는 조선질소비료주식회사의 순이익이 31~33%였다는 사실에 있는 것이다. 이 유력한 회사의 한국에 대한 침투는 다음과 같은 방법으로 진행되었다.

1926년—조선수력전기회사의 설립, 자본금 2,000만 원.

1927년  5월—조선질소비료회사의 설립, 자본금 1,000만 원.

1929년 11월—부전강수력발전소계획의 제1차분 발전 개시.

1930년  1월—흥남질소비료공장의 조업 개시. 흥남은 과거에는 조그마한 촌락에 불과하였지만, 현재는 6만의 인구를 가진 도시이다. 수력전기회사와 질소비료회사는 합병되었다.

1930년　6월─부전강수력발전소 준비공사 완료. 흥남 공사─제2시설─완료.

1930년　7월─영안석탄저온건류공장의 설립.

1932년 12월─질소비료회사의 자본이 6,000만 원으로 증가.

1933년　5월─장진강의 동력 이용 개시, 신공사(新工事)의 자본은 2,000만 원.

1934년　6월─조선마그네슘회사의 설립, 자본금 420만 원.

1935년　3월─조선석탄공업회사의 창립, 자본금 1,000만 원.

1935년　4월─조선질소화약회사의 설립, 자본금 100만 원, 대두유화학공업회사
　　　　　　 의 설립, 자본금 1,000만 원.

1935년　5월─석탄 액화의 개시, 휘발유 연 생산능력 5만 톤, 증가 계획량 20만
　　　　　　 톤. 조선건축회사의 설립, 자본금 200만 원.

1935년 11월─장진수력발전소 제1발전소 준공.

1936년　6월─조선질소비료회사는 대두유화학공업회사와 합병, 결합된 자본은
　　　　　　 7,000만 원.

1936년　7월─조선질소보석회사의 설립, 인공보석 생산을 위한 자금 50만 원.

1936년 10월─장진강수전의 자본 7,000만 원으로 증가.[11]


　　1936년 이후의 발전은 여기 같은 연대표 속에 표시할 수가 없다. 그러나
노구치와 미쓰비시의(오히려 미쓰비시와 노구치의) 활동 분야는 그 이후 상당히
확대되었다고 한다.

　　같은 회사의 흥남공장은 50만 톤의 황산암모니아 생산 능력을 가지고 있
다. 일본제철회사도 겸이포공장에서 부산물로 황산암모니아를 생산하고 있
다. 셋째로는 삼척개발회사가 생산 능력 3만 톤의 황산암모니아 공장을 가지
고 있으며, 또 석회질소도 생산한다(아마도 경북 서북부 개경). 일본질소비료회

---

11　이 세목은 미야케, 앞의 책, pp. 118~120에서 취해온 것이다.

사는 혼쿄(本宮)에서 과인산석회를 생산한다.

그 외에 1939년에는 다음의 여러 공장이 건설공사 중에 있었다.

① 조선화학공업회사, 소재지 순천(평양 동북), 요소석고(尿素石膏) 생산.
② 일산화학공업회사, 소재지 진남포, 과인산석회 생산.
③ 조선화학회사 홍원공장, 황산암모니아 생산.

그리고 계획 중인 것들로는 다음과 같은 것이 있었다.

① 가네가후치(鍾淵)화학공업회사 군산공장,[12] 석회질소 및 카바이드 생산.
② 가타쿠라(片倉)비료회사 인천공장,[13] 과인산 생산.
③ 강계수력전기회사 강계공장, 황산암모니아 생산.
④ 조선압록강수력발전회사 공장, 황산암모니아 생산.

만일 이 공장들이 모두 조업을 하게 된다면 한국에서의 일본의 화학공업은 오히려 생산 과잉의 괴로움을 받게 되고 수출시장을 필요로 하게 될 것이다. 그러나 이것은 변화된 환경하에서도 생산 과잉이 있으리라는 것을 의미하는 것은 아니다.

비료 이외의 화학공업으로는 다음과 같은 것들에 주의해야 한다.

화약—1933년 이전에는 조선총독부에서 어떠한 화약공장도 한국에 설립하는 것을 허용하지 않았다.[14] 그러나 대륙에 대한 위험이 시작되면서부터 이러한 금지는 군사적인 행동에 유해하게 되었다. 현재는 두 개의 공장이 이를

---

12 방직회사가 화학공업을 시작하는 예이다. 가네가후치는 미쓰이(三井)의 분계이다.
13 가타쿠라 역시 방직회사가 화학공업을 시작하는 예에 속한다.
14 다카하시, 앞의 책, p.338.

생산하고 있다. 하나는 조선질소비료회사의 흥남공장인데[15] 1936년 7월 이래 조업하고 있으며, 또 하나는 조선화약제조회사인데 이것은 일본화약제조회사계이다. 조선아사노회사 화약공장(아사노시멘트회사계)은 1939년에 일부 조업 중이었고, 그 이외에 2개 공장이 건설 중이었다. 즉 하나는 조선유지회사, 다른 하나는 미쓰비시광업회사의 것이었다. 이러한 공장이 모두 완성된 후가 되면 과잉생산된 화약의 수출이 예상되었다.

무수(無水)알코올—폭발약 제조에 크게 중요한 이 무수알코올은 동척(東拓)계의 회사에 의해 신의주에서 톱밥을 원료로 하여 생산되는데, 연 생산능력은 3만 석이다. 동척은 제주도에 감자를 원료로 하는 또 하나의 공장을 계획 중이다.

피혁(皮革)—서울의 조선피혁주식회사와 대전의 대전피혁주식회사의 2대 공장이 있다.

성냥—한국에는 10개의 성냥공장이 있는데, 서울·평양·인천·신의주·청진·목포·수원·옥구(沃溝)에 각 하나, 그리고 부산에 둘이다. 1939년 3월에 이들 생산자는 상호 간의 경쟁을 배제하고 일본과의 경쟁에 대항하기 위해 조합을 조직하고 생산 및 판매 비율과 가격에 대한 합의에 도달하였다. 그러나 국내시장이 너무나 협소하기 때문에 해외시장을 구하고 있었다.

대두유(大豆油)—소규모의 대두유공장이 많이 있다. 대공장에서는 대두를 원료로 하여 착유(搾油)뿐만 아니라 많은 화학제품도 생산하고 있는데, 청진〔미쓰이계(북선유지회사)〕과 신의주〔일승공사(日陞公司)〕에 공장이 있고, 흥남에도 하나(조선질소비료회사의 대두화학공업회사) 있다.[16] 이들은 모두 만주의 대두를 원료로 하고 있었는데, 1939년 이래 이를 얻을 수 없어서 원료 난을 겪고

---

15 해당 공장의 최초 생산 능력은 일당 10톤이었다.
16 1937년의 일생산능력은 대두 100톤이었다.

있다.

면실유(棉實油)—목포(대일본셀룰로이드회사 소유)와 부산(조선제유회사)의 2대
공장에서 생산하고 있다.

어유(魚油)—상기 〈표 8-11〉에 의하면 1937년도 한국의 생산량은 14만 톤
이상이었다. 그것의 대부분이 중소경영자에 의해 생산된 것이었다(한국에는
군소업자가 1,000명 이상 있다). 근대적인 설비를 갖춘 것으로 규혼상점(宮本商
店)(아마도 조선질소비료회사계)과 린켄상점(林兼商店)의 둘이 있다. 이 두 공장의
어유 생산은 경화유 제조와 밀접한 관계를 가지고 있다.

경화유(硬化油)—최대의 경화유공장은 조선질소비료회사의 흥남공장이다
(1933년의 연 생산 능력은 2만 톤이었으며, 그 이후 상당히 확장되었다). 그리고 청진
(조선유지회사)에도 하나 있고, 또 삼척에도 조선협동유지회사〔미쓰이와 유비런
(油肥聯)과의 제휴〕의 공장이 있다. 1934년에 1만 2,000톤의 생산 능력을 가지
고 있던 홍원공장(洪原工場)은 글리세린과 지방산도 생산하였다.

기타 비광물성유—평양에는 옥수수유공장〔전분 부산(副産)〕이 있다. 강유공
장(糠油工場)도 있으며, 제국제마회사는 아마인유공장(亞麻仁油工場)을 가지고
있다. 그 이외에도 군소공장이 있다.

인초석유(人造石油)—생산 능력 5만 톤의 영안공장과 아오지공장이 있다.
이들 석탄 액화에 '해군식(海軍式)'을 사용하고 있다. 일반적으로 조선질소비
료회사와 군부와의 협력은 완전하다고 할 수 있다. 협동적인 연구에 의해 무
연탄을 액화하는 새로운 방법이 발견되었고, 생산 능력은 최소 연 20만 톤으
로 증가할 것이라 한다. 이 공장들은 휘발유 외에도 파라핀 · 반성(半成)코크
스 · 메탄올 · 포르말린 · 인조수지 · 도료 등을 제조한다. 반성코크스는 나
남 · 청진 및 성진에서 발전(發電)에 사용되고 있다. 이 이외에 저온건류법을
사용하는 일선광산회사 용현공장이 있다.

석유 정체―조선석유회사[17] 원산공장은 1935년 이래 중유 · 휘발유 · 등유 · 경유 · 기계유를 제조하고 있다. 이 회사의 불입자본은 1937년에 625만 원이었고, 그 공장은 연 생산능력 2억 8,000만 리터였다. 부산의 입석(立石)상점 제유공장은 경유와 기계유를 정제하며 1,000만 리터의 생산 능력을 가지고 있다. 이 생산 능력은 한국의 수요에 응할 수 있는 충분한 양이 못 된다.

체치 및 펄프―수년간 왕자(王子)제지회사(미쓰이게)가 신의주공장과 그 밖의 2, 3기계초조(抄造)공장에서 펄프와 포장지를 제조하였다. 신의주공장의 생산량은 1937년에 1만 6,400톤이었다. 1935년 4월에 북선(北鮮)제지회사가 왕자와 그 밖의 몇 계통에 의해 불입자본 1,000만 원으로 설립되었는데, 백두산 주변의 80만 정보(196만 에이커)에 달하는 낙엽송 등의 삼림을 채벌할 계획이었다. 이 회사는 상당한 거리의 자가용철도를 가지고 있다. 창설 당시에는 2만 톤의 펄프를 생산할 계획이었지만, 전쟁의 압력으로 인해 3만 톤으로 증가되었다(1939년). 공장은 청진 남쪽의 길주에 있다. 용산공작회사(龍山工作會社)와 조선제지회사는 일본지[和紙]를 제조한다. 가네가후치회사는 갈대를 원료로 하는 펄프 제조공장을 신의주에 세웠는데, 1940년에는 조업 예정이었다. 이 밖에 군소공장이 한국지를 제조하고 있다.

고무체품―값싼 노동력은 많은 실업가로 하여금 고무제품공장을 만들게 하였다. 1938년에는 중소회사가 약 60개 있었고, 그 속에는 약간의 한국인 소유 회사도 있었다. 경쟁이 심해지자 군소공장에 대한 기업합동의 경합이 대두하였다. 최대의 회사는 ① 산와(三和)고무회사, ② 아사히(朝日)고무회사(부산), ③ 닛세이(日星)고무회사(대구), ④ 조선이연(理研)고무회사(인천)―재생고무, ⑤ 조선고무공업조합연합회(서울)―재생고무 등이다.

비누―대공장들은 흥남 · 서울 · 부산 · 평양 등에 있다. 생산품의 상당한

---

17 일본질소(미쓰비시와 나가노), 도타쿠 및 미쓰이물산에 의해 통제되고 있다.

부분이 수출된다.

## 제재 및 목제품공업

이 부문의 공업은 한국에서는 가내공업이 상당한 비중을 차지하고 있다
(1938년에는 총 생산액의 51%였고, 1935년에는 60.3%였다). 120개의 제재공장이 있
는데 그중에서 최대의 것은 신의주에 있다.

## 인쇄업

1939년 300여 개의 인쇄공장이 있었지만, 그 대부분은 소규모였고, 주로
서울에 집중되어 있었다. 가장 큰 것은 조선인쇄주식회사와 조선서적인쇄주
식회사였다. 뒤에 활자·잉크·기계유 및 종이 등의 부족으로 인해 인쇄업
은 많은 곤란을 당하였고, 생산은 축소되었다.

## 식료품공업

식료품공업은 (화학공업 다음의) 제2위로 떨어졌다. 그러나 그 중요성은 아
직 극히 크다. 식료품공업에서 가내공업이 차지하는 비중은 아주 큰데, 1938

〈표 8-12〉                              식료품공업[a]

|  | 1929 | 1933 | 1935 | 1937 | 1938 |
|---|---|---|---|---|---|
| 회사 수 | 1,958 | 2,183 | 2,326 | 2,273 | 2,399 |
| 노동자 수 | 24,756 | 32,293 | 34,957 | 34,999 | 37,929 |
| 생산액 A(천 원)[b] | … | … | 76,507 | … | 141,500 |
| 생산액 B(천 원)[c] | 223,412 | 122,729 | 167,420 | 238,032 | 274,400[d] |

【자료】『拓務統計』(1938), 『朝鮮年鑑』(1941)

(a) 『朝鮮經濟年報』에는 1936년의 생산액이 겨우 2,000만 원으로 되어 있고, 이 잘못은 다음 연도
　　판에도 되풀이되고 있다. 이러한 명백한 약간의 과오는 수정하였다.

(b) 가내공업 제외.

(c) 가내공업 포함.

(d) 『國勢グラフ』(1941년 1월호)에는 2억 7,720만 8,000원으로 되어 있다.

년에는 총 생산액의 48.4%, 1935년에는 54.8%였다. 식료품공업의 발전상은 〈표 8-12〉에서 찾아볼 수 있다.

이 표에 의하면 특가 변동에 대한 고려는 그만두더라도, 느린 발전을 해왔음을 알 수 있다. 그 이유는 쉽사리 알 수 있다. 즉 정부나 대회사의 노력이 전쟁 준비에 집중되어 있었는 데 대해서 이것은 소비품의 공업이기 때문이다.

식료품공업의 중요한 생산품은 〈표 8-13〉에 나타나 있는 바와 같다.

'식료품'의 거의 반이 주류라는 것은 주의할 만한 흥미 있는 사실이다. 주류를 제외한 그 밖의 식료품의 생산액은 가장 번성하던 해인 1937년에 1억

| 〈표 8-13〉 | 식료품공업 주생산품 | | | |
|---|---|---|---|---|
| 항목 | 생산액(단위 : 천 원) | | 생산량(단위 : 톤, 단 특기한 것 제외) | |
| | 1935 | 1937 | 1935 | 1937 |
| 맥주(hL) | 3,672 | 6,952 | 72,640 | 133,714 |
| 탁주(천 hL) | 31,989 | 49,843 | 3,534 | 4,123 |
| 청주(천 hL) | 7,057 | 11,307 | 174 | 262 |
| 소주 | 21,732 | 27,412 | 1,419 | 1,016 |
| 기타 주류 | 7,507 | 3,276 | … | … |
| 소계 | 71,957 | 98,790 | | |
| 간장〔醬油〕(천 hL) | 21,282 | 31,184 | 4,136 | 4,587 |
| 된장 | 8,500 | 10,726 | 79,940 | 132,044 |
| 소맥분 | 9,299 | 11,737 | 56,375 | 56,337 |
| 기타 분(粉) | 2,224 | 1,994 | … | … |
| 청량음료 | 944 | 1,751 | … | … |
| 과자 | 8,458 | 10,334 | … | … |
| 전분 | 2,348 | 4,218 | … | … |
| 설탕 | 8,522 | 10,547 | … | … |
| 통조림 | 2,752 | 4,465 | … | … |
| 소금 | 2,631 | 2,503 | 98,663 | 90,129 |
| 조리된 해초 | 2,866 | 4,312 | … | … |
| 빵 | 3,249 | 3,764 | 15,198 | 15,080 |
| 기타 제품 | 24,388 | 41,710 | … | … |
| 총계 | 169,420 | 238,033 | | |

【자료】『拓務統計』

3,900만 원이었다. 만일 재한일본인 각자가 하루 평균 미화 10센트에 해당하는 금액의 식료품을 소비한다고 하면, 일본인만이 1년에 소비하는 것이 6,900만 원이 될 것이다. 그리고 2,200만의 한국인은 1인당 하루 평균 3분의 1센트보다 적게 소비할 수밖에 없게 된다. 한국인 중에도 일본인에 가까운 수준의 생활을 하는 부유한 층이 있는 것을 고려해 넣는다면, 나머지 한국인은 공장에서 제조된 식료품과는 아무 관계가 없는 셈이 될 것이다. 이러한 계산은 소비의 실태를 제시하고자 하는 때문이 아니다. 단지 한국에 있어서의 식료품 생산은 인구의 크기와 비교할 때는 중요치 않다는 것을 표시하려 한 것뿐이다.*

맥주—1933년에 대일본맥주회사는 한국에 150만 원의 자본으로 조선맥주회사를 설립하고, 쇼와(昭和)기린(麒麟)맥주회사는 영등포에 120만 원의 자본으로 양조공장을 세웠다. 그러나 대부분의 한국인은 맥주를 마시지 않고, 또 일본인은 수가 많지 않으므로 이 두 회사의 생산 능력은 한국 내의 실수요보다 큰 형편이다.

한국주(韓國酒)—한국인들은 일본주(日本酒)를 즐기지 않고 대신 아직도 수많은 소공장에서 생산되는 재래주를 좋아한다. 최근 정부는 그들의 합동을 장려하고 있는데, 이것은 그 수가 적으면 적을수록 이에 대한 통제도 쉽기 때문이다.

청주(淸酒)—한국에는 일본인을 위해 청주를 제조하는 공장이 130개나 있다. 즉 5,000명에 공장 하나인 셈이다. 경영주들은 일본에 있어서와 동일하다. 생산량은 일본인들의 수요에 응하기에 충분하다.

소주(燒酒)—주로 원시적인 방법을 사용하는 많은 중소공장에 의해 제조되

---

* 이어 다음 줄과의 사이에 '양조업'이라는 표제가 붙어 있으나, 내용으로 보아 부적당하기 때문에 이를 삭제하였다.

고 있다. 그러나 최근 몇 개의 대공장이 일본인에 의해 세워졌다.

통조림—연 생산액은 300~400만 원이다. 어획이 많은 동해안에 공장도 많이 있다(어류는 거의 유일한 통조림 재료이다). 그러나 가정의 수요는 극히 적고 생산물은 수출되고 있다.

과자—한국에서는 매년 1,300~1,400만 원의 과자가 소비된다. 이것은 국내 생산량 이상의 것이다. 주요한 제과공장은 호코쿠(豊國)제과회사와 경성(京城)제과회사이다.

청량음료—연 생산액은 약 100만 원이며, 청량음료를 제조하는 공장은 10개가 있다.

천분—최대의 회사는 미쓰비시계인 일본곡산공업회사이다. 자본은 처음에는 1,000만 원이었는데, 뒤에 750만 원으로 감소하였다. 공장(평양 소재)은 전분 제조의 원료로서 옥수수를 사용하고 있다. 연 생산능력은 4만 5,000톤이며, 제품은 주로 수출된다.

설탕—제1차 세계대전 시에 사탕무를 원료로 하는 조선제당회사가 설립되고 5만 톤의 생산 능력을 가진 공장을 평양에 세웠다. 그러나 불행히 당시에는 아무런 사탕무도 재배되지 않고 있었으며, 따라서 공장이 일본제당회사에 매수되었는데, 이 회사는 조당(粗糖)을 수입하여 정제하였다. 얼마 전에 정부는 한반도북부개발계획 속에 사탕무 재배를 포함시키고 맹렬히 추진하였지만, 아직 사탕무 생산에 대한 통계상의 보고는 접하지 못하고 있다.

청미(精米)—쌀이 주산물인 나라에서 약 6,000개의 정미소를 발견한다는 것은 당연한 일이다. 즉, 다른 모든 공장을 합계한 수만큼의 공장이 있는 것이다. 그러나 최근 많은 공장이 합동되었으며, 일본인들은 이 최후의 민족자본의 본거지를 급속히 인계하고 있다.

제분(製粉)—최초의 제분공장은 1919년 진남포에 만주제분회사에 의해 설립되었다. 제2의 공장은 1921년 서울에 호코쿠제분회사가 세웠다. 현재 조업하고 있는 공장은 일곱이며, 조선제분회사는 진남포에, 일본제분회사는 서울과 인천에 공장을 가지고 있다. 이들 공장의 능력은 5,000배럴이나 국내 수요에 충분치 못하여 부족량을 일본으로부터 수입하고 있다.

## 가스와 전기

발전에 대해서는 이미 언급한 바 있으므로 여기서는 가스에 대해서만 논의하고자 한다.

한국 최초의 가스회사(일한가스회사)는 1908년에 창립되었지만, 뒤에 일한회사를 비롯한 그 밖의 가스회사들이 전기회사와 합동되고 말았다. 1938년의 가스 제조는 금액으로는 약 300만 원, 양으로는 2,500㎥에 불과하였다. 투자된 자본액은 적은 것이었으나(200~300만 원), 순이익은 좋은 편이어서 15%에 상당하였다. 공장은 서울·부산·평양 및 대구 등에 있었으며, 청진·웅기·나남·나진 및 인천 등에 새로운 공장이 계획되고 있었다. 그러나 이들 모든 가스사업은 석탄으로 조업할 예정이었으며, 따라서 전쟁 발생 이후의 석탄 부족으로 인해(그 밖의 물자의 부족도 있지만) 현재 조업 중의 회사도 제조량이 감소되었고, 더구나 확장이나 신설은 정부의 법령으로 중지되었다.

서울에는 2문(門)의 경사식발생요(傾斜式發生窯)와 7문의 수평식발생요(水平式發生窯)가 있고, 제조능력은 3만 1,500m³이며, 또 예비로서 5,700m³의 용량을 가진 가스탱크가 있다. 부산에는 4문의 요(수평식)가 있고 능력은 9,000m³이며, 용량 500m³와 2,260m³의 탱크 2기가 있다. 평양에는 각기 1,428m³의 능력을 가진 2문의 요(수평식)가 있으며, 1,500m³ 용량의 탱크 1기가 있다. 대구에는〔대구부공영사업(大邱府公營事業)으로〕각기 1,100m³의 요 2문이 있고, 1,100m³ 용량의 탱크 1기가 있다. 신의주에는 자신의 가스사업은 없지만, 압록강 너머 안동(安東)으로부터 고압수송관으로 공급을 받고 있다. 그 가스탱크는 용량이 겨우 300m³이다.

〈표 8-14〉　　　　　　　민족별 가스 소비

| 도시별 | 소비자 수 | | 스토브 1대당 세대 수 | |
|---|---|---|---|---|
| | 일본인 | 한국인 | 일본인 | 한국인 |
| 서울 | 15,757 | 1,187 | 2 | 103 |
| 부산 | 4,023 | 237 | 3 | 147 |
| 평양 | 1,549 | 50 | 3.8 | 905 |
| 대구 | 1,176 | 67 | 4 | 448 |
| 신의주 | 400 | 40 | 5 | 205 |

【자료】實數는 『朝鮮經濟年報』(1939).

〈표 8-14〉는 흥미 있는 사실을 보여주고 있다. 서울에서 일본인은 2세대마다 하나씩 가스를 사용하였는데, 한국인은 103세대에 하나씩 사용하였다. 부산·대구·신의주에도 이러한 상황은 마찬가지였으며, 평양에서는 한국인 측의 비율이 더욱 낮았다. 서울에서는 103세대에 하나인데, 평양에서는 905세대에 하나였다. 이러한 차이는 용이하게 설명할 수가 있다. 즉, 가스 스토브를 사용할 수 있을 만큼 부유한 한국인은 주로 서울에 집중되어 있다는 것이다. 공식자료에 의하면 "한국에 있어서의 가스에 대한 수요는 거의 전부 일본인이나 외국인에 의한 것이다."

## 공업에 있어서의 민족문제

이상에서 우리는 한국의 공업이 발전하고 있다는 것, 적어도 어떤 부문에서는 그러하다는 것을 보아왔다. 그리고 그 발전상은 서구(西歐)의 표준에서 보더라도 양호한 것으로 생각될 것이다. 이제 남겨진 문제는 그러한 발전이 한국인의 것이냐 일본인의 것이냐 하는 것이다. 만일 유산암모니아가 일본인 수중에 있는 근대식 공장에서 생산되어 일본으로 수출되고, 그리고 그 수입은 한국에 있어서의 새로운 일본인 회사에 투자된다면, 그러한 공업에서 한국인은 어떠한 이익을 얻을 수 있을 것인가. 그들은 임금을 받지 않느냐고 하는 것이 일반의 주장이다. 그러면 한국인은 임금을 받기 위한 고용의 기회가 어느 정도로 허락되어 있었을 것인가? 이 문제는 뒤에 논의될 것이므로 여기서는 그 이외의 문제에 있어서 한국인이 얼마만큼의 혜택을 입었는가에 대해 먼저 이야기하려 한다. 우선 우리는 만일 한국에서 생산되는 비료가 일본으로 수출되지 않고 한국 내에서 한국 농민에게 매각되고, 그것이 한국 농산물의 수확량을 증가시키는 데 공헌한다 하더라도, 한국에서의 일본인에 의한 화학공업의 발달이 한국인에게 유익한 것이 아니라는 것을 기억할 필요가 있다. 과거에 벼가 한 줄기밖에 나지 않던 곳에 두 줄기를 나게 할 수 있음은 사실이다. 그러나 이 수확의 증가는 일본에의 수출의 증가, 그리고 한국에서의 쌀 소비량의 감소를 가져올 뿐이다. 공업의 발전에서 한국인이 얻은 이익은 과연 무엇인가? 물론 한국인이 실제로 어떤 이익을 얻는 경우를 찾아낼 수가 있다. 식민지에서 통치자가 하는 모든 것은 그 자체가 악한 것이 아니다. 가령 천연두의 전염을 방지하는 종두(種痘) 제조의 증가는 부인할 수 없는 한국인에 대한 이익이다.[18] 그러나 이것은 공장이 하나 신설되는 것이 곧 원주민의 복리를 그만큼 증대시키는 증거라고 생각하는 일부 식민문제 저술가들의 무비판적이고 광신적인 태도를 정당화하는 것은 아니다. 식민지에 있어서의 공업회사 소유주의 민족적 소속에 대한 문제는 커다란 사회적·정치적인 중요성을 지니고 있다.[19]

---

18 그러나 한국인도 그러한 종두를 자신의 힘으로 만들 수 있었을 것이다. 만일 터키나 러시아 혹은 멕시코의 의사들이 이를 만드는 데 외국인 전문가의 조력이 필요하지 않았다면, 한국인이 반드시 외국인의 조력을 필요로 한다는 이유는 없다.

19 유능한 일본인 경제학자의 한 사람인 다카하시는 이 민족의 문제가 중요한 것임을 잘 이해하고 있다. 그는 특별한 이유에서이기는 하지만 한국에서 한국인의 회사가 계속 존재하기를 바란다는 희망을 표시하고 있다. 그는 한국인의 것은 중소회사뿐인 것을 알고 있다. 이제 만일 한국인의 회

한국의 개인회사 소유주에 대한 민족별 통계는 좋은 것이 없다. 그러나 입수된 보고만으로도 어떤 일반적인 결론을 내리는 데 도움을 줄 것이다.

다카하시는 1928년에 대한 〈표 8-15〉와 같은 자료를 제공해주었다.

| 〈표 8-15〉 | 민족별 공업 생산 | | (1928년) |
|---|---|---|---|
| | 일본인 | 한국인 | 계(기타 외국인 포함) |
| 회사 수 | 2,144 | 2,652 | 4,386 |
| 생산액(백만 원) | 244.5 | 90.1 | 339.9 |
| 생산(총액에 대한 백분비)[a] | 72.0 | 26.5 | 100.0 |

【자료】다카하시, 『現代朝鮮經濟論』, p.348.
(a) 이것은 저자가 계산한 것이다.

〈표 8-15〉에 의하면 근대식 대규모 공업이 발달하기 전인 1928년에 한국 공업 생산의 거의 75%가 일본인 회사에 의해 생산되었고(생산액에 의한 것), 한국인 회사에서는 4분의 1이 생산되었다. 그러나 이 표에는 한 가지 잘못이 있다. 즉, 회사 수에는 5인 이상의 노동자를 가지고 있는 것만이 포함되어 있는데, 생산액은 가내공업의 것까지를 포함하고 있는 것이다. 만일 여기서 가내공업을 제외한다면 한국인 측의 생산액은 적어도 반, 아마도 4분의 3이 줄어들 것이다. 불행히 입수한 어느 출판물에서도 일본 정부는 공업의 민족별 소유에 관한 자료를 제공해주지 않고 있다.[20] 그러나 우리는 1938년의 회사 통계를 가지고 있다. 현재 한국의 모든 중회사와 많은 소회사가 합동되어 있으므로 이러한 통계는 한국인의 공업계에 있어서의 지위를 알 수 있는 좋은 지침이 된다. 반복을 피하기 위해 공업만이 아니라 한국 경제의 모든 분야에 관

---

사가 없어진다면 일본인 대자본가들은 한국인 노동자 대중과 상대하게 되고, 노동자들은 그러한 고용주에 대해 민족적인 혐오를 나타낼지도 모른다. 그러나 한국인의 중소회사가 계속 존재한다면 한국인 공장에서의 노동조건은 물론 일본인의 대공장에서보다 나쁠 것이고, 따라서 한국인 노동자들은 일본인 회사와 한국인 회사를 비교하여 혐오의 감정을 느끼지 않을 것이다. (『現代朝鮮經濟論』, p.67).

20 1935년에 저술된 다카하시의 저서가 이러한 자료를 공표하지 못한 것으로 미루어 판단하면, 그러한 자료는 극비에 부쳐 있었던 것으로 생각된다.

한 통계를 여기에 제시하고자 한다. 1923년 및 1938년에 있어서의 한국인 회사의 지위는 〈표 8-16〉과 같다.

〈표 8-16〉                    한국인 경영 회사의 수와 자본

| | 회사 수 | | 불입자본(천 원) | |
|---|---|---|---|---|
| | 1923년 6월 | 1938년 12월 | 1923년 6월 | 1938년 12월 |
| 은행 | 12 | 3 | 11,950 | 5,481 |
| 기타 금융기관 | 20 | 94 | 1,472 | 4,627 |
| 보험 | 1 | 1 | 125 | 125 |
| 상업 | 75 | 846 | 6,983 | 23,395 |
| 공업 | | | | |
| 　방직 | 4 | 37 | 975 | 6,075 |
| 　금속기계 | … | 58 | … | 1,852 |
| 　양조 | 7 | 32 | 167 | 12,054 |
| 　약품 | 4 | 33 | 301 | 1,676 |
| 　요업(窯業) | 3 | 12 | 131 | 432 |
| 　정미 등 | 3 | 94 | 110 | 2,526 |
| 　식료품 | … | 17 | … | 217 |
| 　제재 및 목제품 | 1 | 19 | 50 | 594 |
| 　인쇄 | 6 | 44 | 717 | 625 |
| 　화학 | 1 | 37 | 125 | 2,954 |
| 　기타 | 7 | 68 | 498 | 1,193 |
| 　소계(공업) | 36 | 740 | 3,075 | 30,198 |
| 전기 | 3 | … | 240 | … |
| 농업 | 12 | 81 | 1,855 | 13,344 |
| 임업 | 1 | 5 | 62 | 107 |
| 어업 | 4 | 27 | 1,632 | 915 |
| 광업 | … | 29 | … | 12,449 |
| 철도 | … | … | … | … |
| 자동차 운수 | 5 | 87 | 187 | 4,012 |
| 해운 | 1 | 17 | 37 | 458 |
| 운송 취급 | 12 | 138 | 159 | 2,163 |
| 창고 | 3 | 16 | 285 | 767 |
| 출판 | 7 | 25 | 502 | 2,616 |
| 부동산 | 4 | 75 | 5,159 | 18,942 |
| 청부(請負) | 1 | 36 | 1 | 1,128 |
| 기타 | 5 | 58 | 328 | 1,933 |
| 총계 | 202 | 2,278 | 34,055 | 122,660 |

【자료】『國勢グラフ』(1940년 4월)

이 통계표를 분석함에 있어서 우리는 다음과 같은 세 가지 사실을 명기해 둘 필요가 있다. ① 1910년에서 1920년에 이르는 동안은 회사령이 실시되고 있어서 일본인조차도 한국에 회사를 신설하기 곤란하였으므로 한국인에게는 거의 불가능하였다는 것이다. 그러므로 1923년의 회사 수는 그렇지 않았더라면 있을 수 있던 수보다 적은 것이었다. 신법령이 공표된 지 불과 3년밖에 안 되었고, 또 기업합동의 운동은 이미 바로 시작되고 있었기 때문이다.[21] ② 1923년과 1938년 사이에 많은 회사가 출현한 것은 순전한 새로운 회사가 설치되었다고 하는 것을 의미하지 않는다. 많은 경우에 기존 회사들은 합동체를 형성하는 것을 원하고 있었다. 그러므로 회사 수와 불입자본이 증가한 것은 많은 경우에 다만 형체상의 변화를 뜻하는 것이었다. ③ 이러한 회사 중의 약간은 실제에 있어서 한일 양국인에 의해 공동소유되고 있었다. 회사에 관한 정부의 통계가 이를 말해준다. 1930년 이전에 정부 통계는 회사의 종류를 일본인, 한국인 및 일한인공동소유의 3종으로 구분하였다. 가령 1925년의 통계는 한국인 회사의 불입자본 2,260만 원, 공동회사의 자본 1,290만 원으로 되어 있다. 즉, 총계 3,550만 원으로서 이것은 이 통계표 중 1923년의 3,410만 원과 흡사한 것이다. 그런데 1938년에 있어서는 공동회사가 표시되어 있지 않다. 아마 한국인 회사로 표시된 것 중의 상당한 부분이 공동소유의 것이고, 따라서 그러한 자본의 얼마는 일본인의 자본인 것이다.

이러한 조건들에 유의한다면 다음과 같은 사실을 알 수 있다. 즉, 한국인 은행은 수에 있어서나 불입자본에 있어서나 모두 감소하였다(비록 뒤에 언급하는 바와 같이 금융조합은 약간 발전하였지만). 한국인의 보험회사, 전기회사, 임업 및 어업회사, 수상운수회사 및 창고회사는 법인의 형태를 가진 것은 사실상

---

21　1917년의 한국인 전 회사의 불입자본은 700만 원 이하였다.

존재하지 않았다. 상업에 투자된 자본은 2,340만 원에 달하지만, 그러나
1938년의 회사당 평균 자본은 겨우 2만 8,000원이었다(1923년에는 11만 3,000
원). 산금(産金)에 관한 새로운 정책으로 인해 광업에는 약간의 비교적 큰 회
사가 존재하고 있다. 농업회사의 대부분과 관개시설의 약간은 단지 형태의
변화만을 표시하는 데 불과하다. 자동차운송회사는 지방 중심지와 벽지(僻
地)를 연락하는 87개의 소회사로 대표되어 있다. 공업자본이 310만 원에서
3,020만 원으로 증가한 것은 대부분 법률상의 형태가 변화한 것이지 공업이
발전한 것을 표시하는 것은 아니다(특히 양조업 · 제약업 · 요업 · 정미업과 화학공
업 중에서 주로 어류 처리와 한지 제조에서 그러하다). 다만 방직업 · 금속공업과 화
학공업 중의 고무공업 등은 아마 순전한 발전을 표시하는 것 같은데, 이것은
회사의 규모가 비교적 큰 것으로 보이기 때문이다.

　1938년에 있어서 회사의 총 자본 중에서 한국인 회사가 차지하는 비중은
〈표 8-17〉과 같다.

　상업 · 농업 및 '기타'에 있어서는 한국인 회사의 비율은 4분의 1 이상이었

| 〈표 8-17〉 | 회사 자본에 관한 통계(1938년 12월 31일 현재) | | | (단위 : 천 원) | |
|---|---|---|---|---|---|
| | 한국인 회사 불입자본 | 일본인 회사 불입자본 | 총 자본에 대한 한인 자본 백분비 | 회사당 불입자본 | |
| | | | | 한국 | 일본 |
| 금융기관 | 10,108 | 75,455 | 11.7 | 104 | 994 |
| 보험 | 125 | 1,250 | 9.1 | 125 | 1,250 |
| 상업 | 23,395 | 65,754 | 26.2 | 28 | 63 |
| 공업 | 30,198 | 214,705 | 12.3 | 41 | 267 |
| 전기 | … | 213,065 | … | … | 13,300 |
| 농림업 | 13,451 | 51,563 | 20.6 | 156 | 288 |
| 어업 | 915 | 13,686 | 6.3 | 34 | 198 |
| 광업 | 12,449 | 171,120 | 6.8 | 429 | 1,415 |
| 운송 | 7,400 | 90,901 | 7.5 | 29 | 332 |
| 기타 | 24,619 | 61,234 | 28.6 | 127 | 112 |
| 계 | 122,660 | 958,733 | 11.3 | 54 | 306 |

【자료】『國勢グラフ』(1940년 4월)

다. 그 이외의 것에서는 모두 10분의 1보다 조금 적었다. 더욱이 일본인 회사의 평균 불입자본은 한국인의 것보다 6배나 컸다. 실제에 있어서 이 차이는 더 심했을 것이다. 그것은 많은 일본인 회사들이 일본인 시장에서 사채를 발행하고 있었기 때문이다. 그들은 일본의 대회사와 연결을 짓고 있었으므로 이것은 용이한 것이었다. 그러나 한국인 회사들은 거의 전적으로 자신의 자본에 의존하고 있었다. 가령 조선질소비료회사는 6,250만 원의 불입자본으로서 7,000만 원에 해당하는 사채를 발행하였는데, 이것은 특수한 예가 아니었던 것이다. 그러므로 아마도 한국인 회사의 자본은 총 자본의 약 5%나 6%만을 차지하였을 것으로 생각된다. 공업 각 분야에 있어서의 한국인과 일본인 회사의 불입자본은 〈표 8-18〉에서 비교되어 있는 바와 같다.

〈표 8-18〉　　　　　공업회사의 자본(1938년 12월 31일 현재)　　　(단위 : 천 원)

| | 한국인 회사 불입자본 | 일본인 회사 불입자본 | 총자본에 대한 한인 자본 백분비 | 회사당 불입자본 | |
|---|---|---|---|---|---|
| | | | | 한국 | 일본 |
| 방직 | 6,075 | 23,103 | 20.8 | 164 | 593 |
| 금속기계 | 1,852 | 23,654 | 7.3 | 32 | 249 |
| 양조 | 12,054 | 13,772 | 46.6 | 38 | 107 |
| 약품 | 1,676 | 934 | 64.2 | 51 | 37 |
| 요업 | 432 | 15,791 | 2.7 | 36 | 395 |
| 제분·정미 | 2,526 | 9,860 | 20.4 | 27 | 141 |
| 식료품 | 217 | 9,621 | 2.2 | 13 | 128 |
| 목제품 | 594 | 10,553 | 5.3 | 31 | 129 |
| 인쇄 | 625 | 1,461 | 29.8 | 14 | 35 |
| 화학 | 2,954 | 100,736 | 2.9 | 80 | 1,340 |
| 기타 | 1,193 | 5,220 | 18.6 | 18 | 39 |
| 계 | 30,198 | 214,705 | 12.3 | 41 | 267 |
| 전기 | … | 213,065 | … | … | 13,300 |

【자료】『國勢グラフ』(1940년 4월)

이 통계에 의하면 양조·제약·정미 및 그 밖의 농산물 처리에 있어서는 아직 상당한 정도의 것이 한국인의 수중에 있었다. 그러나 이러한 분야에 있어서도 일본인 회사의 규모는 불입자본에서 표시되어 있는 바와 같이 한국인의 그것보다 수 배나 큰 것이었다. 더욱이 인쇄업은 한국인 회사가 (자본에 있어서) 총계의 거의 30%를 차지하고 있기는 하나 이것은 한국인 인쇄업자가 전 수요의 30%를 공급하고 있다는 것을 의미하는 것은 아니다. 그것은 일본 본토의 일본인 인쇄업이 한국 수요의 보다 많은 부분을 공급하고 있기 때문이다. 한국인 회사가 차지하고 있는 30%의 불입자본은 다만 적은 양의 서적과 신문만이 한국어로 출판된다는 것을 표시하는 것뿐이다.

이러한 통계를 통해서 우리는 공업에 있어서 한국인 자본이 차지하는 비중은 다른 산업에서와 마찬가지로 극히 적다는 것을 명백히 알 수 있다. 한국인의 회사는 소규모이지만 수는 많아서 그들의 시장은 보통 경쟁이 심하다. 이에 따라 물가는 최저로 떨어질 수밖에 없고, 그 결과로 이익은 적다. 한편 일본인 회사는 대규모이며 전 시장을 독점하거나 경쟁자와 협정을 맺는다. 이것은 경쟁자가 적고 또 보통 어떤 방법으로든 서로 연결되어 있으므로 쉽게 할 수 있다. 이것이 20, 30 또는 50%의 이윤을 차지할 수 있게 하고 따라서 총 이윤의 대부분을 일본인 회사가 획득할 수 있게 한다. 쉽사리 할 수 있음에도 불구하고 일본인이 한국인을 공업계에서 완전히 축출하지 않은 것은 위에서 인용한 다카하시의 말에서 암시된 것과 같이 정치적인 고려에 말미암은 듯하다(이 장의 주 19 참조).

## 노동조건 문제

37년 전에 부패한 한국 정부가 존재하였다는 사실이, 일부 외국인 교수로 하여금 "1919년 이래 한국은 역사상 최선의 정부를 가졌다고 판단하는 것이 유능한 학자들의 공통된 결론이다"라는 주장을 하게 하고 있다. 이와 마찬가지로 소규모의 비능률적으로 운영되는 한국인 회사의 존재는 일본인 산업가들로 하여금 그들 자신의 한국인 노동자에 대한 '인자한' 대우를 자랑스럽게 말하게 한다. 그러나 노동조건에 관하여 입수된 보고에 의하면 혹사·저임금 및 빈약한 노동환경 등은 한국인의 공장에만 국한되어 있다고는 믿을 수 없게 한다. 아래의 통계숫자들은 주로 일본인 회사에서 고용되는 노동자에 관한 것이다. 1938년 전 한국의 427만 1,308호 중에서 11만 6,020호가 농업노동자였다. 일(日)노동 혹은 계절노동을 하는, 즉 임시농업노동자의 수는 이보다 더 많이 있다. 그들의 대부분은 자작농 혹은 소작농으로서 타인의 농장에서도 일을 하는 것이므로 다른 범주에 들어가버린 것이다. 그러나 이 11만 6,020호는 순전한 임금노동자, 즉 아무런 자신의 생산수단을 가지지 못하고 다만 노동력을 팔아서 생활하는 사람들이다. 화전민은 여기에 포함되어 있지 않다. 왜냐하면 비록 그들의 경제 상태는 노동자 이하일지 모르지만 그렇더라도 그들은 토지 소유에 대한 관념에 집착하고 있기 때문이다. 그들은 어떻게든 다시 훌륭한 농부가 될 수 있으리라는 희망을 아직 갖고 있는 것이다. 이러한 희망은 곧 사라져버리기 일쑤일 것이며, 결국은 노동자의 지위로 떨어지고 말 것이지만, 그러나 당분간은 임금노동자가 아니다. 동일한 이유에서 우리는 0.5~0.7에이커의 손바닥만 한 토지에 의지하고 불안정한 생계를 이어나가고 있는 소작인도 제외할 수 있을 것이다. 이들도 흉작, 물가 하락, 그 밖의 부득이한 사정으로 인해 해마다 수만씩 노동자계급을 늘려가고 있다. 그들은 한국의 노동 예비군이다. 그러나 그들도 아직은 고용된 노동자는 아니다.

　1938년에 광산노동자의 수는 22만 4,000명이었고, 공업노동자는 27만 3,000명,[22] 그리고 토목노동자가 19만 3,000명이었다. 1938년에 있어서 조합

---

22　이것은 5명 이상의 노동자를 가진 회사의 통계이다. 그러나 가내공업과 국세조사의 대상이 되는 공업회사(5명 이상의 노동자를 소유하는 회사)와의 중간에는 1~5명[4명]의 노동자를 고용하는 회사에서 일하는 상당한 수의 노동자군이 있었을 것이다.

원이 아닌 순전한 임금노동자인 어부의 수는 6만 명으로 추산되었고, 수송·
통신에 종사하는 노동자는 최소 15만 명, 그리고 상업(점포의 소유주와 그 가족
을 제외)에는 적어도 2만~3만 명으로 추산되는 노동자가 있었다. 이같이
1938년의 한국 노동자 총수는 대략 100만~110만 명이었다.[23] 1938년의 한
국 호수는 420만이었으므로, 대략 4분의 1이 임금노동자 속에 포함되어 있었
던 것이다. 이것은 한국에서 노동문제가 이미 하나의 주요한 지위를 차지하
고 있음을 표시하는 것이다. 우리는 보통 동양 제국(諸國)을 자유농민의 나라
로 생각해왔다. 그러나 이러한 관념을 변경시켜야 할 때가 온 것이다. 총인구
2,300만~2,400만 명을 가진 한국에 100만 명이 넘는 노동자가 있는 것이다.
따라서 그들의 생활수준은 일반의 무관심한 일일 수가 없는 것이다.

## 노동자의 민족적 소속

한국인 공업노동자 10명에 대해서 1명의 일본인 노동자가 있다. 어떤 일본
인 경제학자는 재한(在韓) 일본인의 수를(300만~400만 명으로) 증가시킬 것을
주장한다.[24] 그러나 이러한 희망은 환상에 불과하다. 현재 한국인 노동자 10
명에 대해 1명꼴의 일본인 노동자나마 있는 것은 그들의 임금이 한국인의 그
것보다 훨씬 좋기 때문이다. 보통 그들은 2배가량의 임금을 받는다.[25] 그러나
그들의 생산 능력이 한국인의 2배인 것은 분명히 아니다. 그러므로 일본인
회사가 일본인 노동자를 채용하는 것은 경제적인 것 이외의 견지에서임이 분

---

23 공식보고에 의하면 1936년에는 105만 3,154명, 1938년에는 117만 3,285명이 '고용' 되고 있었
   다. 『朝鮮年鑑』(1941), p.590.
24 다카하시, 앞의 책, p.65.
25 1933년에 총독부에서 행한 대공장(50명 이상의 노동자를 가진)에 대한 특별조사에 의하면, 일
   본인 노동자에 대한 일일임금은 1원 93전이고, 한국인 노동자는 92전이었으며, 일본인 여직공은
   1원, 한국인 여직공은 50전이었다. 1939년의 공식통계에 의하면 대공장의 일본인 노동자는 2원
   32전, 한국인 노동자는 1원10전이었다. 소공장의 임금은 훨씬 더 적은 것이었다.

명하다. 따라서 그 수를 10만에서 100만으로 증가시키는 일은 한국의 일본인 공장이나 그 밖의 회사가 누리고 있는 모든 '이점'을 위험하게 하지 않고는 불가능한 것임이 명백하다. 그러한 이점에 대하여 일본인 경제학자들은 한결같이 다음과 같이 말한다. 즉 ① 저임금, ② 일본인 경영주들의 대담한 구상과 진취성을 방해하는 노동법의 결여, ③ 장시간노동, ④ 야간교대제(夜間交代制)의 가능 등이다. 어떠한 국제적인 노동협정도 일찍이 한국에 적용된 일이 없었다. 이러한 견지에서 한국은 일본인 공업가들에게는 하나의 낙원인 것이다.[26] 이러한 조건 밑에서는 그들이 일본인 노동자의 대폭적인 증가를 허락할 수가 없는 것이다.

　총독부에서 작성한 지수에 의하면(1910년 6월을 100으로 함), 1940년 4월의 임금은 210이 되었다. 즉 30년간에 한국인 노동자의 임금은 두 배 이상이 된 셈이다. 그러나 〈표 8-19〉에 나타난 바와 같은 물가의 변동을 고려한다면, 30년간의 부단한 '진보'의 결과로 1940년의 노동자 실임금은 1910년보다 3분의 1이나 낮아졌으며, 이 전 기간에 오직 한 번은 1916년에 그것보다도 낮았다. 물론 30년에 걸쳐 비교한다는 것은 곤란한 일이며, 물가와 임금의 변동을 정확히 추산한다는 것도 어려운 일이기는 하다. 그러나 이것은 적어도 대략적인 '통계방법'일 수는 있는 것이다. 그런데 그 통계는 '개선된 상태'를 말해주지는 않는다.

　더욱이 비교를 하고 지수를 작성하고 하는 것은, 다른 나라에서 그리고 다른 조건하에서와 같이 그렇게 곤란한 것은 아니다. 한국에 있어서의 임금 수

---

26　우리가 발견할 수 있는 노동법령의 흔적은 다음과 같은 것뿐이다. ① 1938년에 '격증하는 사고', 특히 광업에서의 그것에 비추어서 생명의 안전에 관한 약간의 법령이 공표되었다. ② 1940년경에 아동노동을 제한하는(금지가 아니다) 법령이 공표되었다. 그러나 이 법령에는 너무나 많은 예외가 규정되어 있었기 때문에 그 법령이 성공적으로 적용되었는지 어떤지는 의심스럽다. ③ 정부가 폐쇄를 명령한 평화산업의 노동자를 전시산업으로 전속시키는 데 대한 보도가 있다.

| | | | 〈표 8-19〉 | | | 서울의 임금 및 물가지수 (1910년 6월 = 100) |

| 연도 | 임금 | 물가 | 실임금<br>(물가와 비교한) |
|---|---|---|---|
| 1916(평균) | 76 | 129 | 59 |
| 1920(〃) | 239 | 305 | 78 |
| 1929(〃) | 224 | 207 | 108 |
| 1933(〃) | 149 | 160 | 93 |
| 1936(〃) | 161 | 191 | 74 |
| 1937(〃) | 181 | 206 | 88 |
| 1938(〃) | 197 | 237 | 83 |
| 1939(〃) | 210 | 274 | 77 |
| 1940(4월) | 210 | 312 | 67 |

【자료】『朝鮮經濟年報』(1939 및 1940). 실임금은 저자가 계산한 것
이다.

준은 다 아는 바이며, 소비의 성격도 크게 변화한 것이 없다. 한국인 노동자
들은 많은 물건의 물가에 대단한 흥미를 가지고 있지 않다. 미국에서는 1938
년형 자동차(그 가격은 생활비지수 속에 포함되는 것이다)가 1910년제의 구식차(舊
式車)와 같은 정도의 만족을 주는지, 그리고 비타민 A를 많이 포함하고 있는
순소맥분 빵은 1910년에 사용된 것과 같은 빵으로 간주될 수 있는지 등의 문
제로 인하여 곤란을 당하게 된다.

그러나 한국에서는 사정이 너무나 단조롭기 때문에 자동차·라디오·냉
장고, 영양가 있는 빵 등의 제조법의 차이에서 오는 문제는 생기지 않는다.
수도 서울에 관한 비교적 완전한 자료를 가지고 있는 1936년을 기준으로 본
다면, 〈표 8-19〉에 나타난 바와 같이 1940년의 실임금은 1936년보다 낮아졌
고, 이것이 1942년에는 더욱 낮아졌으리라는 것은 거의 의심할 바 없다.
1936년 12월 현재로 특수한 기술이 없는 노동자의 임금은 일당 1원이었다.
이러한 유형의 노동자가 한 달에 28일간 노동하여(이것이 보통이었다. p.225 참
조) 28원을 벌었다 하고 거기에 아무러한 상납금이나 세금의 공제도 없었다
고 가정하자. 그리고 또 그는 한국인 세대의 평균 수인 5명의 식구, 즉 그의

처와 3명의 자녀를 가졌다고 가정하자. 1936년의 소매가격을 알고 있으므로 우리는 이러한 노동자의 예산을 상상해서 구상해볼 수가 있다. 우선 우리는 집세로 월 5원을 배당하게 된다. 이것은 서울의 형편으로는 그렇게 높은 집세는 아니다. 그리고 또 난방과 취사용으로 하루에 8파운드(3.6kg)의 화목(火木)이 필요하다고 하자. 이것도 과도한 양은 아니다(다른 연료로서 더 싼 것은 없다). 그러면 화목대로서 월당 2원 55전이 필요하게 된다. 그리고 하루에 5파운드(2.3kg)의 쌀을 소비한다고 하면 한 달에 150파운드(68kg), 즉 약 3두(斗) 6승(升) 5합(合)으로서 11원 96전이 된다. 1인당 된장 4분의 1파운드(113g)면 월당 2원 25전이다. 모든 목적에 사용하는 직물을 연당 100야드(91m)라고 하면(이것은 극히 줄잡은 것이다) 월당 8야드(7m)로서, 4야드(3.5m)는 면포, 마포(麻布)로 잡아 계 1원 56전이다. 여기에다 1파운드(454g)의 차(茶)와 4파운드(1.8kg)의 설탕〔즉 1인 월당 0.8파운드(363g)〕, 즉 1원 48전을 더하자. 전기료를 월당 1원(석유는 더 비싸다), 담배를 1원 50전, 비누를 36전으로 친다. 그러면 이상의 총계가 28원으로서 우리 노동자의 전 임금과 마찬가지이다. 만일 어떤 다른 목적에 지출이 필요하면 이상의 양을 줄여야 한다. 육류는 전혀 제외되었는데, 1파운드(454g)의 대금이 73전(100돈에 60전)이나 하기 때문이다.

　더욱이 이 가상적인 예산 속에는 어류·주류·소금·실·바늘·종이·신발·성냥·오락·출산·장례 등에 대한 규정은 없다. 그러나 아무리 그의 수입이 적다 하더라도 어느 노동자나 이러한 비용을 피할 길이 없다. 이들을 가산하게 되면 다른 항목을 뺄 수밖에 없다. 물론 노동자들은 쌀 대신에 만주의 조〔粟〕를 먹을 수 있다. 그러나 이것은 월당 2원 16전만 절약시켜줄 수 있을 뿐이다(한 되〔升〕의 쌀은 33전이요 조는 27전이다). 이 예산이 표시하는바 '개선된 상태'가 이러한 임금과 물가로서 이루어지고 있다는 것은 흥미 있는 일이다. 이러한 상태에서 내릴 수 있는 유일한 논리적인 결론은 이상의 임금으로는 가족의 생계를 유지해가기에 충분하지 않다는 것이다. 이러한 결론은 1929년에 일본 정부가 실시한 조사에 의해 확증되고 있다. 이 조사에 의하면 한국의 한 사람 노동자의 하루 비용은 54전이었고, 그의 하루 수입은 70전이었다. 이러한 상태에서는 노동자 혼자서 생활하거나 그렇지 않으면 두세 사람이 노동을 할 때에만 생존이 가능하다는 것이 명백하다.

그러나 만일 임금 상태가 이렇게 나쁘다면 농민들은 어째서 농촌을 떠나서 도시로 집중하는 것일까. 1936년에 1인 일당 1원 이상의 임금을 받는 노동자가 약간 있었다. 농촌보다는 도시의 상황이 좋았기 때문에 농촌을 떠나는 약간의 농부도 있었으나, 그들은 혹은 도시의 상태는 좋은 것이라고 상상하였거나, 농촌생활이라는 하나의 불행에서 벗어나 도망쳐가는 것이었다. 그러므로 임금에 대한 고려는 주요한 것이 아니었다. 노동자의 대부분은 노동자의 생활수준이 높기 때문이 아니라 그렇게 하지 않으면 안 되기 때문에 농촌을 떠나는 것이다. 즉 가족이 금전을 필요로 하거나(세금·부채·비료대 등을 지불하기 위한), 또는 그들의 부채와 세금 체납을 청산하기 위해 그들의 토지를 빼앗기고 그들의 가옥과 농구가 매각되어 '자유로운' 몸이 되었기 때문이었다. 1932년의 1년간에 자작농의 수는 1만 2,228명이나 줄었고, 자작 겸 소작농은 11만 809명이나 줄었다. 이러한 사람들이 모두 소작농이나 화전민이 된 것은 아니었다. 그중의 많은 사람이 도시에서 임금노동자로서 직장을 구할 수밖에 없었다. 그들은 한국에서 작용하는 경제적인 힘에 의해 이촌(離村)이 강요된 것이었다. 그 힘은 다만 맹목적인 경제적 힘만은 아니다. 그것은 일본통치자의 정치적 수완에 의하여 영향받고, 변화되고, 흔히는 지배되어온 힘이었다. 한국의 공업이나 광업은, 세계의 다른 나라에서와 마찬가지로, 표면상 생산가에 기초를 둔 경제적 성격의 고려에 의해 그 동기가 부여되고 있다. 따라서 각 사업은 적어도 생산가를 충분히 보전하는 것이며, 만일 이것이

불가능하면 사업을 중지하여버리는 것이다. 그러나 산업에서 가장 중요한
요소인 노동은 재생산가가 지불되지 않는 것이다. 한국인 노동자들은 그의
가족의 생계를 유지해나갈 수가 없다. 그 위에 노동자들은 보통 노동자의 가
정에서 생장(生長)한 것이 아니라 농촌의 가정에서 생장하였다. 그러므로 그
의 생활비는 농업에 의해, 공업 경영주들이 상품의 판매시장으로밖에 생각하
고 있지 않는 '후진적인' 농촌경제에 의해 지탱되어왔던 것이다.[27]

　한국에는 노동조합이 존재하지 않는다. 노동조합을 세우려는 기도는 공산
주의나 '위험사상'과 마찬가지로 탄압을 받았다. 노동쟁의에 대한 보고는 공
표되지 않고 있다. 그러나 중일사변이 발생한 이후 노동보국운동(勞動報國運
動)이 경찰에 의해 후원되었는데, 이것은 경찰·헌병 및 군에 의해 행해지고
있는 '정신동원(精神動員)'의 일부였다.

## 여성 및 아동노동

　1938년 말에 공장노동자는 연령별 및 성별로 〈표 8-20〉과 같이 구분되어
있었다.

　이 표에 의하면 한국에서는 아동노동이 광범위하게 행해지고 있다. 그것은
거의 전체 수의 10%에 가까운 것이다. 남성이건 여성이건 50세 이상의 노동
자는 거의 없으며, 공장노동자의 30%가 여성이다. 1938년에는 일본에서도
전 노동자의 9%가 16세 이하였는데, 이것은 한국에 있어서와 마찬가지의 혹

---

27　이러한 사실 이외에 한국의 대기업체들은 15, 20, 30, 심지어는 50%의 순이익을 거두고 있다는
　　사실을 첨가해야겠다. 그렇다면, 시장에서의 자유로운 물가의 변동이 생산을 조절하며, 자유시장
　　의 폐지는 기업가들에게 결정할 기준을 주지 않기 때문에 정상적인 생산을 불가능하게 하리라는
　　주장에는 어느 정도의 진리가 있을 것인가. 물론 한국의 상태는 정상적인 것과는 거리가 멀다고
　　대답하는 사람이 있을지도 모르겠다. 만일 그렇다면 한국에 관한 저술가들은(그들은 자유시장의
　　이론 위에서 성장해온 것이다) 어째서 이 사실에 주의하지 않았으며, 반대로 한국에서 경제적인
　　발전이 이루어진 것을 기뻐하고 있는가. 매켄지나 비나크처럼 정치적·인도적인 입장에서 한국
　　에 대한 일본의 지배를 비판한 사람들까지도 경제적인 면에 있어서는 칭찬을 하고 있는 것이다.

〈표 8-20〉　　　　　　연령별 및 성별에 의한 한국인 노동자의 구성

(1938년 12월 31일 현재, 전체 수에 대한 백분비)

| 공업별 | 16세 이하 | 16세 이상 50세 이하 | 50세 이상 | 여성 노동자[a] | |
|---|---|---|---|---|---|
| | | | | 1931 | 1938* |
| 방직업 | 22 | 78 | … | 79 | 81 |
| 금속공업 | 5 | 94 | 1 | 2 | 5 |
| 기계차량 | 9 | 91 | … | 1 | 4 |
| 요업 | 9 | 90 | 1 | 8[b] | 26[b] |
| 화학공업 | 4 | 95 | 1 | 30 | 26 |
| 목제공업 | 5 | 94 | 1 | 1 | 1 |
| 인쇄업 | 6 | 93 | 1 | 4 | 3 |
| 식료품 | 4 | 94 | 2 | 30 | …[c] |
| 가스 · 전기 | … | 99 | 1 | 1 | 3 |
| 기타 공업 | 16 | 82 | 2 | 29 | 31 |
| 계 | 9 | 90 | 1 | 35 | 30[d] |

1941년도 『朝鮮年鑑』의 자료로 계산한 것.

1931년의 자료는 다카하시, 『現代朝鮮經濟論』, p.420.

(a) 연령별 통계는 남녀 혼합된 것이다.

(b) 양자의 어느 한쪽이 과오일 것이다. 한국에서 7년간에 동일한 공업 부문에서 그러한 급속한 변화는 거의 불가능하기 때문이다.

(c) 원자료의 오식으로 인해 식료품공업의 백분비를 결정하기가 불가능하다. 원자료에는 식료품공업의 남성노동자 수가 39,048, 여성이 88,744, 계가 7,922로 되어 있다. 1931년의 여성노동자의 백분비는 30이었는데, 다른 공업 부문의 예에서 판단하면 그 이후의 변화는 큰 것 같지 않았다.

(d) 상기 주에서 말한 바와 같은 과오가 있는 데다가 원자료에는 총계가 없는 관계로 해서, 1938년의 식료품공업의 여성노동자의 비율은 1931(30)년과 같았다고 가정해야겠다. 그 기초 위에서 총계를 계산한다.

은 거의 마찬가지의 비율이었다.[28] 그러나 미국에서는 1930년의 국세조사에 의하면 아동노동자의 비율은 약 0.2였다.[29]

한국에서는 50세 이상의 노동자가 전 수의 겨우 1%였고, 일본에서는 2%였는데, 미국에서는(1930년 조사) 20%였다. 이러한 차이의 원인은 일찍 사망하기 때문이거나 혹은 파면당하기 때문이다. 필요한 자료가 없으므로 이 두 원

---

* 원서에는 1932로 되어 있으나 1938의 오기로 보인다.

28　일본에 관한 통계는 1940년에 간행된 1938년도 『工場統計表』에 의한 것이다.

29　미국에 관한 통계는 1941년의 Statistical Abstract of the United States에 의한 것이다.

인 중에서 어느 것이 더 중요한가는 단정할 수 없다. 그러나 한국에서는(일본에서는 보다 적은 정도로) 노동자의 가정이나 그의 노년의 생계를 유지하기에 충분한 임금을 지불하지 않고 있다는 사실은 엄연히 남는다. 공장경영주들은 노동자가 비교적 연령이 높아지기 전에 축출하고는 그 책임을 다한 것으로 생각한다.

여성노동에 관하여는 일반적으로 동양의 여성들, 특히 한국의 여성들은 그의 가정 혹은 가정의 농장 이외에서는 일하지 않는다는 것이 동양 사회를 취급한 책 속에서 아직 발견할 수 있는 통념이다. 그러나 이미 본 바와 같이 1938년에는 한국인 노동자의 30%가 여성이었다. 같은 해에 일본에서는 38%가 여성이었고, 미국에서는(1930년 국세조사) 13%였다. 이것은 동양의 여성들이 미국에서보다 공장에서 더 큰 역할을 하고 있다는 것을 분명히 보여주고 있다. 앞의 〈표 8-20〉에 의하면 한국인 노동자 속에서 차지하는 여성의 퍼센티지는 1931년의 35%에서 1938년의 30%로 낮아졌다. 그러나 이것은 한국 여성들이 노동하려는 욕망이 감소되었기 때문이라고 설명할 수는 없다. 절대 수에 있어서는 이 7년 동안에 거의 모든 공업 분야에서 그 수가 증가하였다. 그러나 전통적으로 여성을 많이 고용하는 분야에서부터 거의 고용하지 않는 분야로, 공업의 구성에 있어서 중요한 변화가 행해졌던 것이다.

## 노동시간

노동시간에 있어서는 1939년에 대공장의 남성노동자들은 하루 평균 10시간, 여성들은 10시간 15분, 아동들은 10시간 20분씩 각기 노동하였다. 1938년에는 여성과 아동노동자들의 노동시간은 11시간이었다. 1939년에 노동시간이 준 것은 정부의 간섭에 의한 것이 아니라 여성과 아동들은 주로 전쟁과 관련이 없는 산업(peace-time industry)에 종사하고 있었으며, 여기서는 물자가 부족하기 때문에 노동시간이 줄어들었던 것이다. 한국에 와 있는 일본인 노동자들이 한국인 노동자보다 평균 노동시간이 적었다는 것은 흥미 있는 일이다. 중소공장에서는 노동시간이 하루 12시간 혹은 13시간에 이르렀다. 위의 모든 시간은 점심시간을 제외한 것이다. 휴일은 보통 한 달에 2일이었다. 그러나 1931년의 10명 이상의 노동자를 고용하는 공장에 대한 조사에 의하면 그 35%가 아무런 휴일도 갖고 있지 않았다.

# 제9장 수송과 통신

## 철도

우리는 이미 농업·공업 및 상업에 있어서 일본의 해당 통계숫자가 한국의
그것보다 상당히 높다는 것을 보아왔다. 그러면 수송기관에 있어서는 어떠
한가에 대해 살펴보기로 하자.

| 〈표 9-1〉 | 한국과 일본의 철도 수송 | | | (국철 및 사철 포함) |
|---|---|---|---|---|
| 연도 | | 한국 | 일본 | 한국의 일본에 대한 백분비 |
| 1940[a] | 선로연장(km) | 5,671 | 24,955 | 22.7 |
| | 〃 (마일) | 3,524 | 15,497 | 22.7 |
| 1937 | 인구(천 명)[b] | 22,355 | 71,253 | 31.2 |
| 1937 | 여객(백만 명) | 47.3 | 1,789 | 2.6 |
| 1937 | 화물(백만 톤) | 14.0 | 130.8[c] | 10.7 |
| | 인구 천 명당 여객 | 2,110 | 25,100 | 8.4 |
| | 인구 천 명당 화물(톤) | 626 | 1,835 | 34.1 |

실수에 관한 자료는 『拓務統計』(1938) 및 『大日本帝國統計年鑑』(1939).
(a) 일본의 것은 1938년도 분.
(b) 현세 추산에 의한 통계.
(c) 같은 연도의 미국의 화물량은 19억 2,844만 4,000톤.

한국 철도망의 연장(延長)은 5,671km로 일본의 그것의 4분의 1보다 짧다.
비록 한국의 인구가 일본의 3분의 1밖에 안 되지만, 그러나 그 밖의 경제 부
문 지수에 있어서의 커다란 차이와 비교할 때는 이것은 비교적 순조로운 발

전을 한 셈이다. 더욱이 한국의 모든 공업회사의 불입자본이 2억 4,490만 원밖에 안 되었는데, 1938년에 있어서의 철도사업에 대한 투자액은 국철에 6억 4,470만 원, 사철에 1억 4,760만 원으로 총계 7억 9,230만 원이었다. 이 두 통계숫자—공업의 투자액 2억 4,490만 원과 철도의 투자액 7억 9,230만 원—는 서로 엄정하게 비교할 수는 없다.[1] 그러나 이것은 일본이 한국 공업의 팽창보다도 철도의 부설을 더 중요한 것으로 생각하고 있었음을 말해준다. 이 것은 한국에 많은 수의 여객과 화물이 있기 때문이 아니었다.

1937년에 한국의 철도가 수송한 여객 수는 일본의 2.6%밖에 안 되었으며, 화물량은 10.7%밖에 안 되었다.[2] 이것이 비록 인구비례로 환산된다 하더라도 아직 일본보다 훨씬 후진적이다.

이러한 사실에 대한 해명은 경제적인 면보다는 군사적인 면에 대한 고려가 한국 철도의 부설을 지배했으며, 이것이 '일본의 대륙정책을 진전시키는' 역할을 하였다는 데에 있다.[3] 현재 한국의 철도는 일본에서 만주에 이르는, 혹은 러시아의 국경지대나 베이징에 이르는 최단통로가 되어 있다. 일본으로부터 해로를 통해 다롄(大連)에 이르는 데는 3일이 필요하지만, 한국을 거쳐서 철도로 여행하면 단 하루밖에 안 걸린다. 한국의 철도는, 우선 일본의 선박이 부족한 데다가 또 고베·다롄 사이 혹은 쓰루가(敦賀)·청진(淸津) 사이의 해상교통이 러시아와의 교전(交戰) 시에는 위협을 받는 데 대해서, 쓰시마와 대한의 양 해협을 횡단하는 데는 불과 7시간 30분밖에 걸리지 않기 때문에 더욱 중요한 것이다. 1937년 이후의 한국에 있어서의 철도 수송에 관한 통계가 잘못된 것은 바로 철도운수의 증가의 대부분이 한국을 통과하는 여객

---

1 같은 해의 사철 불입자본은 5,450만 원이었다.
2 일본에서는 해상운수가 극히 발달되어 있으므로 아마 철도 이상으로 많은 화물을 운반하고 있을 것이다. 그러나 한국에서는 해상운수가 비교적 미발달 상태에 있다.
3 『朝鮮經濟年報』(1940), p.298.

과 화물이 증가한 것이라는 데에 있다.

1940년에 이르기까지 한국의 철도조직망에는 하나의 중대한 결함이 있었다. 일본으로부터 수송되는 부대는 부산·마산·여수·목포 및 군산[4] 등에서 상륙할 수 있는데, 이러한 항구들로부터 철도는 북 혹은 동북으로 달리는 것이었다. 그러나 이들은 모두 수원*에 집중하는데, 수원으로부터 서울까지는 단 하나의 선로가 달리고 있었을 뿐이다. 그리고 3개의 선로가 만주와의 국경을 넘고 있지만, 서울은 이러한 선로가 모여 병목 상태였다. 일본의 참모본부는 이러한 곤란을 예견하고 다른 두 개의 선로―하나는 부산으로부터 영천과 원주를 거쳐 서울로 연결되는 선과 또 하나는 부산으로부터 동해안을 거쳐서 원산으로 연결되는 선을 계획하였다. 이 두 선은 인구가 희박하고 산지가 많은 지역을 통하는 것이므로, 이러한 철도 부설의 동기가 경제적인 원인에 있었다고는 생각할 수 없다. 이들이 완성되면 서울과 원산은 여전히 철도망의 집중점이 될 것이다. 더욱이 시베리아의 국경 부근을 두 개의 선로가 달리고 있다. 이것은 어떤 상태 아래에서는 재산이라기보다는 부채가 될지도 모른다.

1937년 한국의 1인당 평균 여행 횟수는 2.1이었다. 그러나 일본에서는 25.1이었으며, 12배나 많다. 만일 6만 9,000명의 노동자가 매일 통근한다 하면 1년 341일로 계산하여 4,700만 회의 여행을 한 셈이 될 것이다. 이러한 사실은 한국인의 생활이 철도에 영향받는 바가 얼마나 적은가를 분명하게 보여주고 있다.[5]

---

4　물론 항구의 수는 더 많다. 그러나 여기서는 상륙에 가장 가까운 항구만을 든 것이다. 그렇지 않으면 신속한 수송의 이점은 잃게 되는 것이다.

*　아마 대전의 잘못이 아닐까 한다.

5　이러한 추리 방법에 반대하는 사람이 있을지도 모르겠다. 같은 이유에서 미국에서는 1억 3,000만 명 중 66만 6,000명만이 돈 내고 탄 실제 철도 여행 수에 해당했을 것이다. 그러나 미국에는 수

한국의 여객이 지불한 평균 운임이 78전인 데 대해, 일본에서는 22전이었다는 것은 홍미 있는 사실이다. 이 차이는 한국인이 일본인보다 부유하여 1등차 혹은 2등차를 이용하여 여행한다는 사실로써 설명할 수는 없다. 그것은 〈표 9-2〉에 나타난 바로 알 수 있다.

| 〈표 9-2〉 1937년도 등급별 철도여객 수 | (단위 : 천) |
|---|---|
| 1등객 | 9 |
| 2등객 | 231 |
| 3등객 | 35,666 |
| 3등객에 대한 1 · 2등객의 백분비 | 0.7 |
| 일본의 경우의 백분비 | 0.8 |

한국에서는 150명의 여객 중 1명만이 1, 2등으로 여행할 수가 있다. 비록 2등 운임은 겨우 80%밖에 비싸지 않고 편리의 차이는 굉장한 것이었는데도 그러하였다.[6]

한국 내의 국철에 의해 수송되는 화물(가장 중요한 것은 국철이며, 사철이라 하는 것은 사실상 국철의 지선에 불과하다)은 〈표 9-3〉과 같이 증가하였다.

| 〈표 9-3〉 국철 수송 화물지수 | |
|---|---|
| 1932 | 100 |
| 1934 | 124 |
| 1936 | 164 |
| 1938 | 217 |

6년 동안에 국철이 수송하는 화물량은 배가하였다. 이러한 증가의 원인은

---

천만의 버스와 자가용차가 있다. 하지만 1938년의 한국에는 겨우 몇 천 대의 자동차, 버스 및 자전거가 있을 뿐이었으며, 이것은 철도보다 적은 여객을 수송하였고, 또 말할 것도 없이 단거리의 수송이었다.

6 카펜터(F.G. Capenter)는 다음과 같이 말하고 있다. "한국의 1등차간은 주로 외국인과 고급관리에 의해 이용되며, 2등차간은 부유한 사람들에 의해 이용된다. 3등차간은 좌석이 목제 벤치로 되어 있는 극히 조잡한 것이다. 이것은 가난한 계급의 사람들에 의해 이용되고 있다." 그는 또 첨가하기를 "실제 모든 차장과 열차승무원은 일본인이다."(앞의 책, p.294).

① 화학공업 생산품의 증가, ② 광산 채광량의 증가 및 ③ 운수물자의 증가에 있었다.

〈표 9-4〉에 의하면 5년 동안에 농산품과 수산품은 거의 변화가 없었다. 광산품은 2.35배 증가하였고, 공산품은 1.89배 증가하였다. 군수품이 '광산품'이나 '공산품' 속에 포함되어 있는지 여부는 알 수 없다.

| 〈표 9-4〉 | 철도 수송 화물의 품종별 지수 | | |
|---|---|---|---|
| | 1934 | 1936 | 1938 |
| 농산품 | 100 | 98 | 105 |
| 임산품 | 100 | 161 | 178 |
| 광산품 | 100 | 149 | 235 |
| 수산품 | 100 | 98 | 106 |
| 공산품 | 100 | 172 | 189 |
| 잡품(雜品) | 100 | 134 | 182 |
| 국용품(局用品) | 100 | 109 | 198 |
| 계 | 100 | 132 | 175 |

『朝鮮經濟年報』(1940)의 백분비에서 계산한 것이다.

## 각각의 철도[7]

### (1) 국유철도

#### A. 경부선

1. 부산~서울(부산과 일본을 수도와 연결) 280마일(451km).

2. 대구~영천 24마일(39km).

3. 서울~인천(서울과 가장 가까운 항구를 연결) 19마일(31km).

#### B. 경의선

4. 서울~안동(서울과 만주를 연결. 안동은 철교를 건너 압록강 저편에 있다) 310마일(499km).

5. 대동강(평양 남)~승호리(평양과 탄전을 연결) 14마일(23km).

6. 평양~진남포(평양과 그 항구를 연결) 34마일(55km).

---

7　20km(12.5마일) 이상의 모든 간선과 지선을 포함한다.

### C. 호남선

7. 대전~목포(서남 방면, 목포는 항구) 162마일(261km).

### D. 군산선

8. 이리~군산(군산은 전북의 도청소재지요 항구) 15마일(24km).

### E. 함경선(함경남북도를 통과)

9. 원산~종성(동북해안선, 청진 서방의 역인 종성 너머의 철도는 남만주철도의 관할 밑에 있다) 331마일(533km).

### F. 경전선(경상도와 전라도를 연결)

10. 삼랑진~진주(부산과 서남지방을 삼랑진을 거쳐 연결함. 결국은 대전~목포 선과 연결될 것이다) 68마일(109km).

11. 창원~진해(창원은 삼랑진~진주선상의 마산 부근 도시, 이 선은 일본의 해군 근거지와 철도간선을 연결한다) 13마일(21km).

12. 순천~송정리(송정리는 대전~목포선상의 역, 순천과 진주 사이는 미완성) 84 마일(135km).

13. 광주~담양 13마일(21km).

### G. 전라선

14. 이리~여수항(대전~목포선 상의 상기 이리와 남쪽 여수항을 연결) 123마일 (198km).

### H. 동해선(동해안선)

15. 부산~경주(부산과 경북 남부를 연결) 70마일(113km).

16. 대구~영천~학산(鶴山)(경부간선과 동해안을 연결) 보통궤간(普通軌間)으 로 24마일(39km)(영천까지), 경편철도(輕便鐵道)로 46마일(74km)(영천~학 산).

17. 안변~양양〔원산과 부산을 연락하는 계획선(計劃線)의 일부, 양양과 포항 부 근의 학산 사이는 1940년까지 미완성〕120마일(193km).

### I. 경경선(京慶線)(서울과 경주를 연결)

18. 경주~영천 21마일(34km).

19. 영천~우보 25마일(40km).

20. 서울~양평 33마일(53km).

이 세 선은 서울과 동남부를 연결하는 하나의 선이 될 것이다.

## J. 평원선

이 선은 진남포(그리고 평양)에서 원산 북방의 고원에 이르는 새로운 횡단선
이 될 것이다. 그러나 1940년에는 아직 완성되지 않았다. 그 동부는

21. 고원~성내 12마일(19km).

그 서부는

22. 서포~양덕 77마일(124km).

## K. 만포선

이 선로의 목적은 평양과 만주 사이의 새로운 연결을 꾀하려는 데에 있다(만
포진은 압록강안의 지점이다).

23. 순천~만포(순천은 평양 북방 평원선상에 있다) 186마일(299km).

24. 신안주~개천(경의선과 만포선을 연결하는 선) 18마일(29km).

## L. 혜산선(惠山線)(만주와의 또 하나의 연결선, 혜산진은 압록강 상류의 지점).

25. 길주~혜산진 88마일(142km).

26. 백암~유평동(종국에는 길주~혜산선을 무산철광과 연결한다) 62마일
(100km).

## M. 경원선(서울과 원산을 연결)

27. 용산~원산 139마일(224km).

남만주철도회사가 운영하는 선으로는

28. 청진~종성~회령~웅기 204마일(328km).

이상 계              2,615마일(4,208km).

기타 소(小)지선       38마일(61km).

총계                2,653마일(4,269km).

## (2) 사설철도

A. 조선철도회사(미쓰비시계)

29. 조치원~청주~충주(충북), 보통궤간, 58마일(93km).

30. 금천~안동(경북), 보통궤간, 74마일(119km).

31. 황해선, 궤간 2′6″, 178마일(286km).

32. 함북선, 무산철광(茂山鐵鑛)과 연결, 궤간 2′6″, 27마일(43km).

B. 조선경남철도회사

33. 경기선, 궤간 2′6″, 78마일(126km).

C. 금강산전기철도

34. 강원도의 전기철도선, 금강산과 연결, 보통궤간, 73마일(117km).

D. 신흥철도회사(조선질소비료회사계)

35. 함남선, 화학공장, 발전소, 벌목장, 광산을 연결, 궤간 2′6″, 107마일

   (172km).

   이상 계             743마일(1,196km).

   기타 선             31마일(50km).

   사설철도 총계       774마일(1,246km).[8]

   국철·사철 총계   3,427마일(5,515km).[9]


새로운 부설 계획 중에는 다음과 같은 것이 있다. ① 주요 간선의 복선화(숫자는 불명), ② 웅기와 북방의 중요 해군기지인 나진(羅津)을 연결하는 9마일(14km) 길이의 터널 공사, ③ 1935년과 1942년 사이에 압록강과 두만강을 넘는 14개의 교량의 건설, ④ 차량의 증가.[10] 차량에 관한 가장 새로운 1933년 3

---

8  여기에는 50마일(80km)에 걸치는 6개 전차선로가 포함되어 있지 않다. 전차선은 서울·부
   산·평양과 전남에 하나, 경기도에 둘이 있다. 이 50마일(80km)의 궤도 위에서 3,391마일
   (5,457km)의 국철 및 사철보다 2배 이상의 여객이 1938년에 운반되었다.
9  1938년 말에는 542마일(872km)의 국철과 480마일(772km)의 사철, 즉 합계 1,022마일
   (1,644km)이 부설공사 중에 있었다. 최근 10년간에 국철과 사철에 의해 매년 부설되는 평균 철
   로연장은 93마일(150km)이었다.

월의 정보에 의하면 한국의 기관차 수는 360대, 여객차량은 900대, 기타는 3,992대였다. 그 이후 차량 수는 대체로 배가하였다. 그러나 기관차의 견인 능력은 적은 것이어서 여객차면 평균 8차량, 화물차면 14~15차량으로 되는 것이 보통이었다.

　철도망의 조직에서 한 가지 중요한 결점은 일본 본토의 궤간이 한국·만주 및 중국의 그것과 다른 것이었다(일본에서 3′4″, 대륙에서는 4′8.5″). 그러므로 기관차나 차량이 이 지역에서 다른 지역으로 이동될 수 없는 것이다. 그러나 최근의 계획에 의하면 10억 원 이상의 비용을 들여서 1943년까지 일본의 궤간을 표준적인 것으로 바꾸려 하고 있다. 금속 및 인력의 부족에 비추어볼 때 과연 이 계획이 실현되었는지 어떤지는 알 수 없다. 1939년에는 15억 원의 비용이 들 것으로 추산되는 일본과 한국을 터널로 연결하려는 야심적인 계획에 대한 조사를 시작하였다는 것을 언급해둘 필요가 있다. 현재 시모노세키와 부산 사이에는 7시간 반을 소요하는 연락선이 다니고 있다. 여기에는 6척, 총 2만 8,104톤의 기선이 배치되어 있다. 그러나 폭풍이 도항을 곤란케 하고 있으며, 전시에는 잠수함의 공격 위험이 있다. 계획 중의 터널은 규슈로부터 이키(壹岐)와 쓰시마(對馬)를 거쳐서 부산에 이를 예정이다. 전체 길이는 123 마일(198km)이며, 그중 42마일(68km)은 도서(島嶼)에 있고, 81마일(130km)은 해중(海中)에 있을 예정인데, 해중을 통과하는 3개의 터널은 각기 20~30마일(32~48km) 길이가 될 것이다. 이 3개 터널의 건설은 일본의 한국과 만주에 대한 지배를 상당히 강화할 것이다.

---

10　수리공장은 부산·서울·평양 및 청진에 있다.

## 도로

한국의 도로망은 철도만큼 발달되지 못하였다.

한국에는 평방마일당 0.17마일(0.27km)의 도로밖에 없다. 그러나 일본 본토에는 4.5마일(7.24km)의 도로가 있는 것이다. 도로의 성격에 대하여는 알 수 있는 자료가 없지만, 그러나 이러한 도로의 대부분에는 정규버스가 달리고 있다. 한국에서 인구가 가장 희박한 함북과 함남의 두 도에는 어울리지 않게 많은 비율의 1등도로가 있다. 1939년에 있어서 이 두 도를 합친 인구는 전 인구의 10.5%밖에 안 되었는데, 1등도로망은 전체의 거의 3분의 1이었다. 이 두 도는 러시아와 국경을 접하고 있다.

1938년에 한국에서 버스는 4,710만 명의 여객과 266만 8,719톤의 화물을

〈표 9-5〉                    한국 및 일본의 도로                    (단위 : 천 마일)

|  | 한국(1938) | 일본(1935) | 일본에 대한 한국의 백분비 |
|---|---|---|---|
| 한국은 1, 2등, 일본은 1, 2, 3등 | 7.4 | 97 | 7.6 |
| 한국은 3등[11], 일본은 4등 | 7.3 | 500 | 1.5 |
| 계 | 14.7[12] | 597 | 2.5 |

【자료】『朝鮮年鑑』(1941)
〔주〕(1) 완성된 도로만 기입했다.
  (2) 한국에서는 세 등급으로 나뉘어 있는데, 일본은 네 등급으로 나뉘어 있다.

〈표 9-6〉     한국의 차량 수(1938년)

| 우마차(牛馬車) | 158,117 |
|---|---|
| 손수레〔荷車〕 | 38,049 |
| 인력거 | 1,540 |
| 자전거 | 533,277 |

【자료】『拓務統計』(1938)

---

11 한국의 3등도로의 넓이는 12피트(3.7m)인데〔F.V. de Fellner, *Communication in the Far East* (1934), p. 223〕, 이것은 일본의 4등도로에 해당하는 것이다.
12 최근의 보고에 의하면 총 마일 수는 1만 9,000마일(30,578km)인데, 그중 7,800마일(12,553km) 은 국도(새로운 등급 구분)이고, 1만 1,200마일(18,025km)은 지방도이다. 국도는 중요한 중심지를 연결하며, 군사적·경제적인 중요성을 가진 도로이다.

〈표 9-7〉 인구 백 명에 대한 차량 수(1938년)

|           | 한국   | 일본   |
|-----------|--------|--------|
| 자전거    | 2.4    | 11.8   |
| 우마차    | 0.7    | 0.67   |
| 손수레    | 0.17   | 2.0    |
| 인력거    | 0.007  | 0.019  |
| 자동차(승용) | 0.011 | 0.105 |
| 오토바이  | 0.007  | 0.097  |
| 계        | 3.3    | 14.7   |

〔주〕 1939년도 자료에는 모든 종류의 자동차가 포함되어 있다.

운반하였다. 그러나 트럭이나 버스로 도로를 이용하는 것은 대체로 일본인
에 한정되고 있다.

수송 관계에 능통하지 못한 사람에게는 이러한 숫자는 별다른 암시를 주는
바가 없을지도 모른다. 〈표 9-7〉에는 이것이 인구에 대한 비율로 표시되고,
또 일본의 그것과 비교되어 있다.

제3장에서 우리는 한국에서 좋은 도로가 거의 버려져 있는 것을 발견하고
놀란 어떤 저술가의 글을 인용한 바 있었다. 이제 우리는 그가 놀라게 된 이
유를 알 수 있게 되었다. 한국인은 도로를 이용하지 않는 것이다. 그들이 차
량을 가지고 있지 않기 때문이다(그리고 차량으로 운반할 물건도 없는 것이다). 10
호 중에서 1호가 자전거를 갖고 있을 뿐이며, 30호에서 오직 1호가 우차나 마
차를 갖고 있다. 또 손수레 · 자동차 및 오토바이의 수도 극히 적어서 2,000
호 중의 1호가 겨우 자동차를 가지고 있을 따름이다.

이것이 바로 구제할 길 없는 동양 사회의 보편적이고 불가피한 빈곤인 것
은 아니다. 우리가 보는 바와 같이 일본에서는 우마차를 제외하고는 모든 차
량이 한국보다 적어도 10배는 많기 때문이다.

## 항구와 해운

한국의 항구를 출입하고 해안을 항해하는 선박은 비교적 많다. 가령 1939
년에 오스트레일리아보다 2배나 많았고, 또 인구가 한국과 거의 비슷한 프랑
스령 인도차이나보다 3배나 많았다. 그러나 전쟁 때문에 선박의 수는 심히
부족해졌고, 그 결과 군수용의 광산액과 공산액은 증가했음에도 불구하고,
1938년의 선박 톤 수는 1936년의 4분의 3이었다. 이러한 선박의 부족은 운
임의 급격한 앙등을 초래하였다. 예를 들면 1936년 8월에 인천에서 일본으
로 한국 쌀 100석을 운반하는 운임이 65원이었는데, 이것이 1937년 8월에는
95원이 되었고, 1939년 2월에는 136원, 즉 배 이상으로 올랐다. 이러한 운임
의 앙등은 아마 여전히 계속되었을 것으로 생각된다. 태평양전쟁의 확대는
선박의 부족을 더욱 심하게 하였을 것이 틀림없기 때문이다. 한국 기항지의
중요성의 비중에 관하여는 톤수로 표시된 자료가 없지만, 그들 항구를 통해
수출입되는 상품의 금액은 표시된 것이 있다.

〈표 9-8〉    한국 항구에 입항하는 선박 톤수  (단위 : 천 톤)

| | |
|---|---|
| 1936 | 15,716 |
| 1937 | 15,214 |
| 1938 | 12,618 |

【자료】『朝鮮經濟年報』(1939)

〈표 9-9〉는 한국 무역의 통계만을 표시한 것이므로 북방 항구들의 중요성
은 낮게 추산되어 있다. 그러나 웅기·나진·청진, 그리고 이들보다는 적은
정도로 신의주 등의 항구는 상당한 양의 해상통과무역을 취급하고 있다. 그
렇더라도 부산과 인천은 가장 중요한 항구이며, 수입의 반 이상, 수출의 약 5
분의 2가 여기서 취급된다. 〈표 9-9〉에 표시된 4년 동안에 남방 항구의 중요
성은 감소되고 북방 항구의 중요성은 증가하였다. 이들 여러 항구의 시설은
다음과 같은 것이었다.

⟨표 9-9⟩ 한국 무역의 항구별 분포

| 항구 | 전액에 대한 백분비 | | | | 1938년도 실액(백만 원) | |
|---|---|---|---|---|---|---|
| | 수출 | | 수입 | | 수출 | 수입 |
| | 1935 | 1938 | 1935 | 1938 | | |
| 부산 | 21.8 | 23.8 | 31.1 | 30.9 | 209.4 | 326.4 |
| 진남포 | 18.4 | 15.4 | 7.3 | 8.6 | 135.5 | 91.0 |
| 인천 | 12.0 | 14.8 | 20.9 | 20.3 | 129.9 | 214.7 |
| 군산 | 11.5 | 7.1 | 3.6 | 2.5 | 62.8 | 26.3 |
| 신의주 | 5.1 | 6.7 | 6.5 | 4.6 | 58.7 | 49.0 |
| 목포 | 5.3 | 4.6 | 2.4 | 1.9 | 40.8 | 19.7 |
| 청진 | 3.8 | 4.4 | 4.6 | 6.8 | 38.7 | 71.9 |
| 웅기 | 2.5 | 1.1 | 2.4 | 1.1 | 9.3 | 11.2 |
| 원산 | 1.4 | 2.4 | 4.3 | 4.5 | 21.1 | 47.5 |
| 기타 | 18.2 | 19.7 | 16.9 | 18.8 | 173.6 | 198.3 |
| 계 | 100.0 | 100.0 | 100.0 | 100.0 | 879.6 | 1,055.9 |

【실액에 대한 자료】『拓務統計』(1938)

부산—1940년 이전에 이 항구를 개량하는 데에 일본 정부는 약 1,500만 원을 소비하였으며, 1936년에는 1,800만 원의 총비용으로 새로운 공사계획이 실시되었는데, 이것은 1944년에 완료할 예정이다. 이 항구에는 매년 수백만 톤의 선박이 기항하며, 7,000톤의 선박을 수용할 시설을 갖고 있다. 북쪽으로부터 방파제가 항구를 보호하고 있다. 항구의 면적은 3.8평방마일(283만 4,000평)이다.

진해—남방의 해군기지이며, 이에 관한 정보는 얻을 수가 없다.

마산—이 항구의 건설비는 200만 원이었다. 잘 엄폐(掩蔽)되어 있어서 폭풍에도 안전하고 가장 추운 겨울에도 얼지 않으므로 중요성을 지니고 있다.

여수—급격히 발전하는 전남의 상업항구이며, 어업항구이다. 항구는 남풍에 개방되어 있는데, 약 300만 원 비용의 방파제가 1940년까지 완료될 예정이다.

신의주—신의주는 압록강구(口)에서 11마일(18km)이나 떨어져 있으므로 바다의 항구는 아니다. 항구는 강구의 섬[다사도(多獅島)]에 있으며, 제방을 쌓아 해안과 연결되고 또 철도로 신의주와 연결될 예정이다. 공사 중의 시설(비용 200만 원)은 연 50만 톤의 선박 기항을 가능하게 할 것이다. 부동항(不凍港)이다.

인천—서울의 문호항(門戶港)이며, 서울로부터 철도로 50분 걸리는 곳에 있고, 섬들로 보호된 부동항이다. 건설비는 약 900만 원이었고, 1935년 이래 900만 원 비용으로 새로운 계획이 진행 중인데, 1944년까지 완성될 예정이었다. 그러면 연 500만 톤의 선박이 기항할 수 있다. 이 항구의 특징은 갑문식(閘門式) 도크인데(또 하나가 건조 중에 있다) 심한 간만 차로 인해 필요하게 되었다.

진남포(鎭南浦)—약 1마일(1.6km) 가까운 넓이를 가진 강 입구에 있는 항구이다. 그 건설비는 400만 원이었다. 인천과 마찬가지의 곤란(큰 조수간만의 차)을 겪고 있으며, 1만 톤을 수용할 수 있다.

군산—항구 건설비는 300만 원이었고, 1933년 이래 123만 원의 새로운 계획이 진행 중에 있다. 이 항구는 간만의 차로 인해 부두 대신에 부교(浮橋)에 3,000~4,000톤의 선박을 수용할 수 있는 시설을 갖추고 있다. 정박지(碇泊地)는 바람과 바다로부터 잘 보호되어 있지만, 하천의 침니(沈泥) 때문에 준설이 필요하다.

목포—자연적인 양항(良港)이기 때문에 그 개축에는 100만 원의 비용밖에 소용되지 않았다. 간만의 차가 심하여 선박(2,000~3,000톤)은 부교에 수용된다. 정박지는 약 1.5마일(2.4km)의 길이를 가지고 있으며, 면적은 2,700에이커(11km²)이다.

원산—면적 2,500에이커(10km²), 수심 32~45피트(9.8~13.7m)의 자연적인 양항이다. 400만 원의 비용으로 개축되었고, 3,000톤의 선박을 수용할 수 있다.

성진(城津)—함남과 함북의 접경지에 위치하며, 약 300만 원의 비용으로 개축되었다(자연적인 방파제가 없다). 제지공장·마그네슘, 그 밖의 공장 건설은 장래의 발전을 보증한다.

청진(清津)—청진은 동북지방(東北韓) 및 만주를 위한 중요 항구이다. 일본 본토의 쓰루가(敦賀)와는 1일 여정의 연락선으로 연결된다. 상항이요 어항인 이 항구는 800만 원 이상의 비용으로 개축되었고, 3,000∼6,000톤의 선박 7척을 동시에 부두에 수용할 수 있다.

나진(羅津)—이 항구는 두 개의 섬으로 보호되어 있으며, 면적은 0.65평방 마일(50만 평)이다. 정박지는 깊고, 겨울에도 얼지를 않는다. 이 항구는 상항과 군항(軍港)의 두 부분으로 나뉜다. 나진은 북부지방의 해군기지이며, 블라디보스토크에 가깝기 때문에 중요한 곳이다. 상항은 5개 부두로 건설이 진행될 예정이었다(건설비는 600만 원). 최종 부두는 1948년에 완성될 계획이며, 그러면 항구의 능력은 900만 톤이 되어 8,000톤 선박 12척, 7,000톤 선박 24척 및 4,000톤 선박 12척을 수용할 수 있을 것이다. 첫 부두는 1939년에 완성되었고, 그 능력은 300만 톤에 이르렀다. 현재 제2부두가 실현되어가고 있는데, 이는 200만 톤의 능력이 있다. 이 항구는 9.5마일(15.3km) 길이의 터널로 옆의 웅기항(雄基港)과 연결된다.

웅기(雄基)—수심이 깊은 자연항이다. 건설비는 100만 원 이상이었다. 이 항구는 나진의 보조항으로서의 역할을 한다.

이상의 항구 이외에도 빈약한 시설을 가진 약 160곳의 어업항구와 상업항구가 있다.

이러한 항구의 발달을 보고 사람들은 상당한 규모의 상선이 존재할 것을 예상할지도 모르겠다. 물론 1938년에 514만 450톤의 선박을 소유하고 있던 일본에는 미칠 수 없다 하더라도, 항구의 발전에 상응할 정도의 것은 예상할 수 있을 것이다. 그러나 한국에 등록된 선박 톤수는 1938년에 겨우 29만 8,000톤에 지나지 않았다. 이러한 한국 선박의 발전 상태에는 다음과 같은 두 가지 특징이 있다. ① 1938년의 선박 수는 1만 5,908척이었으며, 선박의 평균 톤수는 18.7톤이었다. 불행히 상당한 보조를 받은 일본인 회사의 선박에 관한 통계가 없지만, 그 총 톤수는 약 10만 톤이었다.[13] 그러면 한국인 선박의 평균은 13톤이 되는데, 이것은 그들의 선박이 원시적인 어선에 불과하다는 것을 말해준다. ② 톤수의 63%, 척 수의 88%가 범선이었다. 일본인 소유의 것을 제외한 모든 한국인의 선박은 전(前) 세기에 사용되던 것과 마찬가지의 소형어선이었다. 그러므로 현대적 시설을 갖춘 한국의 훌륭한 항구들은 주로 일본인의 선박을 위해 건설된 것이었다. 그것들은 이른바 한국인의 선박과는 거의 관계가 없는 것이다.

## 항공

1929년 이래 항공을 장려하기 위해 조선총독부는 항공회사에 대해 보조금을 제공하였다. 그러나 한국에 있는 항공로는 하나를 제외하고는 모두 일본에 등록된 회사의 수중에 있으며, 그 나머지 하나도 일본인에 속해 있는 것이다. 가장 중요한 항공로는 한국을 거쳐서 일본과 다롄을 연결하는 것이다. 이 항공로는 후쿠오카(福岡, 규슈)를 출발하여 한국의 울산으로 와서 대구 · 서울[14] 및 신의주를 거치는 것이다. 다른 항공로는 원산 · 함흥을 거쳐서 서울과 청진을 연락하는 것인데 이어 만주로 들어간다. 이 두 항공로는 매일 운항되고

---

13  조선총독부의 명령항로에서 사용되는 선박의 총 톤수는 1938년에 7만 4,612톤이었다(『朝鮮經濟年報』(1940), p.313).
14  서울의 비행장은 1932년에 20만 원의 비용을 들여 개량되었는데, 그 공사비가 '농촌진흥사업비'에서 지출된 것은 매우 흥미 있는 사실이다(『拓務要覽』(1939), p.377).

있다. 서울은 또 이리를 거처 광주와 연결된다(주 3회 운항). 항공로에는 항로
표지, 항공등대 및 무선전신국 등이 설비되어 있다. 한국의 민간항공에 관해
입수된 가장 최근의 보고는 1936년의 것이었다. 이해의 비행 수는 2,339회였
으며, 도착 여객 수는 1,922명, 그리고 화물 5,000톤과 우편물 13만 통이 운반
되었다.

1939년에 사용된 여객기는 보통 시간당 180～190마일(290～306km/h)의
속도를 가지고 있었고, 항속(航續) 거리는 930～1,050마일(1,497～1,690km)이
었다. 수송기는 90～100마일(145～161km/h)의 속력으로 500～620마일(805～
998km)의 항속 거리를 가지고 있었다.

## 우편 · 전신 · 전화 · 라디오

한국에는 상당히 발달된 우편소와 전신선의 조직망이 있다. 1938년에는
1,031의 우편소가 있었는데, 그중 1,019는 전보를 발신할 수 있는 설비를 갖
추고 있었다. 9,000마일(14,484km)의 도로, 3,400마일(5,472km)의 철도 및 3
만 3,000마일(53,108km)의 해로가 우편물을 수집 · 배달하는 데에 이용되었
다. 전신선은 5,600마일(9,012km)에 뻗쳤고, 그중 117마일(188km)은 해저선
이었다. 전화선의 길이는 7,100마일(11,426km)이었다. 같은 해에 우편소는 3
억 8,500만의 통상우편물, 323만 8,726의 소포, 1,171만 575의 전보를 취급
하였으며, 우편 저금액은 1억 8,755만 2,404원에 달하였다. 이러한 모든 것
은 놀랄 만한 높은 숫자를 보여주는 것이다. 그러나 앞의 예에서와 마찬가지
로 인구와의 관련에서, 그리고 다른 나라와의 비교에서 고찰하지 않는 한 이
러한 숫자가 무작정 놀랄 만한 발전을 표시하는 것이라고 하기 어렵다. 그래
야만 비로소 도달된 발전의 단계를 정확히 측정할 수 있을 것이다.

〈표 9-10〉에 의하면 한국의 우편소 시설은 일본의 4분의 1이다. 우리는

⟨표 9-10⟩      한국 및 일본의 우편소 통계(1938년)

|                              | 한국        | 일본   |
| ---------------------------- | --------- | ---- |
| 우편소 수(인구 1만 명당)             | 0.47      | 1.75 |
| 통상우편물 수(1인당)                | 17        | 67   |
| 소포 수(1인당)                    | 0.14      | 1.25 |
| 전보 수(1인당)                    | 0.52      | 1.07 |
| 전화 수(1천 명당)                  | 2.4       | 14   |
| 라디오 수신기(1천 명당)              | 1.8[a]    | 58   |
| 우편저금(1인당, 단위 : 원)           | 8.3       | 46.0 |

(a) 이 통계는 한국에 있는 한국인에 국한된 것이다. 이 자료는 『朝鮮經濟年報』(1940), p.514이다. 일람표의 자료는 『拓務統計』(1938)의 자료에서 계산한 것이다.

또 여기서 한국인은 일본의 4분의 1밖에 안 되는 서신을 발신하고 있을 뿐임을 알 수 있다. 소포·전화·라디오 및 우편저금의 상황은 더욱 나쁘다. 사태는 명백하다. 즉 한국에는 통신시설이 불충분하다. 그 이유는 그들이 가난하여 보다 널리 이를 사용할 수 없기 때문이다.

불행히 통신기관 이용의 실제 상태는 ⟨표 9-10⟩이 말해주는 것보다 더 나쁘다. 이 표는 일본인과 한국인에 관한 것을 합친 것이며, 또 일본의 행정기관이 이용한 것까지가 포함되어 있는 것이다. 일본인은 한국 인구의 적은 부분을 차지하고 있을 뿐이지만, 그들과 일본행정기관의 활동은 이 통계에 큰 영향을 주고 있다. 재한일본인은 평균적으로 한국인보다 몇 배나 더 부유하며, 재한 일본행정기관은 회장(回章)을 우송하고 전보를 발신하기를 즐겨 한다. 1938년에 총계 1,171만 575의 전보 중에서 220만 6,779, 즉 전체의 5분의 1이 무료였는데, 이들은 공용(公用)전보였던 것이다. 소수의 관료들이 430만의 인구와 마찬가지 수의 전보를 발신했던 것이다.

그러면 나아가서 재한일본인과 한국인에 관한 통계를 가능한 대로 비교해 보도록 하자. 1938년에 있어서 한국의 5만 3,000대의 전화기는 1만 4,484명의 한국인과 3만 7,922명의 일본인에게 분배되었다. 이것은 한국인은 306호

〈표 9-11〉                                            우편저금(1933년)

|  | 계 | 한국인 | 일본인 |
|---|---|---|---|
| 저금 총액(천 원) | 97,297 | 7,423 | 89,874 |
| 1인당 저금액(원) | 4.68 | 0.37 | 165 |

【자료】『拓務統計』(1938) 및 『朝鮮經濟年報』(1940)*의 자료에서 계산한 것이다.

* 『朝鮮經濟年報』는 「韓國人의 經濟力 向上」이라는 제목하에 실액이 적혀 있다.(p.513)

〈표 9-12〉                      한국인과 일본인의 통상우편물 및 전보 발송 수

|  | 한국인(1인당)[a] | 재한일본인(1인당)[b] |
|---|---|---|
| 1937년의 통상우편물 | 0.56 | 522 |
| 1937년의 전보 수 | 0.13 | 12.3 |

(a) 『朝鮮經濟年報』(1940), p.514.

(b) 한국인의 것을 빼고 남은 것이 일본인의 것이라는 가정 위에 서서 저자가 계산한 것이다.


(戸) 중의 하나가, 일본인은 4호 중의 하나가 전화기를 가지고 있었다는 이야기가 된다. 즉, 한국에서 전화는 거의 일본인에 의해서만 사용되고 있었다.

1933년 이후의 한국인과 일본인별로 된 우편저금의 통계를 가지고 있지 못하다. 그러나 1933년에는 〈표 9-11〉과 같았다.

이같이 1933년에는 일본인의 우편저금액은 1인당 165원이었는데, 한국인은 겨우 37전이었다. 그러므로 한국인과 일본인은 분리하여 고찰하는 것이 정당하다. 그들의 경제적인 상황은 완전히 다른 것이며, 따라서 이 둘을 혼합하여 평균하는 것은 커다란 과오임을 알게 될 것이다.

〈표 9-12〉로써 우리는 한국인이 2년 만에 한 번 편지를 보낼 뿐이며, 8년만에 한 번 전보를 칠 뿐이라는 것을 알 수 있다.

# 제10장 화폐와 금융

한국에서 유통되고 있는 화폐는 조선은행에서 발행한 은행권과 보조화폐이다. 그러나 후자는 유통되고 있는 화폐 총액의 약 5%밖에 차지하고 있지 않으므로 우리는 한국의 화폐는 조선은행이 발행한 지폐로써 이루어져 있음을 알 수 있다. 조선은행은 개인은행이며, 그 주(株)는 일본인 은행들과 대회사들이 소유하고 있다. 그러나 총재와 부총재는 일본 정부에 의해 임명되는데, 임기는 5년이다. 한 번도 한국인이 총재나 부총재가 된 일은 없다. 1924년 이전에 이 은행은 총독의 감독하에 있었으나, 1924년에 일본의 대장대신(大藏大臣) 관할로 옮겨졌다. 은행은 1917년까지는 느린 발전을 해왔다. 그러나 1914년에서 1918년에 걸쳐 대전이 일어나고 구미 제국이 유럽에 관심을 집중하고 있는 동안에, 일본은 만주, 러시아 극동지방 및 중국으로 침투하였는데 조선은행은 그 선봉이 되었다. 조선은행은 만주의 모든 중요한 상업중심지와 러시아 극동지방 및 칭다오(靑島) · 상하이(上海) · 톈진(天津) · 베이징(北京) · 지난(濟南) 등에 지점을 설치하였고, 일본의 확장계획에 융자하기 위한 미국인의 대부(貸付)와 예금을 획득하려는 목적으로 뉴욕에는 출장소를 설치하였다. 조선은행권은 한국 국경을 넘어서도 유통되고 있었으므로 이 은행권이 한국의 내외 어느 곳에 더 많이 있었는가를 알기가 힘들다. 조선은행은 각종 사업에서 매매도 하고 투자도 하였다. 1921년의 그 예금액과 대부액은 〈표 10-1〉과 같이 분류되어 있다.

〈표 10-1〉 조선은행의 예금과 대부　(단위 : 백만 원)

|  | 예금 | 대부금 |
|---|---|---|
| 한국 | 39.0 | 90.2 |
| 일본 | 69.7 | 54.6[a] |
| 만주 | 34.0 | 118.4 |
| 기타 | 19.8 | 10.6 |
| 계 | 162.4 | 373.7 |

【자료】아일랜드, 앞의 책, p.301.
(a) 오식이다. 154.6일 것이다.

그러나 이어 러시아에서는 외국의 재정적 침투가 봉쇄되었으며, 구미 제국의 은행이 극동에서 더욱 적극적으로 활동을 개시하였고, 또 중국의 은행도 만주에서 그 활동을 증대하였다. 전시 및 전후의 호황기는 종말을 고하고 여러 가지 곤란을 겪게 되었다. 이에 그 자본금은 반감되고 축소정리가 행해졌다. 1936년에는 재만주(在滿州)〔관동주(關東州) 제외〕지점이 폐쇄되고, 은행권의 유통도 정지되었다. 조선은행의 대외활동은 중국 본토에 국한되었고, 새로이 타이위안(太原)과 스자좡(石家莊)에 파출소가 개설되었다.

## 화폐와 물가

한국에 있어서의 은행권 발행고와 도매시세의 변화는 다음과 같다.

합병 전에 유통되던 화폐는 동화·백동화·금화, 그리고 주로 일본인 은행이 발행한 약간의 지폐였다. 그러나 일본인에 의하면 백동화를 지나치게 주조했기 때문에 "경화(硬貨)의 신용이 땅에 떨어지고 물가의 안정은 파괴되었다".[1] 화폐제도는 "800만 원 이하의 비용—안정된 시세라는 거대한 이익을

1 『施政年報』(1926~1927), p.63.

〈표 10-2〉                한국의 은행권 발행고와 물가 변동[a]

| 연도 | 조선은행권 발행고(백만 원) | 보조화폐(백만 원) | 서울의 물가지수(1910＝100) |
|---|---|---|---|
| 1911 | 25.0 | 0.3 | 112 |
| 1913 | 25.7 | … | 120 |
| 1914 | 21.9 | … | 110 |
| 1915 | 34.4 | … | 109 |
| 1916 | 46.6 | … | 129 |
| 1917 | 67.4 | … | 173 |
| 1918 | 115.5 | 11.0 | 235 |
| 1919 | 163.6 | 13.0 | 296 |
| 1920 | 114.0 | 13.0 | 305 |
| 1921 | 136.4 | 9.0 | 230 |
| 1928 | 132.4 | 8.5 | 214 |
| 1929 | 118.7 | 13.0 | 207 |
| 1930 | 90.6 | 8.1 | 180 |
| 1931 | 100.9 | 7.2 | 145 |
| 1932 | 124.6 | 8.0 | 144 |
| 1935 | 220.8 | 9.2 | 180 |
| 1936 | 210.7 | 9.6 | 191 |
| 1937 | 279.5 | 10.5 | 206 |
| 1938 | 322.0 | 12.3 | 237 |
| 1939 | 444.0 | … | 274 |
| 1939년 4월 | 289.5 | … | 259 |
| 1940년 4월 | 448.5 | … | 312 |

【자료】 은행권과 물가는 『朝鮮經濟年報』(1940 및 1941).
　　　 보조화폐는 『施政年報』 및 『朝鮮年鑑』(1940).
　　　 (a) 은행권은 연말 현재, 물가는 평균가이다.


위해 지불된 것으로는 극히 소액의 비용[2]—"으로서 개혁되었다. 이리하여
'유해한 백동화'[3]는 없어지고 '안정'통화가 사용되었다. 그러나 〈표 10-2〉
의 물가지수 변화에서 알 수 있는 바와 같이 한국의 물가는 1910년 7월의
100에서 1920년에는 305로, 즉 10년 동안에 3배나 올랐다. 그 후 12년간에
물가는 반으로 떨어졌고, 다음 8년간에는 2.2배나 올랐다. 그리고 현 대전이

---

2 아일랜드, 앞의 책, p.281.
3 『施政年報』(1926～1927), p.63.

끝날 때에는 물가가 천정부지로 앙등해서 화폐가치는 1920년대 유럽 제국에서와 같이 떨어질 것이 확실하다. 요컨대 화폐의 안정이라는 점에서는 무능한 구한국 정부 밑에서 비교할 수 없을 만큼 양호하였다. 그것은 '유해한 백동(白銅)'이나 동(銅)으로서는 대대적인 화폐 팽창이 불가능하였기 때문이다.

한국에 조선은행이 설립되었을 때에 그 불입자본은 1,000만 원이었으나, 현재는 2,500만 원이 되었다. 1940년 4월 현재 조선은행의 준비금은 발행고의 42%에 해당하며, 일본은행의 지폐만으로 되어 있었다. 일본은행은 지금 더욱더 많은 은행권을 급속히 인쇄 중에 있는 또 하나의 일본인 개인회사이다. 이같이 인쇄기의 도움을 받은 화폐의 증발(增發)은 일본인으로 하여금 한국인의 재산과 노동력을 획득할 수 있도록 도왔고, 한국인의 재산을 약탈하는 과정에서 중요한 역할을 맡아왔다.

〈표 10-3〉    도매시세의 변화(서울, 1936년~100)[a]    (1940년 4월 현재)

| | |
|---|---|
| 곡물 | 168.7 |
| 식료품 | 159.7 |
| 직물 | 190.8 |
| 금속류 | 240.0 |
| 비료 | 154.1 |
| 평균 | 180.3 |

【자료】『朝鮮經濟年報』(1940)

(a) 이 지수에는 10류 80종의 품목이 포함되어 있다. 계산은 단순한 산술적인 평균으로 하였다. 상기 5류 이외의 것(건축재료, 연료 등)은 생략하였다.

〈표 10-3〉에 의하면 1936년에서 1940년에 이르는 동안 물가는 거의 배나 올랐으며, 농산물의 가격은 농민들이 구입하는 물품(비료 제외)보다 앙등률이 낮다. 인플레이션을 억제하기 위하여 정부는 물가를 동결시켰으나, 은행권의 발행과 대부는 더욱 급속도로 계속되었다. 이 결과 많은 물품이 시장에서 자취를 감추어 암시장에서 거래되었다. 공식물가지수에 의하면 1940년에는 약간만 오른 것으로 되어 있지만, 이것은 실제 상태를 반영한 것이 아니다.

비료는 간단히 입수할 수가 없었다. 인정식에 의한다면[4] 이 표에 나타난 농산물의 가격은 실제 가격이다. 그것은 공판제(共販制)가 적용되어 있기 때문이다. 즉, 농민이나 지주들은 그들의 곡물을 공정가격으로 공출하는 것이 강요되고 있다. 그러나 공업품은 암시장을 거치지 않고서는 거의 구득할 수가 없었다. 예를 들면, 고무신은 1936년에 60~70전이었는데, 공식통계에 의하면 1940년에는 물가지수가 205.3(1원 23전~1원 43전)이었다. 그러나 이 가격으로는 고무신을 살 수 없었으며, 암시장에서는 2원 50전이나 했다.

## 은행

한국의 은행제도는 다음과 같다. ① 특수은행—13개의 지점을 가지고 있는 조선은행과, 67개의 지점을 가지고 있는 식산은행(殖産銀行), 그리고 동척회사(東拓會社)[5]이다. 이들이 특수은행이라고 불리는 것은 그 업무가 순수한 사무적인 것뿐만이 아니라 정부 정책의 기관으로서 각기 그 자신의 분야를 맡고 있기 때문이다. ② 보통은행—6개가 있다. ③ 저축은행(1), ④ 금융조합, ⑤ 기타[신탁·무진(無盡)]. 한국에 등기된 6개의 보통은행 이외에 다이치(第一)·야스다(安田)·산와(三和)의 3개 일본인 은행이 한국에 지점을 가지고 있다.

우리는 〈표 10-4〉에 의해 몇 개 회사의 수중으로 은행이 집중하는 경향이 급속히 진행되고 있었음을 알 수 있다. 1940년에는 전국에 겨우 9개의 은행이 남아 있을 뿐이었다(일본인의 지점은행은 제외). 더욱이 그들의 불입자본과 준비금은 그들의 거래에 비해 점점 적은 비율을 차지하게 되었다[1938년에는 미불대부액(未拂貸付額)의 10%를 이루고 있었는데, 1940년에는 겨우 5%를 차지하고 있

---

4 앞의 책, p.12.
5 이것은 정확히는 은행이라고 할 수 없지만, 그러나 일부 은행으로서의 업무를 하고 있으며, 한국의 신용대부제도에서 중요한 역할을 담당한다.

**〈표 10-4〉**　　　　　　　　한국의 은행에 관한 약간의 통계[a]

|  | 1932년 | 1938년 | 1940년 5월 | 1932년에 대한 1938년 백분비 | 1938년에 대한 1940년 백분비 |
|---|---|---|---|---|---|
| 본점 설치 은행 수 | 15 | 9 | … | 60 | … |
| 지점 수 | 172 | 204 | … | 119 | … |
| 불입자본(천 원) | 60,971 | 71,931 | … | 118 | … |
| 정부대부액(천 원) | 73,824 | 83,665 | … | 113 | … |
| 준비금(천 원) | 18,522 | 33,104 | … | 179 | … |
| 채권(천 원) | 260,992 | 389,572 | … | 149 | … |
| 예금(백만 원) | 225.7 | 624.3 | 1,231.2 | 243 | 197 |
| 대부(백만 원) | 529.6 | 1,053.3 | 1,988.6 | 199 | 189 |
| 순익(천 원) | 6,210[b] | 9,414 | … | 151 | … |
| 불입자본당 순익(천 원) | 10.2 | 13.1[c] | … | 130 | … |

【자료】『朝鮮年鑑』(1941). 백분비는 저자의 계산이다.

(a) 여기에는 ①과 ②만이 포함되어 있으나, 동척은 제외되어 있다. 동척의 채권은 1938년에 3억 1,760만 원에, 1940년 4월에는 3억 7,520만 원에 달하고 있었다. 식산은행의 채권은 1940년 4월에 5억 1,760만 원이었다.

(b) 『施政年報』(1936~1937)에 표시되어 있는 1936년의 은행 이익(397만 9,000원)은 줄잡은 것이다. 그것은 해당 연도의 하반기의 이익만을 표시한 것이며, 따라서 순익금은 실지의 반밖에 나타나 있지 않다.

(c) 조선은행을 제외한 여러 은행의 순익의 비율은 15%였다.

었다]. 또한 대부와 예금 간의 차이가 커지고 있었다. 즉 1938년에는 4억 2,900만 원이었는데, 1940년에는 7억 5,700만 원이 되었다. 그 차액은 채권으로 메워졌는데, 채권에 대해 은행은 예금에 대해서보다 높은 이자를 지불하였다. 예금은 대부보다도 급속히 증대해가는 것같이 보이지만, 뒤에 설명하는 바와 같이 이것은 결코 건전한 경향을 나타내는 것이 아니었다. 은행의 이익금은 6년간에 30%나 증가하였지만, 물가는 65%나 올랐으므로 이 외견상의 번영은 인플레이션의 신기루였다. 1938년 12월에서 1940년 5월에 이르는 17개월간에 미불대부는 배증하여 100만 원으로 되었다. 그러나 이 나라의 실지 생산량이나 상업이 이와 상응해서 발전한 증거는 없다. 이것은 은행이 점점 더 인플레이션의 진전과 깊이 결부되어가고 있다는 것을 말하는 것이다.

| 〈표 10-5〉 | 은행 예금 종류별 변화 | (전체에 대한 백분비) | |
|---|---|---|---|
| | 1932년 | 1938년 | 1940년 5월 |
| 정기 | 49.2 | 46.3 | 40.0 |
| 당좌 | 14.9 | 18.4 | 20.4 |
| 특당(特當) | 15.6 | 15.7 | 20.6 |
| 기타 | 20.3 | 19.6 | 19.0 |
| 계 | 100.0 | 100.0 | 100.0 |

【자료】『朝鮮年鑑』(1941)의 자료에서 계산한 것이다.

최근 급속히 증가해가고 있는 예금의 성격은 〈표 10-5〉에 설명되어 있다.

이 표로써 우리는 정기예금은 1932년의 49.2%에서 1940년의 40%로 내렸고, 당좌예금은 14.9%에서 20.4%로 상승하였으며, 특당예금(特當預金)은 15.6%에서 20.6%로 상승하고, 기타는 약간 내렸다는 것을 알 수 있다. 그러나 정기예금은 일정한 시기가 만료된 후에야만 찾을 수 있는 것이다. 한국에서의 정기예금의 회전계수(回轉係數, 그해에 예금된 총액을 평균액으로 나누거나 혹은 자료가 없는 경우에는 연도 말의 잔액으로 나눈다)는 1938년에는 2가 못 되었고, 주로 실업가에 의해 사용되는 당좌예금의 회전계수는 같은 해에 99였고, 특당예금의 회전계수는 약 10을 조금 넘는 것이었다. 특당예금은 주로 고객의 월급인데, 그 계수―10―는 12에 근접하고 있다(즉 고객이 매달 그 월급을 예금하고 그것을 수표가 아닌 소액씩 인출하기 때문이다).

그러므로 한국에 있어서의 예금의 성격 변화는 은행의 예금이 더욱더 빨리 회전되었다는 것을 의미한다. 모든 예금에 대한 평균 계수는 1932년에는 19였는데, 1938년에는 22.5였고, 1940년에는 아마도 25~26에 달하였을 것이다. 그러므로 예금액이 많아졌을 뿐만 아니라 그 순환도 또한 더욱 빠른 것이었다. 이것은 당좌예금이 저금이라기보다는 대부였다는 것을 말한다. 조선은행은 지폐를 발행하였으며, 그 밖의 은행은 채권을 발행하였다. 고객은 채권을 보증으로 은행으로부터 신용대부를 받았으며, 새로운 은행권을 받았다. 그러나 물가의 앙등으로 인해 더욱더 많은 대부가 필요하였으며, 인플레이션의 악순환이 시작되었다. 평화 시에는 불경기의 대가로서 이 악순환을 정지시킬 수가 있다. 그러나 국가가 보다 많은 탄약과 그 밖의 생산품을 필요로 하는 전시에는 이 악순환운동을 정지시키는 것은 불가능한 일이다. 이리하여 한국에서는 통화 팽창이 계속되었고, 그 이전에도 의심스럽던 화폐의 안정은 더욱 위험하게 되었으며, 인플레이션의 악순환은 촉진되었다.

　주로 일본인의 수중에 있는 은행 이외에 한국에는 금융조합이 있다. 이것은 강력한 은행기관으로 발전하여 농민과 도시의 소실업가들에게 대부를 하고 있다. 조합원은 1939년 12월 31일 현재로 193만 4,000명에 달하였으나, 그 불입자본은 1,510만 원에 불과하였다(조합원 1인당 평균 7원 80전). 금융조합은 주로 식산은행에서 차용한 자본과, 예금에 대한 정부의 보장과 고율의 이자에 끌린 비조합원의 예금에 의해 제공된 자본으로 운영된다. 1939년에 예금 총액은 2억 8,350만 원이었으며, 그들의 대부는 3억 650만 원에 달하였다.[6] 이같이 한국에 있어서는 신용대부 기구가 상당한 역할을 하고 있는 것이다.

## 금리

　1932년 이래 일본 정부는 일본에서 저금리정책을 수행하였는데, 한국에도 같은 정책이 적용되었다. 1929년에 한국의 은행은 정기예금에 대해서 5.1%의 이자를 지불하였는데, 1938년에는 3.6%로 인하되었다. 1929년에 은행은 담보대부에 대해 9.1%의 금리를 과하였고, 1938년에는 6.6%를 과하였을 뿐이다. 그러나 한국에서도 (다른 많은 나라에서와 같이) 고객에 과하는 이율에는 상당한 차이가 있었다. 이 이율은 관례, 제공된 보증의 종류 및 대부의 목적

---

6 『朝鮮年鑑』(1941).

등에 의할 뿐 아니라, 또 대출인의 민족별에도 의하였다. 한국인은 보통 일본인보다 25%나 많이 지불하였다. 금융조합은 예금에 대해서 4.3%, 즉 은행보다 0.7% 많이 지불한다. 그러나 대부에 대해서는 평균해서 9.1%를 과하였는데, 조합원과 비조합원에 따라서 다르다. 정부가 인정한 일정한 목적을 위한 대부는 더욱 낮은 이자였다. 가령 농업의 개량을 위한 대부에 대한 이율은 담보가 있을 때에는 6.7%밖에 안 되었고, 담보가 없으면 7.7%였다. 금융조합은 다음과 같은 세 가지 방법으로 정부에 의존하고 있기 때문에 정부는 이러한 정책을 주장하고 실천할 수 있는 것이다. 즉 ① 조합의 행정은 정부의 인가를 받아야 한다. ② 금융조합은 정부에 부채를 지고 있다. ③ 조합은 식산은행에서 차용한 수백만 원을 사용하고 있다. 불행히 대부에 사용할 수 있는 금액은 제한되어 있으며, 그 때문에 보통 이자는 역시 높다. 가령 농촌의 조합원에게 담보 없이 대부한 것에 과하는 이자는 1939년 9월에 11.3%였으며, 비조합원인 경우에는 18%거나 그 이상인 것이 보통이었다. 담보를 제공할 수 있는 조합원에 대한 대부는 1,000원을 초과할 수 없었으며, 담보가 없으면 200원을 초과하지 못하였다. 1932년의 농민 부채에 대한 추산에 의하면 금융조합에서 제공한 것은 17.4%에 불과하였으며, 개인에 의해서 대여된 것이 26%였는데, 그 대부분은 고리대금업자로부터였고 이율이 30~48%였다. 대부분의 농민은 소작농이기 때문에 농촌에서 담보로 이용할 수 있는 유일한 것인 토지를 갖고 있지 못하다.

1932년 이래 금융조합의 대부는 배증하였다. 그러나 물가가 급등한 것에 비추어보면 대부에 대한 요구도 아마 배증하였을 것이므로 농촌에 대한 금융 문제는 해결되지 않은 채로 남은 셈이다.[7] 농촌에서의 부채 총액은 1932년에

---

7  1933년에 함남에서 행한 조사에 의하면 은행의 이자가 8.8%, 금융조합의 이자가 9.8%(즉 1939년의 그것에 가까운 율)이었으며 개인으로부터의 차용은 35.2%였고, 이 모두의 평균은 25.2%였

4억 9,120만 원으로 추산되었는데, 그 이후의 추산은 행해진 바가 없다. 그러나 1932년의 추산도 너무 적게 한 것 같다. 물론 은행과 금융조합이 대부한 금액은 정부가 알고 있으며, 따라서 거기에 있어서의 잘못은 적을 것이다. 그러나 농민들이 개인에게서 차용한 금액은 아마도 낮게 추산되었을 것이다. 1932년에는 그것이 1억 2,800만 원으로서 전체의 26%로 되어 있다. 그러나 1933년에 농민에 대해서 행한 몇몇 조사에 의하면, 개인으로부터 차용한 금액은 전체의 60% 이상을 이루고 있었다. 인정식은 1940년에 당시 140만의 농가, 즉 전 농가의 40% 이상이 충분한 식량을 갖고 있지 못하며, 이 때문에 농가당 평균 부채가 약 200원이나 되었다고 주장하고 있다.[8] 이것은 전 농촌의 부채를 암시해주는 것이다. 그 속에는 수리조합의 7억~8억 원에 달하는 부채가 포함되어 있다. 물론 고리대금업자로부터의 차용이 전체의 60%였다는 것은 고리대금업자가 대부자본의 60%를 제공하였다는 것을 의미하지는 않는다. 금리의 고율 때문에 농민들은 보통 그의 부채를 상환할 수 없는 것이다. 그는 항상 부채 속에 있게 되며, 그 부채는 점차로 증대하게 된다. 이러한 비극적인 사태는, 농민이 특히 봄철에 식량을 구득하기 위해서 돈을 차용하지 않으면 안 되기 때문에 생산의 목적으로 차용할 수 없으며, 따라서 악순환의 고리를 깨뜨릴 수가 없기 때문이다. 함남에 있어서의 동일한 조사에 의하면, 차용의 목적은 〈표 10-6〉과 같은 것이었다(전체에 대한 백분비).

요컨대 농민이 부채를 상환할 수 있는 능력을 증가시킬 생산을 위한 차용 금액은 전체의 4분의 1보다도 적은 것이었다. 그 밖의 거의 모든 경우에는 이러한 능력은 조금도 향상됨이 없거나 약화되었다(특히 이자가 고율임에 비추어서 그러하다).

---

다(다카하시, 앞의 책, pp. 219~226).

**8** 앞의 책, p. 36.

〈표 10-6〉 함남 농가 부채 상황(백분비)

| | |
|---|---|
| 식량용 | 39 |
| 생산자금용 | 23 |
| 관혼상제용 | 15 |
| 재난 후 | 9 |
| 부채상환 | 5 |
| 기타 | 6 |
| 계 | 100 |

【자료】 다카하시, 앞의 책, p.224.

그리하여 비록 한국의 농촌 금융에 약간의 개선이 있기는 했었지만, 농민의 대다수가 소작농으로 남는 한 이 문제가 해소될 것인지는 의심스러운 일이다.

# 제11장 재정

앞 장에서 우리는 통화와 신용대부에 대한 일본인의 지배가 인쇄술의 도움을 받으며 그들로 하여금 어떻게 한국인의 토지와 노동력을 획득하게 하였는가 하는 것을 보아왔다. 본 장에서는 같은 목적을 위해 세제(稅制)가 어떻게 이용되고 있었는가를 살펴볼 것이다.

〈표 11-1〉    총독부의 예산에 반영된 한국 재정의 발전    (단위 : 백만 원)

| 연도 | 세입(歲入) | 세출(歲出) | 국채 증가 | 지수(指數) | |
|---|---|---|---|---|---|
| | | | | 세입 | 세출 |
| 1911 | 52.3 | 46.2 | 45.6[a] | 100 | 100 |
| 1920 | 146.3 | 122.2 | 147.6 | 280 | 260 |
| 1932 | 220.3 | 214.5 | 431.8 | 420 | 460 |
| 1935 | 330.3 | 284.0 | 516.7 | 630 | 620 |
| 1938 | 590.3 | 500.5 | 674.8 | 1,130 | 1,080 |
| 1939 | 704.5 | 708.0 | 845.6 | 1,350 | 1,530 |
| 1940 | 866.6 | 866.0 | 1,035.1 | 1,650 | 1,880 |

【자료】『朝鮮經濟年報』
(a) 1910년도분.
〔주〕1911~1938년은 실제 예산, 1939~1940년은 추정.

〈표 11-1〉은 30년간에 한국의 세입이 5,230만 원에서 8억 6,660만 원으로, 즉 16.5배나 증가하였고, 세출은 4,620만 원에서 8억 6,600만 원으로, 즉 거의 19배나 증가하였으며, 총독부의 국채는 4,600만 원에서 1940년에서 1941년

의 회계 연도 말에는 10억 3,500만 원(추산)으로 증대했음을 알려주고 있다.

어떤 저술가에 의하면 이 같은 국채의 증가는 일본제국 정부에 상당한 손실을 주면서 행해진 것이라고 한다. 말하자면 일본 자신을 희생시키고 한국인의 행복이 증대된 것이었다고 한다. 몰턴(H. Moulton) 교수는 1931년에 다음과 같이 말하였다.

식민지의 유지를 위한 총독부의 공헌이 전전시대(戰前時代)부터 부단히 증가한 것을 나타내고 있다. 중앙정부는 식민지의 군사적인 보호를 일반예산 속에 규정하고 있다. 그러므로 재정적인 견지에서 볼 때 식민지는 분명히 자산이라기보다는 부채였다.[1]

이 점에 있어서는 일본인 경제학자 다카하시도 몰턴 교수와 견해가 완전히 일치하고 있다. 그의 생각에 의하면, 다음의 세 가지 점에서 일본 대장성은 한국 때문에 무거운 부담을 지고 있다는 것이다. ① 육해군에 대한 지출, ② 총독부에 대한 보충금, ③ 한국과 관계된 약간의 부채에 대한 이자의 지불.[2] 그는 심지어 이러한 비용이 원으로 계산되어 있는 통계표까지 제시하고 있다. 다카하시에 의하면 일본 정부는 1907년에서 1931년에 이르는 동안 한국의 군사적인 보호를 위해 3억 4,326만 3,000원을, 보충금 및 각종 채무에 대한 지불로서 1억 5,953만 7,000원을, 즉 계 6억 5,142만 4,000원을 지출하였다고 한다. 만일 육해군에 대한 지출이 1931년과 같은 정도로 계속되었다고 가정한다면 1907년에서 1938년의 총계는 12억 7,235만 4,000원이 될 것이다.

---

1  앞의 책, p.234. 몰턴은 또 첨가해서 식민지의 경제적 중요성에 대한 충분한 평가는 "일본 본토와의 상업관계와 관련해서가 아니면, 또 과잉인구의 출구로서의 가치에 대한 고려 없이는 이루어질 수가 없다"라고 하였다. 트리트에 의하면 "이러한 개선은 일본이 고무한 것이며, 일본은 국내 예산에 수백만 달러를 계상(計上)하였다."

2  앞의 책, p.441.

보충금 문제는 뒤로 돌리기로 하고 군사비의 지출에 대해서만 말한다면,
이것이 한국의 합병에 의해 발생한 것인지는 의문이다. 한국에 주둔하고 있
는 2개 사단은 일본의 방위를 위해 어떻든 필요하다고 생각한 것이며, 그들
이 일본에 주둔하고 있었더라면 오히려 비용이 더 많아졌을 것이다. 그리고
한국의 점유가 해군의 비용을 증대시켰다고 증명하기는 곤란하다.

한국의 재정에 대한 분석을 하려면 우선 총독부의 세입과 지방관청의 그것
을 비교하는 것이 필요하다.

〈표 11-2〉에 의해 지방관청의 세입은 총 세입의 비교적 적은 부분을 이루
고 있을 뿐이며, 또 그 비율이 1932년과 1939년 사이에서 급속히 저하하고
있는 것, 즉 재정은 점점 집중화하고 있음을 알 수 있다. 더욱이 지방관청 세
입의 20~30%가 중앙정부로부터의 보충금으로 되어 있으므로 실지로는 총
세입의 약 10~15%를 이루고 있었다.

| 〈표 11-2〉 | 한국 관청의 세입 | | (단위 : 백만 원) |
|---|---|---|---|
| | 1932 | 1936 | 1939 |
| A. 총독부 | 220.3 | 384.5 | 656.1 |
| B. 지방관청 | 63.9 | 77.4 | 103.9 |
| A에 대한 B의 백분비 | 29 | 20 | 16 |

【자료】『拓務統計』(1938)

조선총독부는 반도에서의 최대 기업체다. 총독부는 철도 · 우편국 · 전
신 · 전화 등을 운영하며, 소금〔鹽〕· 담배〔煙草〕· 아편 및 모르핀을 제조한
다.[3] 이러한 운영의 재정적인 면은 세입과 세출의 양면에 모두 나타나 있다.

이것은 총 세입에 있어서의 조세의 중요성을 과소평가하는 것이다. 그러므
로 재정의 보다 정확한 모습은 전매, 철도 및 그 밖의 수입을 낳는 기업들에

---

3 아편과 모르핀의 소비는 한국인과 타이완인의 하나의 '특권' 이다. 일본 본토나 식민지의 일본
  인에게는 그러한 특권이 없다.

관한 통계를 실수입(경우에 따라서는 혹은 지출)으로 환산함으로써 찾아볼 수 있다. 전매에서 오는 실수입은 또 세금과 결합되어 있을 것이다. 세금은 어디에든 부과되고 있기 때문이다. 세금이 수집되는 특수한 형태는 보다 엄격한 통제를 고려함에서 생긴 것이다. 〈표 11-3〉에는 1936년에서 1940년의 5년간의 총독부 세입이 표시되어 있다.

이 표는 전매·철도·삼림 및 통신 등에서 들어오는 수입을 실수입으로 환산하면 총계는 훨씬 적어진다는 것을 보여주고 있다. 세입에서 가장 중요한 역할을 하는 것은 조세와 전매수입이며, 이것은 위의 5년간에 거의 배증하였다. 즉, 전쟁 전인 1936년의 1억 2,200만 원에서 1940년의 2억 2,900만 원으로 된 것이다. 그러나 그 비율은 1936년의 59.5%에서 1940년의 41.8%로 감

| 〈표 11-3〉 | | 조선총독부의 세입 | | | (단위 : 천 원) |
|---|---|---|---|---|---|
| 재정 연도<br>(3월 31일 시작) | 1936 | 1937 | 1938 | 1939 | 1940 |
| 조세, 전매[a] | 121,964 | 137,670 | 143,276 | 162,836 | 228,650 |
| 철도 수입(순익)[b] | 23,756 | 31,675 | 31,375 | 37,014 | 50,133 |
| 통신 수입(순익)[b] | 3,840 | 5,709 | 5,101 | 4,634 | 4,832 |
| 삼림 수입(순익)[b] | 2,440 | 3,576 | 4,321 | 9,372 | 10,296 |
| 도량형 수입 | 951 | 1,383 | 1,942 | 2,182 | 2,583 |
| 형무소 수입 | 2,489 | 2,710 | 3,815 | 3,689 | 4,250 |
| 관유물 불하대<br>(官有物 拂下代) | 570 | 571 | 469 | 1,826 | 942 |
| 과료(科料) 및 압수(押收) | 218 | 263 | 280 | 290 | 309 |
| 병원 수입 | 760 | 829 | 968 | 1,002 | 1,260 |
| 기부금 | 525 | 34 | 81 | 17 | 6 |
| 일본 대장성 보충금<br>(大藏省 補充金) | 12,918 | 12,913 | 12,909 | 12,904 | 12,899 |
| 공채 | 31,620 | 65,000 | 106,000 | 164,868 | 199,500 |
| 차입금 | … | … | … | 6,000 | … |
| 기타 | 2,250 | 2,623 | 2,628 | 7,278[c] | 32,332[c] |
| 계 | 204,301 | 264,956 | 313,165 | 413,912 | 547,992 |
| 전년도분 이월 | 14,208 | 22,182 | 26,369 | 26,612 | 3,011 |
| 총계 | 218,509 | 287,138 | 339,534 | 440,524 | 551,103 |

위 세입의 백분비표[d]

| 재정 연도 (3월 31일 시작) | 1936 | 1937 | 1938 | 1939 | 1940 |
|---|---|---|---|---|---|
| 조세, 전매 | 59.5 | 52.0 | 45.8 | 39.3 | 41.8 |
| 철도 | 11.7 | 11.9 | 10.0 | 9.0 | 9.1 |
| 통신 | 1.9 | 2.2 | 1.6 | 1.1 | 0.9 |
| 삼림 | 1.2 | 1.3 | 1.4 | 2.3 | 1.9 |
| 도량형 | 0.5 | 0.5 | 0.6 | 0.5 | 0.4 |
| 형무소 | 1.2 | 1.0 | 1.2 | 0.9 | 0.8 |
| 관유물 불하 | 0.3 | 0.2 | 0.2 | 0.4 | 0.2 |
| 과료 및 압수 | 0.1 | 0.1 | 0.1 | 0.1 | 0.1 |
| 병원 | 0.4 | 0.3 | 0.3 | 0.2 | 0.2 |
| 기부금 | 0.3 | 0.0 | 0.0 | 0.0 | 0.0 |
| 일본 대장성 보충금 | 6.3 | 4.9 | 4.1 | 3.1 | 2.3 |
| 공채 및 차입금 | 15.5 | 24.6 | 33.9 | 41.3 | 36.4 |
| 기타 | 1.1 | 1.0 | 0.8 | 1.8 | 5.9 |
| 계 | 100.0 | 100.0 | 100.0 | 100.0 | 100.0 |

【자료】『拓務統計』(1938) 및 『朝鮮年鑑』(1941)의 자료를 토대로 작성된 것이다.
(a) 상세한 것은 뒤에 언급한다.
(b) '통상' 지출만을 제외하고, 새로운 건조나 확장은 제외하지 않았다.
(c) 이 두 해에 증가한 것은 특별 자본 계정으로부터 차용(대체)하였기 때문이다.
(d) 전년도로부터의 이월금은 총계에서 제외되었다.

소되었다. 이 감소는 통상세입으로는 일본 정부의 전시에 있어서 급격히 증가된 수요를 충당하지 못한 데에 거의 전적으로 원인이 있다.

한국인의 빈곤한 상태는 이미 언급한 바 있었다. 그런데 총독부는 이 가난한 국민으로부터 평화 시에는 1억 2,200만 원을, 그리고 전시에는 2억 2,900만 원을 받았다는 것을 우리는 알게 되었다. 1940년 한 해에만도 총독부는 합병 이래 한국의 농업에 사용한 금액보다 많은 조세를 받아냈다.

이를 분석하는데 있어서 우선 지세·소득세·임시이득세(臨時利得稅)·자본이자세·법인자본세 및 상속세는 비교적 부유한 사람에게만 부과되었다고 가정할 수 있을 것이다(지세에 있어서는 전적으로 그렇다고 할 수는 없지만). 이러한 데에서의 수입은 1940년에는 모두 7,116만 8,000원, 즉 전 세액의 31%

〈표 11-4〉　　　　　　조선총독부의 조세·전매수입 내역　　　　　(단위 : 천 원)

| 항목별 | 1936 | 1937 | 1938 | 1939 | 1940 |
|---|---|---|---|---|---|
| 지세 | 13,313 | 13,827 | 13,431 | 13,502 | 13,618 |
| 소득세 | 9,023 | 10,187 | 16,546 | 21,341 | 33,988 |
| 임시이득세 | … | … | 2,663 | 8,447 | 17,129 |
| 자본이자세 | 484 | 1,313 | 1,180 | 1,359 | 3,364 |
| 법인자본세 | … | … | 811 | 783 | 1,335 |
| 특별법인세 | … | … | … | … | 6 |
| 이익배당세 | … | … | 175 | 775 | 466 |
| 공채 및 사채이자세 | … | … | 70 | 74 | 65 |
| 상속세 | 293 | 333 | 475 | 765 | 1,197 |
| 광세(鑛稅) | 2,147 | 2,577 | 2,164 | 2,577 | 3,897 |
| 영업세 | 2,251 | 2,580 | 2,541 | 3,027 | 5,774 |
| 어업세 | 442 | 616 | 756 | … | … |
| 인두세 | 1,084 | 2,840 | … | … | … |
| 취인소세(取引所稅) | 984 | 1,152 | 844 | 875 | 1,543 |
| 조선은행권발행세 | 145 | 255 | 27 | 2 | 27 |
| 주세 | 21,756 | 24,067 | 21,854 | 24,086 | 24,132 |
| 청량음료세 | … | … | 329 | 565 | 836 |
| 사탕소비세 | 3,218 | 3,597 | 4,165 | 4,108 | 5,547 |
| 직물세 | 325 | 410 | 441 | … | … |
| 연초세 | … | 1,983 | 1,297 | … | … |
| 출항세 | 129 | 265 | 139 | 429 | 435 |
| 관세 | 16,814 | 12,800 | 15,404 | 9,707 | 9,987 |
| 돈세(頓稅, Tonnage) | 58 | 69 | 44 | 55 | 63 |
| 인지세 | 20,939 | 19,788 | 20,622 | 18,791 | 24,156 |
| 전매 실수입(專賣 實收入) | 25,634 | 31,468 | 33,479 | 35,625 | 54,039 |
| 휘발유세 | … | … | 1,553 | 1,580 | 2,420 |
| 중국사변특별세<br>　(中國事變特別稅) | … | … | 563 | … | … |
| 통행세 | … | … | 1,017 | 1,029 | 1,750 |
| 입장세 | … | … | 131 | 195 | 512 |
| 물품세 | … | … | 4,441 | 9,867 | 14,692 |
| 건축세 | … | … | … | 172 | 82 |
| 유흥음식세 | … | … | … | 3,030 | 7,590 |
| 기타 | … | 1,474 | … | … | … |
| 계 | 121,964 | 137,670 | 143,276 | 162,836 | 228,650 |

【자료】『拓務統計』(1938) 및 『朝鮮年鑑』(1941)에서 취하였다.

에 달하였다. 그러므로 69%는 전 인구에서 징수한 것이었다. 이것은 그 이상의 세금을 제공할 수 있을 만큼 충분히 부유한 계층이 존재하지 않기 때문이 아니었다. 세무 당국의 추산에 의하면, 소득세의 의무가 있는 개인의 소득은 1938년에 4억 7,890만 원으로 되어 있으며, 1940년에는 이보다 최소한 200만 원이 증가하였다고 가정할 수 있을 것이다.[4] 그러므로 우리는 막대한 소득을 갖고 있는 사람들이 가난한 일반 국민들보다 관대한 취급을 받고 있다고 결론지어야겠다.

이 기간에 지세에는 현저한 증가가 없었다. 이것은 아마 총독부가 소득세를 통해서 지주에게 과세하기를 원했기 때문이었을 것이다. 즉 1938년에 있어서 소득세를 부과할 수 있는 4억 7,890만 원의 소득 중에서 1억 5,280만 원은 전답으로부터의 소득이었다. 더욱이 토지는 지방재정에서 중요한 역할을 하고 있다(도에 1,070만 원, 그리고 부 및 읍면에다 대체로 같은 액). 개인소득에 대한 소득세의 율은 1940년에 1,000~1,200원에 대해서 1%, 1만~1만 5,000원에 대해서 10%, 10만~20만 원에 대하여는 27%였다. 상속세율도 또한 소득이 많은 자에 대해 비교적 낮은 율이었다. 5,000원 미만의 재산을 상속하는 데 대하여 1%, 1만~2만 원에는 1.5%, 10만~15만 원에는 8%, 그리고 100만~200만 원에 대하여는 22%였다. 이 율은 소비품에 대한 세율보다 훨씬 낮은 것이었다. 1939년에 한국에서 소비된 설탕은 약 600만 원이었는데, 설탕 소비세는 1939년에 410만 원, 1940년에는 550만 원에 달할 것으로 추측되었다〔1940년의 세율은 1근(斤), 즉 600g당 13전이었다〕. 직물·주류 및 그 밖의 물품도 같은 방법으로 취급되었다. 연초(煙草)·인삼·소금·아편 및 모

---

4 그 주소가 일본 본토에 있는 개인이나 법인의 소득은 이 총액 속에 포함되지 않은 것이 분명하다. 1941년에 한국에서의 공업 생산 총액은 18억 7,300만 원이었는데, 1937년에는 9억 5,500만 원이었다. 이득도 적어도 동률로 증가되었을 것이다.

르핀은 총독부의 전매였는데 5,400만 원의 실수입을 가져왔다(1940~1941년의 추정). 아편 통용자들이 고가인 정부의 아편보다 값싼 모르핀을 사용하게 되자 정부는 모르핀 판매를 전매로 하였다. 이 마약의 소비는 〈표 11-5〉에서 알 수 있는 바와 같이 급속히 증가하고 있다.

〈표 11-5〉 　　 아편 및 모르핀 전매 수입 　　 (단위 : 천 원)

| 연도 | 수입 |
|------|------|
| 1931 | 294 |
| 1936 | 449 |
| 1937 | 618 |
| 1938 | 2,488 |
| 1939 | 3,330 |
| 1940 | 6,690 |

【자료】『朝鮮年鑑』(1941)

세입에서 다음으로 중요한 것은 철도로부터의 실수입이다. 철도 수입은 1936년의 2,380만 원에서 1940년의 5,010만 원으로 증가하였는데, 그것은 운수의 증가와 세율 인상의 결과였다. 철도에 투자된 자본과 비교할 때에 이것은 1938년에 있어서는 5% 이하의 수익이었으며, 이러한 것은 한국의 상태에서는 놀랄 만큼 낮은 수익이었다. 이것은 철도가 직접적인 수익보다는 주로 군사적인 목적을 위해 부설된 것이라는 견해를 확인해주는 것이다.

삼림 수입은 상당히 증가하여서 1936년에서 1937년의 24억 4,000만 원에서 1940년에서 1941년에는 102억 9,600만 원으로 되었다. 일본 당국은 현재 한국의 삼림은 보호보다는 채벌의 단계에 도달하였다고 생각하고 있다는 사실을 앞서 지적하였지만, 이러한 수입의 증가는 철저한 채벌 과정이 순조로이 진행되고 있다는 사실을 보여주고 있는 것이다.

도량형도 한국에 있어서는 정부의 전매이며, 이로부터의 수입도 전매수입으로 취급되고 있다. '국민의 기부금'이 1936년의 52만 5,000원으로부터

1938년의 8만 1,000원으로 감소하였으며, 1940년에서 1941년에 총독부는 6,000원 이상의 기부금을 기대하지 않고 있다는 것은 흥미 있는 일이다. 일본 정부로부터의 보충금은 1932년 이래 동일한 정도로 계속되고 있었으며, 1940년에서 1941년에는 총 세입의 2.3%를 이루고 있었을 뿐이다.

중국과의 전쟁을 시작한 이후에 정부는 야심적인 군사계획의 수행에 필요한 자금을 제공하기에 충분할 만한 세금과 그 밖의 수입을 늘릴 수가 없었기 때문에 점점 더 공채 발행에 의존하게 되었다. 1936년에는 공채 발행고가 3,160만 원, 즉 총 세입의 15.5%였으며, 1940년에서 1941년에 이것은 19억 9,500만 원, 즉 총 세입의 36.4%로 높아졌다.

이제 세출 면을 검토함에 있어서 우리는 총독부가 어떠한 용도에 기금을 사용하였는가를 보기로 하자. 〈표 11-6〉은 1936년에서 1940년, 즉 전쟁 1년 전부터 중국 '사변' 4년간에 있어서의 조선총독부의 세출을 표시한 것이다. 숫자는 공식발표에 의한 것이며, 지면을 절약하기 위해 수 개 항목을 하나로 종합하는 경우 이외에는 조그마한 변동도 가하지 않았다.

이 표는 지극히 불완전한 것이다. 만일 완전한 세출통계를 입수할 수만 있다면 경찰·육군 및 그 밖의 군사기관에 대한 지출이 이 표에 나타난 것 이상으로 상당한 금액인 것을 확인할 수 있을 것이다. 그러나 현재 나타나 있는 것만으로도 상당한 것이다.

이를 분석하기 위해 세출을 다음의 네 그룹으로 나누었다. ① 행정기관의 유지를 위한 지출, ② 문화·보건, 그 밖의 사회사업에 할당된 것, ③ 경제적인 성격을 지닌 것, 그리고 ④ 기타이다.[5]

첫째로 행정기관의 유지비인데, 여기에는 다음과 같은 것들이 포함되어

---

5 이 각 그룹에 속하는 항목이 표에 제시되어 있으므로, 독자는 이 분류의 정당성 여부를 검토할 수 있으며, 혹은 새로운 분류를 시도할 수도 있다.

〈표 11-6〉 　　　　　조선총독부의 세출 　　　　　(단위 : 천 원)

| 회계 연도<br>(4월 1일 시작) | 1936 | 1937 | 1938 | 1939 | 1940 |
|---|---|---|---|---|---|
| 신사(神祀)[1] | 72 | 74 | 79 | 247 | 381 |
| 이왕가(李王家) | 1,800 | 1,800 | 1,800 | 1,800 | 1,800 |
| 총독부 | 5,886 | 11,391 | 7,140 | 6,865 | 7,714 |
| 재판소 및 형무소 | 9,204 | 10,296 | 11,497 | 11,677 | 12,783 |
| 사상[2]·전향[3]·정신동원 | 118 | 385 | 272 | 608 | 816 |
| 경무(警務) | 20,694 | 21,200 | 21,525 | 21,987 | 24,343[4] |
| 군사(軍事)[5] | 895 | 13,346 | 28,574 | 43,665 | 54,669 |
| 지방행정[6] | 7,185 | 7,696 | 7,997 | 7,758 | 7,758[4] |
| 지방청 보조 | 300 | 484 | 858 | 1,093 | 11,059 |
| 은급(恩給) | 7,328 | 7,639 | 7,989 | 8,081 | 8,405 |
| 세무·전매[7]·세관 | 5,513 | 3,164 | 7,066 | 7,705 | 8,884 |
| 국채 | 38,012 | 29,764 | 31,709 | 35,219 | 41,693 |
| 경성제국대학 | 1,927 | 2,196 | 2,237 | 2,487 | 3,875 |
| 학교 및 도서관[8] | 10,189 | 11,661 | 13,280 | 15,719 | 18,044 |
| 조선어 장려 | 53 | 53 | 53 | 48 | 48 |
| 조선사 편찬 | 80 | 81 | 35 | 34 | 34 |
| 사회 | 490 | 531 | 1,040 | 1,226 | 1,632 |
| 위생[9] | 1,404 | 1,601 | 1,550 | 2,051 | 2,149 |
| 재외조선인시설 | 976 | 1,709 | 2,001 | 1,882 | 2,474 |
| 시험장·검사소 | 2,648 | 2,929 | 3,087 | 3,149 | 5,029 |
| 곡물검사소 | 1,929 | 2,100 | 2,323 | 2,640 | 2,754 |
| 농업[10] | 5,732 | 7,108 | 4,729 | 10,735 | 14,323 |
| 각종 경제통제 | 2,296 | 4,315 | 5,429 | 8,150 | 12,312 |
| 항만·해운 | 5,238 | 10,174 | 11,299 | 13,576 | 17,487 |
| 전신·전화[7] | 2,060 | 6,310 | 3,678 | 4,979 | 3,865 |
| 철도 부설[7] | 35,562 | 65,182 | 105,842 | 150,728 | 178,848 |
| 항공 | 301 | 2,167 | 2,580 | 3,405 | 3,765 |
| 측후소 | … | … | 1,340 | 1,570 | 1,242 |
| 도로공사 | 2,675 | 2,675 | 2,662 | 3,038 | 4,233 |
| 수송통신계 | 45,836 | 86,508 | 127,401 | 177,296 | 209,440 |
| 영선(營繕) | 2,870 | 3,622 | 3,060 | 3,528 | 4,791 |
| 사방(砂防)공사 | 7,225 | 6,700 | 6,737 | 6,372 | 6,364 |
| 조림(造林) 장려 | 839 | 877 | 877 | 917 | 1,557 |
| 염전 축조 | 810 | 850 | 850 | 650 | 1,314 |
| 산금(産金) 장려 | … | 445 | 11,022 | 21,145 | 57,468 |
| 기타 광업 장려 | … | … | 657 | 860 | 1,549 |
| 개인사업 보조[11] | 13,996 | 18,097 | 20,172 | 25,317 | 28,915 |
| 예비금 | 3,500 | 3,500 | 5,500 | 8,000 | 9,000 |
| 기타 | 668 | 567 | 2,040 | 801 | 1,280 |
| 계 | 200,075 | 262,689 | 340,586 | 439,712 | 564,657 |

위 세출의 백분비표

|  | 1936 | 1937 | 1938 | 1939 | 1940 |
|---|---|---|---|---|---|
| 신사 | 0.0 | 0.0 | 0.0 | 0.1 | 0.1 |
| 이왕가 | 0.9 | 0.7 | 0.5 | 0.4 | 0.3 |
| 총독부 | 2.9 | 4.4 | 2.1 | 1.6 | 1.4 |
| 재판소 및 형무소 | 4.6 | 3.9 | 3.4 | 2.8 | 2.3 |
| 사상·전향·정신동원 | 0.1 | 0.1 | 0.1 | 0.1 | 0.1 |
| 경무 | 10.3 | 8.1 | 6.3 | 5.0 | 4.3 |
| 군사 | 0.4 | 5.1 | 8.4 | 9.9 | 9.7 |
| 지방청 보조 | 3.7 | 3.1 | 2.6 | 2.0 | 3.3 |
| 은급 | 3.7 | 2.9 | 2.3 | 1.8 | 1.5 |
| 세무·전매 | 2.7 | 1.2 | 2.1 | 1.7 | 1.6 |
| 국채 | 19.0 | 11.3 | 9.3 | 8.0 | 7.4 |
| 소계―정부관계 | 48.3 | 40.8 | 37.1 | 33.4 | 32.0 |
| 경성제국대학 | 1.0 | 0.8 | 0.7 | 0.6 | 0.7 |
| 학교 및 도서관 | 5.1 | 4.5 | 3.9 | 3.6 | 3.2 |
| 조선어 장려 | 0.0 | 0.0 | 0.0 | 0.0 | 0.0 |
| 조선사 편찬 | 0.0 | 0.0 | 0.0 | 0.0 | 0.0 |
| 사회 | 0.2 | 0.2 | 0.3 | 0.3 | 0.3 |
| 위생 | 0.7 | 0.6 | 0.5 | 0.5 | 0.4 |
| 재외조선인시설 | 0.5 | 0.7 | 0.6 | 0.4 | 0.4 |
| 소계―문화후생관계 | 7.5 | 6.8 | 6.0 | 5.4 | 5.0 |
| 시험장·검사소 | 1.3 | 1.1 | 0.9 | 0.7 | 0.9 |
| 곡물검사소 | 1.0 | 0.8 | 0.7 | 0.6 | 0.5 |
| 농업 | 2.9 | 2.7 | 1.4 | 2.4 | 2.5 |
| 각종 경제통제 | 1.2 | 1.6 | 1.6 | 1.9 | 2.2 |
| 통신 | 22.9 | 33.0 | 37.4 | 40.3 | 37.1 |
| 영선 | 1.4 | 1.4 | 0.9 | 0.8 | 0.8 |
| 사방공사 | 3.6 | 2.6 | 2.0 | 1.4 | 1.1 |
| 조림 장려 | 0.4 | 0.3 | 0.3 | 0.2 | 0.3 |
| 염전 축조 | 0.4 | 0.3 | 0.2 | 0.1 | 0.2 |
| 산금 장려 | … | 0.2 | 3.2 | 4.8 | 10.2 |
| 기타 광업 장려 | … | … | 0.2 | 0.2 | 0.3 |
| 개인사업 보조 | 7.0 | 6.9 | 5.9 | 5.8 | 5.1 |
| 소계―경제관계 | 42.1 | 50.9 | 54.7 | 59.0 | 61.2 |
| 예비금 | 1.8 | 1.3 | 1.6 | 1.8 | 1.6 |
| 기타 | 0.3 | 0.2 | 0.6 | 0.2 | 0.2 |
| 총계 | 100.0 | 100.0 | 100.0 | 100.0 | 100.0 |

【자료】『朝鮮年鑑』(1941)

〔주〕(1) 신사비(神社費)는 공식목록 첫머리에 실려 있다.

(2) '교도(教導)'

(3) 즉, '사상범 방지'

(4) 추산이다. 경무비 이외의 지방행정비는 1939~1940년에서 동일한 수준이었다고 가정하
였다.

(5) 육군에 대한 말의 공급을 늘리기 위한 종마 장려비(천 원 단위로 각기 62, 195, 302, 346, 618)를 포함하고 있다.

(6) 이것은 지방과(地方課)의 비용이다. 그러나 그것이 주로 경무에 관한 것인 한 경무에 관한 비용은 거기서 공제되어 경무비(훈련 등)에 합쳐졌다.

(7) 이 지출은 새로운 투자만을 표시한 것이다. 경상비(經常費)는 수입 속에서 공제하였으며, 그 차액은 세입표에 표시하였다.

(8) 이것은 총독부로부터 (주로 보조금의 형태로) 지출된 비용이다. 이것 이외에 지방 당국의 교육, 교육구 기관 및 외국 선교회 등에 대한 지출이 있다.

(9) 총독부의 지출만을 표시한 것이다. 지방청의 지출도 참조.

(10) 농업에 관한 약간의 지출(주로 시험장비)은 '시험장 · 검사소'의 항에 포함되어 있다.

(11) 공업 · 해운 · 사철(私鐵) · 유류 · 삼림, 그 밖의 회사에 대한 것이다.

있다.

1) 신사비(神社費)—신사는 한국인으로 하여금 제국의 신민인 것을 알게 하기 위해 일본 정부가 하나의 정책수단으로서 세운 것이다. 한국인 속에는 신도(神道)를 믿는 사람이란 실제로 없으므로 이 비용은 전혀 그들에게는 불필요한 것이다. 그러나 누구나 이 표에서 알 수 있는 것과 같이 신사(神社)의 건립은 전시(戰時)에 증가하였다.

2) 이왕가세비(李王家歲費)—이것은 일본이 한국을 합병한 것의 합법성을 가장하려는 기도에 불과하다. 이왕가의 가족들은 한국에서 아무런 직무도 갖고 있지 않으며, 그들은 일본의 황족들과 결혼하여 한국인과의 모든 관련을 잃어버렸다.

3) 총독부의 사무비와 그 건물의 축조비

4) 재판소와 형무소

5) '국민정신총동원', '교도', '사상범 방알' 등에 대한 비용

6) 경무비

7) 군사비

8) 지방청 보조비

9) 세무 및 국채에 관한 비용

10) 정부관리에 대한 은금(恩金)

이 열 개 항목은 정확히 한국에 있어서의 일본 행정기관을 유지하기 위한 비용이라고 말할 수 있을 것이다. 그런데 평화 시에는 총 세출의 48.3%이던 것이 전시에는 그 비율이 32%로 떨어진 것을 알 수 있다. 이것은 사회시설에 대한 비용이 반비례로 증가된 때문이 아니라, 현대전(現代戰)은 주로 경제전이고, 그리하여 정부의 경제적인 기능이 놀랄 만큼 확대된 때문이었다. 사실 행정기관에 대한 비용은 이 5년간에 거의 배증하였다(1936~1937년의 9,700만 원에서 1940~1941년의 1억 8,000만 원으로 올랐다). 특히 현저한 것은 일본의 전쟁 비용에 대하여 제공하는 지출액이 증가한 것이다. 이것은 1936년에서 1937년에는 거의 없었던 것이 1940년에서 1941년에는 1억 8,000만 원으로 증가하였다. 이 금액은 이미 보아온 바와 같이 한국인 대중으로부터 주로 강요된 것이었다.

조선총독부는 관료·경찰·감옥 및 군대에 대해서는 관대하지만, 그러나 오늘날 세계의 다른 나라들이 정부의 주 기능의 일부로 생각하고 있는 사회시설, 한국인의 사회시설에 대하여는 인색하였다. 그 비용은 1936년에서 1937년에는 총 세출의 7.5%(1,510만 원), 1940년에서 1941년에는 5%(2,830만 원)로서, 실로 경찰비 하나만도 못하였다.

여기에는 물론 총독부의 지출 이외에도 지방관청의 지출이 있다. 그러나 지방예산이 총독부의 예산과 합쳐진다 하더라도 전체적인 양상은 변하지 않을 것이다. 즉, 거의 모든 세출은 관청·경찰 및 전쟁에 관한 것이고, 사회시설에 대해서는 나머지 약간을 사용할 뿐이다.

뒤에 다시 언급하겠지만 경성제국대학은 주로 일본인 학생을 위한 것이다. 한국에서의 교육비의 적어도 3분의 1이 그곳에서 일본인 학생을 위해 사용되고 있다. 그러나 그들은 전체 학생 수의 약 6%를 차지하고 있을 뿐이다. 비록 적은 것이기는 하지만 병원비도 역시 주로 소수의 일본인을 위한 지출이었다.

'사회', 즉 '사회후생(社會厚生)'에 관련해서 기억해야 할 것은 사회과(社會課)의 임무 속에는 '애국' 단체의 육성, 국민정신총동원, 노동자의 평화체제에서 전시체제로의 전환 및 전쟁에 동원된 재한일본인 가족의 원조[6] 등이 포함되어 있다는 것이다(후자는 1939년에 이러한 모든 비용의 거의 30%를 차지하고 있었으며, 1940년에는 아마 보다 더 많은 비율을 차지했을 것이다). 1938년에 사회과는 4,000명의 한국인에게 1년에 6만 5,000원에 달하는 원조, 즉 1인 월당 1원을 제공하였다. 해외 한국인에 대한 비용은 다른 적절한 항목이 발견되지 않는 것으로 보아 여기에 포함되어 있을 것이다. 이러한 비용에는 만주 혹은 중국에 가 있는 한국인을 위한 학교와 병원에 사용된 금액도 포함되어 있는 것이 사실이다. 그러나 거기에는 또 그들의 치안을 유지하고 '보호'하기 위한 비용도 포함되어 있다. 하지만 해외의 대부분의 한국인들이 이런 종류의 보호를 받지 않는 것이 오히려 행복하였을 것임에는 아무런 의심이 없다.

이것이 '사회후생' 비의 거의 전부이다. 그러나 조선어 장려를 위해 할당된 4만 8,000원과, 조선사의 편찬을 위한 3만 4,000원이 있음을 말해두어야겠다.

경제관계의 지출은 총 세출에 대한 비율로는 1936년의 42.1%에서 1940년의 61.2%로, 실액으로는 8,420만 원에서 3억 4,580만 원으로 증가하였다.

소액의 비용이 시험장·연구소 및 약간의 검사소에 할당되어 농업을 개량하는 데에 사용되었다. 그러나 그 밖의 막대한 금액이 광업조사, 액체연료 및 부족물자 대용품의 연구 등에 사용되었다. 또 그 밖에도 많은 비용이 직접·간접으로 전쟁 및 전쟁 준비에 관계가 있는 것에 사용되었다.

---

6 동원된 일본인 가족에 대한 수당은 월당 평균 29원이었다.

다음으로 곡물검사소의 비용은 일본에 수출하는 쌀의 등급을 매기기 위한 비용이다. 1940년에서 1941년의 농업에 대한 지출 중 290만 원이 직접 미곡 증산을 위해 사용될 것이었고, 토지 개량에 540만 원, 농촌 '진흥'에 189만 9,000원, 그리고 재난에 의한 손해(여기에서는 종종 군용비행장, 전략도로 등의 건조를 위한 것이 있다)에 대한 보조로 250만 7,000원이 사용될 것이었다.

각종의 경제통제비(전시 경제통제의 위반을 적발하는 기능을 가진 '경제경찰'을 포함)는 1936년에서 1937년의 230만 원으로부터 1940년에서 1941년의 1,230만 원으로 증가하였다. 이것은 이 기간에 있어서의 식민지의 경제생활이 통제된 정도를 말해주는 것이다.

다음의 '수송통신비'는 1936년에서 1937년의 22.9%(4,580만 원)로부터 1940년에서 1941년의 37.1%(2억 940만 원)로 증가하였다. 이 증가는 반도에 있어서 그 밖의 부문의 경제활동보다 저율의 이익을 가져온다는 것, 여객은 적고 도로여행자가 드물며 또 화물도 비교적 적다는 관점에서 볼 때에 놀랄 만한 것으로 보일지 모른다. 그러나 이 철도부설비와 항공수송비가 크게 증가한 것은 한국의 지리적인 위치가 이를 설명해준다. 한국은 일본과 대륙의 다리[橋]이다. 한국은 또 만주와 중국에 군대를 공급하는 보충기지이다. 그러므로 한국의 교통은 일본의 전쟁기구에 있어서 가장 큰 중요성을 지니는 것이다.

경제관계의 지출 중에서 각종 형식의 산금장려금(産金獎勵金)과 개인사업에 대한 보조금의 두 항목을 주의할 필요가 있다. 산금장려금은 1940년에서 1941년에 5,750만 원이라는 놀랄 만한 액수에 달하였으며, 개인사업(철도·광업·제조공업, 기타)에 대한 보조금은 1936년의 1,400만 원에서 1940년에서 1941년의 3,040만 원으로 증가하였다. 그리고 개인기업이나 회사에 대해 '보조', '장려', '원조', '지원' 및 각종의 위자(慰藉)를 아끼지 않는 것은 총독

〈표 11-7〉 　　　　　　　　　도의 재정 　　　　　　　　　(단위 : 천 원)

| 회계 연도<br>(4월 1일 시작) | 1936 | 1937 | 1938 | 1939 | 1940 |
|---|---|---|---|---|---|
| 세입 | | | | | |
| 　조세 : | | | | | |
| 　　지세부가세(地稅附加稅) | 9,252 | ⋯ | ⋯ | 9,881 | 10,724 |
| 　　소득세부가세 | 477 | ⋯ | ⋯ | 668 | ⋯ |
| 　　호별가옥세(戶別家屋稅) | 6,447 | ⋯ | ⋯ | 7,603 | 7,908 |
| 　　영업세부가세 | 452 | ⋯ | ⋯ | 805 | 1,483 |
| 　　도장(屠場) 및 도축세 | 743 | ⋯ | ⋯ | 694 | 628 |
| 　　어업세 | 402 | ⋯ | ⋯ | 536 | 1,058 |
| 　　광세부가세(鑛稅附加稅) | 90 | ⋯ | ⋯ | 13 | 169 |
| 　　차량세 | 1,353 | ⋯ | ⋯ | 1,608 | 1,543 |
| 　　임야세 | 1,240 | ⋯ | ⋯ | 1,281 | 1,493 |
| 　　부동산취득세 | 2,847 | ⋯ | ⋯ | 2,682 | 3,063 |
| 　　기타 | 13 | ⋯ | ⋯ | 126 | 4 |
| 　조세 소계 | 23,316 | 22,649 | 24,735 | 25,897 | 28,073 |
| 　은사금(恩賜金) | 945 | 941 | 879 | 873 | 865 |
| 　전년도 이월금 | 10,639 | 13,909 | 2,966 | 4,310 | 2,883 |
| 　국고보조금 | 17,688 | 18,804 | 24,648 | 19,286 | 54,519 |
| 　도채(道債) | 12,897 | 15,179 | 20,223 | 24,302 | 35,724 |
| 　이용료 및 수수료 | 4,212 | 4,560 | 5,213 | 5,576 | 6,838 |
| 　기타 | 7,752 | 8,832 | 9,502 | 13,391 | 28,430 |
| 　총액 | 77,449 | 84,555[1] | 88,761[2] | 103,682[3] | 157,332 |
| 세출 | | | | | |
| 　토목비 | 12,750 | 20,786 | 20,202 | 25,119 | 36,522 |
| 　위생비 | 3,383 | 3,429 | 3,800 | 7,141 | 4,859 |
| 　권업비(勸業費) | 14,029 | 17,747 | 14,129 | 9,843 | 11,017 |
| 　수산비(授産費) | 615 | 947 | 1,001 | 820 | 880 |
| 　교육비 | 15,461 | 16,372 | 18,132 | 5,765 | 7,189 |
| 　사회사업비 | 1,952 | 2,203 | 908 | 621 | 648 |
| 　도회의비(道會議費) | 79 | 83 | 83 | 87 | 90 |
| 　사무비 | 1,975 | 2,127 | 2,361 | 2,502 | 2,705 |
| 　신영비(新營費) | 1,940 | 4,011 | 3,596 | 5,187 | 9,626 |
| 　도채비(道債費) | 5,130 | 10,017 | 11,823 | 14,275 | 20,073 |
| 　예비비 | 525 | 585 | 598 | 601 | 629 |
| 　기타 | 5,328 | 6,222 | 3,536 | 34,234 | 63,092 |
| 　총액 | 63,167 | 84,917[4] | 88,768[5] | 103,382[6] | 157,332 |

【자료】『朝鮮年鑑』(1941)

(1) 만일 위의 여러 항목의 금액이 정확하다면 총액은 8,487만 4,000원이 될 것이다.

(2) 이도 또한 위와 마찬가지로 8,816만 6,000원이 될 것이다. 『拓務要覽』에 의하면 총액은 9,323만 3,000원이다.

(3) 만일 위의 여러 항목의 금액이 정확하다면 총액은 9,336만 5,000원이다.

(4) 위와 마찬가지로 8,452만 9,000원이 될 것이다.

(5) 위와 마찬가지로 8,016만 9,000원이 될 것이다. 『拓務要覽』에 의하면 총액은 9,323만 3,000원이다.

(6) 위와 마찬가지로 1억 619만 5,000원이 될 것이다.

부만이 아니다. 지방행정기관도 이 점에서 중앙행정당국에 그리 뒤지지 않았다. 도에서는 1940년에 이 목적을 위해 1,100만 원을 지출할 예정이었으며, 읍 및 면은 1939년에 그들의 극소한 재산 속에서 200만 원 이상을, 또 부(府)에서도 수백만 원을 지출할 예정이었다. 이러한 정부의 보조에서 주로 혜택을 입는 것은 말할 것도 없이 한국에서 모든 대규모의 경제적인 회사를 실질적으로 통제하고 있는 일본인 실업가와 자본가이다. 일본인 회사에 대한 장려 및 일본의 전쟁수단 지원에 사용한 금액과 비교할 때에 일본 대장성이 조선총독부에 매년 제공한 1,200만 원의 보충금은 아무것도 아니다. 몰턴 교수나 다카하시의 주장에도 불구하고 한국은 일본에게 재정적인 부담을 지우고 있지 않았다고 하는 사실이 확실해졌을 것이다.

〈표 11-7〉에 나타나 있는 원형은 이미 우리가 알고 있는 바다. 공채의 상대적 중요성은 증가하고, 사회시설에 대한 예산의 백분비는 1936년 33%에서 1940년의 8%로 줄어들었다. 불행히 1940년의 세출 속에 '기타'라고 한 6,310만 원의 지출이 무엇을 포함하고 있는지를 알 수가 없다.

부의 재정통계로서 입수된 것은 오직 1938년도의 것뿐이다.[7] 그것은 〈표 11-8〉과 같다.

| 〈표 11-8〉 | | 부의 재정 | | (단위 : 천 원) |
|---|---|---|---|---|
| 세입 | | 세출 | | |
| 조세 | 5,948 | 사무비 | 2,300 | |
| 이용료 및 수수료 | 5,790 | 토목비 | 14,940 | |
| 보조금 | 1,629 | 수도비 | 4,873 | |
| 부채 | 14,738 | 오물청소비 | 1,050 | |
| 기타 | 8,010 | 부채비 | 4,338 | |
| 총액 | 36,076 | 기타 | 8,776 | |
| | | 총액 | 36,076 | |

---

7 1940~1941년에 있어서의 20개 부의 세입(혹은 세출) 총액은 7,013만 8,000원이었다(추산).

| 〈표 11-9〉 | | 읍·면의 재정 | | (단위 : 천 원) |
|---|---|---|---|---|
| 회계 연도<br>(4월 1일 시작) | 1936 | 1937 | 1938 | 1939 |
| **세입** | | | | |
| 조세 | 16,098 | 17,102 | 17,852 | 19,366 |
| 재산수입 | 1,358 | 1,446 | 1,573 | 1,785 |
| 이용료 및 수수료 | 2,078 | 2,341 | 2,543 | 2,782 |
| 교부금 | 1,273 | 1,308 | 1,390 | 1,534 |
| 이월금 | 2,012 | 1,848 | 2,089 | 2,347 |
| 보조금 | 2,190 | 2,230 | 2,170 | 2,575 |
| 이입금 | 333 | 306 | 325 | 326 |
| 읍면채 | 1,001 | 1,680 | 1,082 | 393 |
| 기타 | 1,214 | 1,570 | 1,546 | 2,091 |
| 총액 | 28,178 | 30,539 | 31,416 | 34,279 |
| **세출** | | | | |
| 사무비 | 14,422 | 15,326 | 16,205 | 17,709 |
| 토목비 | 2,140 | 2,649 | 2,328 | 2,305 |
| 위생비 | 900 | 981 | 1,004 | 1,066 |
| 수도비 | 1,243 | 1,116 | 1,223 | 917 |
| 권업비 | 1,888 | 1,925 | 1,816 | 2,314 |
| 경비비 | 436 | 455 | 536 | 605 |
| 재산관리비 | 317 | 338 | 358 | 346 |
| 적립금 | 395 | 468 | 474 | 605 |
| 보조금 | 360 | 218 | 415 | 594 |
| 읍면채비 | 5,170 | 5,968 | 5,939 | 6,748 |
| 기타 | 907 | 1,095 | 1,118 | 1,250 |
| 총액 | 28,178 | 30,539 | 31,416 | 34,279 |

【자료】『朝鮮年鑑』(1941)

읍과 면의 재정통계는 〈표 11-9〉와 같다.

읍과 면의 평균 인구는 약 1만이다. 이 표에 의하면 읍·면의 월당 평균 지출은 겨우 1,220원이었다. 총 세출액의 52%가 순전히 행정 면에 사용되었으며, 20%가 읍면채(邑面債)의 이자 지출에, 7%가 건물의 유지 및 거의 이와 비슷한 목적으로, 6%가 권업비(勸業費)에, 그리고 2%가 보조금에 사용되었다.

합병 당시의 한국 정부의 공채는 4,559만 106원이었다. 그러나 1938년에는 6억 7,396만 8,148원으로 되었으며, 현재는 1937년에서 1941년의 경향으

| 〈표 11-10〉 | 지방관청의 공채 | (단위 : 원) |
|---|---|---|
| 도(道) | | 157,399,448 |
| 부(府) | | 48,661,419 |
| 읍면(邑面) | | 8,721,208 |
| 기타 | | 2,723,017 |
| 계 | | 217,505,092[a] |

【자료】『拓務統計』(1938)

(a) 1938년 12월 31일 현재의 공채 총액은 이보다 더 컸을 것이다. 그것
은 위의 읍면채가 1937년 12월 31일 현재의 것이기 때문이다.

로 미루어서 15억 원을 내리지 않을 것이다. 지방관청의 공채는 1938년 12월
31일 현재로 〈표 11-10〉과 같다.

이것도 현재는 아마 배증하였을 것이다. 그것은 매년 5,000만 원의 계수로
증가되고 있었기 때문이다.

# 제12장 무역

〈표 12-1〉은 1910년에서 1940년에 이르는 동안에 있어서의 한국 무역의 급속한 발전을 보여주고 있다. 즉 수입은 3,980만 원*에서 13억 8,840만 원으로 35배나 증가하였고, 한편 수출은 1,990만 원에서 10억 680만 원으로 거

| 〈표 12-1〉 | 한국 무역의 발전 | | 지수 | (단위 : 천 원) |
|---|---|---|---|---|
| 연도 | 수입 | 수출 | 수입 | 수출 |
| 1910 | 39,783 | 19,914 | 100 | 100 |
| 1915 | 59,695 | 50,220 | 150 | 250 |
| 1919 | 289,077 | 221,947 | 710 | 1,110 |
| 1920 | 249,287 | 197,020 | 630 | 990 |
| 1925 | 340,012 | 341,631 | 860 | 1,710 |
| 1929 | 423,094 | 345,664 | 1,060 | 1,730 |
| 1930 | 367,048 | 266,547 | 920 | 1,340 |
| 1935 | 659,403 | 550,796 | 1,660 | 2,800 |
| 1936 | 762,417 | 593,313 | 1,920 | 2,980 |
| 1937 | 863,552 | 685,542 | 2,170 | 3,440 |
| 1938 | 1,055,927 | 879,606 | 2,660 | 4,400 |
| 1939 | 1,388,448 | 1,006,794 | 3,500 | 5,050 |
| 1939년 1~9월 | 1,007,488 | 749,707 | | |
| 1940년 1~9월 | 1,176,121 | 700,848 | | |

【자료】1910~1935년은『朝鮮經濟年報』(1939), 1936~1939년은『朝鮮年鑑』(1941).

---

* 원서에는 3,960만 원이라고 되어 있으나 〈표 12-1〉에 의하면 3,980만 원이 되어야 한다.

의 51배라는 급속한 발전을 이룩하였다.

비록 물가 수준이 1940년에는 1910년보다 거의 3배나 오른 것을 고려해 넣는다 하더라도 결과는 역시 놀랄 만한 발전을 보여주고 있다. 너무나 놀랄 만한 것이기 때문에 거의 모든 한국에 관한 저술가들은 이 발전에 당황하였다. 어떤 사람은 발전의 속도와 양에 놀랐고, 또 어떤 사람은 무역의 발전과 마찬가지로, 혹은 거의 마찬가지 정도로 급속히 한국인의 행복이 증가하고 있었다는 결론으로 비약해버렸다. 브루너 교수는 다음과 같이 말하였다.

(한국) 무역의 증가는 대부분 일본인의 산업 발전을 말하는 것이고 한국의 경제적 향상에 대한 공정한 척도가 아니라고 주장하는 사람이 있다. 물론 한국 인구의 2%밖에 차지하지 않고 있는 일본인이 개별적으로 보면 한국인보다 많은 재산을 가지고 있다. 그러나 한국의 수출 및 수입 총액은 일본인의 인구 증가보다 12배나 급속히 증가하였다. 이러한 숫자 속에서 한국인 측의 자원이 증가한 증거를 찾아보지 않을 수 없다.[1]

브루너 교수가 그의 주장을 정당화하기 위해 내세운 증거는 극히 신빙할 수 없는 것이다. 그것은 재한일본인의 재부(財富)가 그 수의 증가보다 훨씬 급속히 발전하는 것도 또한 불가능하지는 않기 때문이다. 그리고 또 무역 통계는 사실상 인구의 재부를 반영하는 것이 아닐 것이다. 이러한 한국 무역의 문제에 대해 비나크는 다음과 같이 말하고 있다.

무역계에 있어서 일본인의 우월성은 주로 일본인이 한국의 생산품을 필요로 하고 또 한국의 수요에 응할 능력이 있기 때문이며, 게다가 지리적으로 접근하고 있다는 자연적인 이점이 있기 때문이다. 한국의 무역을 독점하려는 신중한 시도는

---

1 앞의 책, pp. 116~117.

그것의 이차적인 원인에 불과하다.[2]


비나크 교수가 '한국의 수요'라고 말할 때에 무슨 의미로 사용하였는지는 분명하지 않지만, 이 말은 한국인의 수요라는 뜻으로 말하였다고 해석할 수 있다. 그러므로 비나크 교수는 호혜무역(互惠貿易)을 염두에 두고 있다. 즉 일본은 한국에서 원료를 획득하고 한국인의 수요는 일본에 의해서 제공된다고 생각하고 있는 것이다. 그러나 이 견해에 의하면 이러한 교역은 일본이 한국의 생산품을 필요로 하며, 또 한국에 지극히 가까이 있다는 운 좋은 일치에 우선적으로 기초를 두고 있으며, 부차적으로 한국에 대한 일본의 정치적인 지배에 근거를 두고 있을 뿐이다. 이 주장의 타당성 여부를 판단하기 위해서는 한일합병 이래 한국의 일본 및 그 밖의 외국과의 무역의 발전을 검토해볼 필요가 있다.

〈표 12-2〉에서 우리는 여기에 기명된 모든 나라와의 무역(러시아와의 무역 및 영국으로부터의 수입을 제외)이 실액에 있어서는 증가하였으나, 그러나 일본과 만주를 제외한 거의 모든 나라들의 백분비는 감소되고 있음을 알 수 있다. 일본의 수출 백분비는 70.8%로부터 73.2%로 증가했는데, 만주의 것과 합치면(모든 실제 면에 있어서 만주는 현재 일제의 일부분이다) 1939년에는 93.6%를 차지하고 있었다. 같은 해의 중국에의 수출은 전체의 3.3%밖에 안 되었다. 그러나 이것도 일본이 점령하고 있는 '엔(円)블록'의 일부인 중국 지방에 대한 수출이었다.

이리하여 1939년의 엔블록 여러 나라에 대한 수출은 전체의 96.9%였으며, 그 밖의 국가에 대한 수출은 약 1%에 불과하였다. 같은 해에 일본으로부터의

---

2 앞의 책, p.366.

〈표 12-2〉 한국의 국가별 무역

| 국가별 | 실액(천 원) | | | | 백분비 | | | |
|---|---|---|---|---|---|---|---|---|
| | 수출 | | 수입 | | 수출 | | 수입 | |
| | 1911 | 1939 | 1911 | 1939 | 1911 | 1939 | 1911 | 1939 |
| 일본 | 13,341 | 736,883 | 34,058 | 1,229,417 | 70.8 | 73.2 | 63.0 | 88.6 |
| 만주 | ⋯ | 205,149 | ⋯ | 80,459 | ⋯ | 20.4 | ⋯ | 5.8 |
| 중국 | 3,009 | 33,566 | 5,422 | 10,334 | 16.0 | 3.3 | 10.0 | 0.7 |
| 러시아 | 1,511 | 0 | 49 | 2 | 8.0 | 0.0 | 0.1 | 0.0 |
| 네덜란드령 인도네시아 | ⋯ | 635 | 360 | 3,392 | ⋯ | 0.1 | 0.7 | 0.2 |
| 인도 | ⋯ | 476 | 82 | 8,846 | ⋯ | 0.0 | 0.2 | 0.6 |
| 미국 | 953 | 3,646 | 4,261 | 23,522 | 5.1 | 0.4 | 7.9 | 1.7 |
| 영국 | 1 | 171 | 7,929 | 1,338 | 0.0 | 0.0 | 14.6 | 0.1 |
| 독일 | 20 | 337 | 1,311 | 3,940 | 0.0 | 0.0 | 2.4 | 0.3 |
| 기타 | 22 | 25,931[a] | 596 | 27,198[a] | 0.1 | 2.6[a] | 1.1 | 2.0[a] |
| 계 | 18,857 | 1,006,794 | 54,088 | 1,388,448 | 100.0 | 100.0 | 100.0 | 100.0 |

(a) 이 '기타'가 어떤 나라들을 의미하는 것인지는 분명히 알 수 없다. 홍콩·말레이시아·프랑스령 인도차이나 및 캐나다와의 무역통계도 나와 있으나, 그 액수는 극히 적다. 이것은 주로 일본의 조차지인 관동주(關東州)와의 수출입을 표시하는 것이 아닌가 한다.

실수에 대한 자료 :

(1) *Statistical Survey of the Foreign Trade of Japan*(1935).

(2) 『經濟年鑑』(1940), 동양경제신문사.

수입은 전체의 88.6%였고, 일본과 그리고 일본이 점령한 여러 나라로부터의 수입은 95.1%였다. 오직 미국으로부터의 수입만이 1939년에 1% 이상에 달하였는데(1.7%), 이것은 주로 긴요한 미제 기계를 수입하는 데 그 원인이 있었다.

이같이 일본이 한국 무역을 사실상 완전히 독점하고 있다는 것은 명백하다. 이러한 독점이 정치적인 지배와는 상관이 없는 단순한 지리적인 접근이라든가 혹은 다른 어떤 요소의 결과가 아닌 것도 또한 명백하다. 가령 한국으로부터 중국(만주 포함)에의 수출은 1930년에 2,160만 원에 달하였다. 그런데 1933년의 만주 점령 이후에 중국에의 수출은 겨우 160만 원이었고, 만주에의 수출은 4,060만 원이었다. 지리적인 위치에 변동이 없고 또 국민의 수요에도 별다른 변화가 없었음에도 불구하고 '만주국'에의 수출은 1930년의 중국과 만주에 대한 수출을 종합한 것보다 2배나 많아졌다. 1936년 중국의 해안이 아직 중국의 수중에 있을 때에 한국에서 중국으로 수출하는 액수는 370만 원에 불과하였는데, 1939년 그 전 해안지대와 중부 및 북부의 중국이 일본군에게 점령된 뒤에는 일약 3,360만 원으로, 즉 1936년의 9배나 증가하였다. 독일로부터의 수입은 1936년에 겨우 100만 원이었는데, 반공협정이 체결된 뒤에는 점차 증가하기 시작하여 1939년에 390만 원에 도달하였다. 미국으로부터의 수입은 1936년에 920만 원이었는데, 그 뒤 군수공업의 급격한 건설은 일본이 충당할 수 없는 기계에 대한 요구를 일으켜서 1939년에는 미국으로부터의 수입이 2,350만 원에 달하였다. 일본의 정치적 지배가 한국의 무역에 끼친 영향은 일본제가 아닌 것을 한국으로 도입하지 못하게 하는 관세장애뿐만 아니라(일본으로부터 수입하는 물품에는 관세가 없었다) 또한 한국의 전 경제생활의 통제를 통해서도 행해졌다. 공업·은행·교통 및 정부기관 모두가 일본인의 수중에 있었다. 이러한 상태에서는 무엇을 수입해야 할 것인가, 또 무엇을 어디에 수출해야 할 것인가 하는 것의 결정이 일본인의 무역상사(貿易商社)에 의해 행해진다는 것은 불가피한 일이었으며, 그러므로 이러한 결정이 일본 정부의 방침에 의해 좌우되었던 것도 어쩔 수 없는 일이었다. 1937년 이후에 이러한 통제는 완벽하게 이루어졌으며, 한국의 무역은 정부의 전쟁계획에 봉사하도록 압력이 가해졌다.

〈표 12-3〉에 의해 우리는 가축과 농산물이 한국 수출품의 최대 비율을 차지하고 있음을 알 수 있다. 1929년에 그것은 수출 총액의 51.6%였고, 1938년에는 41.2%였다. 이들 수출품 중의 주요한 것은 쌀이었는데, 이것은 한국의 가장 중요한 수출품으로서 1938년에는 수출 총액의 35%를 차지하고 있었던 것이다. 이 종류의 수출품 중에서 다음으로 중요한 물품을 순서대로 들

〈표 12-3〉　　　　　　가축 · 곡물 · 곡분 · 두류의 수출입　　　　　(단위 : 천 원)

| | 1929 | 1936 | 1937 | 1938 | 1939 |
|---|---|---|---|---|---|
| A. 차종(此種) 수출 | 177,091 | 285,203 | 272,156 | 360,696 | 228,250 |
| B. 수출 총액 | 342,745 | 591,258 | 679,842 | 877,394 | 1,003,455 |
| B에 대한 A의 백분비 | 51.6 | 48.3 | 40.1 | 41.2 | 22.7 |
| C. 차종(此種) 수입 | 54,038 | 69,257 | 58,154 | 46,634 | 97,723 |
| D. 수입 총액 | 421,930 | 760,324 | 859,328 | 1,052,917 | 1,383,924 |
| D에 대한 C의 백분비 | 12.8 | 8.9 | 6.5 | 3.9 | 6.6 |
| A에 대한 C의 백분비 | 30.5 | 24.3 | 21.4 | 12.1 | 42.8 |

면 두류 · 축우 및 소맥분이었다.

한국도 또한 농산물을 수입한다. 그러나 〈표 12-3〉에 의해 알 수 있는 바와 같이 그것은 수입 총액의 적은 부분을 차지하고 있을 뿐이며, 더욱이 감소되어가고 있다(1929년에는 12.8%이고 1938년에는 3.9%에 불과하다). 그리고 또 1929년에 농산물의 수입액은 수출액의 30.5%였는데, 1938년에는 겨우 12.1%였다. 다시 말하면 한국은 농산물을 점점 더 많이 수출하고 있었으며, 반대로 점점 더 적게 수입하고 있었다. 이 분석에서 1939년만은 제외하였는데, 그것은 그해가 심한 흉년이어서 농산물의 수출이 급격하게 감소하고 수입이 증가하는 것이 자연적인 것이었기 때문이다. 이 흉작의 영향은 1939년 및 1940년에서 모두 느껴졌다.

〈표 12-4〉　　　　　　식료품 · 음료 · 연초의 수출입　　　　　　(단위 : 천 원)

| | 1929 | 1936 | 1937 | 1938 | 1939 |
|---|---|---|---|---|---|
| 수출 | 33,576 | 37,684 | 42,674 | 56,425 | 91,449 |
| 수입 | 37,010 | 57,421 | 64,065 | 74,168 | 93,941 |

식료품 · 식료 및 연초의 수입은 보통 수출보다 많다. 그러나 흉년인 1939년에는 수출이 거의 배증하였고, 또 수입과 비슷하였다. 어류 등 해산물이 주요 수출품이고, 수입품으로는 설탕과 한국인 대중이 마시지 않는 일본 술과 맥주, 그리고 과자 · 잼 · 젤리 · 일본장유(醬油) · 야채 · 과실 · 연유 및 통조

림이다. 즉, 설탕이나 그 밖의 약간을 제외하고는 주로 일본인과 상류의 한국
인이 필요로 하는 식료품들이다. 저자의 관찰이나 한국을 방문한 다른 인사
들의 증언에 의하면, 80~90%의 한국인은 결코 수입되는 과실이나 야채를
먹지 않으며, 연유나 일본 술 혹은 맥주를 마시지 않는다. 그러므로 한국은
대중이 소비하는 식료품을 수출하고 상류 한국인이나 일본인이 소비하는 것
을 수입하는 것이다. 설탕은 더욱 상세히 검토되어야겠다. 한국은 설탕을 많
이 생산하지 않는다. 그러므로 수입과 수출의 비교는 국내 소비량의 대체적
인 추산을 할 수 있게 할 것이다.

〈표 12-5〉　　　　　　　　한국의 설탕 무역　　　　　　　　(단위 : 천 톤)

| | 1929 | 1936 | 1937 | 1938 | 1939 |
|---|---|---|---|---|---|
| 수출 | 30.0 | 33.0 | 32.5 | 22.1 | 12.5 |
| 수입 | 52.8 | 66.4 | 66.5 | 55.5 | 57.4 |
| 실수입 | 22.8 | 33.4 | 34.0 | 33.4 | 45.4 |
| 1인당 소비량(kg) | 1.17 | 1.5 | 1.52 | 1.48 | 1.91 |
| 일본 소비량(kg)[a] | 13.06 | 14.74 | 14.06 | … | … |
| 미국 소비량(kg)[b] | 48.8 | 46.3 | 41.9 | 43.7 | 48.9 |

(a)【자료】『經濟年鑑』(1940)
(b)【자료】『美國統計拔萃』(1941)

　설탕의 경우는 무역통계를 통해서 소비량의 변화를 설명하는 것이 얼마나
어려운 일인가를 보여주는 좋은 예의 하나이다. 〈표 12-5〉의 통계에 나타난
숫자에 의하면 상태는 상당히 개선되었다. 실수입은 2만 2,800톤에서 4만
5,400톤으로 증가하여 11년간에 거의 배증하였고, 1인당 소비량은 1929년의
1.17kg에서 1939년에는 1.91kg으로 증가하였다. 증가했다 하더라도 일본의
1인당 소비량의 10분의 1에 불과하였지만, 그러나 소비량은 증가하였으며
이것은 일반의 평균 소비상태가 개선된 명백한 증거로 생각할 수도 있다. 그
러나 우리는 다른 관점에서부터 이 문제를 살펴보기로 한다. 1939년에 한국
에는 65만의 일본인이 있었고, 또 소수의 비교적 부유한 한국인이 있었다. 만

일 그들의 설탕 소비량이 일본의 연평균 설탕 소비량과 마찬가지였다고 하면, 즉 14.74kg이었다고 하면, 이것은 한국인 대중의 연평균 1인당 소비량이 극히 낮은 것이었음을 의미할 것이다. 그러나 재한(在韓) 일본인은 일본의 1인당 연평균 소비량보다 많은 것을 소비하고 있었다는 사실을 고려한다면,[3] 한국인의 대다수는 조금도 설탕을 소비하고 있지 않는 것으로 보인다.

주로 소비를 위해 수입되는 다른 것으로는 원료(原料)·방사(紡糸)·직물 및 의류까지를 포함한 직물이 있다. 이들 직물의 각각의 수출입액은 〈표 12-6〉과 같이 변화하였다.

여기서 우리는 또 소비량이 증가된 '명백한' 예를 찾아볼 수 있다. 수입은 11년간에 그 액수가 2배 반이나 증가하였고, 실수입 또한 마찬가지로 증가하였다. 1929년의 1억 2,580만 원으로부터 직물의 수입은 1939년에 3억 1,810만 원으로 증가한 것이다. 이것은 한국의 경제 상태가 개선된 증거가 아닐까.

**〈표 12-6〉　　　　　　　　한국의 직물 무역**　　　　　(단위 : 백만 원)

|  | 1929 | 1936 | 1937 | 1938 | 1939 |
|---|---|---|---|---|---|
| 수출 | 55.4 | 62.2 | 90.6 | 102.4 | 144.6 |
| 수입 | 125.8 | 193.9 | 211.2 | 267.7 | 318.1 |
| 실수입 | 70.4 | 131.7 | 120.6 | 165.3 | 173.5 |

**〈표 12-7〉　　　　　　　　한국의 포백 무역**　　　　　(단위 : 백만 m²)

|  | 1929 | 1936 | 1937 | 1938 | 1939 |
|---|---|---|---|---|---|
| 수출[a] | 7.2 | 39.7 | 119.1 | 107.6 | 56.4 |
| 수입[b] | 161.1 | 239.6 | 232.8 | 278.7 | 160.9 |
| 실수입 | 153.9 | 199.8 | 113.3 | 171.1 | 104.5 |
| 1인당 실수입(m²) | 7.9 | 9.0 | 5.1 | 7.5 | 5.4 |

(a) 여기에는 면포(綿布)와 인조견(人造絹)이 포함되어 있다.
(b) 여기에는 면·모·마·견·인조견 및 인조섬유로 된 것이 포함되어 있다.

---

3 재한일본인이 본국의 일본인보다 평균적으로 보다 더 부유했다는 것은 다음의 비교에서 알 수 있다. 즉 전보 발신 수, 가족당 전화기 수, 은행 예금액, 그 밖의 지수에 있어서 재한일본인이 본국의 일본인보다 높았다.

이 부문에서 가장 큰 품목인 포백을 택해 그 수출입량을 비교해보기로 하자.

〈표 12-7〉의 통계들은 비록 1938년까지에 수입액이나 양이 모두 급속히 증가하고 있다는 것을 보여주고 있기는 하지만, 국내 생산의 통계라든가 그 밖의 자료가 없이는 소비량이 증가했다는 증거가 될 수 없다. 포백의 수입액은 11년간에 7,120만 원에서부터 1억 8,420만 원으로 비교적 급속한 증가를 하였다. 그러나 1인당 수입량의 증가율은 훨씬 적은 것이었으며, 전쟁과 더불어 감소되는 경향을 보이고 있다. 1929년에 모든 종류의 포백의 1인당 수입량은 7.9m²였고, 1936년에는 9m², 1937년에는 5.1m², 1938년에는 7.5m², 그리고 1939년에는 겨우 5.4m²였다.

〈표 12-8〉 한국의 포백 실수입

(수출량을 공제한 수입량, 단위 : 백만 m²)

|  | 1929 | 1936 | 1937 | 1938 | 1939 |
|---|---|---|---|---|---|
| 면직물 | 116.2 | 108.6 | 26.3 | −9.9[a] | −19.5[a] |
| 마포(麻布) | 11.1 | 7.0 | 7.4 | 4.9 | 1.9 |
| 모직물 | 3.5 | 8.4 | 6.4 | 7.1 | 7.1 |
| 견직물 | 13.2 | 8.4 | 7.4 | 13.1 | 25.8 |
| 인견직(人絹織) | 9.9 | 69.1 | 62.2 | 130.4 | 32.3 |
| 인조섬유 | … | … | 3.5 | 25.4 | 48.6 |

(a) 실수출

〈표 12-8〉에 나타난 바에 의하면 1930년대에 면직물과 마포의 수입은 감소되고 있었으며, 한편 모직물 · 견직물 및 인견직(人絹織)의 수입은 급속히 증대하고 있었다. 그러나 이것을 한국인이 일반적으로 면직물 대신에 견직물이나 모직물을 입기를 원했다는 의미로 볼 수는 없다. 그것은 모든 직물의 1인당 수입량이 1939년에 겨우 5.4m²였다면, 모직물과 견직물의 수입 증가는 한국인 대중의 욕망에 아무런 도움도 되지 못했음이 명백하기 때문이다. 국내 생산의 상태를 보면 면직물의 생산액은 1937년에 5,100만 원이었고, 견직물은 650만 원, 마포는 880만 원, 인견직은 230만 원, 즉 총액 6,860만 원이었

다. 그중 최소 3,280만 원의 포백이 수출되었다.[4] 같은 해의 포백 수입액은 8,940만 원이었다. 이것은 첫째로 국내 생산이 수입량보다 적으며, 둘째로 1인당 포백 소비량은 1인당 실수입량을 많이 능가할 수는 없으므로 일반적으로 소비량은 극히 적은 것이며, 셋째로 수입은 주로 일본인 거류민과 부유한 한국인의 수요를 만족시키는 것이며, 그리고 끝으로 한국의 포백 수출은 한국인의 기본적인 수요를 만족시킨 뒤에 그 '잉여'가 수출되는 것이 아니라 반대로 오직 국내 소비의 수준이 낮음을 표시할 뿐임을 말해주는 것이다.

한국 무역액의 '현저한' 증가는 소비품에 관한 한 다음의 네 가지 요인으로 설명될 수 있다.

1. 물가의 앙등—1929년에 1근(0.6kg)의 수입쌀 가격은 8.6전이었는데 1939년에는 16.4전이 되었고, 1평방야드(0.84m²)의 면직물은 25전이던 것이 56전이 되었으며, 1평방야드의 견직물은 또 88전이던 것이 145전이 되었다.

2. 차연경제에서 교환경제로의 전환—가내에서 생산되던 것이 시장에서 구입되는데, 시장은 일본에서 공급된다.

3. 일본인 수의 증가—1910년의 일본인 거류민 수는 17만 1,500명이었는데 1939년에는 65만 명이 되었다. 만일 일본인이 소비하는 수입품의 1인당 연평균 금액이 단 100원이었다고 하더라도 한국의 수입은 4,790만 원이 증가하였을 것이며, 만일 200원이었다고 하면 이 하나의 요인만으로도 9,570만 원이 증가하였을 것이다. 모든 일본인은 물론 일본제의 물품을 사기를 원하였는데, 한국에서는 일본인들이 즐겨 사용해오던 많은 물건들은 구입할 수가 없었다. 재한일본인들의 재정적인 상태는 일본으로부터 가져오는 이러한 물품들을 살 수 있는 정도였다.

---

4 아마 이보다 더 많이 수출되었을 것이다. 그것은 면직물과 인조견직에 관한 통계만을 우리가 알고 있기 때문이다.

4. 일본인 및 한국인 상류층의 지위 향상—이들은 1910년 때보다 평균적으로 부유해졌다. 한국인이 경영하는 회사의 불입자본은 15년간에 3,410만 원에서 1억 2,270만 원으로 증가하였으며, 이 증가의 일부는 실제적인 것이고 단순한 법적 수속의 변화만은 아니었다. 많은 지주들이 그들의 소유지에서 금광이 발견되고 혹은 지금까지의 광막한 해안지대에 항구가 건설되었기 때문에 하룻밤 사이에 부자가 되었다. 1910년에 한국인의 은행 예금액은 390만 원이던 것이 1938년에는 1억 490만 원으로 증가하였는데, 그 일부는 역시 부유한 한국인의 재부(財富)가 실질적으로 증가하였음을 표시한다. 이 동일한 기간에 일본인의 재부가 그들의 수적인 증가보다 더 빨리 증가하였을 가능성은 다음 사실에서 알 수가 있다. 1910년에 한국에서의 일본인의 투자금은 1억 원 이하였는데, 1940년에는 50억~60억 원으로 추산된다.[5] 즉 50~60배나 증가한 것이다. 1910년에 일본인 거류민의 은행 예금은 1,200만 원이었는데, 1938년에는 3억 5,860만 원에 달하여 30배나 증가하였다. 그러나 일본인 수는 이 기간에 3.7배가 증가하였을 뿐이다. 이러한 증가는 화폐의 구매력의 변화에 의해 과장되기는 하였지만, 사실이요 또 실질적인 것이다. 그러나 이러한 것은 한국인 전체의 '지위 향상'을 표시하는 지수가 될 수는 없다. 이것은 비교적 작은 두 개의 그룹, 즉 일본인과 소수의 부유한 한국인의 지위 향상을 표시할 뿐이다.

그 이외의 수입품 중에는 생산용 물품이 있다. 수입 총액에서 이것이 차지하는 비율은 증대해왔으며, 한국의 외국무역이 급속히 발전하여간 것은 여기에 특히 그 원인이 있다.

〈표 12-9〉에 나타난 바에 의하면 주로 소비에 사용되는 수입품의 비율은

---

5 『朝鮮經濟年報』(1940), p.514.

〈표 12-9〉 소비재와 생산재의 수입 (수입 총액에 대한 백분비)

| | 1929 | 1936 | 1937 | 1938 | 1939 |
|---|---|---|---|---|---|
| Ⅰ. 식물 · 동물 · 곡물 · 음료 · 연초 · 직물 | 51.5 | 42.0 | 38.7 | 36.6 | 36.8 |
| Ⅱ. 화학약품 · 기계류 · 금속제품 · 광물 · 금속 | 25.2 | 33.9 | 38.5 | 41.1 | 43.6 |

11년간에 51.5%에서 36.8%로 저하했으며, 주로 생산에 사용되는 수입품은 같은 기간에 25.2%에서 43.6%로, 실액으로는 1929년의 1억 660만 원에서 1939년의 6억 420만 원으로 증가하였다. 제Ⅰ군의 것이라 하더라도 반드시 소비재만이 아닌 것은 사실이다. 가령 조면(繰綿)은 직접 소비를 위한 물품이 아니며, 또 수입면(輸入綿)도 그 일부가 의류를 만드는 데 사용되고 있을 뿐이다. 그리고 그 속에는 어망(漁網), 황마포대(黃麻布袋) 등의 생산용 물품도 있다. 한편 제Ⅱ군 속에도 자전거나 법랑제기 등의 소비용품이 포함되어 있다. 그러함에도 불구하고 이상의 대조는 믿을 수 있는 것이다. 더욱이 나머지 수입품 속에도 생산용 물품(비료, 목재 및 염료)이 포함되어 있다.

이리하여 1929년에도 이미 생산재가 수입 총액의 25% 이상을 차지하고, 1939년에는 44% 이상을 차지하고 있었다. 이것은 한국을 군사기지로 발전시키려는 관점에서 볼 때 당연히 예상되는 것이었다. 우리는 이미 일본 정부가 철도 · 항만 · 도로 · 항공 · 화학공업 · 유산암모니아 · 글리세린 · 경유의 제조, 광업 및 발전(發電)사업에 얼마나 많은 투자를 하였는가를 보아왔다. 한국 내의 군사기지는 신중하게 또 조직적으로 준비되었으며, 그러한 기지의 건설을 위해서는 물론 금속 · 금속제품 · 시멘트 · 유리 · 도료 · 기계 및 목재 등의 대량적인 수입이 요구되는 것이다. 그러나 상당히 많은 비중을 차지하는 이러한 성격의 수입품은 한국인의 행복에 공헌하는 바가 별로 없었다.

한국으로부터 일본 및 만주에 대한 수출은 1939년에 수출 총액의 94%를 차지할 만큼 발전하였다. 이것은 한국 제품이 일본의 수요에 특히 적합하였기 때문이 아니라 태평양에서의 일본의 지배권을 쟁취하기 위한 전쟁의 준비를 위해 입수할 수 있는 모든 자원을 사용할 필요에서 말미암은 것이었다. 인도차이나 혹은 미얀마의 쌀은 한국 것보다 쌌으며, 말레이시아의 철광은 한국의 것보다 질이 좋았고, 미국의 광유는 한국의 것보다 몇 배나 쌌다. 그러나 이러한 종류의 고려가 일본의 정책에 결정적인 역할을 하는 것은 아니었다. 관세·보조·증여 '장려' 및 공공연한 차별대우 등 각종 수단이 외국과의 경쟁을 배제하기 위해 사용되었다. 전에는 한국의 수출품은 주로 원료와 식료품이었지만 최근에는 비료·펄프·금·경유·화약 및 그 밖의 제품과 반제품이 양적으로 증가하고 있다. 한국의 생산 총액(광업·어업·임업·농업·공업)은 일본 당국의 추산에 의하면 1938년에 31억 8,000만 원이었다. 그러나 일본 정부의 통계국이 1930년의 국세조사를 위해 사용한 지수[6]에 의하면 한국의 실생산 총액은 17억~18억 원에 불과하였으며, 한편 1938년의 한국으로부터의 세출 총액은 8억 7,740만 원에 달하였다. 이렇게 많은 비율의 생산품이 국외로 나가야 하는 곳은 세계 어느 나라에서도, 식민지에서조차도 거의 없는 일이다. 이것은 단지 한국인에게만 중요한 일이 아니다. 이것은 또 그들이 이용할 수 있는 모든 자원을 그들의 계획에 사용하려고 하는 일본 지도자들의 능력을 표시하는 것이기도 하다. 일본 본토, 한국 및 그 밖의 일본 식민지의 극히 적은 자원을 가지고서도 그들은 미국·영국·중국 및 오스트레일리아에 대해 동시에 도전할 수 있었다. 한국에서 일본에의 수출이 크게 증대한 것은 즐거워할 것도 칭찬할 것도 못 된다. 이것은 평화의 추구에 열심인 여러 나라에 대한 커다란 경고였다.

그러나 한국의 무역에 관해서 어떤 사람은 1910년에서 1939년 사이에 한

---

6  이 지수는 일본경제단체연합회 조사과에서 1939년에 도쿄에서 간행한 『日本歲入調査』에 실려 있다.

국은 총액 18억 8,800만 원에 달하는 수지맞지 않는 무역, 즉 이 액수만큼 수입이 수출을 초과하였다는 사실을 지적할지도 모르겠다. 이 사실은 더욱 상세한 설명을 필요로 한다. 첫째로 정화(正貨)와 지금(地金)의 수출을 고려해 넣어야겠다. 1910년에서 1936년에 이르는 동안 한국으로부터 수출한 정화와 지금은 4억 3,420만 원에 달하였다. 1937년에서 1939년의 자료는 입수할 수 없지만, 그러나 많은 간접적인 서술과 정부가 산금(産金)장려에 지출한 금액 등은 이 3년간에 3억 원을 내리지 않을 것임을 말해준다. 그러면 1910년에서 1936년의 총액에다 이를 더한다면 약 7억 3,000만~7억 4,000만 원이 된다. 이것은 이 기간에 있어서의 한국의 수입 초과액을 11억 5,000만~11억 6,000만 원으로 줄어들게 한다. 그 위에 또 다음과 같은 몇 가지 사실을 이와 관련해서 고려해야 한다.

1) 한국에서 채광된 많은 부분의 금이 다년간 인접국으로 밀수출되었다.[7]

2) 한국은 다년간 일본인이 중국의 산둥성(山東省)과 만주로 밀수출하는 기지였다. 한국으로부터의 '무세(無稅)' 수입[8]은 매년 몇 백만 원에 달할 것으로 추산된다.

3) 대략 100만 명의 한국인이 1939~1940년에 일본에서 노동하고 있었다. 호로자키는 한국인의 일본 이주에 관한 논문에서[9] 한국인이 매달 20~30원을 한국으로 송금하고, 더욱이 상당한 저금을 하고 있는 예를 들고 있다. 그들 중에는 여성이나 어린이도(비록 적은 부분이기는 하지만) 섞여 있다는 사실에

---

7 다카하시, 앞의 책, p.380.

8 1931년 이후에는 '밀수'라는 말을 적용하기가 곤란하다. 국경 양쪽 세관당국의 묵인하에 수출이 되었는데, 그것은 양쪽 관리가 모두 일본인이었기 때문이다. 이러한 '비밀' 수출의 목적은 '만주국'의 독립국가로서의 체면을 유지케 하려는 것이었다. 이 나라는 평등의 입장에서 모든 나라들로부터 들어오는 물품을 받아들이고 있었다. 다카하시는 (한국에서의) "수입 증가의 적지 않은 부분이 밀수출을 위한 것이다"라고 말하고 있다(앞의 책, p.383).

9 『社會政策時報』(1940년 8월).

서 볼 때에, 그들의 송금이 1인 매달 10원이었다고 가정할 수 있을 것 같다. 그러면 이들 노동자들은 매년 약 1억 2,000만 원을 한국에 송금한 셈이 되며, 이 금액은 수입품에 대한 지불에 사용될 수 있었을 것이다. 만주와 북중국에는 또 약 120만 명의 한국인이 있으며, 비록 그들의 수입은 일본에 있는 사람보다는 적지만, 그 송금이 매년 약 6,000만 원은 충분히 되었을 것이다. 이러한 모든 것은 결국 몇 억 원을 해외에 지불한 것은 한국이며, 그 반대가 아니라는 것을 말해준다. 더욱이 이미 언급한 바와 같이 합병 당시에 있어서 일본인의 한국에 대한 투자는 1억 원이 못 되는 것이었는데, 1939년에서 1940년에는 50억~60억 원에 달하였다. 결국 많은 수입품은 한국에 있는 65만 일본인의 이익을 위한 것이었다. 그들의 대부분은 그들이 일본에 잔류해 있었을 때에 예상되는 생활보다 훨씬 고도한 수준의 생활을 유지하였다.

이상의 여러 요인을 두루 고려하면 1910년에서 1939년에 있어서의 한국에서의 상품 실수입 총액은, 최후 10년간에 있어서의 일본인 자본의 막대한 투자에도 불구하고, 실제에 있어서 18억 8,000만 원이라는 기록된 숫자보다 훨씬 적은 것임을 알 수 있다.

# 제13장 행정

## 총독부[1]

한국의 일본 행정부는 총독이 이를 통할한다. 총독은 천황에 의해 임명되는데, 그러나 이 사실은 일본 정부의 관점에서 보아 한국이 과거와 같은 주권을 되살릴 수 있는 높은 입장을 차지하고 있음을 의미하는 것은 아니다. 총독의 지위는 친임(親任), 즉 대신과 마찬가지이며, 그는 직접 천황에게 보고하는 권한이 부여되어 있다.[2] 총독이 직접 보고할 권한이 부여되어 있는지는 모르지만, 그러나 실제로는 일본의 내각에조차도 보고할 수 없으며, 다만 척무성(拓務省)을 통해 보고를 제출해야 한다. 그러므로 한국은 제국 행정기구의 일지부(一支部)가 되어버렸다. 이론상으로는 총독의 지위가 육해군대장뿐 아니라 일본인 문관에게도 문호가 열려 있지만, 합병 이후 32년 동안 한 사람의 문관도 임명되지 않았다.

총독이 일본 정부에서 차지하는 지위가 무엇이든 간에, 그는 한국에서는 사실상 절대군주이다. 총독은 경찰을 포함하는 행정부의 장이며, 또 법령의

---

1 1942년에 한국, 타이완 및 남사할린[南樺太]에 대한 행정상의 개혁이 있었다. 그 목적은 이러한 지역에 대한 도쿄의 지배를 보다 더 강화하려는 것이었다. 그러나 상세한 정보가 없기 때문에 이 개혁에 대한 설명을 가할 수가 없다.

2 『日本滿洲國年鑑』.

제정자이기도 하다. 그가 재판에 대한 완전한 권한을 가지지 않은 것은 사실이지만, 그러나 그는 한국 영역 안의 어떠한 사람이든지 1년의 기간 내에서 투옥할 권한이 있으며, 재판을 거치지 않고 200원까지의 벌금을 과할 수 있다.

역사적인 사실은 다만 총독의 지령만으로 재판을 받지 않고 몇 년이고 유치장에 사람을 가두어둘 수 있다는 것을 나타내주고 있다. 이것은 물론 총독의 통치가 순전히 자의적인 것임을 의미하는 건 아니다.[3] 이것은 총독이 실제에 있어서 반도 내의 모든 권력의 근원이었음을 말해주는 것이다. 다만 한국에 주둔하고 있는 육군만은 그의 권한에서 벗어난 것으로 생각할 수 있을지도 모르겠다. 그러나 한 사람을 제외하고는 역대 총독 모두가 과거 일본 육군에서 중요한 지위를 차지하고 있던 대장들이고 보면, 총독과 조선주둔군 사령관 사이에서 쉽사리 심각한 마찰이 일어날 수가 없다. 더욱이 총독은 필요하다고 생각할 때에는 군대의 사용을 요구할 권한을 가지고 있다.

---

3 일본의 식민지 지배가 자의적이 아니라는 것은 아일랜드가 그의 저서 *New Korea*(pp. 12~13)에서 말하고 있는 바와 같이 인도적이고 도덕적이고 편의적이고 자혜로운 것임을 뜻하는 것은 아니다. 그는 다음과 같이 말하였다. "내가 보기에는 도덕적인 것과 편의적인 것의 두 요소는 자치국에서보다도 식민지 속령에서 더 효과적으로 활용되고 있는 것 같다. …… 더욱이 식민지의 총독은 본국의 국무대신의 지위로 승진할 것을 원하고 있다. 승급이나 그 밖의 보수는 그가 그의 직책을 수행해나가는 방법에 따르는 것이다. …… 그의 통치지역에서 위생, 번영 및 일반적인 사회 상태가 향상하지 못한다면 …… 그는 이상의 소원을 이루기가 어려울 것이다. 그의 가혹하고 부적절한 통치의 결과로 국민이 반란이라도 일으킨다면, 그러한 모든 것을 잃고 말 것이 거의 확실하다." 만일 국민이 그의 지배에 반항하여 일어난다면 과연 그럴 것이다. 그러나 그들이 늘 하는 대로 외국의 지배에 반대하여 궐기한다고 하면 어떻게 될 것인가. 더욱이 비록 반란이 일어나지 않는다 하더라도 그가 가혹한 지배를 하였다 해서 면직될 것인가. 만일 그가 일본인에게 식량을 제공하기 위해 원주민을 아사케 하고, 동남아시아에서 일본군에 무기를 제공하기 위해 식민지의 것을 긁어모은다고 해서 그의 승진이 저지될 것인가. "그의 통치의 성공이 그의 개인적인 성공의 척도일 것임"은 사실이다. 그러나 그의 성공을 재는 표준이 과연 무엇인가가 문제이다.

## 중앙관청

총독은 총독부를 통해 한국을 통치하는데, 총독부는 총독관방(總督官房, 비서실)과 7개국, 즉 내무국 · 재무국 · 식산국[4] · 농림국 · 법무국 · 학무국 및 경무국으로 구성되어 있다. 각 국은 과로 나뉘는데, 그것은 다음 일람표에 나타나 있는 바와 같다.

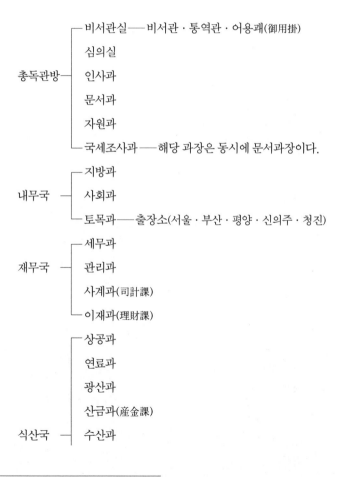

총독관방 ─ 비서관실 ── 비서관 · 통역관 · 어용괘(御用掛)
　　　　　심의실
　　　　　인사과
　　　　　문서과
　　　　　자원과
　　　　　국세조사과 ── 해당 과장은 동시에 문서과장이다.

내무국 ─ 지방과
　　　　사회과
　　　　토목과 ── 출장소(서울 · 부산 · 평양 · 신의주 · 청진)

재무국 ─ 세무과
　　　　관리과
　　　　사계과(司計課)
　　　　이재과(理財課)

식산국 ─ 상공과
　　　　연료과
　　　　광산과
　　　　산금과(産金課)
　　　　수산과

---

4 식산이란 말은 종종 'industry' 라고 영역(英譯)된다. 그러나 좁은 의미의 industry(공업)보다 식산이라는 말은 넓은 의미를 가지고 있으며, 여기에는 상업 · 어업 및 광업도 포함된다.

```
               ┌ 물가조정과
               ├ 연료선광연구소
               ├ 상공장려관
               ├ 착암공양성소(鑿岩工養成所)
               └ 도량형소

               ┌ 농무과
               ├ 축산과
               ├ 농촌진흥과
    농림국 ─┤ 양정과(糧政課)
               ├ 식량조사과
               ├ 토지개량과
               ├ 임정과(林政課)
               └ 임업과── 임업시험장

               ┌ 형사과
    법무국 ─┤ 민사과
               └ 행형과(行刑課)

               ┌ 학무과
    학무국 ─┤ 사회교육과
               ├ 편집과
               └ 관측소

               ┌ 경무과
               ├ 방호과(防護課)
    경무국 ─┤ 경제경찰과
               ├ 보안과
               ├ 도서과
               └ 위생과
```

이상의 국·과 이외에 총독부 소속의 많은 관서가 있는데, 다음과 같다.

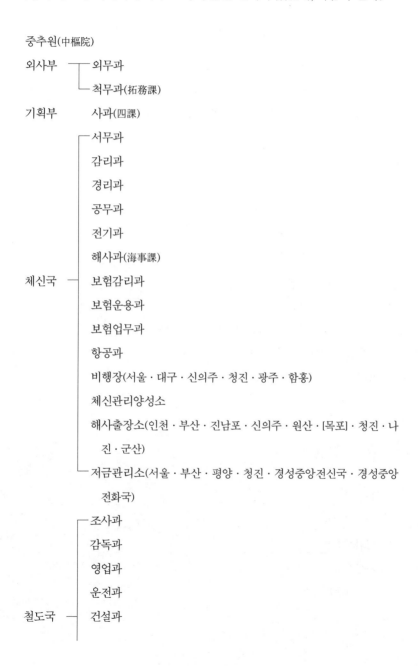

중추원(中樞院)

외사부 ┬ 외무과
　　　　└ 척무과(拓務課)

기획부 　 사과(四課)

　　　　┬ 서무과
　　　　│ 감리과
　　　　│ 경리과
　　　　│ 공무과
　　　　│ 전기과
　　　　│ 해사과(海事課)
체신국 ┤ 보험감리과
　　　　│ 보험운용과
　　　　│ 보험업무과
　　　　│ 항공과
　　　　│ 비행장(서울·대구·신의주·청진·광주·함흥)
　　　　│ 체신관리양성소
　　　　│ 해사출장소(인천·부산·진남포·신의주·원산·[목포]·청진·나
　　　　│ 　진·군산)
　　　　└ 저금관리소(서울·부산·평양·청진·경성중앙전신국·경성중앙
　　　　　 전화국)

　　　　┬ 조사과
　　　　│ 감독과
　　　　│ 영업과
　　　　│ 운전과
철도국 ┤ 건설과

```
              보선과(保線課)
              개량과
              공작과
              전기과
              철도사무소*(부산 · 대전 · 서울 · 평양 · 순천 · 원산 · 성진 · 강계)
              건설사무소(서울 · 평양 · 안동 · 강릉)
              개량사무소(부산 · 서울 · 평양)
            └ 철도병원
            ┌ 서무과
              사업과
              경리과
  전매국  ─   제조과
              염삼과(鹽蔘課)
              연구소
            └ 지방전매국(서울 · 전주 · 대구 · 평양)
```

세무감독국(서울 · 광주 · 대구 · 평양 · 함흥)

세관

기상대

수역혈청제조소(獸疫血淸製造所)

경찰관강습소

곡물검사소

중앙시험소

농사시험장

임업시험장

수산시험장

수산제품검사소

---

* 원문에는 빠져 있으나 보충하였다.

종마목장

종양장(種羊場)

나(癩)요양소

제생원

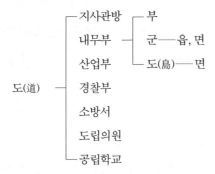

도(道) ─┬─ 지사관방 ─ 부
　　　　├─ 내무부 ─┬─ 군──읍, 면
　　　　├─ 산업부 　└─ 도(島)── 면
　　　　├─ 경찰부
　　　　├─ 소방서
　　　　├─ 도립의원
　　　　└─ 공립학교

고등법원── 복심법원(覆審法院)── 지방법원

고등법원검사국── 복심법원검사국── 지방법원검사국

감화원(感化院)

형무소

소년형무소

사상범보호관찰소[5] 및 보호관찰심사회

해원심판소(海員審判所)

관세소원심사위원회

경성제국대학

관립학교─┬─ 특수학교(전문학교)
　　　　　├─ 교원양성소
　　　　　└─ 직업학교

도서관

육군지원병훈련소

---

5　영문판 『施政年報』에는 Political Offenders' Probation Office(사상범집행유예소)라고 하였으나. 그러나 일본어로는 그런 뜻이 아니다. 사상범보호관찰소, 즉 정치범을 유치·조사하는 곳이다.

신사(神社)(서울 · 용두산 · 대구 · 평양)

이 긴 행정기구의 일람표도 아마 완전한 것은 아닐 것이다. 그러나 중요한 것은 모두 포함되어 있다. 이것은 순조로운 발전을 한 질서 있는 사회의 모습을 나타내주는 것이다. 이 속에는 경찰 · 법원 · 형무소 · 감화원(感化院) 등이 속해 있고, 공공 혹은 반(半)공공의 사업이나 기구도 포함되어 있다. 가령 경무국이 있는데, 거기에는 경무과 · 경제경찰과 · 보호과 · 보안과 · 도서과 및 위생과가 있다.

그러나 이 기구를 대강만 살펴보더라도 몇 가지 중요한 특징을 찾아낼 수 있다. 2,400만 명이 넘는 인구를 가진 나라에 대학은 단 하나가 있을 뿐이다. 그러나 형무소는 15개가 있으며 감화원은 3개가 있고, 정치범을 위한 특수 형무소가 7개, 그리고 11개의 형무소 지소가 있다. 더욱이 인구의 70~75%가 농업에 종사하고 있는 이 나라에 농림국의 8개 과 중 4개 과만이 한국인 농민을 위한 것이다. 둘은 임업에 관한 것이고, 하나는 미곡을 다루고, 또 하나는 식량조사를 위한 것이다. 이것은 한국인의 농업과는 상관이 없고 미곡의 생산 및 일본에의 수출과 관련을 가지는 것이다.

한 과는 '농촌진흥'에 종사하는데, 이것은 이미 앞 장에서 살펴본 바와 같이 농민에 대한 사실상의 원조보다는 상투적인 표현에 가까운 것이다.

## 인사

이 방대한 행정기구의 또 하나의 중요한 특징은 이러한 행정기관의 국 · 부 · 과 등의 모든 중요한 지위는 일본인만이 차지하고 있다는 사실이다. 특히 농림국의 인사는 이러한 주장이 신빙할 만한 것임을 증명해준다. 그것은 농림국이 타 국보다 더 한국인의 복지와 관련을 가지며, 또 농림국에 근무하는 것은 가령 경무국이나 법무국에 근무하는 것과는 달리 정치적인 관련성을 가지지 않기 때문이다. 1941년의 농림국의 관리는 다음과 같았다. 국장(1급 일본인 관리)은 도쿄제국대학의 법과를 졸업한 유무라 다쓰지로(湯村辰二郎)였는데, 그는 앞서 총독관방의 회계과장이었으며, 함남 및 경기의 지사를 거쳐 1937년 이래 현직에 취임하였다. 그 밖의 58명의 농림국 고급관리 중에는 오직 한 사람의 한국인이 있을 뿐이었는데, 그는 겨우 6급밖에 안 되었다. 다른 모든 기구나 행정기관에서도 이러한 사정에는 다름이 없었다.

## 중추원

　그러나 한국인을 주로 하는 기관이 하나 있으니 곧 조선총독부의 자문기관인 중추원이다. 중추원의 유일한 일본인은 그 의장으로서, 의장은 총독부의 제2위를 차지하는 정무총감이 되는 것이다. 그 이외의 모든 구성원은 유능하고 명망 있는 사람들 속에서 선임된 한국인들이다. 그러므로 이 자문기관이 어떻게 그 기능을 발휘하는가를 살펴보는 것은 흥미 있는 일이다. 중추원은 정무총감이 자동적으로 임명되는 의장 이외에 1명의 부의장, 5명의 고문, 65명의 참의(參議)가 있는데, 이들은 모두 총독의 주청에 의해 일본의 내각에서 임명하고 임기는 3년으로 되어 있다. 참의 중 24명은 선거된 도의원(뒤를 참조) 중에서 선임되므로 공중(公衆)을 대표한다는 원칙이 전적으로 무시된 것은 아니다. 그러나 여기에 중추원의 역할을 분명하게 해주는 몇 가지 특징이 있다. 첫째로 사무직원이 극히 소수이다. 즉 각 1명의 서기관장과 서기관, 7명의 직원, 7명의 통역생과 그 장(長)[통역관]이 있을 뿐이다. 둘째로 비록 참의의 임기는 3년이지만 총독은 그 누구라도 임기가 끝나기 전에 해임할 수 있다. 셋째로 이들 참의 중 몇 사람의 인명록은 크게 시사해주는 바가 있다. ① 5명의 고문 중의 한 사람인 민병석(閔丙奭) 자작은 보고가 알려주는 바에

의하면 1938년에 이왕직(李王職) 장관이었다. ② 부의장인 박영효(朴泳孝) 후
작은 77세로서 경성방적회사의 대표이사, 조선서적인쇄회사의 사장 및 조선
토지개량회사의 이사였다. ③ 고문인 이윤용(李允用) 남작은 84세로서 1904
년에 군부대신, 1907년에 관내대신, 그 후는 궁내참사관이었다. ④ 참의 박
영철(朴榮喆)은 67세로 한국군의 기병소령이었으며, 뒤에 조선신탁회사와 조
선철도회사의 이사였다. ⑤ 참의 조성근(趙性根)은 64세로, 한국군(1907년 해
산)의 장교였다. ⑥ 한상룡(韓相龍)은 58세로 조선신탁회사의 대표이사이며,
조선생명보험회사 사장, 조선해상보험회사 이사, 한성은행 총재, 경성상업회
의소 부의장, 동양척식회사 고문 등이었다.

이들 몇 예는 중추원의 구성원이 구한국 정부와 관련을 가진 노인들이거
나, 일본인과 실업(實業) 면에서 밀접한 관련을 가진 사람이거나 그렇지 않으
면 이 둘의 혼합된 자임을 말해준다. 가령 우리는 이미 앞에서 동양척식회사
가 한국에서 어떤 역할을 하고 있는가를 살펴보았으며, 따라서 오직 비드쿤
크비슬링(Vidkun Quisling)*형(型)의 한국인만이 일본인의 한국 이주와 한국
의 부동산을 일본인의 수중에 집중시키는 것을 목적으로 하는 이 회사의 고
문이 될 수 있다는 것은 명백한 일이다. 요컨대 중추원의 구성원들은 대부분
정복력의 최악의 남용에 대해서도 아무런 반대를 할 수 없었던 자들이다.

끝으로 총독이 때때로 중추원에 그 자문을 위해 제출하는 문제는 거의 모
두가 구관(舊慣)이나 종교에 대한 것이었다. 1935년에 중추원에 제출된 주 문
제는 '고유신앙의 부활, 현존 제 종교의 진흥 선도에 관한 사항'이었다. 다시
말하면 중추원은 일본의 반동적인 정책을 지지하게 하기 위한 한 수단으로서
이용된 것이었다. 그 인원이 한국인 중에서 가장 반동적인 사람들로서 임명

---

\* 노르웨이의 나치스 협력자.

되고 있는 것과 같이, 그 결정도 반동적인 목적을 위해 사용되고 있다. 중추원은 조그마한 실질적인 권위도 갖고 있지 못하며, 또 그중에는 단 한 사람도 한국인의 이익을 대표한다고 생각되는 자가 없다.

## 육군의 지배

요컨대 한국은 총독을 최고로 하는 관료제도에 의해 통치되고 있다. 총독은 보통 일본의 지도적 군부층의 중요한 한 사람이었다. 최초의 총독인 데라우치는 동시에 일본의 육군대신이었으며, 그 당시의 가장 주요한 군국주의자의 한 사람이었다. 또 2대 총독인 하세가와 원수는 가장 냉혹한 자의 한 사람이었다. 야마나시는 여러 차례 육군대신이 되었고, 미나미는 총독으로 임명되기 전에는 만주의 지배자였다(관동군 사령관·만주국주재대사 및 관동주 총독의 3직을 겸임하고 있었다). 현 총독인 고이소는 관동군 참모장이었고 뒤에 조선군 사령관을 거쳤다. 단 하나의 예외인 사이토 총독은 수차 해군대신을 거쳤다. 일본이 만주를 점령하고 국제연맹에서 탈퇴한 것은 그가 총리대신으로 재임하고 있을 때였다.

## 도 행정

한국은 13도로 나뉘어 있으며 지사(知事)가 이를 다스린다. 그러나 『시정연보』는 "1920년 7월에 지방제도의 개정이 가해져서 전국적으로 자문기관이 설치되었다. 이것은 지방자치제의 실시를 위한 제1단계를 의미하는 것이었는데, 아직 완전한 지방자치의 즉각적인 실시를 정당화할 수 있는 상태가 못 되었기 때문이다"[6]라고 하였다. 『시정연보』는 또 말하기를 지방단체 속에서 "민

---

6 『施政年報』(1936~1937), pp. 202~210.

중은 점차로 그 운영의 경험을 얻게 되었으며", "한편 이미 구체화한 정책에 따라서 현 제도를 개정함으로써 민중의 정치적인 욕망이 만족될 것이라고 느껴졌고", "도제도(道制度)는 현재 행정력을 가진 도회(道會)로 변화되었으며", 또 "지금까지 지사에 대한 자문기관이던 도회는 1933년 4월 1일로서 의결기관이 되었고, 5월에는 제1차 총선거가 전국적으로 행해졌다"라고 하였다.

이상의 기록은 한국에서 현재 지방자치가 행해지고 있으며, 도회는 민중의 의사를 대표한다고 믿게 할 것이다. 불행히도 이같이 진실과 배치되는 사실은 없을 것이다. 도는 아직도 일본 정부가 임명한 지사가 다스리고 있으며, 총독에 종속되어 있다. 이들 지사는 지사관방과 그리고 내무부·경찰부·산업부 등을 통해서 행정을 맡고 있다. 그들은 도 내의 어떠한 사람이든 3개월간 투옥시킬 권리를 가지고 있고, 또 재판에 의하지 않고 100원의 벌금형을 과할 수가 있다. 그들은 모든 지방단체를 통할하며, 또 도령(道令)을 발할 권한을 가지고 있다. 그들은 총독의 인가를 얻지 않고서 군대를 사용할 수는 없다. 그러나 어떤 경우에는 일본군의 지방분견대장에게 직접 요청하여 한국인을 탄압하기 위한 목적으로 그 부대를 사용할 수가 있다. 그러면 '자치단체'라는 도회의 기능은 무엇인가?

## 도회

도회의원의 수는 총독이 결정한다. 당분간 그 수는 21~45명으로 되어 있다. 도회의원의 3분의 1은 임명되는데, 대부분 일본인 거류민 중에서 되며, 그 나머지는 선거로 뽑힌다. 투표인은 25세 이상의 남자로서 해당 도에 1년이상 거주한 자이며, 독립된 재산을 갖고서 규정된 최저한의 지방세를 지불해야 한다. 부에 있어서는 필요한 최저한의 세금액이 5원이었으므로, 이러한 소액이면 실제 누구나가 투표권을 가질 수 있을 것으로 보일지도 모르겠다.

그러나 가령 1936년에 부민들은 〈표 13-1〉과 같은 금액의 세금을 지불하고 있었다.[7] 이 통계는 아마도 모든 일본인 거류민이 투표권을 가지고 있었겠지만, 한국인은 소수만이 투표권을 행사할 수 있었을 뿐이라는 것을 말해준다.

| 〈표 13-1〉 | 부의 납세액 | |
|---|---|---|
| | 일본인 | 한국인 |
| 부(府) 인구(천) | 330.1 | 1,399.7 |
| 호(戶)당 평균 세액(원) | 24.0 | 4.48 |

더욱이 각 투표구에서 선거되어야 할 대의원의 수는 총독에 의해 할당된다. 이러한 여러 가지 제약의 결과 일본인 거주민들은 1933년의 선거에서 그들의 인구 비율은 전체의 2.6%밖에 안 되었음에도 불구하고 도회의원 전체의 29.6%의 좌석을 차지할 수가 있었다. 1937년 및 1941년의 선거에 대한 통계는 입수된 바가 없지만 일본인의 수가 증가되었다고 알려져 있다. 그러나 이러한 제약에도 불구하고 도회가 만일 어떠한 실제적인 권한 같은 것을 갖고 있다면 유익한 사업을 수행할 수가 있을 것이다. 우리는 이미 도의 행정은 일본인 지사의 수중에 있으며, 그리고 모든 중요한 직위는 일본인이 차지하고 있다는 것을 보았다.[8] 그러면 도회의 임무는 무엇인가? 『시정연보』에 의하면 그들은 '지방재정'을 통제한다는 것이다. 불행히 도의 세입은 그 율이 법령으로 확정되어 있는 부가세와 국고보조금으로 편성되어 있으며, 한편 세출은 좁은 한계에 국한되어 있다. 도의 예산은 소위 '강제예산제도'였다. 그러므로 지방재정 속에는 이러한 선거된 시민들이 어떠한 통제를 행할 수 있

---

7 『施政年報』(1936~1937), p.208.

8 가령 전라남도에서는 12명의 고급관리 중에 단 한 명의 한국인도 없었다. 『拓務年鑑』(1939)에는 각 도의 지사는 한국인 참여관(參與官)을 가지고 있었다는데, 이 도에서는 그 참여관조차도 오오야마(大山)라는 일본인이었다고 말하고 있다. 그리고 강원도의 참여관은 마쓰모토(松本)였고, 경기도는 히라마쓰(平松), 경상북도는 다케야마(竹山) 등이었다.

는 것이란 극히 적다. 이러한 도회는 그 내부의 조직에 있어서조차도 '자치'
단체는 아니었다. 도회의장은 바로 지사 자신인 것이다.

## 부·군 및 도(島)의 행정기구

부·군 및 도의 행정기구도 도(道)의 그것과 마찬가지여서 각기 부윤(府
尹)·군수(郡守) 및 도사(島司)라고 불리는 행정관을 두어서 관할하고 있다. 부
(1939년에 18부, 218군 및 2도가 있었다)의 부회는 도회와 마찬가지로 기초에서 선
거되고, 그 기구도 마찬가지이다. 즉 부회의 의장은 부윤이고, 선거법도 동일
하다. 그러나 두 가지 점에서 차이가 있는데 하나는 임명된 의원이 없다는 것
이요, 또 하나는 선거된 의원 중 적어도 4분의 1을 일본인과 한국인이 각기 차
지해야만 한다는 것이다. 1936년의 부의 인구 약 170만 명 중에서 겨우 5만
6,687명이 투표인으로 등록되어 있을 뿐이었다는 것은 흥미 있는 사실이다.

교육제도에 있어서도 우리는 마찬가지 구분을 발견할 수 있다. 각 부회 안
에는 일본인 학교와 한국인 학교를 위한 별개의 교육부회가 있다. 이렇게 구
별하는 이유는 계획에 차이가 있어서가 아니라, 교육예산에 커다란 차이가
있기 때문이다. 일본인 학교는 모든 면에서 한국인 학교와는 비교할 수 없을
정도로 훌륭한 시설을 가지고 있다.

## 읍과 면

1940년에는 76읍과 2,262면이 있었는데, 대부분의 일본인이 부에 집중되
어 있는 반면에 대부분의 한국인은 이 읍과 면에 집중되어 있었다. 그러므로
읍과 면(이것은 물론 그 기구상의 구별로서, 읍이란 칭호는 보다 인구가 많거나 혹은 중
요한 지방에 대하여 붙이는 것이다)은 한국인 대중을 위한 지방정부이다. 읍장은
약간의 예외를 빼놓고는 일본인이다. 그러나 면장의 대부분은 한국인인데,

그것은 조그마한 외딴 지방에서 소액의 보수를 위해 그 직책을 맡을 일본인이 없기 때문이다. 읍과 면에는 그 기구와 기능이 부회의 그것과 흡사한 읍회와 면협의회가 있다. 다만 투표인의 납세액에 대한 요구는 보다 낮은데, 만일 5원 이상이 요구되었다면 대부분의 읍이나 면에는 1명 혹은 2명의 투표인밖에 없었을 것이다. 그러나 낮은 세액 요구에도 불구하고 25세 이상의 남자 중에서 10명에 1명 이하의 수가 투표권을 누리고 있을 뿐이다.

이러한 제약들을 지닌 '선거' 기관을 가지고 일본인이 골치를 앓는다는 것은 놀라운 일로 보일지도 모르겠다. 모든 사실상의 권한은 분명히 일본인 관료들의 수중에 놓여 있기 때문이다. 그러나 이러한 '개혁'의 목적은 한국인 부유층에게 그들이 거의 일본인과 마찬가지로 인정되고 있다는 것을 보임으로써 지지를 얻으려 하는 것임이 분명하다. 일본인 지배자들이 이 지극히 제한된 목적을 어느 정도로 달성하였는지를 말해주는 아무런 정보도 없다.

# 제14장 사법과 경찰

한국에는 법의 근원이 셋 있다. 첫째는 한국을 위해 공포된 일본의 특별법으로 예를 들면 조선은행법·조선사설철도보조법, 그리고 통법(通法) 등이다. 둘째는 한국에 적용되는 일본법으로, 예를 들면 특허법·회계법·우편법·치안유지법 등이다. 셋째는 총독부에서 공포하는 제령(制令)인데, 예를 들면 조선총독부재판소령·조선형사령·상법(商法)·파산법(破産法)·민사소송법·형사소송법 등이다. 이러한 모든 법령은 해당 일본법령에다가 한국인의 관습을 고려해서 약간의 수정을 가한 것들이다. 이상에 열거된 바로써 우리는 한국에 적용되고 있는 법이 주로 일본의 법이라는 것을 알 수 있다.

## 재판소

재판소는 '삼심제(三審制)'에 의해 지방법원, 복심법원, 고등법원으로 편제되어 있다. 지방법원은 민사 및 형사에 관한 제일심의 재판을 행한다. 심문은 한 사람의 판사에 의해 행해진다. 그러나 민사소송으로서 소송 물건의 가격이 1,000원 이상일 경우라든지, 혹은 그 밖의 약간 중요한 사건일 경우에는 3명의 판사가 심문을 한다. 배심제도(陪審制度)는 없다. 복심법원은 지방법원의 재판에 대한 항소에 대해 재판을 행하며, 3명의 판사로 구성된다. 고등법

원에서는 5명의 판사가 주관하며, 복심법원의 재판에 대한 상고에 대해 재판
하며 최고재판소의 기능을 수행한다.

〈표 14-1〉            법원 및 판사 수

|  | 1910 | 1923 | 1938 | 1938(판사) |
|---|---|---|---|---|
| 고등법원 | 1 | 1 | 1 | 10 |
| 복심(覆審)법원 | 3 | 3 | 3 | 35 |
| 지방법원 | … | 11 | 11 | 103 |
| 지청 | … | … | 48 | 77 |
| 출장소 | … | … | 173 | … |
| 판사 | 254 | … | 225 | 225 |
| 검사 | 60 | … | 109 | … |
| 서기 및 통역 | 437 | … | 880 | … |

【자료】 (1) 『施政年報』
        (2) 『朝鮮年鑑』(1941)

〈표 14-1〉에서 보는 바와 같이, 소송 건수는 증가하였는데도 불구하고(아
래 글 참조), 판사 수는 감소하였다. 판사의 민족별에 대하여 공식보고는 대부
분의 판검사가 한국인이라는 인상을 우리에게 준다.

  한국인 판검사의 권한은 한국인만이 관련된 민사나 형사의 소송만을 취급하도
록 제한되어 있었다. 그러나 이러한 제한은 이미 필요 없는 것으로 생각되었기 때
문에 1920년 3월에 재판소에서의 한국인과 일본인 사이의 불유쾌한 차별을 없이
할 목적으로 재판소령이 개정되었다.[1]

이제 한국인 판사도 모든 종류의 소송을 취급할 수 있게 되었는지 모르겠
으나, 그러나 불행히 법원에는 한국인 판사가 거의 없다. 판사는 이미 정식
합병 이전에 일본인에 의해 대치되었기 때문에 1909년에 일본인 판사 192명
에 대해 한국인 판사는 겨우 88명밖에 없었다. 1912년에는 일본인 판사 161

---

1 『施政年報』(1936~1937), p.191.

명에 한국인 판사는 38명, 일본인 검사 54명에 한국인 검사는 불과 3명밖에
없었다. 이 이후에는 영문판의 공식보고에는 민족별에 의한 판사 수에 대한
아무런 통계도 실려 있지 않다. 그러나 『조선연감』에 실린 1940년 9월 현재
의 판사 명단 속에는 고등법원에는 1명의 한국인도 없고, 복심법원에는 35명
의 판사 중에 한국인은 4명밖에 없으며, 지방법원에는 10%가 한국인일 뿐이
다. 끝으로 검사 중에는 단 한 명의 한국인도 없다. 그러므로 이러한 상태는
1912년보다 현재가 더 악화되어 있다. 한국인 판사에 대해 드레이크는 다음
과 같이 말하고 있다.

  3명의 판사로 구성된 법정에서 2명이 한국인일 수는 있을지 모르지만, 그러나 나
  머지 한 사람은 일본인이며, 그가 재판장이고 그리고 절대적인 거부권을 가진다.
  한국인은 법적인 사항에 간여하도록 장려되지 않는다.[2]

그러므로 한국인은 일본인 법정에서 일본인에 의해 일본의 법률에 따라서
재판을 받는다. 일본인 판사 중에는 선량하고 정직한 사람이 있으므로 그렇
게 나쁜 것은 아닐지도 모르겠다. 그러나 대부분의 한국인은 일본어를 모르
고, 또 대부분의 판사는 한국어를 알지 못한다. 그리고 법적 절차는 일본인
손에 있는 것이다. 누구나 언어가 이해되지 않는 재판을 받았다든가 혹은 법
정에 서는 불행을 겪어본 사람이라면 그러한 상태에서 정의와 공평을 얻는다
는 것이 얼마나 곤란한 일인가를 알고 있을 것이다. 판사의 질이 어떠한 것이
든 간에, 그들이 사용하는 법률이며, 판검사의 국적이며, 법적 절차에 있어서
의 공식용어며 하는 모든 점에서, 한국의 법정은 일본의 한국 지배를 특징짓
는 동일한 성격—한국인의 이익에 대한 완전한 무시를 나타내고 있다.

---

2  앞의 책, p.10.

| 〈표 14-2〉 | 한국 및 일본의 재판 수 | | (1938년) |
|---|---|---|---|
| | 한국 | 일본 | 일본에 대한 한국의 백분비 |
| 지방법원 민사사건(천) | 56.1 | 429.1 | 13.1 |
| 지방법원 형사사건(천) | 44.4 | 105.1 | 42.2 |
| 죄수 | 19,328 | 50,442 | 38.3 |
| 인구(천) | 34,326 | 73,114 | 33.2 |

【실수의 자료】 (1) 『拓務統計』(1938)

(2) 『東京官報(*Tokyo Gazette*)』(1964년 7월)

〈표 14-2〉에서 우리는 한국의 민사사건 수가 실수에 있어서뿐만 아니라 비율에 있어서도 일본보다 훨씬 적다는 것을 알 수 있다. 그러나 한국의 형사 사건 수와 죄수의 수는 인구와의 비례에서 일본에서보다 상당히 많은 것을 알 수 있다. 그러나 일본과 한국의 법률은 이미 본 바와 같이 거의 동일하며, 판사들은 동일한 학교에서 교육을 받은 것이다. 그들의 대부분은 일본의 법 원에서 종사하기 시작하여 한국에서 직무를 마치거나 혹은 한국에서 시작하 여 일본에서 마치는 것이다. 그러므로 언제든지 인원, 사상 및 해석의 부단한 교류가 행해지는 것이다. 그런데도 불구하고 한국과 일본에는 어째서 위와 같은 차이가 있는 것일까? 민사소송은 관계되는 측의 요청에 의해 성립되지 만 형사소송은 소수의 예외를 제외하고는 정부에 의해 시작된다는 것을 기억 할 필요가 있다. 그러므로 한국인은 제대로 내버려두면 일본인보다도 재판 에 회부하기를 즐겨하지 않거나 또는 소송을 일으킬 원인이 적거나 어느 쪽 일 것이다. 한국인은 전체적으로 가난하다. 한국인 노동자나 소작인들은 흔 히 소송을 제기할 재력을 갖고 있지 못하며, 또 일본인 법원의 재판을 크게 신임하고 있지도 않다. 그 결과 한국인은 심한 경우에만 재판소에 가는 것이 다. 형사사건에 있어서는 상태가 이와 다르다. 여기서는 정부가 기소를 한다. 그러므로 만일 한국에는 일본에서보다 더 많은 형사소송이 있다고 하면, 이 것은 한국인 중에 죄를 범하는 사람이 더 많든지, 그렇지 않으면 일본 정부가

일본에서보다 한국에서 더 정력적으로 활동을 하든지 그 어느 쪽일 것이다.

## 범죄

한국인의 범죄 경향에 관하여는 〈표 14-3〉이 흥미를 끈다.

〈표 14-3〉            중요한 형사사건[3]

|  | 1911 | 1923 | 1938 |
|---|---|---|---|
| 도박 · 복권 | 1,542 | 3,455 | 1,920 |
| 횡령 | 339 | 845 | 746 |
| 절도 | 3,981 | 3,439 | 5,630 |
| 사기 · 공갈 | 1,358 | 1,545 | 1,631 |
| 위조 · 위증 | 263 | 344 | 444 |
| 상해 | 430 | 1,618 | 5,647 |
| 강도 | 1,182 | 514 | 280 |
| 살인 | 263 | 240 | 210 |
| 약탈 · 유괴 | 264 | 140 | 67 |
| 기타 | … | 10,237 | 27,825 |
| 계 | 7,900[4] | 22,377 | 44,400 |

【자료】 1911년 및 1923년은 『施政年報』(1922~1924).
　　　　1938년은 『朝鮮年鑑』(1941).

물론 이 27년간에 있어서의 많은 법령의 변화가 재판이나 재판 건수에 상당한 변화를 초래하기에 충분하지만, 그러나 이 표로부터 얻는 전체적인 인상은 강도 · 살인 및 유괴[5]가 감소되었으나, 그 밖의 범죄는 크게 증가하였다는 것이다. 이 사실은 다음과 같은 다른 시기에 관한 공식발표에 의해 지지되고 있다.

---

3  '판결'이란 한국의 재판소에서는 보통 유죄판결을 의미한다.
4  자료에 의하면 계는 7,900건으로 되어 있지만(p.155), 같은 연도의 각 항을 계산하면 9,622건이 된다.
5  1911년과 1923년의 약취(略取)와 유괴는 대부분 특수한 성격을 띠고 있는 것이다. 그것은 흔히 젊은 과부를 약탈해가는 것이었다.

과거의 한국에는 거의 없던 소매치기가 오늘의 한국에 가장 보편적인 범죄의 하나가 되고 있다.[6]

한편 사기 · 위조 · 위증과 같은 지능범이 해마다 증가하고 있으며, 이 경향은 점점 더 기술적으로 발달해가는 것으로 보인다.[7]

또한

그러나 최근 일본 본토의 '갱' 사건에 선동되어서 이러한 종류의 범죄가 또한 증가되고 있다.[8]

이러한 공식발표에 의하면, 일본의 한국 합병 이후 한국인 범죄는 증가하였으며, 또 적어도 약간의 범죄에 대하여는 그 영향이 일본으로부터 왔다. 그러나 한국의 인구는 대부분이 농촌에 있으며, 또 전 인구의 4분의 1~3분의 1만이 농업 이외의 직업에 종사하고 있다는 것에 비추어볼 때, 일본에 비해 비교적 많은 한국의 범죄는 한국인에 대한 특별한 취급에 그 원인이 있다는 결론을 피하기가 어렵다. 이러한 견해는 다음과 같은 증거로써 지지된다. 위의 '기타' 범죄 속에서 가장 중요한 것은 '삼림도벌(森林盜伐)', '제세법규위반(諸稅法規違反)'이다. 1911년에는 '삼림도벌'에 대한 재판이 81건 있었는데, 1936년에는 5,570건이었다. 1912년에는 '제세법규위반'이 겨우 44건에 불과하였는데, 1936년에는 1만 9,050건으로 증가하였다. 이 두 예는 한국인의 범죄가 주로 경제적인 성질의 것이며, 또 아마도 한편으로는 한국인의 빈곤화 과정, 다른 한편으로는 세금에 대한 정부의 점차 커지는 압력을 반영해주

---

6 『施政年報』(1915~1916), p.40.
7 『施政年報』(1936~1937), p.196.
8 위와 같음.

는 것 같다.

1909년, 한국의 감옥이 일본인의 지배하에 들어갔을 때에, 죄수의 수는 약 5,300명이었는데, 자주 은사(恩赦)를 내렸음에도 불구하고 1942년에는 1만 9,328명으로 4배나 증가하였다. 이 1만 9,328명 속에는 아마 서울·함흥·청진·평양·대구·신의주 및 광주의 보호관찰소라고 불리는 7개의 정치범 감옥의 수용자는 포함되어 있지 않을 것이다.

감옥의 상태에 대하여는 "해마다 죄수가 증가하는 사태에 대응하기 위해 건물과 시설에 대한 개선을 부단히 실시하였다."[9] 또 1933년 이후에 감옥은 만주국 정부와 관동군이라는 새로운 시장을 발견하여 대량적으로 상품을 제조하고 있었다고 한다.

## 경찰제도

한국의 경찰제도는 다음과 같이 조직되어 있다. 총독부 밑에 경무국이 있고, 그 밑에 13개의 경찰부가 각 도에 하나씩 있다. 경찰부 밑에는 경찰서가 부·군 및 도(島)에 하나씩 있다. 경찰서 밑에 부나 면에 하나 혹은 둘씩 경찰관주재소가 있다. 이러한 모든 것은 지방당국으로부터 완전히 독립해 있다. 즉 경찰제도는 전체적으로 독립되어 있고 집권화되어 있다. 단 하나의 예외는 도지사가 자기 도의 경찰부를 통제한다는 것이다. 그러나 그들 자신이 총독의 통제 밑에 있으므로 이 제도를 지방분권적이라고 부를 수는 없다.

중앙의 경무국과 도의 경찰부는 경무과·방호과(防護課)·보안과·경제경찰과·도서과(圖書課)·위생과로 구성되어 있다. 경무과는 일반적인 경찰 사무를 관장한다. 그러나 이는 즉결재판을 행할 수 있으며 또 흔히 한다. 경찰에 의한 재판 건수는 매년 10만 건 이상이다. 아일랜드에 의하면, 이러한 것

---

9 『施政年報』(1936~1937), p.198.

은 '사소한 범죄'라고 한다.

　　이러한 재판은 대부분이 도박, 단순한 폭행, 교통규칙 위반 등에 관계된 것이다. 본인의 동의가 없이는 어떠한 범법자라도 즉결재판에 회부할 수가 없다. 만일 그가 동의했을 경우에라도 그 결과에 불만이면 일반 재판소에 상소할 수가 있다. 이 재판권은 거의 행사되지 않는데, 그것은 사소한 사건의 초범은 대개가 훈계 정도로 석방되기 때문이다. 경찰서장은 3개월의 징역을 언도할 수 있기는 하지만, 그러나 그는 보통 100원 이하의 벌금을 과하거나 3개월 이내의 유치를 시킬 뿐이다.

　　1921년에는 즉결재판에 의해 판결된 건수는 7만 3,262건이었다. 그중 7만 1,802건은 범죄자의 유치로 끝났다. 이러한 판결에 대한 상소는 54건이 있을 뿐이었는데, 그중 42건은 판결의 확인으로 끝났고, 12건은 기각되었다.[10]

　　여기서는 한국의 경찰은 한국인으로 하여금 재판소로 가는 괴로움을 덜어주는 기관으로 되어 있다. 한편 공식보고들은 경찰재판제도가 피고의 비용을 절감시킨다는 구실로, 또 "한국인은 보통 법률상의 권리에 대한 관념이 거의 없고, 따라서 법정에서 심문받는 것과 일반 행정기관에서 심문받는 것과의 차별을 거의 알고 있지 못한다"[11]라는 이유로 이를 정당화하고 있다.

　　불행히 이것은 진실이 아니다. 우리는 한국인이 보통 일본인보다 훨씬 가난하다는 것을 보아왔다. 그러나 일본에서는 정령(政令)을 위반한 죄목은 1개월 이하의 체형(體刑)이나 20원 이하의 과료(科料)에 처해진다. 그러나 한국에서는 이상의 죄목에 대하여 각기 3개월 이하와 100원 이하이다. 여기서는 한국인을 위협하려는 의도 이외의 아무것도 발견하기가 곤란하다.

　　아일랜드는 "사소한 사건의 초범은 대개 훈계 정도로 석방되고 있다"라고

---

10　『新韓國』(New York, 1926), p.161.
11　『施政年報』(1910~1911), p.70.

확언하고 있다. 그러나 이것은 결코 정확한 것이 아니다. 1919년 이전에 그러한 경우에 경찰이 사용한 보통 수단은 훈계가 아니라 태형이거나 벌금이었으며, 현재는 유치거나 벌금이다. 1937년에는 82명의 죄수가 중노동을 수반하는 투옥을 당했으며, 32명이 투옥되었고, 1만 9,012명이 유치, 8만 5,369명이 20원 이하의 벌금형이요, 2만 744명이 100원 이하의 벌금형이었다. 1일 임금이 1원을 넘기가 힘든 한국의 상태에서 100원 혹은 20원이 어떠한 의미를 가지는가 하는 것은 명백한 일이다. 그것은 종종 경제적인 파산을 의미하는 것이며, 따라서 이것은 한국인을 무산화하기 위한 일본인의 유력한 무기라고 생각될 수도 있다.

이 즉결재판의 다른 또 하나의 특징은 유죄판결의 비율이 특히 높은 것이다. 아일랜드가 제공한 자료에 의하면 1921년에 100건 중 98건이 유죄로 판결되었으며, 나머지 2건도 무죄가 된 것이 아니라 '용사(容赦)'를 받은 것이었다. 즉결재판의 결과에 불만인 죄수는 누구나 상소할 수 있는데, 그러한 상소 건수가 1,000에 하나도 되지 않는다는 것은 죄수들이 그들의 범죄를 승인한 것을 보여주는 듯하다는 것은 사실이다. 그러나 우리는 한국인이 그러한 상소를 하기 전에 일본인 경찰에 의해 유죄로 판결된 것이 일본인 법정에서 무죄가 될 가능성이 있을까를 생각해야 하며, 그리고 부유한 사람들만이 가능한 상소에 따르는 비용을 기억해야 한다.

정부는 일본인과 한국인의 경찰 수를 공표하지 않는다. 그러나 한국 경찰 최고 간부 27명 속에는 한 사람의 한국인도 포함되어 있지 않다. 그러므로 수명의 한국인 경시(警視)가 있던 1919년의 상태보다 이러한 점은 더욱 악화된 셈이다. 한국인은 다른 행정부에서와 마찬가지로 최하의 직위만을 차지하고 있다.[12] 1937년의 경찰의 수는 2만 642명이었는데, 이는 1938년에 있어서의

---

12 한국 경찰의 구성에 있어서의 다음과 같은 변화를 비교하는 것은 흥미 있는 일이다(자료: 『施政

모든 학교의 교사 수(2만 4,068명)보다 약간 적을 뿐이었다.[13]

한국 경찰의 보안과는 소위 고등경찰로서, 정치적인 문제와 주로 관련이 있다(이것은 또 공업에 노동력을 보충하는 임무를 가지고 있다). 그 업무는 위험사상과 그 전파자를 검색·근절하는 것뿐만이 아니라 관동군의 모든 노력에도 불구하고 만주로부터 한국으로 침투하여 들어오려고 하는 한국인 혁명가들과 싸우는 것이다. 『조선연감』(1941)에 의하면 만주에서 공산주의자들의 활동이 1936년 이래 크게 증대하였고, 그들은 동북항일연군(東北抗日聯軍)을 조직하였는데, 거기에는 한국인도 일부 있었다. 그들의 힘은 동북지방과 남만주의 국경지대에서 증가해갔는데, 중일사변이 일어난 이후에 더욱 활발해졌다. 이에 관해서는 다음과 같은 공식통계가 흥미를 끈다.

1938년에 압록강 대안(對岸)으로부터 (한국인) 마적이 출현한 건수는 3,898건이었는데, 그 인원수는 23만 5,787명이었고, 피살자 391명, 부상자 539명, 그리고 유괴된 자가 3,642명이었다.[14]

만일 한 사람의 '마적'이 1년에 평균 10회씩 월경(越境)을 해왔다 하더라도

年報』, 단, 1937년분은 『大日本帝國年鑑』 1939년도분).

| | 일본인 | 한국인 | 전체 | 전체에 대한 한국인 백분비 |
|---|---|---|---|---|
| 1910(헌병 포함) | 3,272 | 4,440 | 7,712 | 57.6 |
| 1918(헌병 포함) | 6,138 | 8,220 | 14,358 | 57.2 |
| 1919 | 8,383 | 8,500 | 16,883 | 50.3 |
| 1930 | 11,398 | 7,413 | 18,811 | 39.4 |
| 1937 | …… | …… | 20,642 | … |

한국인이 일본식으로 그 이름을 변경한 것은 극히 최근의 일이다.

13 자료는 『拓務統計』(1938)이다. 여기에는 대학교수와 서당의 훈장을 포함하지 않고 있다. 서당이란 구식의 사립학교이며, 거기서 학생들은 한문을 배울 뿐이다.
14 『拓務要覽』(1939), p.114.

'마적'의 수는 2만 명 이상이 될 것이다. 그리고 이것은 일본이 '동남아시아에 신질서'를 건설하기에 아직 바쁘지 않았고, 따라서 한국과 만주에 보다 많은 병력을 집중할 수 있던 1938년에 그러하였다. 이것은 상당히 중요한 의의를 지니고 있다. 즉 일본군의 깊숙이 후방에 일본군에 대항하여 싸우고 있는 '한국혁명군을 중심으로 한' 상당한 병력이 있다는 것을 일본인 자신이 인정하고 있는 것이다. 적절한 원조와 지도가 있으면, 그들은 현저한 성과를 거둘 수 있었을 것이다.

경제경찰의 기능은 1936년 이후 증대하여왔다. 경제 관계의 규칙을 범하는 범죄 수는 매년 수천을 헤아리고 있다. 도서과는 각종 형태의 위험사상이 출현하는 것을 방지하는 임무를 갖고 있다. 서적·잡지·신문 및 영화가 검열될 뿐 아니라 축음기의 레코드나 도서관의 장서까지도 그러하였다.

방호과는 방공·방화 및 홍수 방비의 책임을 지고 있다. 한국의 화재 건수는 1년에 3,000~5,000에 걸치고 있으며, 이로 인한 손실은 300만~700만 원에 달하고 있다. 방공에 대한 관심은 만주국의 건국 이후부터 시작되었다. 1937년 11월에 방공에 관한 특별법령[방공법]이 공표되었고, 새로운 과[방호과]가 1939년 2월에 설치되었다. 1939년 10월에 방공을 위한 특별경찰대[경방단(警防團)]가 민간인들로 조직되었다. 대규모의 선전과 광범한 연구가 또한 행해졌다.

위생과는 의사, 치과의사 및 약제사의 등록과 인간 및 가축의 전염병 방지의 책임을 지고 있다. 이와 관계가 있는 보다 중요한 통계자료는 다음 장에서 논의될 것이다.

# 제15장 위생 · 교육 및 종교

## 위생

공식보고에 의하면 한국은 의료시설 면에서 세계에서도 가장 진보한 나라의 하나라고 한다.

현재의 제도가 이룩되기까지 기존 제도에 대한 많은 개선이 행해졌으며, 총독부 의원이 …… 확충되었을 뿐만 아니라 각 도에도 같은 의료기관[도립의원]이 설치되었다. 원격(遠隔)한 지역에는 공의(公醫)가 배치되고 촉탁의(囑託醫)가 벽지로 순회진료를 하였다. …… 이에 그치지 않고 먼 국경지대에 사는 한국인들까지도 그들이 쉽사리 도달할 수 있는 지역에 의료시설을 가질 수 있도록 배려하였다.[1]

서울과 각 도청소재지의 공립의원은 그 사업의 일부로서 가난한 환자의 무료진료를 행하는데, 원격한 지역에 대해서도 그러하다.[2]

공식보고에 의하여 판단할 때에는 그 성과는 실로 놀랄 만한 것이다. 가령 1938년 인구 100만 명에 대해서 〈표 15-1〉과 같은 수의 환자가 등록되었다. 이 표에 의하면 인구 비례로 볼 때 전염병은 한국에서보다 일본에서 3~5

---

1 『施政年報』(1936~1937), p.180.

2 위의 책, p.106.

**〈표 15-1〉     한국과 일본의 전염병 통계의 비교** (백만 명당 환자 수)

|          | 한국(1938) | 일본(1937) |
|----------|-----------|-----------|
| 이질      | 219       | 1,099     |
| 장티푸스   | 258       | 541       |
| 파라티푸스  | 27        | 63        |
| 디프테리아  | 110       | 281       |

【실수의 자료】『拓務統計』(1938)

**〈표 15-2〉                      한국과 일본의 의료 인원**

|            | 한국(1938) | 일본(1937) | 인구 백만 명에 대한 수 | |
|------------|-----------|-----------|-----------|-----------|
|            |           |           | 한국(1938) | 일본(1937) |
| 병원(a)      | 149       | 3,045     | 6.6       | 42.7      |
| 의사        | 2,931     | 61,799    | 129       | 866       |
| 의생(醫生)(b) | 3,783     | …         | 167       | …         |
| 치과의       | 879       | 22,072    | 38.8      | 310       |
| 약사        | 494       | 28,156    | 21.8      | 394       |
| 산파        | 1,935     | 61,732    | 85.5      | 865       |
| 간호부       | 1,843     | 124,402   | 81.4      | 1,745     |

【자료】『拓務統計』(1938)
(a) 관립 · 공립 및 사립을 포함.
(b) 대학에서 교육받지 않은 자.

배나 더 많이 일어나고 있다. 그러나 이제 이 두 나라의 병원 · 의사 및 그 밖의 위생원 등의 수를 비교해보기로 하자.

〈표 15-2〉에 의하면 일본의 100만 명당 병원 수는 한국의 6~7배이고, 의사 수는 7배이다. 산파 · 치과의 · 약제사 및 간호부에 있어서는 의사의 경우에서보다 한국의 상태는 더 나쁘다. 다시 말하면 한국인 대부분에게 의료시설은 아직 없는 것이다. 불행하게도 실제의 상태는 이러한 통계가 말해주는 것보다도 더 나쁘다. 1938년에 중앙과 지방의 공립의원은 〈표 15-3〉과 같은 수의 환자를 치료하였다. 각 환자가 1회씩 치료를 받았다고 가정하면 일본인은 2명에 1명, 한국인은 56명에 1명이 관립의원에서 치료를 받았다. 다시 말하면 이러한 병원은 일본인을 우선적으로 진료하였다. 그러나 한국인은 현

〈표 15-3〉 관립의원 민족별 환자 수(1938년)

| | |
|---|---|
| 일본인 | 334,438 |
| 한국인 | 389,739 |
| 외국인 | 904 |
| 계 | 725,081 |
| 입원자 | 42,423 |
| 외래환자 | 682,658 |

【자료】『拓務統計』(1938)

대 의료시설의 혜택을 극히 조금밖에 받지 못하였다. 버스커크는 이에 대해 다음과 같이 말하고 있다.

　한국인은 지극히 가난하므로 필요한 의료비는 그들이 지불할 수 없는 무거운 부담으로 보인다. 의료 교육을 받기 위해 수년 동안 돈을 들인 뒤에 기껏해야 지방개업밖에 못한다는 것은 젊은 의사들에게 거의 용기를 주지 못한다.[3]

　그러나 한국이 일본보다 건강한 나라같이 보이게 하는 전염병의 통계는 무엇을 말하는 것인가. 사실은 이러한 통계자료는 의료시설이 얼마나 불충분한가를 증명할 뿐이다. 한국에서 통계상의 전염병 환자가 적은 것은 한국인이 그만큼 건강하거나 혹은 잘 간호되어 있기 때문이 아니라 대부분의 한국인 환자들이 병원이나 의사의 진료를 받지 않고, 따라서 통계의 영역 밖에 놓여 있기 때문인 것이다.

## 교육

　표면상으로는 교육은 일본인이 자랑하는 것의 하나이다. 〈표 15-4〉는 합병 이후의 교육에 관한 통계를 나타낸 것이다.

---

3　*Land of the Dawn*(New York, 1931), p.112.

| 〈표 15-4〉 | 학교 등록 학생 수 | | | (단위 : 천 명) |
|---|---|---|---|---|
| 학교 구분 | 1910 | 1919 | 1930 | 1937 |
| 소학교(일본인) | 15.5 | 42.8 | 67.4 | 89.8 |
| 보통학교(한국인) | 20.1 | 89.3 | 450.5 | 901.2 |
| 중학교(일본인) | 0.2 | 2.0 | 5.8 | 7.8 |
| 고등보통학교(한국 및 일본인) | 0.8 | 3.2 | 11.1 | 15.6 |
| 고등여학교(일본인) | 0.5 | 1.9 | 8.3 | 11.9 |
| 여자고등보통학교(한국인) | 0.4 | 0.7 | 4.4 | 7.1 |
| 사범학교 | … | … | 1.3 | 3.8 |
| 실업학교 | 1.0 | 2.8 | 12.1 | 20.3 |
| 실업보습학교 | 0.1 | 1.7 | 3.2 | 6.3 |
| 전문학교 | 0.4 | 0.9 | 2.5 | 4.0 |
| 대학 예과(豫科) | … | … | 0.3 | 0.4 |
| 대학 | … | … | 0.6 | 0.5 |
| 각종 학교 | 71.8 | 39.2 | 47.5 | 142.6[b] |
| 계 | 110.8 | 185.5 | 614.4[a] | 1,211.4 |

【자료】『施政年報』
(a) 1930년도 각 항목의 합계는 615.0이다.
(b) 여기에는 6만 77명의 간이학교(簡易學校) 학생을 포함하고 있다.

이 표에 의하면 27년간에 학생 수가 거의 11배나 증가한 것을 알 수 있다
(1910년의 11만 800명에서 1937년의 121만 1,400명으로). 물론 어떠한 정부가 한국
에 존재하고 있었던 간에 이 27년 동안에 학생 수가 몇 배로 증가하였을 것은
의심할 수 없는 일이다. 그러나 일본 지배하의 교육이 학생 수로 따질 때에는
그동안 커다란 진보를 하였다는 사실만은 부정할 수가 없다. 그러나 여기에
는 엄격한 조건이 요구된다. 한국의 초등학교에는[4] 1939년에 121만 8,367명
의 한국인 학생과 9만 2,842명의 일본인 학생이 있었다.[5] 이것은 학령(學齡)에
있는 거의 모든 일본인 소년소녀가 초등학교에 입학하고 있는 데 대해, 한국
인 아동은 3명에 1명만이 겨우 초등학교에 입학하고 있음을 나타내고 있다.

---

4 상기 표의 주에서 말한 간이학교는 제외하였다.
5 공립 및 사립 통계자료는 달리 주기(註記)가 없는 한 『朝鮮年鑑』(1941) 및 『拓務統計』(1938)에
  의한 것이다.

다시 말하면 아무리 커다란 발전을 하였다 하더라도 60% 이상의 한국인 아동들이 아직 학교에 입학하지 못하고 있는 것이다.

중등학교(미국의 high school에 해당함) 재학생은 민족별로 다음과 같이 나뉘어져 있었다.[6]

일본인 학생 21,266
한국인 학생 28,878
계 50,144

초등학교의 일본인 학생 수는 전 수의 7.1%밖에 안 되었는데, 중등학교의 일본인 학생 수는 전 수의 42.2%를 차지하고 있었다. 이것은 중등학교 학령에 해당하는 일본인의 2분의 1이 입학하였는데, 한국인은 20~30분의 1이 겨우 그러한 행운을 누리고 있었음을 말해주는 것이다.

실업학교(전문학교 제외) 학생의 민족별 통계는 다음과 같다.

일본인 학생 7,854
한국인 학생 26,155
계 34,009

여기에서는 한국인의 사정은 보다 양호하다고 생각할 수도 있다. 그러나 이것은 일본인으로서 농업학교에 입학하는 학생의 수가 적다는 사실에 그 원인이 있을 뿐이다. 만일 이 농업학교를 제외하면 그 수는 다음과 같다.

일본인 학생 6,923

---

6 여기에는 관립·공립 및 사립의 모든 학교의 학생이 포함되어 있다.

한국인 학생 13,924

계 20,847

클라이드 교수의 견해는 다음과 같다.

　일본이 한국의 교육제도에 끼친 가장 큰 공헌은 농업 분야에서였다. …… 농촌의 보통학교를 졸업한 자에게 농업에 관한 과정이 교수되고, 선발된 학생에게는 도의 농사시험장에서 심화 교육이 실시된다.[7]

불행히 실제 상황은 부당한 낙관론을 인정하지 않는다. 한국인의 농업인구는 약 1,500만 명인데 각종 농업학교의 한국인 학생은 겨우 1만 2,231명이었고, 게다가 이러한 많은 학교가 1년 혹은 그 이하의 과정밖에 없는 형편이다. 일반적으로 농업 및 실업 교육은 너무나 미발전 상태였으므로, 일본인 자신도 중일사변이 일어난 이후 특히 그 결함을 느끼고 있었다. 한국을 병참기지로 바꾸려는 계획은 극심한 기술노동력 부족으로 인해 곤란에 부딪히게 되었던 것이다. 이러한 위기를 극복하기 위해서 총독부는 1939년에 각종 단기실업학교(기계·전기 및 광업)를 창설하였다. 그러나 이것은 또 하나의 곤란에 부딪히게 되었다. 즉 교사, 교과서 및 설비의 부족이었다. 이리하여 한국에서의 일본의 교육정책은 자업자득인 것이 증명되었다. 한국인에게 고등교육을 실시하지 않은 실책이 일본의 침략정책 수행에 하나의 장애가 되었던 것이다.

전문교육(사범학교와 대학예과를 포함)을 받는 학생은 다음과 같이 구분된다.

일본인 4,674

---

7 『極東現代史(A History of the Modern and Contemporary Far East)』(New York, 1937), p.444.

한국인 6,313

계 10,987


마지막으로 교육기관의 최고인 경성제국대학을 보면 민족별 통계는 다음
과 같다.


일본인 350

한국인 206

계 556


여기서는 일본인 학생이 다수를 차지하고 있다. 이론적으로는 한국의 모든
학교는 민족적인 차별이 없이 누구에게나 개방되어서 입학시험의 결과로 결
정된 점수에 따라 입학되는 것이다(초등학교와 그 밖의 약간의 학교를 제외하고
는). 학교의 교수계획이 동일하고 일본어의 지식도 거의 마찬가지이다(한국인
학교의 교육도 초등학교 1학년부터 일본어로 행해진다). 그런데 어떻게 해서 중등학
교나 실업학교 및 전문학교의 일본인 학생 수가 한국인 학생 수와 거의 동일
하며, 대학에서는 오히려 한국인 학생보다 더 많아진 것인가. 한국에 거주하
고 있는 일본인은 전 한국 인구의 2.9%에 불과하지 않은가. 입수된 모든 증
거에 의하면 한국인 학생은 결코 일본인 학생에게 뒤지지 않고 있다. 그런데
도 일본인 학생은 대학에서 63%의 자리를 차지하고 있는 것이다. 이에 대한
해답은 경제 부문을 포함하는 모든 인간 활동의 분야에 직접적인 관계를 가
지고 있으므로 중요한 문제이다. 누구나 자유로이 회사를 설립할 수 있고 일
본인 회사와 경쟁할 수 있다. 그러나 어쨌든 이 분야는 일본인들이 완전히 독
점하고 있다. 한국인은 몇 가지 법적인 수속을 수행함으로써 자유로이 신문
을 발행할 수 있다. 그러나 아무튼 신문은 간행되지 못하고 있다. 대학의 입

학시험을 통과하는 데 회사의 설립에 흔히 필요한 것 같은 대(大)재산이나 은
행의 예금, 혹은 특수한 기술이 필요한 것은 아니다. 그런데도 이 부문에서까
지 한국인은 23년 전에 엄숙히 보장한 평등한 대우를 받지 못하고 있는 것이
다. 한국인은 이것을 알고 있다. 그들은 언제나 어디서든지 차별대우의 대상
이 되고 있다. 이것을 그들이 어떻게 느끼고 있는가 하는 것은 뻔한 일이다.
일본 행정당국은 분명히 중등 및 대학 교육은 한국인에게 유해한 것이라고
생각하고 있다.[8]

〈표 15-5〉          한국과 일본의 인구 천 명당 각급 학교 학생 수

|  | 한국 | | 일본 |
|---|---|---|---|
|  | 한국인 천 명당<br>한국 학생 수(1939) | 일본인 천 명당<br>일본 학생 수(1939) | (1936) |
| 초등학교 | 55.2 | 142.8 | 164.5 |
| 중등학교 | 1.31 | 32.7 | 17.9 |
| 실업학교 | 1.18 | 12.1 | 6.2 |
| 전문 및 사범학교[a] | 0.27 | 7.2 | 1.28 |
| 대학 | 0.0093 | 1.06 | 1.03 |
| 계 | 58.0 | 195.9 | 190.9[b] |

【자료】 한국에 관한 것은 『朝鮮年鑑』(1941), 일본에 관한 것은 『大日本帝國統計年鑑』(1939)의 실수
　　　에서 계산한 것이다.
(a) 한국의 대학예과(豫科)와 일본의 고등학교를 포함한다.
(b) 여기에는 청년학교 학생이 포함되어 있지 않다. 청년학교 학생은 같은 해에 인구 천 명당 27.9
　　로 되어 있다.

---

8 중등학교나 대학에 한국인의 진학을 억제하려는 일본 정부의 정책에 외국인 저술가들도 동조
하고 있다. 드레이크는 다음과 같이 말하였다.
　"공직이건 아니건 간에 충분한 직위가 거의 없다. 그런데 중등학교나 대학은 실업문제를 더욱
악화시키고 있는 것이다. 단순하고 소박한 사람들을 감소시키고 그 대신 한 가지 종류에 기능이
있고, 학식이 있다는 명성을 가진, 물론 웅변에 능한, 그리고 장차 생겨날 새로운 국가에서 수지
맞는 직위를 탈취하려는 기대에서 대변동을 열망하는 건방진 젊은 놈의 무리를 증가시킨다는 가
장 안심할 수 없는 방법으로 악화시키고 있는 것이다. …… '위험사상'을 가졌다고 의심되는 사
람을 누구든 보기만 하면 검거하라고 경찰이 지시를 받았다고 해서 놀랄 수 있을 것인가. ……"
　"결국 한국은 농민의 나라이다. 그렇게 심한 동요를 가져올, 또 그들의 요구에 너무나 적합하지
않은 우리 서구의 학문으로써 그들을 괴롭힐 이유가 어디에 있는가. 목청을 돋우어 그들의 글자
를 소리쳐 부르고 있는 몇 명의 생도를 가진 조그마한 시골 학교로 돌아가는 것이 오히려 나을지
도 모른다. ……"〔Korea of the Japanese(London, 1930), pp.138~139〕.

〈표 15-5〉에서 한국의 교육이 실제로는 초등교육에 한정되어 있다는 것을
알 수 있다. 초등학교 이외의 학생은 인구 천 명당 2.8밖에 안 되었으며, 초등
학교에서는 55.2였다. 일본에서는 인구 천 명당 초등학교 학생 수는 한국보
다 3배나 많고, 중학교에서는 14배, 대학에서는 111배나 많다.[9] 상급학교로
올라갈수록 차이는 심해진다. 양국의 교육 목표가 여기에 뚜렷이 반영되어
있다. 한국에 있는 일본인 학생의 비율은 일본 본토보다도 크다.[10] 이것은 한
국에 있는 일본인이 일본 본토의 일본인보다 평균적으로 상당히 나은 상태에
있다는 견해를 지지해준다.

〈표 15-6〉　사립교육기관(1939년)
(전 학생 수에 대한 사립학교 학생 수의 백분비)

| | |
|---|---|
| 초등학교 | 2.5 |
| 중등학교 | 26.2 |
| 실업학교 | 15.5 |
| 전문학교[a] | 56.5 |

【자료】『朝鮮年鑑』(1941)의 자료에서 계산한 것이다.
(a) 정부의 수중에 있는 사범학교와 대학예과를 제외
　　하였다.

한국 교육이 실제 성과를 올린 공로는 일본 정부에 있는 것이 아니라 오히
려 사립기관, 특히 기독교 선교회에 있는 것이다. 〈표 15-6〉은 한국 교육에
있어서 사립기관의 역할이 얼마나 큰 것인가를 보여주고 있다. 요컨대 중등
학생의 4분의 1 이상이, 그리고 전문학생의 반 이상이 사립학교에서 배우고
있다. 이 비율은 일본 정부의 제도정책만 없었다면 훨씬 더 높았을 것이다.

---

9　나에 대한 어떤 비평가는 만일 일인당 평균 혹은 백분비 등으로 환산한다면, 어떤 나라든지 불
　리한 상태에 놓여 있음이 나타날 것이라고 지적하였다. 그러나 그런 것이 아니다. 이 책 속에서는
　모든 한국 측 자료가 어떤 상상적인, 이상적인 상태와 비교된 것이 아니라 거의 모든 경우에 부유
　하다고 알려진 나라가 아닌 일본과 비교된 것이다. 이 표 중 제1열과 제3열을 비교하면 한국에서
　할 수 있었을지도 모르는 것과 실제 행해진 것을 알 수 있다.
10　초등학교 이외에는 그러하다. 초등학교의 상태가 다른 것은 아마도 재한일본인 속에는 연령이
　낮은 사람의 비율이 낮기 때문으로 생각된다.

일본 정부는 이러한 계통을 통해 민주주의 사상이 전파되는 것을 두려워하여 각종의 부자유스런 제한을 사립학교에 과하였다. 따라서 사립학교를 유지하기 위하여는 무한한 인내가 필요하였다. 사립학교는 수천 명의 한국인에게 배움의 길을 열어주었을 뿐만 아니라―특히 여자에게 그러하여서, 만일 사립학교가 없었다면 여자교육의 길은 완전히 봉쇄되었을 것이다―한국인이 기독교, 민주주의 및 자유의 사상과 접촉을 가질 수 있는 유일한 방도였던 것이다. 의료계에 있어서 1938년에 한국에 있는 149개 병원 중 95개가 사립이었던 것처럼, 교육계에 있어서도 사립기관의 업무는 커다란 중요성을 가지고 있었다.

한국의 여자 수는 남자보다 약간 적을 뿐인데, 이 사실이 교육에 관한 통계 속에는 반영되어 있지 않다.

⟨표 15-7⟩         한국 학생의 성별 비교(1939년)

|  | 여자 | 남자 | 계 |
|---|---|---|---|
| 초등학교 | 306,000 | 912,067 | 1,218,367 |
| 중등학교 | 9,535 | 19,343 | 28,878 |
| 실업학교 | 915 | 25,240 | 26,155 |
| 전문학교・사범학교 | 1,131 | 5,182 | 6,313 |
| 대학 | … | 206 | 206 |

【자료】『朝鮮年鑑』(1941)의 자료로 계산하였다.

⟨표 15-7⟩에 나타난 대로 하면 초등학교에서조차도 남자학생 수는 여자학생 수보다 3배나 많으며, 다른 학교에 있어서는(중학교를 제외하고는) 그 차이가 더욱 심하다. 이것은 다만 부모의 무지나 편견 때문만이 아니라 총독부의 반동적인 정책 때문이기도 하다. 남녀공학은 어떠한 관립학교나 사립전문학교 혹은 실업학교에도 없으며, 대학에서는 여자의 입학을 허락하지 않는다.

그러나 한국의 교육에는 또 하나의 중요한 문제―교사의 국적 문제가 있

〈표 15-8〉 한국의 민족별 교사 통계(1938년)

|  | 한국인 교사 | 일본인 교사 |
|---|---|---|
| 한국인 공립초등학교 | 8,520 | 5,745 |
| 공립중등학교 | 112 | 446 |
| 관립전문학교 | 70 | 184 |
| 대학 | 145 | 474 |

【자료】『朝鮮年鑑』(1941)

다. 수업은 한국인 아동들의 귀에 익숙하지 않은 일본어로만 행해진다. 이것은 때로 한국어로 설명을 가하는 한국인 교사에 의해 어느 정도 완화되겠지만, 그러나 한국인 교사의 수는 〈표 15-8〉에서 알 수 있는 바와 같이 많은 것이 아니다. 불행히 이 이상의 상세한 통계를 입수할 수 없지만, 만일 얻을 수 있다면 이러한 모든 학교에서 한국인 교사는 하급 직책밖에 차지하지 못하고 있다는 것을 분명하게 알 수 있을 것이라고 생각한다. 차별대우는 일본인 교사를 많이 채용한다는 것뿐이 아니었다. 1938년에 초등학교의 일본인 교사는 월평균 99원의 봉급을 받았는데, 한국인 교사는 56원을 받았으며, 일본인 여교사는 81원을 받았는데, 한국인 여교사는 47원을 받았다. 이것은 일본인 교사도 극히 적은 봉급을 받고 있지만, 한국인 교사는 한 달에 28일 노동하는 인력거부(人力車夫)보다 적은 봉급밖에 받지 못한다는 것을 보여준다.

한국인과 일본인의 차별대우는 이에 그치는 것이 아니다. 사회의 전 기구 속에 침투되어 있는 것이다. 한국인의 초등학교와 중등학교는 같은 언어로 수업을 하고 있음에도 불구하고, 한국인 아동과 일본인 아동을 위한 학교로 구별되어 있다. 한국인의 관리나 상인의 아동이 당국의 특별한 허가를 받고 일본인 학교에 입학할 수 있는 것은 사실이다. 그러나 이것은 일본인의 이익에 특별히 열심히 봉사하는 부모의 아동에 한해서 겨우 본의 아닌 허락을 하는 것이다. 1939년에 일본인 초등학교의 9만 5,500명의 학생 중에서 겨우 3,900명이 한국인이었다. 한편 한국인 학교에는 115만 9,500명의 학생 중에

640명의 일본인 학생이 있을 뿐이었다. 이것은 우연한 일이 아니다. 한국인
과 일본인은, 아직 민족적인 편견이 없어서 일단 맺어지면 종종 일생 동안 변
하지 않는 우정이 이루어지는 발달기에 분리되는 것이다.

총독부는 초등학교의 일본인 아동 1명에게 연 49원을 지출하고 있는데, 한
국인 아동에게는 18원밖에 지출하지 않고 있다.[11] 공립중등학교에서는 일본
인 학생은 전체의 거의 반을 차지하고 있는데 1인당 연 지출은 112원이고, 관
립전문학교에서는 한국인 학생이 3분의 1밖에 안 되는데 1인당 연 지출은
770원이며, 대학에서는 3,362원이다.

한국인 학생은 100명 중에 95명까지가 초등학교 이상의 학교에 진학하지
못하므로 초등학교의 교과과정은 특히 중요한 의미를 가진다. 이에 관해서
당국에서 세운 목표는 공식문서 속에 다음과 같이 규정되어 있다.[12]

　　충과 효를 기르는 것이 교육의 근본원리가 될 것이며, 덕성(德性)을 함양하는 데
　　특히 유의할 것이다. …… 신자(臣子)로서 그 본분을 다할 수 있는 충성된 인물을
　　양성하는 것이 요망된다.

다시 말하면 이들 학교는 무엇보다도 먼저 천황의 초상화 앞에 경례를 하
고, 일본제국의 신성한 기원을 믿고, 또 제국에서는 말없는 노복이 되는('공연
한 토론'을 하지 않는) 일본제국의 충성된 신민을 만들어야 한다. 이 목적을 위
해 그들은 먼저 그들 주인의 언어를 습득해야 하고 자신의 언어를 잊어버리
거나 적어도 무시해야 한다. 이것이 과장이 아니라는 것은 6년제 초등학교의
교과과정 속에 있는 다음과 같은 기록으로 알 수 있다.[13]

---

11 『朝鮮年鑑』(1941), p.546.
12 이것은 1916년 1월 4일에 발행된 「敎員의 須知」 속에서 취한 것이다(A. Ireland의 *New Korea*
　　부록 소재). 이것은 아직 효과가 있다.

윤리[수신(修身)]—전 학년 주당 1시간. 도덕의 근본적인 점에 관한 것.

국어[일본어]—1학년에서 주당 10시간. 2, 3, 4학년에서 12시간, 5, 6학년에서 9시간.

한국어—1, 2학년에서 주당 4시간, 나머지 학년에서는 3시간.

산술—반분수(般分數), 백분율 및 주판 사용까지 교수한다. 1, 2학년에는 주당 5시간, 3, 4학년에는 6시간, 5, 6학년에는 4시간.

일본사—5, 6학년에서 주당 2시간.

지리—5, 6학년에서 주당 2시간.

도화(圖畵)—4학년에서 주당 1시간, 5, 6학년에서 남자 2시간, 여자 3시간.[a]

창가(唱歌)—전 학년 주당 1시간.

체조—남자와 여자에 따라서 다르나, 전 학년 평균 주당 약 2시간.

재봉(裁縫)—4학년에서 2시간, 5, 6학년에서 3시간.

수공(手工)—1, 2, 3학년에서는 주당 1시간 가르칠 수 있으나, 4, 5학년에서는 2시간.

(a) "1, 2, 3학년에서도 도화는 주당 1시간 가르칠 수 있으며, 실제 과정에 있어서는 상기 교수시간 이상으로 가르칠 수도 있다."


이 일람표의 저자는 한 가지 중요한 점을 생략하고 있다. 즉 모든 교육은 '국어', 즉 일본어로 행해지므로 1주당 3 혹은 4시간의 한국어 시간을 제외하고는 이 '국어'가 모든 수업시간을 채우고 있다는 사실이다. '윤리'는 우리가 이해하고 있는 단어의 의미에 의해 오해되어서는 안 된다. 우리에게는 윤리는 무엇보다도 인간관계에서 우리의 행동을 지배하는 원리이다. 그러나 일본인의 공식 '윤리'는 황제와 국가에 대한 충성과 효도심을 의미한다. 그러므로 이러한 윤리의 법칙에 따라서 자기의 딸을 매음굴에 판다고 해도 부도덕한 것이 아니다. 그러나 관리에 대한 비난은 부도덕한 것이다. 학생들은

---

13 이 자료는 아일랜드의 *New Korea*(New York, 1926), pp. 204~205에서 취한 것이다. 우리가 아는 한 그 이후 아무런 근본적인 변화가 없었다.

또 한국에 관해 약간을 배우지만 세계의 중심인 일본제국에 대하여는 더욱
많이 배우며, 그 밖의 제국에 대하여는 아무것도 배우는 바가 없다. 자연과학
은 일본어를 가르치는 학과시간의 10%보다도 적으며, 체조의 겨우 반이다.
그러므로 초등학교 교육의 주 목적은 한국인을 그들의 주인의 명령을 이해할
수 있는 유순한 신민으로 전환시키는 것이다.[14] 매년 일본어를 이해하는 한국
인의 수가 조사되는데, 그 진전 상황은 〈표 15-9〉와 같다.

〈표 15-9〉                       한국에서의 일본어 전파

| 연도 | 한국 인구(천) | 일본어를 이해하는 한국인 수(천) | 인구에 대한 백분비 |
|------|-------------|-----------------------------|------------------|
| 1913 | 15,170 | 92 | 0.6 |
| 1919 | 16,697 | 304 | 1.8 |
| 1923 | 17,447 | 712 | 4.1 |
| 1928 | 18,667 | 1,290 | 6.9 |
| 1933 | 20,206 | 1,578 | 7.8 |
| 1938 | 21,951 | 2,718 | 12.4 |
| 1939 | 22,801 | 3,069 | 13.9 |

【자료】『國勢グラフ』(월간)(1940년 10월)

이 표는 일본어를 이해하는 한국인의 백분비가 1913*년의 0.6에서 1939년
의 13.9로 상승하였음을 보여준다.[15] 그러나 만일 남자만을 두고 본다면 전인
구의 거의 4분의 1이 일본어를 이해할 수 있는 것이다(남자는 246만 3,000명인
데 대해서 여자는 60만 6,000명이다). 이것은 한국인 여자는 약간의 예외를 제하
고는 공식분류의 최저 표준에 의해서도 일본어를 알지 못하고 있다는 것을
의미한다. 그러므로 한국인의 가정에서는 한국어만이 사용되고 있으며, 따
라서 아동들은 한국어의 교양을 받으면서 자라나는 것이다. 이 영향은 학교

---

14 최근 당국은 그들의 목적을 다음과 같이 표명하였다. "한국에 있어서의 교육의 중점은 국어[일
   본어]의 지식을 얻는 것, 정직한 노고에 대한 참된 사랑의 정신을 가지는 것, 검약과 근면의 경향
   을 강화하는 것이다." 〔『繁榮하는 韓國』(서울, 1935), p. 11〕.
* 원서에는 1919년으로 되어 있으나 위의 표에 따르면 1913년이 맞다.
15 인도에서 영어의 지식을 가지고 있는 사람은 인구의 약 2%이다.

의 교육에 의해서도 말소되지 않는 것이다.

## 도서관

한국의 도서관에 관한 통계는 불완전한 것들이다. 거기에는 한국어로 된 서적과 일본어로 된 서적 및 한국인과 일본인 열람자를 구별하고 있지 않기 때문이다. 그렇더라도 일본의 도서관에 관한 통계와 비교할 때에는 흥미 있는 사실을 제공해준다.

⟨표 15-10⟩          한국과 일본의 도서관(1936년)

| | 한국 | 일본 | 인구 1만 명당 | |
|---|---|---|---|---|
| | | | 한국 | 일본 |
| 도서관 수[a] | 46 | 4,730 | 0.021 | 0.673 |
| 동양어서적(천) | 520 | 12,052 | 236 | 1,715 |
| 서양어서적(천) | 24 | 596 | 11 | 85 |
| 열람자 수(천) | 1,541 | 24,124 | 699 | 3,433 |
| 하루 열람자 수 | 4,222 | 66,093 | 1.9 | 9.4 |

【실수에 대한 자료】『大日本帝國年鑑』(1939)
(a) 공립 및 사립 포함.

⟨표 15-10⟩에 나타나 있는 바와 같이 1936년에 한국에는 46개의 도서관 밖에 없었으며, 장서 수는 겨우 50만 권밖에 안 되었고(그중 반이 서울의 1개 도서관에 있었다), 그리고 열람자는 150만 명에 지나지 않았다. 만일 이것을 비례로 환산한다면(이 표의 제3열), 거의 인구 50만 명에 도서관이 하나요(인구 1만 명당 0.021), 인구 1만 명에 장서 수는 247권*이요, 그리고 하루에 도서관 열람자는 1만 명당 1.9명이었다. 이에 대한 일본의 숫자는 한국보다 5배, 10배 및 30배 많다. 동양어 서적의 전부는 아니더라도 그 대부분이 일본어나 한문으로 된 것이며, 도서관들은 일본인이 가장 많이 사는 곳에 집중되어 있다는 사

---

\* 원서에는 236권으로 되어 있으나 동양어서적과 서양어서적을 합치면 247권이다.

실에 비추어볼 때, 한국의 도서관들은 주로 일본인을 위해 봉사하고 있음이
분명한 것 같다.

## 극장 · 영화관 · 운동장

1937년에 한국에는 겨우 72개의 극장과 51개의 영화관이 있었다. 평균해
서 하루에 1만 명 중 15명(아마 대부분은 일본인)이 영화관에 갈 뿐이었다. 이에
대해 일본에서는 113.2명이었다.

그러나 만일 극장이나 영화관이라는 것이 한국인에게 전혀 알려지지 않았
던들 일본의 통치는 다른 면에서 좀더 성공했을 것이다. 선교사요 의사인 치
점(W.H. Chisholm)은 다음과 같이 말하였다. "도시의 모든 하층 부분에는 술
집과 매음굴이 상당히 번창하였다."[16] 또 한 사람의 선교사인 와그너(E. Wag-
ner)는 "가공할 공창제도가 일본으로부터 이 나라(한국)에 도입되었다. ……
이러한 매음굴의 창녀들은 문자 그대로 노예이며, 가장 몸서리나고 혐오할
만한 법 밑에 놓인 인간들이다. …… 이러한 여자들의 생명은 극히 짧으며,
평균 4년의 생활을 한 뒤에는 자비로운 구원인 죽음이 온다"[17]라고 하였다.

《표 15-11》        극장 · 영화관 및 운동장에 관한 통계(1937년)

|  | 한국 | 일본 | 인구 1만 명당 | |
|---|---|---|---|---|
|  |  |  | 한국 | 일본 |
| 극장 수 | 72 | 32,338 | 0.032 | 4.5 |
| 영화관 수 | 51 | 94,853 | 0.023 | 13.3 |
| 연 관람객 수 | 11,960 | 294,049 | 14.6[a] | 113.2[a] |
| (단위 : 천) |  |  |  |  |
| 운동장 수 | 536 | 27,083 | 0.24 | 3.81 |

【실수에 대한 자료】「大日本帝國年鑑」(1939)
(a) 1일당 관람자 수.

---

16 *Vivid Experiences in Korea*(Chicago, 1938), p.111.
17 *Korea, the Old and the New*(New York, 1931), pp.87~88. 한편 소녀의 인신매매 같은 한국

## 신문과 잡지

1940년에 일본어로 된 34종의 신문과 7종의 통신 및 16종의 잡지가 한국에서 간행되었다. 그 밖에 아마 한국어로 되었을 8종의 신문과 4종의 잡지가 한국인의 손에 의해 간행되었다. 이 밖에 지방에서 419종의 일본어 정기간행물과 19종의 한국어 정기간행물이 발간되었다.* 이미 이러한 통계로도 그 진상이 나타나 있지만, 더욱 자세하게 한국인 경영의 출판 상황을 검토해보자.

〈표 15-12〉　　　　　　한국인 발행 신문

| 제명 | 간행주기 | 창간 연도 |
|---|---|---|
| 매일신보(每日申報) | 일간 | 1906 |
| 민중신문(民衆新聞) | 주간 | 1930 |
| 남선경제일보(南鮮經濟日報) | 일간 | 1924 |
| 대동신보(大東新報) | 주간 | 1922 |
| 동아경제신문(東亞經濟新聞) | 반월간 | 1932 |
| 기독신문(基督新聞) | 주간 | 1938 |
| 매신사진순보(每新寫眞旬報) | 순간(旬刊) | 1938 |
| 국민신보(國民新報) | 주간 | 1938 |
| 한국인 발행 잡지 | | |
| 　신민(新民) | 월간 | 1921 |
| 　중외의약신보(中外醫藥申報) | 월간 | … |
| 　조선실업(朝鮮實業) | 월간 | 1932 |
| 　의약시보(醫藥時報) | 월간 | 1932 |

〈표 15-12〉의 목록에 의하면 1939년에는 한국어로 간행되는 일간신문이 둘밖에 없었다. 그중 하나는 경제신문이었는데, 이러한 간행물의 대부분은

---

의 옛날 나쁜 습관이 일본 정부에 의해 묵인되었다는 것을 기억하는 것은 중요한 일이다. "가난한 집안의 극히 어린 소녀를 브로커들이 사서 아직 결혼 연령에 도달하기 전에 다른 지방의 남자에게 처로 매각하는 일이 종종 있다. 몸값은 약 60~70원이며, 다른 상행위에서와 마찬가지로 증서가 작성된다. 내가 알고 있는 서울의 어떤 한국인 종(奴)은 아들을 낳기 위해 여자 브로커를 통하여 70원에 젊은 아내를 샀다. 이렇게 사들인 소녀는 구입자에게 전적으로 매여 있으며 그가 다시 팔 수도 있다."〔S. Bregman, *In Korean Wilds and Villages*(London, 1938), p.58〕.

* 19종의 정기간행물은 『한글』, 『震檀學報』, 『文章』, 『人文評論』, 『聖書朝鮮』, 『女性』, 『少年』, 『三千里』, 『批判』, 『朝鮮文學』, 『四海公論』, 『野談』, 『鑛業時代』, 『鑛業朝鮮』, 『農業朝鮮』, 『經學院雜誌』, 『月刊野談』, 『高麗時報』였다(단 1종 미상).

극히 제한된 전문가를 위한 것이었다. 이러한 신문들이 일본인의 앞잡이에 의해 간행되는 것인지 어떤지에 대한 보고는 없지만, 그러나 일본인 당국을 불쾌하게 하면서는 어떠한 것도 간행할 수 없다는 것은 명백한 일이다. 가령 1936년에 일본은 한국인 손기정(孫基禎)을 베를린 올림픽 대회에 파견된 일본 팀 속에 포함시키는 잘못을 저질렀다. 손기정은 마라톤 경주에서 우승하였고, 한국인이 세계 경기에서 제1위를 차지하였다는 보도는 전 한국인을 흥분시켰다. 외형상의 독립을 유지하고 있던 『동아일보』와 『중앙일보』, 두 한국어 신문은 일본의 휘장을 달지 않은 손기정*의 사진을 발표하였다. 그 결과 이 두 신문은 발행이 금지되었다. 1936년 이후 한국어로 된 자주적인 신문은 간행되지 못하였다. 식민지민의 출판이 이렇게 완전히 통제를 받은 예는 세계의 어느 식민지에서도 발견하기 힘들다.

## 종교

한국에 있어서의 모든 인간 활동 중에서 기독교의 활동만큼 해외에 잘 알려진 것은 아마 없을 것이다. 그것은 미국이나 영국의 선교회의 출판물을 통해 상당히 자세히 기술되어왔기 때문이다. 당국의 추산에 의하면, 1940년에 모든 교파의 기독교도 수는 50만 1,000이었다. 인구에 대한 비례로 볼 때 이것은 아마 시베리아와 필리핀을 제외하고는 동양에서 최고의 수를 말하는 것일 것이다.

공식자료에 의하면 한국에는 신도(神道) · 불교 및 기독교의 3개 종교가 행해지고 있다. 몇 개의 고유종교가 있지만 "이들은 참된 종교로서의 특징을 가지고 있는 것으로 국가가 인정하지 않는다"라고 한다.[18] 그러므로 한국에

---

* 원문에는 Ki Chung-sou로 되어 있으나 잘못임이 분명하다.
18 『施政年報』(1936~1937), p.100.

⟨표 15-13⟩ 한국 각종 종교 신자 수(1938년)

| | 일본인 | 한국인 | 계 |
|---|---|---|---|
| 신도(神道) | 74,900 | 21,000 | 95,900 |
| 한국불교 | … | 194,600 | 194,600 |
| 일본불교 | 294,400 | 15,300 | 309,700 |
| 기독교 | | 약 500,000 | 500,700 |
| 천도교 | | 약 80,000 | 약 80,000 |
| 시천교(侍天敎) | … | 약 17,000 | 약 17,000 |
| 기타 고유종교 | … | 약 20,000 | 약 20,000 |
| 계 | 369,300 | 약 80~90만 | 약 1,200,000 |

【자료】 (1) 『拓務統計』(1939)
(2) 『施政年報』

서는 어떤 종교가 종교이기 위해서는 총독의 지위를 차지하는 일본 군인에 의해 인정되어야만 하는 것이다.

신도는 순전히 일본 종교이므로 새로 개종한 2만 1,000명의 한국인은 일본 불교를 신앙하는 1만 5,000명의 한국인과 함께 그들의 완전 동화를 증명하기에 열심인 정부기관에 봉직하는 사람들일 것이다.

⟨표 15-13⟩의 총계를 인구 수와 비교해보면 많은 수의 한국인이 종교에 관계를 갖고 있지 않다는 것을 알 것이다. 이 통계 속에 성년과 함께 아동을 포함하고 있는지 여부는 분명하지 않다. 어쨌든 일본인의 통계는 잘 나타나 있는데, 65만 3,000명 중에서 36만 9,300명(기독교까지 포함하면 아마 37만 3,000 ~37만 5,000명)이 종교 신자라고 보고되어 있다. 그러나 한국인에 관한 보고는 극히 불충분하여 2,300만 이상의 인구 중에서 80~90만 명의 신자를 알고 있을 뿐이다. 나머지 2,100만~2,200만 명의 인구는 무슨 종교를 믿고 있는 것일까. 아마 없거나 혹은 어떤 확고한 신앙을 갖고 있지 않을 것이다. 이에 대해서는 백낙준(白樂濬) 박사의 다음과 같은 기록이 극히 흥미를 끈다.[19]

---

19 『韓國新敎宣敎史(The History of Protestant Missions in Korea)』(平壤, 1929), pp.16~23.

한국은 종교가 없는 나라라고 흔히들 말해왔다. …… 그러나 한국인이 종교적이
라는 표면상의 징후는 없지만, 영적(靈的)인 것의 존재에 대한 깊은 신앙을 늘 갖고
있었다.

한국인의 종교적 생활은 다음의 3개 종교로 나뉘어 있다. 첫째는 샤머니즘인데,
이것은 애니미즘적인 자연숭배의 형태를 가진 것으로 만유(萬有)에 대한 숭배와
영혼에 대한 공포로 이루어져 있다. 둘째로 불교가 있고, 셋째가 유교의 가르침의
실천이다. ……

이 신앙(샤머니즘)을 적절히 설명하는 것은 거의 불가능한 일이다. 그것은 형식
이나 문서나 조직이 없는 것이기 때문이다. ……

이들 종교에 대한 약간의 엄격한 정통적(正統的)인 신봉자를 제외하고는, 아무도
어느 하나에 집착해서 그러한 여러 종교의 숭배를 서로 모순되는 것으로 생각하지
는 않는다. 따라서 보통 한국인은 조상숭배의 종교적 의식을 행하고, 불교의 기도
에 의한 효과를 찾고, 산신당(山神堂)에 머리를 조아려 절하고, 그리고 또 유교의
경전을 왼다.


이러한 사태는 한국인의 종교에 대한 무관심에서 오는 결과라고 주장할 사
람이 있을지도 모르며, 혹은 신이 많으면 그 모든 것으로부터 더 많은 축복을
받으리라는 미신의 유행에 말미암은 것이라고 할지도 모른다. 백낙준 박사
는 한국의 이러한 사태를 "유교의 높은 도덕과 불교의 종교적 영감과 샤머니
즘의 영적 세계의 생사의 신비"를 종합한 세계종교에 대한 요구―종교적인
굶주림을 보여주는 것이라고 믿고 있다.

그 해답이 어떻든 간에 선교사들이 그들의 사업을 위한 기름진 땅을 한국
에서 발견하였다는 것을 이상의 글을 통해 분명히 알 수 있다. 한국에는 그들
의 활동에 조직적인 저항을 할 수 있는 터키의 마호메트교, 미얀마의 불교,
러시아의 그리스정교와 같은 조직화된 기성 종교가 없었다. 그런가 하면 다
른 한편으로 그들은 교회예배라고 하는 외부형식뿐만이 아니라 그 교훈에도

관심을 가질 수 있는 민중을 발견하였다.

1920년[20]에 기독교 신자의 수는 교회 측 추산에 의하면 3,000명의 목사를 포함시키지 않고 36만 명이었다. 약 18년 동안에 36만 명에서 50.1만 명으로 증가하였다는 것은(연 1.8%) 인구의 증가에 대해 자신의 지위를 지키는 데 훌륭히 성공하였다는 것을 의미한다. 어째서 그 이상의 더 많은 성공을 거두지 못하였는가는 한국인의 상태와 선교사업에 대한 깊은 지식을 가지고 있는 사람만이 대답할 수 있는 문제이다.

그러나 교회가 비교적 활발하지 못한 사실을 해명하는 중요한 요소의 하나라고 분명히 생각되는 것은, 특히 1919년 이후에 그들이 일본 통치에 대해 취한 소심한, 때로는 비굴한 정책이었다. 물론 선교사들이 정치와의 충돌을 피하기를 원하고 있었으며, 그 때문에 일본당국과의 관계를 위험하게 하는 어떠한 행동도 피하려고 하였다는 것은 이해할 수 있다. 그러나 이 원칙을 적용함에 있어서 더러는 일본의 지배를 받아들일 것을 권고하기에까지 이르렀다. 그러나 기독교는 단순한 하나의 교리가 아니라 또한 생활의 방법이기도 하다. 한국의 청년들은 선교사들에게서 종교적인 진리를 찾아서뿐만 아니라 농노제의 나라에서 그들이 미국의 민주주의를 대표하였기 때문에 그들에게 모여들었던 것이다.

한국 청년들의 이 두 가지 목적에는 아무런 모순도 없다. 1930년대 초기에 선교사들은 젊은 세대에 사회주의 사상, 심지어는 공산주의 사상까지 충만되어 있다고 불평하였다. 이것은 불가피한 일이었다. 젊은 세대는 한국의 현실과 타협할 수 없었으며, 일본 제국주의와 투쟁을 계속하는 것에 더 매력을 느꼈던 것이다.

---

20 혹은 1921년이었는지도 모르겠다. 『施政年報』(1923~1924), p.105에는 그 연도가 분명히 기록되어 있지 않다.

이상의 모든 기술은 선교사들의 뛰어난 업적을 깎아내리기 위해 말한 것은 아니다. 그들이 세운 교회·학교·병원 및 나병원(癩病院) 등은 한국사상 32년간의 암흑시대에 있어서 많은 한국인에게 종종 유일한 광명을 던져주었던 것이다.

# 제16장 한국 독립의 문제

　일본이 한국을 합병한 지 33년 만에 한국 국민에게는 새로운 희망이 비치고 있다. 일본은 강력한 민주주의 연합세력과 전쟁을 하고 있다. 미국과 영국은 대서양헌장 속에서 "그들은 주권과 자치권이 강제로 박탈된 여러 나라에서 이것이 회복될 것을 원한다"라고 선언하였다. 더욱이 1943년 12월 1일의 카이로선언에서 미국·영국 및 중국은 "한국 인민의 노예 상태에 유의하여, 적당한 시기에 한국을 자유 독립케 할 것을 결의한다"라고 선언하였다.

　한국이 그 주권을 강제로 박탈당했음은 의심할 바 없는 일이다. 한국인은 과거 33년 동안 허다한 기회에 일본의 지배를 감수하지 않으며, 자신의 국가를 가지기를 굳게 원한다는 것을 표시하여왔다. 한국에 있어서의 믿을 수 없으리만큼 엄격한 일본의 검열의 철제 뚜껑이 제거되는 날, 현재 우리가 알고 있는 것보다 훨씬 많은 투쟁의 사실을 알게 될 것이며, 또 일본 통치자가 우리가 알도록 허락한 것보다 훨씬 투쟁이 치열하였음을 확실히 알게 될 것이다. 그렇더라도 한국이 독립국가로서 필요한 모든 요소를 갖추고 있는가 하는 문제는 제기될 수 있다.

## 물적 및 인적 요건

한국의 면적은 영국보다 4% 좁을 뿐이다.[1] 그 인구는 스페인과 마찬가지이
고, 루마니아·터키·체코슬로바키아·유고슬라비아·멕시코·아르헨티나
및 캐나다보다 많다. 한국은 곡물과 어류를 자급자족할 수 있고, 또 이미 공
업의 장에서 언급한 바와 같이 철·석탄, 풍부한 수력 및 각종 철물과 같은
공업화에 필요한 모든 자원을 가지고 있다. 현재의 공업 발전은 대단한 것이
아니지만, 그러나 지금이라 하더라도 멕시코·프랑스령 인도차이나 혹은 터
키 같은 나라들보다는 발달하고 있다. 그러므로 한국은 자립할 수 있는 충분
한 물적 자원을 가지고 있는 것이다.

그러나 한국인은 국가의 업무를 조직하고 이를 성공적으로 운영할 능력을
가지고 있는가? 합병 전 수십 년 동안의 한국 전제정부의 역사가 분명히 나빴
다는 데에는 아무런 의심도 없다. 그러나 자치의 능력이 있는가 없는가는
1904년 혹은 1910년 이전에는 나타날 수가 없었다. 그것은 그때에는 한국이
동양적인 전제군주의 지배를 받고 있었으며, 국민은 정치에 아무런 발언권도
가지고 있지 못했기 때문이다. 그러므로 합병 전의 사실은 이 문제와 직접적
인 관계가 없다.

33년 동안의 일본의 지배는 한국인이 그들 자신의 일을 다룰 수 있는 능력
을 증진시킬 수가 없었다고 주장할지도 모르겠다. 그러나 한편 과거 33년 동
안의 한국인의 생활은 많은 점에서 변화하였다. 수십만의 한국인이 현재 학
교에 다니고 있으며, 수십만이 공장과 광산에서 일하고 있으며, 수만의 한국
인이 노동자로서, 수천의 한국인이 학생으로서 외국을 방문하고 있다. 한편
수천 명이 유격부대로서 일본군과 싸우고 있고, 수만 명이 정치범으로 고된

---

1 단 북부 아일랜드는 제외.

시련장인 일본의 법정, 유치장 및 감옥을 거쳐 나왔다. 1943년의 한국은 너무나 많은 점에서 1910년의 한국과는 다르므로, 1905년에서 1910년에 진리였을지도 모르는 어떤 일반화된 결론을 현재의 상황에도 적용하려는 것은 최소한 피상적인 일이다.

불행히 이러한 과오를 바이어스(H. Byas)는 그의 최근 저서인 *Government by Assassination*(암살에 의한 정부)이란 책 속에서 저지르고 있다. 그의 견해에 의하면 "현 단계에서 한국에 자치를 주는 것은 잔인한 선물이 될 것이다. 행정관이 훈련되어야 하고, 표준이 세워져야 한다. 총명하지만 아무런 경험도 없는 국민들은 대의정치의 기관을 운영하는 방법을 습득할 때까지 자국인의 착취로부터 보호되어야 한다."[2] 이상과 같은, 그리고 또 일본의 안전보장 등의 다른 여러 이유에서, 이 저자는 일본이 "한국에 대한 위임통치의 역할"을 맡아야 한다고 주장한다.[3] 이리하여 한국으로부터 자치의 모든 가능성을 박탈하고, 그 자신의 제국주의적인 목적을 위해 한국을 무자비하게 착취하고, 권위의 유일한 기준으로서 경찰력을 한국에 제공한 그 나라가, 이제 "자국인의 착취로부터 보호하기 위하여", "표준을 세우기 위하여" 그리고 또 바이어스 자신도 말한 바와 같이 일본 자체가 아직 익숙하지 못함에도 불구하고 "대의정치의 기관을 운영하는 방법"을 한국인에게 가르치기 위하여 위임통치의 권한을 가져야 한다는 것이다.

## 조직 경험의 증거

바이어스와 같은 제안은 한국인이 일본으로부터 지도의 혜택을 받지 않고도 자신을 통치할 능력을 갖고 있다고 증명하는 것을 특히 중요하게 한다. 다

---

2 *Government by Assassination*(New York, 1942), p.359.

3 위의 책, p.360.

행히 우리는 그러한 능력에 대한 몇 가지 증거를 가지고 있다.

첫째로 러시아 극동지방에서 한국인은 자치정부에 적극적인 역할을 하고 있다는 것을 우리는 알고 있다. 둘째로 한국인은 일본 정부에 의해 행해진 모든 방해에도 불구하고 기독교청년회, 교회, 학교 및 그 밖의 기관을 조직하는 데 능란하였음을 보여주었다는 것을 한국에서 활동하고 있는 선교사들을 통해 알고 있다. 셋째로 금융조합의 발달은 일본 정부가 지나치게 그들의 활동에 간섭하지 않는 경우에는 한국인이 자기의 힘으로 일을 처리해갈 수 있다는 것을 말해주고 있다. 금융조합의 발달은 〈표 16-1〉에서 알 수 있다.

1907년에 소규모로 시작된 한국의 금융조합은 1939년 12월 31일 현재로 회원 193만 4,000명, 불입자본 1,513만 9,000원, 준비금 2,889만 8,000원, 예금 2억 8,352만 원 및 대출금 3억 647만 1,000원을 가진, 금융조합연합회에 의해 연합된 대조직으로 성장하게 되었다.

그러나 오해를 피하기 위해 금융조합에 관한 약간의 사실을 강조해둘 필요가 있다. ① 한국의 금융조합(이것은 지금까지 한국협동조합의 최대 부분을 이루고

〈표 16-1〉 한국 금융조합의 발달

| 연도 | 조합 수 | 조합원 수 | 불입자본 (단위 : 천 원) | 차입금 (단위 : 천 원) | 예금 (단위 : 천 원) | 대출금 (단위 : 천 원) |
|---|---|---|---|---|---|---|
| 1907 | 10 | 6,616 | … | 100 | … | 16 |
| 1910 | 120 | 39,051 | … | 1,209 | … | 779 |
| 1915 | 240 | 65,886 | 178 | 2,506 | 198 | 2,128 |
| 1920 | 400 | 244,316 | 2,556 | 21,995 | 16,479 | 39,719 |
| 1926 | 521 | 409,750 | 5,942 | 33,935 | 46,117 | 66,358 |
| 1930 | 644 | 671,844 | 9,010 | 65,145 | 80,128 | 123,368 |
| 1935 | 698 | 1,363,392 | 11,497 | 86,299 | 153,417 | 179,225 |
| 1936 | 709 | 1,561,350 | 12,462 | 116,877 | 162,355 | 228,464 |
| 1937 | 719 | 1,636,788 | 13,644 | 118,875 | 179,515 | 232,178 |
| 1938 | 723 | 1,747,728 | 14,723 | 122,917 | 229,036 | 257,915 |
| 1939 | 723 | 1,934,009 | 15,139 | 132,696 | 283,520 | 306,471 |

【자료】 (1) 『金融組合年鑑』(1935)
　　　 (2) 『朝鮮年鑑』(1941)

있다)은 현재 독립적인 행동을 할 수 있는 독립체를 이루고 있지 못하다. 이것은 분명히 총독부의 후원을 받는 기관의 하나이며, 그 목적은 한국의 농업생산물을 통제하는 것이다. 각 금융조합의 사무원들은 도지사의 승인을 받아야 하며, 일본 정부가 승인하지 않은 자는 조합의 사무원으로 선임될 수가 없다. ② 많은 금융조합들이 비조합원으로부터 예금을 받고, 또 그들에게 대출을 함으로써 점점 보통 상업은행으로 변형되어가고 있다. 이것은 특히 도시의 금융조합에서 그러하다. 1935년에는 조합원의 예금보다도 비조합원의 예금이 더 많았다. 대출 총액의 몇 퍼센트가 비조합원에게 대출됐는지에 대한 정보를 갖고 있지 못하지만 높았을 것으로 알려지고 있다.

그러나 이러한 유보사항은 우리의 당면 문제에 대하여 중요하지 않다. 중요한 것은 200만 명이 금융조합 조직 속에 들어 있으며, 수천 명이 금융조합의 대소 기관에서 사무를 처리하고, 회의를 사회(司會)하고, 토론을 행하는 기회를 가졌다는 사실이다. 한편 금융조합연합회의 회원들은 전국적인 규모에서 이상과 같은 경험을 가졌던 것이다. 이같이 한국에는 조직의 능력을 가진 사람, 교육을 받은 사람, 공적인 일을 다루는 경험을 가진 사람들이 있다. 그리고 이 새 국가가 1918년 이후의 유고슬라비아나 리투아니아보다 이런 점에서 불리한 입장에 있다고 생각할 아무런 이유도 없다.

## 한국인 민족주의자들

어떤 사람들은 1942년까지의 한국인 망명객들은 조그마한 당파로 분열되고 또 세분되는 경향을 심하게 나타내고 있으며, 그들 사이에는 늘 의견이 상치되고 있다고 할지도 모르겠다. 그러나 이것은 망명생활 속에서 또 국내에서의 심한 강압 속에서는 불가피한 일이다. 이러한 의견의 불일치는 러시아의 정치적 이민자들의 특징이었고, 또 현재 프랑스의 정치 망명객들의 특징이기도 하다. 그러나 이것은 러시아인이나 프랑스인들이 변화된 환경 속에서도 의견이 일치를 볼 가능성이 없다는 증거는 아니다. 일본 정부가 이러한 의견의 대립을 계속시키고 또 그것을 더욱 심하게 하기 위해 최대의 노력을 다하고 있음을 간과해서는 안 될 것이다. 만일 미국에 그 선전을 퍼뜨리기 위해 미국인 기자를 매수할 수 있었다면,[4] 한국인 사이의 이견을 조장하는 것은 훨씬 더 쉬웠을 것이 아니겠는가.

## 명백한 사실

그러므로 한국에게 자국을 독립국가로 조직하는 권리를 주지 않아야 할 아무런 이유도 없는 것으로 보인다. 이 세계에는 한국이 독립을 회복하는 것만큼 정당한 이유를 가지고 있는 경우도 드물다. 제1장에서 우리는 일본 황제와 일본 정부의 한국민에 대한 엄숙한 약속을 인용한 바 있다. 그들은 말하기를 한국 "민중의 행복을 증진"하기 위해 합병했다고 하였으며, 또 "모든[5] 한국인은 …… 번영과 행복을 누릴 것"이며 또 "이 새로운 사태로서 …… 동양의 평화는 더욱 기초를 공고히 할 것"이라고 약속하였다. 이러한 모든 보장은 일본의 제국주의 정부에 의해 무시되었다. 33년이란 기간이 이러한 약속의 최소한 얼마만이라도 이행하는 데 충분하지 못했다고 할 사람은 없을 것이다.

그러면 반도가 여러 외국의 음모장이 되고 또 일본에 대한 가능한 장래의 침략자들의 도약판으로서 일본에 위협이 되리라는 위구(危懼)는 어떠한가. 이 문제에 대해서 바이어스는 다음과 같이 말하고 있다. "한국은 겨우 100마일밖에 안 되는 바다에 의해 일본과 떨어져 있을 따름이다. 따라서 한국이 과

---

4 이러한 사실은 가령 *The Living Age*의 경우에서 알려지고 있다.
5 방점 저자.

거에 그랬던 것과 같이 무력하든지 혹은 적대세력의 지배 아래 있든지 하면 일본에 대한 치명적인 위험적 존재가 되므로 일본은 한국의 장래에 무관심할 수가 없다. …… 한국은 극동의 알자스-로렌이 되어서는 안 된다."[6]

바이어스는 그러나 일본뿐만이 아니라 일본의 이웃나라에 대해서도 약간의 관심을 표시했어야 옳았을 것이다. 그 자신이 말하기를 이번 대전의 3대 주요 원인의 하나가 (일본의) "침략을 위한 도약판의 소유"였다고 하였다.[7] 한국도 그러한 도약판의 하나였음을 우리는 알고 있다. 우리는 또 과거 50년 동안에 중국 공격을 위해서 최소 4회(사소한 침략의 예를 제외하고라도) 러시아 공격을 위해서 또 4회(역시 국경지방에 대한 허다한 침해는 제외하고) 한국을 도약판으로 이용하였음을 알고 있다. 이러한 경험에 비추어볼 때에 한국을 일본에 주는 것은 결국 그의 인방을 공격하는 또 한 번의 기회를 주게 될 것이다.

일본에 위험이 된다고 하지만 수백 마일의 한국 영역보다도 오히려 바다가 중국의 침략으로부터 보다 잘 보호해줄 것으로 생각된다. 러시아는 이미 사할린에서 육상으로 국경을 접하고 있으므로 일본을 공격하기 위한 또 다른 도약판을 필요로 하지 않고 있다.

이런 식의 논법은 이웃나라 사이의 평화적인 우호관계는 불가능하다는 신념을 부수적인 전제조건으로 하는 것이다. 프랑스는 대한해협 및 쓰시마해협보다 더 좁은 해협으로 영국과 갈라져 있다. 그러면 영국으로 하여금 프랑스를 위임 통치케 해야 할 것인가. 혹은 독일로 하여금 스웨덴을 위임 통치케 해야 할 것인가. 지금은, 누구의 심장을 겨누고 있는 단검이다 하는 식의 19세기적인 주장—침략을 정당화하기 위해 종종 사용된 이러한 주장을 세계가 버려야 할 좋은 시기이다. 캐나다의 대호(大湖)에 돌출한 반도는 "미국의 공

---

6 앞의 책, pp.359~360.
7 위의 책, p.361.

업중심부를 겨누는 단검"으로 생각될 수도 있지만, 그러나 누구도 그런 식으로 생각하는 사람은 좀처럼 없다.

약간의 일본인이나 미국인이 지리적인 위치와 관련시켜 생각하는 위구나 의심에도 불구하고, 한국은 독립국가가 되어야 한다. 한국의 독립을 거부하는 것은 이번 대전에서 연합국이 행한 어떠한 공약에도 어긋나는 최대의 죄악이 될 것이다.

## 정치 형태

이 새 나라의 정치 형태에 대해서는 그것이 공화정체일 것이라고 믿을 만한 많은 근거가 있다. 구황실인 이왕가(李王家)는 일본의 연금을 받고 있으며, 그 왕자와 왕녀는 일본인과 결혼하였고, 일본에서 교육을 받았다. 이리하여 그들이 조선총독부로부터 연 180만 원을 계속해서 받는다는 것과 한국에 재산을 갖고 있다는 것 이외에는 한국과의 모든 관계를 잃어버리고 말았다. 이왕가나 다른 어떠한 가문도 한국의 지배자로 군림해야 할 아무런 이유가 없다. 시대정신과 한국인 자신이 관리해온 모든 지방업무에 있어서의 민주주의적인 전통은 한국이 민주주의 공화국일 것을 요구하고 있다. 한국은 일본제국의 폐허 위에서 건설될 것이다. 그리고 한국을 우리의 맹방이 될 나라로 만드는 데 전력을 다하는 것은 우리의 의무이다. 이것은 새로운 국가가 건설되었을 때에 신일본 내지 신제국주의적인 요소가 한국에서 인정되어서는 안된다는 것을 의미한다.

더욱이 영토의 크기라든지 문화와 언어의 동일성이라든지에 비추어볼 때, 한국은 중앙집권적인 민주주의 공화국이 되어야 한다. 그리고 빈부의 차별에 의한 투표 자격의 제한이 없어야 한다. 그것은 한국과 같은 극빈한 나라에서는 그러한 특권이 거의 순전히 기생적 존재인 지주에게 권력을 넘겨줄 것이기 때문이다.

## 계급정치의 위험

　그러나 한국인에 대한 동정, 일본 제국주의의 가혹한 압박 밑에서의 수난에 대한 우리의 동정이 그들의 (사회적) 불평등이란 실재에 눈을 감게 해서는 안 된다. 이 불평등은 다른 어느 국민의 그것보다도 클지 모른다. 우리는 앞서 한국에는 약 10만 명의 지주가 있으며, 그중 3만 명—현재는 아마 4만 명 혹은 5만 명—은 부재지주로서 그들의 '일'이란 소작인으로부터 지나친 소작료를 강요하는 대리인을 감독하는 것임을 보았다. 그 가족원까지를 합치면 이 지주군(地主群)은 아마도 50만 명의 강력한 세력인 것이다. 또 우리는 1938년에 한국에는 2,504개의 한국인 공장이 있었고, 그중 2,307개는 각기 50명 이하의 노동자를 고용하였으며, 이러한 공장에서의 자금, 노동시간, 위생시설 및 안전 등의 상황은 일본인 경영의 대공장들보다 나쁘다는 것을 알고 있다. 더욱이 소수의 한국인이나마 정치와 실업 면에서 일본인과 밀접한 관계를 가지고 있고, 신사나 일본의 불교종파의 사원에 참배하며, 일본식으로 창씨개명을 하고, 그들의 자제를 일본인 학교에 입학시키는 사람이 있다. 우리는 또 약간의 한국인 지원병이 일본군과 함께 중국군과 싸우고 있으며(그중 한 명은 최고의 일본 훈장을 받았다), 수천 명의 한국인이 중국을 점령하고 있는 일본군 부대를 따라다니면서 도박장, 아편굴 및 매음소를 그들의 주인인 일본인과 경쟁하며 경영하고 있다는 것을 알고 있다. 이러한 모든 사실은 한국의 상황을 판단하는 데 불필요한 잘못을 피하기 위해 명확히 인식되어야 한다.

　이러한 사실을 말하는 것은 한국 국민을 욕하는 것을 의미하지는 않는다. 프랑스에는 피에르 라발(Pierre Laval)이 있고, 노르웨이에는 크비슬링이 있다. 한국에는 박영효 후작이 있고, 민병석(閔丙奭) 자작이 있으리라는 것은 자연스러운 일에 지나지 않는다. 라발이나 크비슬링은 최근의 패전의 산물인데 대하여, 한국은 36년 동안이나 일본의 지배 아래 있었으므로 더욱 그러할 수 있는 것이다. 이러한 사실들이 한국을 낮춰 평가하는 데 이용되어서는 안된다. 그것은 착취를 당하고 학대받고 사슬에 얽매인 한국민이 그러한 현상에 대해서 책임을 지는 것이 아니기 때문이다. 그것을 있게 한 것은 일본 제국주의인 것이다.

그렇더라도 이러한 사실에 대해서 우리의 눈을 감을 수가 없다. 일본인 주권자에 아첨함으로써, 혹은 이와 협동함으로써 그들은 가족과 토지를 보유할 수 있을뿐더러 새로운 재산을 모을 수 있었다. 이에 대해서 한국인 대중은 가난 속으로 점점 더 깊이 빠져 들어갔다. 만일 이러한 기생을 제지하는 어떤 수단이 취해지지 않는다면, 그들은 새 한국에서 권력을 잡게 될 것이며, 일본의 지배 시에 존재하던 것과 같은 제도가 그대로 존속할 것이고, 혹은 보다 악화된 것이 존재할 것이다. 그들은 돈을 가지고 있고, 연고를 가지고 있고, 또 경험을 가지고 있다. 그들의 자제들은 일본에서 교육을 받았고, 그들의 약간은 미국의 일류 대학을 졸업하였다. 그들은 일본인 회사나 상사의 고문이었고, 혹은 일본인 은행의 부총재, 총독부의 중추원 의원, 창덕궁의 이왕직 장관(李王職長官), 총독부의 부국장 등이었다. 예를 둘만 들어보기로 하자. ① 민대식(閔大植)은 조선신탁회사와 조선맥주회사의 이사이며, 경성전기회사의 감사, 조선토지개량조합의 조합장, 동일은행(東─銀行)의 총재* 및 중추원 의원이다. 그는 일찍이 군사학교의 교관이었다. 일본이 한국을 합병하였을 때에 그는 자살을 하지도 않고, 반란에 가담하지도 않고, 사생활로 은퇴하지도 않고, 그의 새로운 주인을 섬기기 시작하였다. ② 도쿄외국어학교 졸업생인

---

* 원문에는 Teichi Bank라고 하였으나, 이것은 Toichi Bank의 오식임이 분명하다.

한상룡(韓相龍)은 현재 중추원 의원이며, 한국과 그 인근 지역을 일본의 식민지화하고 경제적 침투를 하는 것을 그 목적으로 하는 유명한 동양척식회사의 고문이다. 그는 또 조선신탁회사의 이사회장, 조선생명보험회사의 사장 및 한성은행의 총재이다.

　이러한 자들이 일정한 연수(年數)의 기간 공직에서 추방된다 하더라도, 그들의 영향은 추방되지 않은 거나 마찬가지로 강할 것이다. 그것은 가난한 한국에서는 수만 석의 쌀을 소유하고 있는 사람이 아직 무대의 이면에서 권력을 행사할 것이기 때문이다. 그러면 한국의 미숙한 민주주의는 한국 국민을 수세기 동안이나 착취한 이들 귀족의 손으로부터 어떻게 하면 구출될 수 있을 것인가?

## 사회조직의 형태

　이와 관련해서 한국의 장래를 위해 극히 중요한 또 하나의 문제를 고려해야 하겠다. 이미 앞 장에서 우리는 한국 경작지의 4분의 1, 전 면적의 반 이상이 일본인의 수중에 있으며, 또 철도·전신·전화·해운회사·발전소·탄광, 대부분의 금광 및 거의 모든 대공장을 일본인이 소유하고 있다는 것을 보아왔다. 미국과 영국의 외교문제 전문 학자들 사이에는 연합국이 승리를 거둘 때, 일본은 중국·한국 및 타이완에 대한 그들 투자를 포기해야 한다는 데에 대체로 의견이 일치하고 있다. 일본이 패배하는 경우에 최종의 평화조약이 체결되기 전이라 하더라도 그들의 투자를 포기하게 되리라는 것은 충분히 가능한 것이다. 그러면 다음과 같은 문제가 사전에 제기되고, 토의되고 또 어떻게든 해결되어야 할 것이다. 즉, 이러한 투자를 어떻게 해야 할 것인가, 곧 구체적으로 생각해서 한국의 모든 근대적인 공업과 교통시설은 어떻게 해야 할 것인가 하는 문제이다.

어떤 사람은 이렇게 대답할 것이다. 그것은 우리의 할 일이 아니다. 한국인으로 하여금 이 문제를 결정하게 하라고. 그러나 그러한 해결방법은 치명적인 실책이 될 것이다. 무엇보다도 그것은 우리가 할 일이다. 한국이 자유로워진다면 이것은 연합국 측의 피와 땀에 크게 힘입은 것이다. 연합국은 10년, 20년 혹은 40년마다의 유혈을 피하기 위해 일본·한국 및 그 밖의 태평양 여러 나라의 장래 기구에 관심을 가지고 있으며, 또 가져야 한다. 물론 한국인은 세계에서도 가장 평화적인 국민이라고들 한다. 마치 중국인은 천성이 평화주의자라고 흔히 말하는 것과 마찬가지이다. 이것은 사실일지도 모르나, 그러나 이것은 위의 문제와는 관계가 없다. 일본인은 국내에서는 극히 평화적인 국민이며, 아마 이 점에서는 한국인이나 중국인보다 결코 뒤지지 않을 것이다. 그러나 어떠한 평화적인 국민이라 하더라도 군국주의적인 무리의 지배를 받으면 과거 수년간에 일본인이나 독일인이 우리에게 보여준 바와 같은 것이 될 수 있다. 그들을 현재 세계에 나타난 것과 같이 만든 것은 그 제도요, 사회조직이다. 다른 나라에 대한 정복, 영토 확장 및 지배의 욕망을 절감시키기 위하여는, 그러한 사태를 현출시킨 그 조직을 없애고 새로이 형성되는 나라에 그러한 조직이 생겨나지 못하도록 해야 하는 것이다. 독립된 한국에 수립될 사회조직의 종류에 대해 연합국이 무관심할 수는 없다. 그것은 전후의 세계에서 한국의 영향이 어떠한 방향으로 작용하는가 하는 것은 통치형태와 함께 그 사회조직에 달려 있기 때문이다.

"이 문제는 한국인 자신으로 하여금 결정케 하라"고 하지만, 실은 먼저 "이 문제를 결정하는 한국인은 누구일까?" 하는 문제에 대한 해답을 결정해야 할 것이다. 2,400만의 국민이 이 문제를 직접 결정할 수는 없으며 또 국민투표의 경우라 하더라도 출판물과 라디오 및 그 특수한 시기에 있어서의 정부조직에 좌우되는 바가 크다. 이 문제에 대한 한국인의 결정은 이미 존재하는 것이 아니고, 따라서 우리는 단순히 그것을 드러내서 실천에 옮기기만 하면 되는 것이 아니다. 만일 국제연합이 어떤 계획을 세우고 이에 합의를 본다면, 그러한 계획의 존재가 장차의 결정적인 노력에서 유력한 요소가 될 수 있다.

일본인으로부터 탈취한 대기업체는 한국인들에게 위탁해야 하는가? 무슨 기준을 토대로 그렇게 해야 하는가? 그것을 팔아버려야 하는가? 그러한 기업체를 살 만한 자본이 한국인에게 없다는 것은 명백하다. 그러면 연불제(年拂制)로 팔아야 할 것인가? 그러나 최초의 연불금 지불을 할 수 있는 사람은 자기 국민을 등지고 일본인을 위해서 일한 바로 그 사람들일 것임은 명백한 일이다. 그러면 그러한 기업체를, 현재는 아무런 자본도 없지만 그러나 기업가가 되려고 하는 사람에게 주어야 할 것인가? 아무런 대가도 없이 막대한 재산을 얻으려고 하는 사람은 많을 것임에 틀림없으므로 그 선택의 기준을 어디에 두어야 할 것인가 하는 것이 또 문제이다. 그것은 정당 가입일 것인가, 도장관(道長官)과의 혈연관계일 것인가, 혹은 일본 감옥에서 지낸 연수일 것인가?

일본이 최종적인 패배를 하는 순간은 한국 역사상에서 가장 중대한 순간이요, 수백 년간에 다시 돌아오지 않을 순간일 것이다. 이 순간에 피를 흘리지 않고 또 수십 년이나 수백 년의 투쟁이나 충돌이 없이 많은 공익이 달성될 수 있는 것이다. 일본 지배의 몰락은, 케넌이 웅변으로 말한 그리고 아직 일본 지배하의 한국에 허다히 남아 있는, 낡은 체제가 지닌 사회악들을 완전히 제거할 수 있게 할 것이다.

## 한국 내 일본인 기업체의 국유화

한국 재건의 중심 문제에 대한 가능한 해결책은 공업과 토지의 국유화와 협동조합의 뚜렷한 발전에 있다. 한국인에게 정당하게 소속하는 일본인의 기업체를 국유화하는 것은 아무런 곤란 없이 수행될 수 있다. 이것은 극히 적은 수의 개인들과만 관계되는 일이다. 그것은 50명 이상의 노동자를 가진 한국인 공장의 수는 약 200개에 불과하기 때문이다(이보다 작은 공장은 개인의 수중에 있어야 한다고 우리는 생각한다). 그러한 사람의 대부분은 일본인과의 협력에 의해서 그들의 자본을 벌었다.

토지는 지주로부터 몰수하여 수세기 동안 그 토지를 경작한 사람들에게 주어야 한다. 토지는 무상으로 몰수하여야 한다. 토지의 대가를 지불하는 것은 농민들이 지금껏 짊어지고 있던 마찬가지 부담을 형태만을 달리해서 부과하는 것이기 때문이다. 지주의 가족들은 이 국유화의 결과로 특히 곤란한 처지에 놓이게 되므로 어떠한 원조가 있어야 한다. 만일 가옥과 동산이 국유화되지 않는다면 그러한 원조가 필요한 경우는 그리 많지 않을 것이다. 더욱이 일반적으로 노동에 대한 요구, 특히 기술 노동에 대한 요구가 굉장히 많아질 것이다. 그런데 대체로 지주들은 그들의 자제에게 한국이나 일본에서 받을 수 있는 최선의 교육을 시킬 수 있었다. 일본인 지배 밑에서는 거의 취직의 기회를 얻지 못하던 의사·교사 및 변호사 등이 새로운 환경 밑에서는 필요하게 되고, 또 환영받게 될 것이다.

국가가 공장을 직접 운영할 필요는 없다. 국가는 공장을 협동조합체에 대여하고 그 대신 사용료를 해마다 받을 수 있다. 우리는 이 국영(國營)과 개인 기업체의 분리가 국가의 권력을 강하지 못하게 할 것이며, 이것이 한국에 있어서의 보다 현저한 민주화와 자유에 공헌할 것이라고 믿는다. 한국은 협동적인 국가가 되어야 한다.

## 협동적 국가

이러한 설계의 이점은 무엇이며 또 이에 대한 어떠한 반대가 있을 것인가? 급속한 개선이 행해지지 않는다면 환경은 변하더라도 현재의 빈곤은 남아 있

을 것이다. 현 형태대로의 자본주의는 이 과제를 신속히 해결할 수 없을 것이
다. 모든 농민을 토지소유자로 전환시키고 그들의 지위를 보호하려는 정책
은 잘못된 것이다. 그것은 이미 본 바와 같이 한국 농업에 있어서의 노동의
생산력은 극히 낮으며, 공업화는 하나의 절대적인 요구이기 때문이다. 이러
한 정책은 농업에 종사하는 인구의 수가 감소하고 공업과 운수, 그리고 그보
다 적은 정도로 상업에 종사하는 사람의 수가 급속히 증가하는 경우에만 성
공할 수 있을 것이다. 그러나 수백만의 농민의 소유지를 박탈하여 그들을 공
업으로 전환시키고 그리고 그들의 최선의 기능을 발전시킬 기회를 부여하는
것은 보다 더 양호한 상태에 있는 국가에서조차도 완만하고 고통스러운 일이
었다. 인구가 조밀하고 가난에 쪼들린 한국에서는 더 많은 시간이 걸리고 또
더 고통스러운 일일 것이다.

한편 국가경제의 협동적인 조직은 신속한 발전을 가능하게 할 것이다. 가
령 농촌생활을 생각해보라. 공업 발전의 결과로 농업이 기계화되면 굉장히
많은 노동자를 한가하게 만들 것이다. 이러한 노동자들은 농촌을 떠나서 도
시의 실업자 수를 증가시킬 필요가 없다. 농촌협동조합은 농촌지방에서 필
요한 시설을 만들 수단을 발견할 것이다. 그 자본은 어디서 나느냐고 묻는 사
람이 있을지도 모르겠다. 현재 농촌에서는 소작료로 수억 원(현물 및 금전으로)
을 지불하고 있다. 완전한 협동조합적인 계획 밑에서는 이 자본이 새로운 표
준을 위험하게 하거나 국가의 장래 발전에 외국의 차관에 의존함이 없이 새
로운 건설사업에 쉽게 사용될 수 있을 것이다. 전쟁으로 파괴된 중국·폴란
드, 그 밖의 국가들의 장래 재건에 대해서, 미국으로부터의 장기 차관으로 그
러한 나라들에 원조를 제공할 필요가 있다는 데 기초를 둔 계획에 대하여 많
은 토의가 현재 진행되고 있다. 전쟁 후 수개월 동안은 각종 형태의 구호가
그러한 제국(諸國)에서 필요할 것이며, 한국도 또한 마찬가지이다. 하지만 한

국인은 이러한 도움의 결과로 신속히 자립할 수 있을 것이다.

그 밖에 이 설계의 이점은 다음과 같은 것이다. (1) 그것은 한국의 현 경제의 틀에 쉽게 적합할 수 있다. 현재의 협동조합 기구는 새로운 정치적 양상의 세례를 받고 외국인 고문의 도움을 받으면, 일본인의 기관을 '운영 중의 기관'으로서 쉽사리 접수할 수 있고, 또 계속해서 업무를 진행시킬 수가 있다.

(2) 이러한 배려 밑에서는 많은 일본인 전문가 · 기술자 · 의사 · 교사 및 관리인 등을 계속해서 복무시킬 수 있을 것이다. 개인기업제도 밑에서는 그러한 일본인의 고용은 좋지 못하며 위험하기까지 하다. 그것은 그러한 일본인들이 여전히 일본인 기업체를 위해 봉사할 것이고, 따라서 경쟁적인 일본인 회사의 대리인이 될 것이기 때문이다. 이러한 종류의 경쟁만 제거된다면 일본인 전문가들은 극히 유익할 것이며, 더욱이 한국이 그 자신 전문가의 예비부대를 양성하는 야심적인 계획을 개시하는 최초의 10년 혹은 20년간은 특히 그러하다. 일본인 전문가들에게는 새로운 환경 밑에서 그들을 위한 자리가 늘 확보되어 있을 것이라는 보증을 주어야 할 것이다. 다만 일시적으로 관대한 대우를 받은 사람이어서는 안 될 것이다.

(3) 영국이나 미국식의 자본주의가 전쟁 후의 일본이나 중국에 생길 것 같지는 않다. 한국의 이웃나라 중 소련은 사회주의국가이며, 중국도 공업에 대한 국가의 통제가 상당히 중대한 나라가 될지도 모른다. 이러한 환경 밑에서 한국의 협동경제는 그의 인방들과의 협조를 위해서 더 적절한 것이다. 그리고 한국의 대외무역의 반 이상이 일본, 중국(만주 포함) 및 러시아와 행해질 것이라고 예상할 수 있다.

(4) 국가의 모든 생활이 재건되어야 하고 그리고 급속히 되어야 할 때에는, 일반적인 이익 추구의 동기는 충분한 것이 되지 못한다. 전시라든가 혹은 어떠한 국가적인 위기에 처해서는 어떠한 국가도 그러한 동기에 의존하지 않는

다는 것을 우리는 알고 있다. 누구나 이익을 위해 전쟁에 나가서 죽음과 맞선다고는 생각할 수가 없다. 한국이 당면해야 하는 것과 같은 국가적인 재생운동에는 위대한 정신적 원천이 필요하다. 우리는 한국에는 그러한 힘이 있으며, 또 재건이 협동의 기초 위에서 진행된다면 이 거대한 업무를 수행하기 위해 그 힘이 방출될 것으로 믿는다. 우리는 모든 선교단체가 그들의 교육을 받은 수십만의 인력과 그들의 열성과 경험 및 희생의 정신을 가지고, 한국의 이 재생운동에 참여할 수 있을 것으로 믿는다.

이러한 설계에 대해서 반대하는 의견 중에는 다음과 같은 것이 있을 것이다. (1) 한국인 전체로부터 그 권리를 박탈하여 일본인 지배 밑에서 현존하는 상태를 재현시키고, 따라서 다만 그 주인을 변경함에 지나지 않는 독재제도를 출현시키리라는 위구심이다. 그러한 위구심은 지나친 것이라고 생각한다. 한국에는 적어도 다음 네 개의 독립된 조직이 존재할 것이다. (a) 한국 국민의 이익을 대표하여 그 권리를 위해 투쟁하는 수 개 정당을 포함하는 정치적 조직. (b) 정치조직으로부터 독립하여 운영원을 선거하는 경제적 협동조합. (c) 종교조직—기독교·불교 및 고유종교의 교단은 그들의 신앙을 전도하고 그들의 종교를 실천하는 데에 완전한 자유가 부여되어야 한다. (d) 노동조합.

한국의 상황 속에서는 행정권과 입법권을 엄격하게 분리하는 것이 좋지 않을지도 모르지만, 그러나 사법권은 행정권에서 완전히 독립하고 가능한 한도까지 대중에게 친근한 것이 될 수 있도록 최대의 노력을 다해야 할 것이다.

(2) 자기 자신의 자본을 가지고 있지 못한 개인이 정치조직에 의해 완전히 좌우되리라는 위구심이다. 그러나 개인은 자신의 주택, 소규모의 토지, 각종 사유재산 및 은행의 예금을 소유하는 것이 허용될 것이다. 그들은 소규모의 사업체(가령 노동자 수 및 혹은 자본액이 제한된)도 운영할 수 있고, 또 그들의 자

산을 처분하는 데 완전히 자유로울 것이다.

(3) 개인적인 독창력이 억압되고 이리하여 한국의 발전이 방해되리라는 위구심이다. 이러한 위구심도 대체로 근거가 없는 것이다. 독창력은 위의 많은 기관을 통해 장려될 수 있다. 한편 약간의 사람들이 가령 미국이나 영국의 제도 밑에서보다 적은 가능성을 발견한다 할지라도, 경제체제의 영속성과 장래에 대한 신중한 경제 계획은 보다 순탄하고 보다 한결같은 성장을 허용해줄 것이다.

또 하나의 중요한 문제, 즉 국방의 문제를 여기서 언급해두어야겠다. 이 경우에 언제나 자연적으로 일어나는 질의는 '누구에 대한 방어'인가 하는 것이다. 미국이나 영국은 거의 한국의 독립을 위협할 수 없다. 그러면 가능한 세 국가는 일본과 중국 및 러시아이다. 만일 이 중의 어느 하나가 한국을 보유한다면 나머지 나라들은 위험을 느끼게 될 것이다. 따라서 그들은 모두 한국의 독립에 관심을 가지게 된다. 이러한 상태에서는 한국의 독립과 영토의 보전을 미·영·소·중·일이 공동으로 보장하는 것이 최선의 방법일 것같이 보인다. 이러한 보장은 한국으로 하여금 국경지대와 주위 해역을 경비하는 데 충분한 정도의 병력으로 육해군을 감소시킬 수 있게 할 것이며, 따라서 평화적인 건설에 충분한 예산을 사용할 수 있게 할 것이다. 최근 수 세기 동안 이 은둔의 왕국은 조금도 호전적인 경향을 나타내지 않았다. 이제 그러한 경향을 새로 만들어낼 필요는 없다. 한국의 안전을 위한 최선의 보장은 보다 강력한 인방들에 대항하기 위한 강력한 군대를 창건하는 것이 아니라, 모든 인방에 대해서 평화롭고 우호적인 정책으로 그들의 호의를 얻는 데 있는 것이다.

# 해제

　40년에 걸친 일제의 지배는 우리에게 무엇을 가져왔는가. 이웃 여러 민족의 피와 땀 속에서 피어난 번영의 꽃을 그리워하는 일본의 침략주의 정치가들은 아직도 우리나라에 있어서의 자기네들의 업적을 세계에 자랑하고 있다. 서양 사람들은 그들의 왜곡되고 과장된 선전에 끌리어 오히려 일본의 입장을 옳게 여기는 것이다. 그러나 이것은 서양 사람들뿐만 아니라 우리나라 사람들도 모르는 사이에 갖고 있는 실로 두려운 생각이기도 하다. "일본은 우리에게 많은 것을 끼쳐주지 않았는가, 과연 우리 민족의 힘으로 일본이 해놓은 것만큼의 발전을 이룩할 수 있었을 것인가?" 이렇게 필자에게 질문을 던진 사람들이 있었다. 우리 조상들의 배외사상(拜外思想)을 비웃으면서, 이것은 또 무슨 엄청난 배외사상인 것인가.

　해방 10년! 응당 있어야 할 일제의 식민정책에 대한 엄정한 비판이 학문적인 업적으로 이루어지지 못하고 있다. 불필요한 비분이 아니라 냉정한 학문적인 비판이 민족적인 사업으로서 행해졌어야 할 것이다. 그야 『일제하의 조선사회경제사』를 비롯한 몇 개의 저술이 없는 것이 아니고, 해방 전에 이루어진 『숫자조선연구』 같은 문헌이 있기는 하다. 그러나 보다 더 활발한 학문적인 비판이 행해졌던들 우리 민족 스스로가 위와 같은 우문을 던지지는 않았

을 것이다. 여기에 소개하고자 하는 『한국현대사론』은 그러한 질문에 대한
외국인으로서의 놀랄 만큼 명쾌한 해답을 주는 명저이다.

이 책을 학계뿐만 아니라 널리 일반에게 추천하고 싶은 데는 두 가지 커다
란 이유가 있다. 첫째는 저자가 갖고 있는 우리나라에 대한 깊은 우정 때문이
다. 어디를 찾아보아도 그러한 우정이 넘쳐흐르지 않는 곳이 없다. 그는 「서
문」 속에서 이 책을 쓰는 도중에 카이로선언이 발표되고 거기서 한국이 장차
자유롭고 독립된 나라가 될 것이 약속되었음을 이야기하고는, 뒤이어 "그때
에는 현재의 한국에 관하여 쓴 이 책이 이미 한국의 과거에 관한 것이 되겠지
만, 그러나 나는 그 변화를 누구보다도 제일 먼저 기뻐할 것이다"라고 한 것
만 보더라도 저자의 심정을 살필 수 있을 것이다. 하지만 그뿐만이 아니다.
제1장 「서론」 속에서 어째서 한국을 더욱 잘 알 필요가 있는가 하는 몇 가지
이유 중 "무엇보다도 한국은 2,400만 명의 인구를 가진 나라이며, 더욱이 오
랜, 그리고 찬란한 역사를 지닌 나라—일찍이는 인류문화의 선두에 섰던 나
라이기 때문이다"(p.2)라고 하였다. 그는 한국에 대한 갖은 비난과 근거 없는
중상(中傷)을 모두 배격하였다. 웹스터(Webster)의 'New International Dic-
tionary'에 한국인은 "심원한 지혜보다는 숙련된 모방을 지닌" 국민이라는
'괴상한 정의'를 내린 데 대한—이것이 서양인의 통념일 것이다—비판과 아
울러 많은 예를 들어가면서 "한국인은 단지 유능한 모방자일 뿐만 아니라 또
한 창조자이기도 하다"(p.24)라고 갈파하였다.

한국인은 스스로 독립할 수 있는가? 해방 이후 흔히 되풀이되는 질문, 그리
고 아직도 우리들 스스로가 갖고 있는 의문—그러기에 당분간은 독재가 필요
하다느니 또는 남의 간여를 받는 게 낫다느니 하는 엄청난 말들이 튀어나오
게 되는 것이다—에 대하여 이 저자는 "그렇다"(p.5)라고 단언하였다. 그는
맨 마지막의 제16장 「한국 독립의 문제」의 처음 몇 절 속에서 이 문제를 크

게 제기하고, 한국은 인적·물적 양면에서 결코 세계의 수많은 나라들에 못지않음을 말한 뒤, 나아가서 국가 운영의 능력 유무에 대하여 의심을 갖는 견해를 배격하였다. 결국 "이같이 한국에는 조직의 능력을 가진 사람, 교육을 받은 사람, 공적인 일을 다루는 경험을 가진 사람들이 있다. 그리고 이 새 국가가 1918년 이후의 유고슬라비아나 리투아니아보다 이런 점에서 불리한 입장에 있다고 생각할 아무런 이유도 없다"(p.343)라고 결론지었던 것이다. 그러나 그의 이해는 이런 정도에 그치는 것이 아니었다. 한일합병 당시의 조지 케넌(George Kennan)의 친일적 견해가 "좋은 외국의 정부 밑에서보다도 나쁜 자신의 정부 밑에서 살기를 원하는"(p.43) 것을 이해하지 못한 데서 나왔음을 지적하였을 때, 일반적으로 그의 약소민족에 대한 이해가 깊었음을 알 수 있을 것이다.

이 책을 널리 추천하고 싶은 둘째 이유, 그리고 이 책이 갖는 가장 큰 장점은 그가 엄정한 과학적인 비판적 태도로 모든 사실을 분석하고 있는 데 있다. 서양인들이 동양으로 진출한 이래, 비록 중국이나 일본과는 같지 못하다 하더라도, 그래도 우리나라에 관한 적지 않은 책들이 그들에 의하여 저술되어 왔다. 하지만 그 거의 전부가 긴 담뱃대를 문 시골 노인의 사진을 자랑스레 내거는 일종의 호기심의 산물이거나, 혹은 선교의 목적을 위한 것이거나, 그렇지 않으면 상업을 목적으로 한 것이었다. 그러나 일찍이 우리나라의 사회를 과학적인 조명 밑에서 관찰한 저서가 있다는 말은 듣지 못하고 있었다. 뒤늦게나마 이제 이 책에서 그러한 과학적 연구의 성과를 찾아볼 수 있다는 것은 커다란 기쁨이 아닐 수 없다. 여기서는 "일본 식민정책의 한 표본으로서의 관심"(p.2)이 한국을 더 잘 알아야 하는 둘째 이유라고 한 바와 같이, 일제의 침략에 의하여 일어난 모든 부문의 사회적인 변화가 세밀하게 학문적으로 검토되고 있는 것이다. "식민지 지배를 위해서는 철도, 도로, 약간의 학교와

병원이 필요하다. 일본 당국은 대외선전에서 한국에서의 이 방면의 활동을
부단히 강조해왔다. 조선총독부의 연보에는 도로, 우편국, 병원 및 개량형 선
박 등의 사진이 가득 차 있다. 그러나 이러한 업적들을 무조건 '은혜'라고 인
정하기 전에, 그들 사업의 목적과 결과가 어떠했는가 하는 것이 주의 깊게 검
토되어야 한다"(pp.2~3)라는 것이 그의 견해이다.

그러면 이러한 검토의 표준을 그는 어디에 두었는가? 그에 의하면 그 표준
은 일본인 자신이 제공해주었다. 일본은 합병 선언 속에서 한국인의 번영과
행복의 증진을 약속하였다. 그러므로 한국인이 번영과 행복을 누리게 되었
는가 하는 것이 모든 판단의 표준이 되어야 한다는 것이다. 그리고 한국인의
번영과 행복을 재는 기준으로서 일본인의 그것을 비교하는 지극히 정당한 방
법이 채용되었다. 이리하여 이하 인구, 농업, 임업과 어업, 동력과 광산자원,
공업, 수송과 통신, 화폐와 금융, 재정, 무역, 행정, 사법 · 감옥 및 경찰, 보
건 · 교육 및 종교 등 여러 장을 통해서 한국과 일본을 비교해가며 많은 통계
를 이용하여 그들 정책의 기만성을 폭로하였다. 그 상세한 것에 대해서는 여
기서 일일이 소개할 여유를 갖지 못하므로 자연 후일을 기다릴 수밖에 없다.

이러한 각 부분에 대한 분석에 앞서 제2장에서 지리적 환경, 제3장에서 일
본의 정치적 침략과 이에 대한 반항운동의 역사가 적혀 있다는 것을 알려두
어야겠다. 특히 후자에서는 을사조약 당시의 미국 대통령 시어도어 루스벨
트(Theodore Roosevelt)를 비롯한 서양인의 친일적인 한국관을 날카롭게 비판
하고 있다. 또 소위 자유주의자 이토 히로부미(伊藤博文)의 통감정치나 육군
대장 데라우치 마사타케(寺內正毅)의 무단정치나 해군제독 사이토 마코토(齋
藤實)의 문화정치가 그 본질에 있어서 조금도 다른 것이 없다는 등 그의 형안
(炯眼)에 놀라지 않을 수 없는 대목이 많다.

다만 한 가지 유감인 것은 지명과 인명이 거의 일본식 발음으로 적혀 있는

것이다. 해방 전의 저서임을 생각하면 이해가 되지 않는 것은 아니지만, 그러나 이제 우리가 읽어가는 데 서먹한 느낌을 금할 수 없다. 그러나 부록에 우리나라 원명과 일본식 명칭과의 대조일람표를 첨부하는 친절을 잊지 않았다. 부록으로는 농업을 비롯한 각종 산업 및 무역의 통계표가 있고 참고서목이 실려 있다.

저자에 대하여 거의 아는 바가 없음을 유감스럽게 생각한다. 다만 출판사의 소개에 의하면 그는 시베리아의 이르쿠츠크에서 태어났고, 만주와 북중국에서 13년간이나 대학의 강사와 연구생활을 하였다. 뒤에 캘리포니아 대학과 컬럼비아 대학에서 학위를 받았다. 아마도 그는 망명생활 끝에 미국에 귀화한 것이 아닌가 한다. 톈진의 난카이경제연구소(南開經濟研究所) 및 미국의 태평양문제연구소(太平洋問題研究所)의 연구원이었으며, 1944년에는 오리건 대학의 경제학 조교수였다. 그는 우리나라와 일본에 몇 차례 여행을 한 일이 있다고 한다. 그리고 저서로는 *Formosa Today*(오늘의 타이완)가 있고, 또 중국·일본·인도 및 동남아의 경제적·사회적 문제에 대한 많은 논문이 있다 한다.

# 부록 I 농업통계

〈표 1〉 　　　　　　　　　　　농업 인구 　　　　　　　(단위 : 천 호)

| 연도 | 총계 | 일본인 | 한국인 | 중국인 | 자작농 | 자작 겸 소작농 | 소작농 | 노동자 | 화전민 |
|---|---|---|---|---|---|---|---|---|---|
| 1929 | 2,815.3 | 10.4 | 2,801.8 | 2.0 | 611.9 | 885.6 | 1,283.5 | … | 34.3 |
| 1930 | 2,870.0 | 10.5 | 2,856.1 | 3.3 | 608.0 | 890.3 | 1,334.1 | … | 37.5 |
| 1932 | 2,881.7 | 10.8 | 2,868.6 | 2.3 | 593.3 | 853.8 | 1,393.4 | … | 41.2 |
| 1932 | 2,931.1 | 11.4 | 2,917.4 | 2.2 | 581.2 | 743.0 | 1,546.5 | … | 60.5 |
| 1933 | 3,009.6 | 9.0 | 2,998.2 | 2.3 | 545.5 | 724.7 | 1,563.1 | 94.0 | 82.3 |
| 1934 | 3,013.1 | 8.7 | 3,001.8 | 2.6 | 542.6 | 721.7 | 1,564.3 | 103.2 | 81.3 |
| 1935 | 3,066.5 | 8.4 | 3,055.4 | 2.6 | 547.9 | 738.9 | 1,591.4 | 111.8 | 76.5 |
| 1936 | 3,059.5 | 8.0 | 3,048.6 | 2.9 | 546.3 | 737.8 | 1,583.6 | 117.0 | 74.7 |
| 1937 | 3,058.8 | 7.6 | 3,049.0 | 2.1 | 549.6 | 737.8 | 1,581.4 | 117.0 | 72.9 |
| 1938 | 3,052.4 | 7.3 | 3,042.8 | 2.3 | 552.4 | 729.3 | 1,583.4 | 116.0 | 71.2 |

【자료】『拓務統計』(1938)

〈표 2〉 　　　　　　　　　　　경지 면적 　　　　　　　(단위 : 천 정보)

| 연도 | 총경지면적 | 논 | | | 밭 |
|---|---|---|---|---|---|
| | | 총면적 | 일모작 | 이모작 | |
| 1929 | 5,566.5 | 1,625.5 | 1,280.1 | 345.4 | 2,830.0 |
| 1930 | 4,466.1 | 1,643.8 | 1,286.6 | 347.1 | 2,822.4 |
| 1931 | 4,455.3 | 1,653.1 | 1,286.0 | 367.1 | 2,802.2 |
| 1932 | 4,460.4 | 1,669.6 | 1,285.4 | 384.2 | 2,790.8 |
| 1933 | 4,489.2 | 1,681.8 | 1,285.5 | 396.3 | 2,807.4 |
| 1934 | 4,505.5 | 1,692.7 | 1,277.5 | 415.2 | 2,812.7 |
| 1935 | 4,500.2 | 1,703.3 | 1,267.8 | 435.5 | 2,796.9 |
| 1936 | 4,503.9 | 1,718.5 | 1,266.2 | 452.3 | 2,785.4 |
| 1937 | 4,506.2 | 1,736.4 | 1,271.3 | 465.1 | 2,769.9 |
| 1938 | 4,515.7 | 1,750.8 | 1,290.5 | 460.3 | 2,764.8 |

| 연도 | 자작 | | 소작 | | 호당 면적 | | | 화전 |
|---|---|---|---|---|---|---|---|---|
| | 논 | 밭 | 논 | 밭 | 합계 | 논 | 밭 | |
| 1929 | 551.9 | 1,452.2 | 1,073.5 | 1,377.8 | 1.60 | 0.58 | 1.02 | 176.8 |
| 1930 | 549.8 | 1,435.8 | 1,093.9 | 1,386.6 | 1.58 | 0.58 | 1.00 | 180.7 |
| 1931 | 540.6 | 1,413.3 | 1,112.5 | 1,388.9 | 1.57 | 0.58 | 0.99 | 201.2 |
| 1932 | 544.9 | 1,400.0 | 1,124.7 | 1,390.4 | 1.55 | 0.58 | 0.97 | 202.2 |
| 1933 | 546.4 | 1,415.7 | 1,135.4 | 1,391.7 | 1.53 | 0.57 | 0.96 | 366.6 |
| 1934 | 540.0 | 1,387.9 | 1,152.7 | 1,424.8 | 1.59 | 0.60 | 0.99 | 422.6 |
| 1935 | 547.5 | 1,382.3 | 1,155.7 | 1,414.6 | 1.56 | 0.59 | 0.97 | 417.8 |
| 1936 | 548.0 | 1,370.7 | 1,170.5 | 1,414.6 | 1.47 | 0.56 | 0.91 | 437.7 |
| 1937 | 556.6 | 1,359.4 | 1,179.8 | 1,410.5 | 1.57 | 0.61 | 0.96 | 437.1 |
| 1938 | 563.9 | 1,344.0 | 1,186.9 | 1,420.8 | 1.48 | 0.57 | 0.91 | 442.0 |

【자료】『拓務統計』(1938)

〈표 3〉                        소작농                        (백 평당)

| 연도 | 논(단위 : 석) | | | | | 밭(단위 : 원) | | | | |
|------|------|------|------|------|------|------|------|------|------|------|
|      | 남부 | 중부 | 서부 | 북부 | 평균 | 남부 | 중부 | 서부 | 북부 | 평균 |
| 1929 | 0.42 | 0.39 | 0.36 | 0.38 | 0.39 | 1.97 | 1.88 | 1.33 | 1.94 | 1.80 |
| 1930 | 0.41 | 0.38 | 0.36 | 0.33 | 0.36 | 1.84 | 1.66 | 1.29 | 1.48 | 1.62 |
| 1931 | 0.44 | 0.39 | 0.34 | 0.33 | 0.39 | 1.20 | 1.08 | 1.00 | 1.03 | 1.10 |
| 1932 | 0.44 | 0.39 | 0.33 | 0.32 | 0.38 | 1.38 | 1.21 | 0.96 | 1.00 | 1.19 |
| 1933 | 0.42 | 0.38 | 0.35 | 0.32 | 0.38 | 1.39 | 1.32 | 1.03 | 1.10 | 1.25 |
| 1934 | 0.45 | 0.41 | 0.37 | 0.32 | 0.40 | 1.51 | 1.46 | 1.09 | 1.18 | 1.35 |
| 1935 | 0.43 | 0.41 | 0.38 | 0.34 | 0.40 | 1.86 | 1.77 | 1.37 | 1.41 | 1.65 |
| 1936 | 0.44 | 0.42 | 0.38 | 0.37 | 0.41 | 2.15 | 2.12 | 1.60 | 1.70 | 1.95 |
| 1937 | 0.45 | 0.43 | 0.40 | 0.38 | 0.42 | 2.24 | 2.16 | 1.67 | 1.77 | 2.01 |
| 1938 | 0.46 | 0.45 | 0.43 | 0.40 | 0.44 | 2.45 | 2.27 | 1.79 | 1.89 | 2.16 |
| 1939 | 0.46 | 0.46 | 0.45 | 0.40 | 0.45 | 2.62 | 2.60 | 2.05 | 2.23 | 2.42 |

【자료】『國勢グラフ』(東京, 1940년 7월)


〈표 4〉                    서울의 물가지수                (1910년 7월 = 100)

| 연도 | 지수 | 연도 | 지수 |
|------|------|------|------|
| 1910 | 103 | 1926 | 234 |
| 1911 | 112 | 1927 | 219 |
| 1912 | 119 | 1928 | 214 |
| 1913 | 120 | 1929 | 207 |
| 1914 | 110 | 1930 | 180 |
| 1915 | 109 | 1931 | 145 |
| 1916 | 129 | 1932 | 144 |
| 1917 | 173 | 1933 | 160 |
| 1918 | 235 | 1934 | 162 |
| 1919 | 296 | 1935 | 180 |
| 1920 | 305 | 1936 | 191 |
| 1921 | 230 | 1937 | 206 |
| 1922 | 229 | 1938 | 237 |
| 1923 | 228 | 1939 | 274 |
| 1924 | 246 | 1939(4월) | 259 |
| 1925 | 259 | 1940(4월) | 312 |

【자료】『朝鮮經濟年報』(1939, 1940)

〈표 5〉                              농지 가격                            (단위 : 원, 백 평당)

| | 논 | | | | | 밭 | | | | |
|------|-----|------|------|------|------|-----|------|------|------|------|
| | 남부 | 중부 | 서부 | 북부 | 평균 | 남부 | 중부 | 서부 | 북부 | 평균 |
| 1929 | 51 | 45 | 41 | 35 | 45 | 17 | 17 | 14 | 18 | 16 |
| 1930 | 41 | 40 | 35 | 30 | 38 | 16 | 14 | 12 | 14 | 14 |
| 1931 | 31 | 26 | 26 | 22 | 27 | 11 | 9 | 10 | 8 | 10 |
| 1932 | 33 | 28 | 25 | 21 | 28 | 11 | 10 | 9 | 9 | 10 |
| 1933 | 35 | 31 | 27 | 23 | 30 | 12 | 11 | 10 | 10 | 11 |
| 1934 | 39 | 37 | 31 | 26 | 35 | 13 | 13 | 12 | 11 | 12 |
| 1935 | 47 | 47 | 40 | 33 | 43 | 15 | 16 | 14 | 13 | 15 |
| 1936 | 57 | 59 | 48 | 42 | 53 | 19 | 20 | 17 | 17 | 18 |
| 1937 | 62 | 46 | 51 | 46 | 58 | 21 | 22 | 18 | 18 | 20 |
| 1938 | 66 | 67 | 58 | 50 | 62 | 23 | 23 | 19 | 19 | 21 |
| 1939 | 75 | 79 | 67 | 62 | 72 | 26 | 27 | 23 | 23 | 25 |

【자료】『國勢グラフ』(東京, 1940년 7월)


〈표 6〉                    한국과 일본의 미가(米價) 비교[a]              (단위 : 원, 석당)

| 연도 | 일본 | 한국 |
|------|------|------|
| 1922 | 36.85 | 30.48 |
| 1923 | 31.57 | 27.31 |
| 1924 | 37.64 | 33.14 |
| 1925 | 41.95 | 37.27 |
| 1926 | 38.44 | 33.67 |
| 1927 | 35.93 | 30.45 |
| 1928 | 31.38 | 26.74 |
| 1929 | 29.19 | 26.67 |
| 1930 | 27.34 | 23.00 |
| 1931 | 13.46 | 16.23 |
| 1932 | 20.69 | 20.27 |
| 1933 | 21.42 | 20.56 |

【자료】 히시모토, 『朝鮮米의 研究』(東京, 1938)
(a) 일본의 미가는 일본 중미(中米)에 대한 도쿄 푸카가와(深川)시장의 것이고, 한국의 미가는 삼등 현미에 대한 부산시장 및 인천시장의 평균가이다.

〈표 7〉    서울의 물품별 도매물가 지수    (1936년＝100)

| 연도 | 곡류 | 식료품 | 직물 재료 | 직물 | 건축 재료 | 금속류 | 연료 | 비료 | 약품 | 기타 | 평균 |
|---|---|---|---|---|---|---|---|---|---|---|---|
| 1938년 1월 | 104.8 | 110.6 | 101.6 | 103.9 | 128.4 | 217.9 | 122.4 | 122.6 | 159.7 | 140.2 | 121.2 |
| 4월 | 107.6 | 117.0 | 112.9 | 120.4 | 133.2 | 217.7 | 126.9 | 123.5 | 192.2 | 157.8 | 131.0 |
| 7월 | 113.0 | 115.8 | 130.3 | 144.0 | 148.3 | 267.4 | 132.2 | 124.1 | 192.8 | 202.9 | 143.2 |
| 1939년 1월 | 120.2 | 119.9 | 133.2 | 151.1 | 152.3 | 255.9 | 148.2 | 128.8 | 210.2 | 197.5 | 148.5 |
| 4월 | 126.1 | 127.6 | 152.2 | 171.8 | 157.4 | 252.8 | 145.6 | 132.8 | 213.8 | 199.7 | 156.4 |
| 7월 | 143.1 | 133.0 | 155.9 | 180.6 | 165.6 | 246.7 | 144.9 | 132.2 | 216.3 | 202.9 | 162.5 |
| 1940년 1월 | 169.0 | 147.4 | 182.0 | 182.0 | 177.2 | 240.0 | 157.7 | 154.1 | 230.9 | 203.2 | 175.2 |
| 4월 | 168.7 | 159.7 | 172.7 | 190.8 | 177.5 | 240.0 | 159.2 | 154.1 | 235.6 | 210.0 | 180.3 |

【자료】『朝鮮經濟年報』(1940)

〈표 8〉    경지 면적으로 본 토지 분배(1938년)    (단위 : 천)

| 면적 | 자작농 | 자작 겸 소작농 | 소작 겸 자작농 | 계 | 소작농 | 계 |
|---|---|---|---|---|---|---|
| 3단보 이하 | 71.7 | 48.2 | 67.6 | 115.8 | 300.9 | 488.3 |
| 5단보 이하 | 91.7 | 74.1 | 94.3 | 168.4 | 353.3 | 613.4 |
| 1정보 이하 | 114.4 | 92.9 | 115.9 | 208.8 | 390.0 | 713.2 |
| 2정보 이하 | 114.9 | 82.8 | 96.1 | 178.9 | 271.7 | 565.6 |
| 3정보 이하 | 86.9 | 47.5 | 46.8 | 94.3 | 131.6 | 312.8 |
| 5정보 이하 | 47.2 | 20.0 | 18.3 | 38.3 | 50.7 | 136.1 |
| 10정보 이하 | 14.2 | 4.5 | 4.2 | 8.7 | 11.1 | 34.0 |
| 20정보 이하 | 2.2 | 0.5 | 0.5 | 1.1 | 2.1 | 5.3 |
| 20정보 이상 | 0.3 | 0 | 0 | 0.1 | 0 | 0.5 |
| 계 | 543.5 | 370.5 | 443.7 | 814.3 | 1,511.4 | 2,869.2 |

백분비

| 면적 | 자작농 | 자작 겸 소작농 | 소작 겸 자작농 | 계 | 소작농 | 계 |
|---|---|---|---|---|---|---|
| 3단보 이하 | 13.2 | 13.0 | 15.3 | 14.2 | 19.9 | 17.0 |
| 5단보 이하 | 16.9 | 20.0 | 21.3 | 20.7 | 23.4 | 21.4 |
| 1정보 이하 | 21.1 | 25.1 | 26.2 | 25.6 | 26.8 | 24.9 |
| 2정보 이하 | 21.2 | 22.4 | 21.7 | 22.0 | 18.0 | 19.7 |
| 3정보 이하 | 16.0 | 12.8 | 10.6 | 11.6 | 8.7 | 10.9 |
| 5정보 이하 | 8.7 | 5.4 | 4.1 | 4.7 | 3.4 | 4.7 |
| 10정보 이하 | 2.6 | 1.2 | 1.0 | 1.1 | 0.7 | 1.2 |
| 20정보 이하 | 0.4 | 0.1 | 0.1 | 0.1 | 0.1 | 0.2 |
| 20정보 이상 | … | … | … | … | … | … |
| 계 | 100.0 | 100.0 | 100.0 | 100.0 | 100.0 | 100.0 |

【자료】『國勢グラフ』(東京, 1940년 7월)

〈표 9〉　주요 곡물 생산액(a)

(면적 단위 : 천 정보, 양 단위 : 천 석, 액 단위 : 백만 원)

| 연도 | 쌀 | | | 밀과 보리 | | | 콩 | | | 기타 | | | 계 |
|---|---|---|---|---|---|---|---|---|---|---|---|---|---|
| | 면적 | 생산량 | 생산액 | 면적 | 생산량 | 생산액 | 면적 | 생산량 | 생산액 | 면적 | 생산량 | 생산액 | |
| 1910 | 1,353 | 10,406 | 92.9 | 858 | 6,208 | 23.7 | 708 | 3,636 | 18.2 | 839 | 5,296 | 22.4 | 200.6 |
| 1914 | 1,484 | 14,131 | 168.3 | 1,034 | 8,100 | 38.6 | 951 | 4,892 | 42.7 | 1,088 | 7,087 | 33.9 | 370.3 |
| 1919 | 1,538 | 12,708 | 516.3 | 1,204 | 9,302 | 129.7 | 1,077 | 3,891 | 72.1 | 1,293 | 6,334 | 83.4 | 1,080.7 |
| 1925 | 1,585 | 14,773 | 474.3 | 1,245 | 10,420 | 128.5 | 1,116 | 5,803 | 94.5 | 1,323 | 8,124 | 92.6 | 1,020.1 |
| 1929 | 1,632 | 13,702 | 322.4 | 1,293 | 9,388 | 89.8 | 1,098 | 5,013 | 78.3 | 1,320 | 8,995 | 82.7 | 753.0 |
| 1930 | 1,662 | 19,181 | 251.6 | 1,318 | 9,964 | 80.0 | 1,096 | 5,628 | 41.4 | 1,313 | 9,069 | 53.0 | 558.9 |
| 1931 | 1,675 | 15,873 | 268.8 | 1,317 | 10,208 | 50.4 | 1,092 | 5,212 | 42.3 | 1,317 | 7,851 | 46.3 | 546.6 |
| 1932 | 1,643 | 16,346 | 308.9 | 1,322 | 10,619 | 64.4 | 1,104 | 5,525 | 59.5 | 1,339 | 9,008 | 64.2 | 655.7 |
| 1933 | 1,697 | 18,193 | 341.6 | 1,336 | 10,371 | 76.1 | 1,095 | 5,707 | 58.1 | 1,312 | 8,076 | 59.6 | 704.7 |
| 1934 | 1,712 | 16,717 | 415.5 | 1,354 | 11,117 | 88.7 | 1,087 | 4,930 | 59.2 | 1,322 | 6,188 | 62.6 | 803.8 |
| 1935 | 1,695 | 17,885 | 489.6 | 1,366 | 12,311 | 119.0 | 1,086 | 5,576 | 78.2 | 1,327 | 7,709 | 84.9 | 926.1 |
| 1936 | 1,601 | 19,411(b) | 540.5 | 1,406 | 10,405 | 117.2 | 1,075 | 4,769 | 81.5 | 1,306 | 8,116 | 91.1 | 976.6 |
| 1937 | 1,639 | 26,797(b) | 777.0 | 1,450 | 14,680 | 166.0 | 1,069 | 5,412 | 89.8 | 1,284 | 9,144 | 101.3 | 1,303.5 |
| 1938 | 1,660 | 24,139(b) | 762.3 | 1,476 | 11,760 | 150.3 | 1,049 | 4,918 | 88.3 | 1,245 | 8,097 | 103.5 | 1,295.9 |

[자료] 『朝鮮經濟年報』(1939, 1940)

(a) 토지조사는 1918년에야 거우 끝났으므로 1919년 이전의 것은 거의 신빙할 수가 없다.

(b) 1936년에 곡물의 계산방법이 변경되었다. 그 결과 전식방법(畓式方法)을 사용한 것보다 1.26배가 숫자상으로 더 커지게 되었다.

# 부록 II 농업통계의 신빙성

하버드대학 국제연구소의 슘페터(E.B. Schumpeter) 박사는 일본 측의 공식 통계를 이용하여 한국인의 상태가 개선되었다는 것을 표시하려 하였다. 그는 1939년의 흉작에 의한 수확의 감소는 "일시적인 변화에 불과하며 …… 일반적으로는 생산, 수출 및 소비의 증가 경향"을 나타내고 있다는 그의 신념을 표시하였다.[1] 그러나 이 결론을 받아들이기 전에 자료에 대하여 보다 비판적으로 검토하는 것이 순서일 것이다. 이것이 아래에서 기도하는 바 목적이다.

만일 통계 〈표 1〉의 숫자를 신용한다면 합병 후 최초의 9년 동안에 경지 면

| 〈표 1〉 | 한국의 경지 면적[2] | | |
|---|---|---|---|
| 연도 | 논 | 밭 | 계 |
| 1910 | 841.0 | 1,321.4 | 2,162.4 |
| 1919 | 1,546.6 | 2,834.9 | 4,381.5 |
| 1938 | 1,750.8 | 2,764.8 | 4,515.7 |
| 선행 자료에 대한 증가(+) 혹은 감소(−)의 백분비 | | | |
| 1919 | +84 | +114 | +103 |
| 1938 | +13 | −2.11 | +3 |
| 연평균 변화 | | | (단위 : 천 정보) |
| 1910~1919 | +78.4 | +168.0 | +246.4 |
| 1919~1938 | +10.7 | −3.7 | +7.0 |

【경지 면적에 대한 자료】『朝鮮經濟年報』(1939) 및 『拓務統計』(1938)

---

1 『日本 및 滿洲의 工業化(*The Industrialization of Japan and Manchukuo*)』(New York, 1940), p.292.
2 화전은 나중에 설명하는 바와 같은 이유에서 통계에서 제외되었다. 1정보는 1.45에이커이다.

적이 현저하게 증가하였음을 알 수 있다. 즉, 논 면적은 84%, 밭은 114%(즉 배 이상), 계 103% 증가하였다. 그러나 그 후의 19년 동안에는 논은 겨우 13% 증가하였고, 밭은 2%나 감소하였으며, 이리하여 계 3%가 증가하였을 뿐이었다. 어째서 이러한 현상이 일어났는가? 합병 후 수년 동안은 일본 정부가 대규모의 개간사업을 수행할 돈도 없었고 또 욕구도 없었다. 그런데도 불구하고 이 오랜 농업국가에서 연속되는 9개년 동안에 매년 24만 6,400정보씩이나 증가하였다는 것은 사실상 증가를 의미하는 것일까. 1919년 이후 일본 본토에 공급하기 위해 조선총독부가 미곡 증식에 전력을 기울이고 있던 때에도 논은 연평균 1만 700정보밖에 증가하지 못했으며, 그것도 일부의 밭을 희생하면서 이루어진 것이었다.

이러한 역설의 비밀은 극히 단순한 것이다. 즉 1910년에서 1919년에 이르는 동안에 세금 징수나 그 밖의 목적을 위해 토지조사가 행해졌는데, 그 결과 실제 경지 면적은 농민이 세금을 지불하는 면적보다 크다는 것이 나타났다. 그러므로 1910년에서 1919년에 이르는 동안에 있어서는 경지 면적의 통계 상의 증가는 다만 지상(紙上)의 증가에 지나지 않으며, 그 결과 한국인에 대한 세금 부과액이 증가한 것이었다. 한국의 토지에 관한 통계는 1919년 이후에야만 비로소 어느 정도 신용할 수 있는 것이다.

다음으로는 곡물에 관한 통계를 살펴보기로 하자. 통계 〈표 2〉는 슘페터 박사 및 그 밖의 인사들이 그 신빙성 여하에 대한 아무런 검토도 없이 사용한 1910년, 1919년에서 1921년(평균), 1934년에서 1936년(평균), 1937년, 1938년 및 1939년의 곡물 생산에 관한 통계이다.

이 표에서도 역시 앞의 표에서와 마찬가지로 최초의 10년 동안에 생산량이 급속히 증가하다가 점점 그 증가가 완만하여졌음을 보여주고 있다. 단 한가지 다른 점이 있다. 1937년, 1938년 및 1939년의 경지 면적에는 아무런 실

〈표 2〉 한국 곡물 생산량 (단위 : 천 석)[a]

| | 1910 | 1919~1921(평균) | 1934~1936(평균) | 1937 | 1938 | 1939 |
|---|---|---|---|---|---|---|
| 쌀(米) | 10,406 | 13,971 | 18,004 | 26,797 | 24,139 | 14,355 |
| 밀과 보리 | 6,208 | 9,781 | 11,278 | 14,680 | 12,263 | … |
| 콩 | 3,636 | 5,376 | 5,092 | 5,412 | 4,918 | … |
| 기타 | 5,296 | 8,853 | 7,338 | 9,144 | 7,594 | … |
| 계 | 25,546 | 37,981 | 41,712 | 56,033 | 48,914 | … |
| 전기(前期)에 대한 증가 백분비 | … | 48.7 | 9.8 | 34.3 | −12.7 | … |
| 연평균 증가 혹은 감소(단위 : 천 석) | … | 1,244 | 249 | 14,321 | −7,119 | … |

【자료】『朝鮮經濟年鑑』 및 『朝鮮年鑑』

(a) 1석은 5.12부셸(bushel)(미국)이요, 4.96부셸(영국)이다.

질적인 변화가 없었다. 그러나 1937년의 곡물 생산량은 선행 3년간의 평균 생산량보다 34.3%나 급속히 증가하였다.

이것은 슘페터 박사의 상승경향론(上昇傾向論)에서 급속한 증진이라고 간주할 수 있는 현저한 증가이다. 그러나 만일 1910년에서 1919년 사이의 곡물 생산의 증가가 통계보고와 취재 범위의 개선에 의해 설명되고, 또 1919년에서 1935년 사이의 증가가 인구의 증대, 수리·투자의 증가 등에 의한 정상적인 증가로 설명될 수 있다면, 1937년 및 1938년의 급속한 증가는 무엇으로 설명될 수 있겠는가. 다행히 우리는 이에 대한 믿을 만한 설명을 가지고 있다. 즉, 『조선경제연보』(1940년)[3]에 의하면, 1936년에 당국은 미곡 생산량을 계산하는 방법을 변경하였다고 한다. 다행히 또 거기에는 1929년 이후의 미곡 생산량의 다시 계산된 숫자를 우리에게 제공해주고 있다. 그러므로 우리는 이 새로운 계산 방법이 어떤 것인가를 쉽게 알 수 있다.

〈표 3〉의 두 계열의 숫자를 비교함으로써 새로운 계산 방법은 대략 26% 생산량을 증가시킨다는 것이 명백해졌다. 이 새로운 방법이 좋은 것인지 나

---

3 p.52. 전국경제조사기관연합회(東京) 발행.

| 〈표 3〉 | | 미곡 생산량 계산 방법 변경의 결과 | |
|---|---|---|---|
| | 구(舊)방법(단위 : 천 석) | 신(新)방법(단위 : 천 석) | 비율 |
| 1928 | 13,512 | 16,998 | 126 |
| 1929 | 13,702 | 17,237 | 126 |
| 1930 | 19,181 | 24,129 | 126 |
| 1931 | 15,873 | 19,968 | 126 |
| 1932 | 16,346 | 20,563 | 126 |
| 1933 | 18,193 | 28,886[a] | 159 |
| 1934 | 16,717 | 21,030 | 126 |
| 1935 | 17,885 | 22,500 | 126 |
| 1936 | 보고 없음 | 19,411 | … |
| 1937 | 〃 | 26,797 | … |
| 1938 | 〃 | 24,139 | … |
| 1939 | 〃 | 14,355 | … |

(a) 이것은 아마 오식일 것이며, 25,886이 되어야 할 것이다.

쁜 것인지에 대해서는 그 방법이 채용된 이유를 알지 못하고서는 판단할 수가 없다. 그러나 통계가는 누구나 동일한 방법에 의해 계산된 숫자를 이용할 의무가 있는 것이다. 결코 하나의 방법에서 다른 방법으로 비약해서 실제 존재하지도 않는 경향을 거기서 추출해서는 안 된다. 만일 우리가 옛 계산 방법을 사용한다면 1936년에서 1939년의 생산량은 〈표 4〉와 같아질 것이다.

이 책의 한국 농업에 관한 서술 속에서는 1936년에서 1939년에 대해 구방

| 〈표 4〉 | 1936~1939년도 미곡 생산량 | |
|---|---|---|
| | 신방법(단위 : 천 석) | 구방법(단위 : 천 석) |
| 1936 | 19,411[a] | 15,400 |
| 1937 | 26,797 | 21,200 |
| 1938 | 24,139 | 19,200 |
| 1939 | 14,335 | 11,400 |

(a) 우리는 계산 방법이 변경된 시기를 확증할 수 있다. 1936~1937년도의 『施政年報』, p.63에는 다음과 같이 적혀 있다. "1936년에 남부지방의 폭풍우와 홍수, 서부지방의 한발(旱魃), 중부지방의 도병(稻病)으로 인해서 농업은 피해를 입었다. 이 때문에 미곡수확예상고는 겨우 1,600만 석으로서 1931년 이래 최하의 것이었다. 두류(豆類), 맥류(麥類), 면류(棉類) 및 그 밖의 주요 농산물의 수확고도 또한 극히 불량하였다." 이같이 '극히 불량한 수확'이, 이미 예상고가 정해진 뒤인 1936년 9월에 우수한 수확으로 둔갑하였다.

법에 의해서 계산된 숫자가 이용되고 있다. 그것이 좋다든지 나쁘다든지 하는 이유에서가 아니라, 그것이 우리에게 양적인 비교를 가능하게 하기 때문이다.

# 부록 III 공업통계

〈표 1〉 한국 공장 수(5명 이상의 노동자를 가진)

|  | 1929 | 1931 | 1935 | 1936 | 1937 |
|---|---|---|---|---|---|
| 방직 | 241 | 270 | 377 | 402 | 426 |
| 금속 | 237 | 244 | 239 | 259 | 264 |
| 기계 | 221 | 235 | 324 | 344 | 417 |
| 요업 | 318 | 321 | 336 | 336 | 346 |
| 화학 | 393 | 677 | 1,161 | 1,425 | 1,588 |
| 제재 및 목제품 | 153 | 181 | 240 | 271 | 311 |
| 인쇄 | 208 | 237 | 285 | 286 | 306 |
| 식료품 | 1,958 | 2,173 | 2,326 | 2,258 | 2,273 |
| 가스 및 전기 | 75 | 52 | 51 | 50 | 40 |
| 기타 | 221 | 223 | 296 | 296 | 327 |
| 계 | 4,025 | 4,613 | 5,635 | 5,927 | 6,298 |

【자료】『拓務統計』

〈표 2〉 공장 종업원 수 (단위 : 천)

|  | 1929 | 1931 | 1935 | 1936 | 1937 |
|---|---|---|---|---|---|
| 방직 | 17.5 | 18.2 | 29.1 | 33.8 | 35.6 |
| 금속 | 4.7 | 4.5 | 6.3 | 6.8 | 6.8 |
| 기계 | 3.4 | 2.9 | 6.5 | 7.9 | 9.5 |
| 요업 | 5.8 | 4.8 | 8.0 | 8.3 | 9.7 |
| 화학 | 9.4 | 17.9 | 34.4 | 42.0 | 50.9 |
| 제재 및 목제품 | 3.2 | 2.6 | 4.5 | 4.9 | 5.6 |
| 인쇄 | 4.1 | 4.2 | 5.9 | 6.3 | 6.6 |
| 식료품 | 24.8 | 27.6 | 35.0 | 32.6 | 35.0 |
| 가스 및 전기 | 0.8 | 0.6 | 0.7 | 0.8 | 0.8 |
| 기타 | 4.4 | 3.1 | 5.4 | 5.4 | 6.6 |
| 계 | 78.2 | 86.4 | 135.8 | 148.8 | 166.7 |

【자료】『拓務統計』

〈표 3〉                       공업 생산액                        (단위 : 천 원)

|       | 1929 | 1931 | 1935 | 1936 | 1937 | 1938 |
|-------|------|------|------|------|------|------|
| 방직 | 38,211 | 24,439 | 82,328 | 99,477 | 141,154 | 164,821 |
| 금속 | 20,383 | 16,106 | 26,989 | 33,735 | 50,766 | 91,966 |
| 기계 | 4,543 | 2,308 | 11,525 | 13,503 | 16,565 | 26,799 |
| 요업 | 9,116 | 7,291 | 17,563 | 21,876 | 25,072 | 35,877 |
| 화학 | 17,413 | 31,913 | 147,834 | 195,431 | 304,948 | 352,819 |
| 제재 및 목제품 | 7,721 | 6,381 | 8,243 | 9,936 | 11,737 | 15,054 |
| 인쇄 | 9,954 | 8,381 | 12,744 | 13,133 | 16,304 | 16,948 |
| 가스 및 전기 | 16,389 | 16,129 | 39,804 | 39,989 | 40,076 | 24,502 |
| 식료품 | 223,412 | 156,480 | 169,420 | 199,883 | 238,033 | 277,208 |
| 기타 | 4,309 | 4,221 | 91,027 | 103,842 | 114,653 | 134,124 |
| 계 | 351,451 | 273,649 | 607,497 | 730,807 | 959,303 | 1,140,118 |

【자료】『拓務統計』및『朝鮮年鑑』


〈표 4〉                       공업의 구성                        (백분비)

|       | 1929 | 1933 | 1936 | 1938 |
|-------|------|------|------|------|
| 방직 | 10.9 | 10.5 | 12.7 | 14.4 |
| 금속 | 5.7 | 7.9 | 4.0 | 8.1 |
| 기계 | 1.3 | 0.8 | 1.1 | 2.3 |
| 요업 | 2.6 | 2.4 | 2.7 | 3.1 |
| 제재 및 목제품 | 2.2 | 2.7 | 2.7 | 1.3 |
| 인쇄 | 2.8 | 2.6 | 1.8 | 1.5 |
| 식료품 | 63.5 | 54.6 | 45.1 | 24.3 |
| 가스 및 전기 | 4.7 | 3.0 | 5.6 | 2.2 |
| 화학 | 5.0 | 14.1 | 22.9 | 30.9 |
| 기타 | 1.3 | 1.4 | 1.4 | 11.9[a] |
| 계 | 100.0 | 100.0 | 100.0 | 100.0 |

【자료】『朝鮮經濟年報』(1939~1940)의 자료에서 계산함.
(a) 1938년에 '기타'의 비율이 오른 것은 연초(煙草) 전매와 같은 공공사업이 여기에 포함되었기 때문이다.

〈표 5〉　　　　　　　　　한국 공업의 지리적 분포(1937년)

A. 실수　　　　　　　　　　　　　　　　　(단위 : 백만 원)

| 도별 | 방직 | 금속 | 기계 | 요업 | 화학 | 제재 | 인쇄 | 식료품 | 가스 및 전기 | 기타 | 계 |
|---|---|---|---|---|---|---|---|---|---|---|---|
| 충북 | 1.7 | 0.1 | 0.0 | 0.2 | 1.1 | 0.0 | 0.0 | 5.7 | 0.0 | 2.0 | 10.8 |
| 충남 | 3.5 | 0.2 | 0.2 | 0.3 | 0.8 | 0.3 | 0.2 | 7.2 | 0.8 | 3.1 | 16.6 |
| 전북 | 3.1 | 0.4 | 0.5 | 0.3 | 3.6 | 0.3 | 0.3 | 13.7 | 0.5 | 9.9 | 32.6 |
| 전남 | 22.6 | 0.6 | 0.6 | 0.7 | 4.5 | 0.8 | 0.2 | 20.4 | 0.9 | 6.7 | 58.0 |
| 경북 | 9.8 | 0.7 | 0.5 | 0.4 | 4.8 | 0.7 | 0.6 | 22.1 | 0.1 | 17.5 | 57.2 |
| 경남 | 27.6 | 1.2 | 2.5 | 4.5 | 11.6 | 2.0 | 0.9 | 39.6 | 1.9 | 10.1 | 101.9 |
| 경기 | 53.8 | 5.3 | 7.4 | 3.1 | 18.0 | 3.8 | 12.4 | 44.2 | 2.1 | 37.8 | 187.9 |
| 황해 | 2.6 | 31.4 | 0.4 | 2.2 | 17.2 | 0.4 | 0.1 | 12.5 | 2.6 | 3.2 | 72.6 |
| 강원 | 2.5 | 0.2 | 0.2 | 0.1 | 11.5 | 0.1 | 0.1 | 8.9 | 1.3 | 2.5 | 27.4 |
| 평남 | 7.7 | 1.9 | 1.7 | 4.5 | 6.8 | 0.9 | 0.5 | 37.3 | 0.0 | 11.3 | 72.6 |
| 평북 | 3.1 | 1.4 | 0.8 | 0.3 | 10.5 | 0.6 | 0.3 | 9.8 | 0.3 | 6.4 | 33.5 |
| 함남 | 2.7 | 7.0 | 0.7 | 5.5 | 165.9 | 1.0 | 0.4 | 11.2 | 29.3 | 2.0 | 225.7 |
| 함북 | 0.5 | 0.4 | 1.1 | 3.0 | 48.6 | 0.8 | 0.3 | 5.4 | 0.3 | 2.1 | 62.5 |
| 계 | 141.2 | 50.8 | 16.6 | 25.1 | 304.9 | 11.7 | 16.3 | 238.0 | 40.1 | 114.6 | 959.3 |

【자료】『朝鮮年鑑』(1940)

B. 백분비

| 도별 | 방직 | 금속 | 기계 | 요업 | 화학 | 제재 | 인쇄 | 식료품 | 가스 및 전기 | 기타 | 계 |
|---|---|---|---|---|---|---|---|---|---|---|---|
| 충북 | 3.9 | 1 | 0 | 0 | 1 | 0 | 0 | 0 | 2 | 0 | 2 | 1 |
| 충남 | 6.8 | 3 | 0 | 1 | 1 | 0 | 3 | 1 | 3 | 2 | 3 | 2 |
| 전북 | 7.0 | 2 | 1 | 3 | 1 | 1 | 3 | 2 | 6 | 1 | 9 | 3 |
| 전남 | 10.9 | 16 | 1 | 4 | 3 | 1 | 7 | 1 | 9 | 2 | 6 | 6 |
| 경북 | 10.9 | 7 | 1 | 3 | 2 | 2 | 6 | 4 | 9 | 0 | 15 | 6 |
| 경남 | 9.8 | 20 | 2 | 15 | 18 | 4 | 17 | 6 | 17 | 5 | 8 | 10 |
| 경기 | 11.2 | 38 | 10 | 45 | 12 | 6 | 32 | 76 | 19 | 5 | 33 | 19 |
| 황해 | 7.5 | 2 | 63 | 2 | 9 | 6 | 3 | 1 | 5 | 7 | 3 | 8 |
| 강원 | 6.9 | 2 | 0 | 1 | 0 | 4 | 1 | 1 | 4 | 3 | 2 | 3 |
| 평남 | 6.7 | 5 | 4 | 10 | 18 | 2 | 8 | 3 | 15 | 0 | 10 | 8 |
| 평북 | 7.3 | 2 | 3 | 5 | 1 | 4 | 5 | 2 | 4 | 1 | 5 | 3 |
| 함남 | 7.3 | 2 | 14 | 4 | 22 | 54 | 8 | 3 | 5 | 73 | 2 | 24 |
| 함북 | 3.8 | 0 | 1 | 7 | 12 | 16 | 7 | 2 | 2 | 1 | 2 | 7 |
| 계 | 100 | 100 | 100 | 100 | 100 | 100 | 100 | 100 | 100 | 100 | 100 | 100 |

〈표 5〉의 두 표는 예기(豫期)한 바와 같이 도별 공업 분포가 극히 고르지 못하다는 것을 보여주고 있다. 우선 총독부의 소재지인 경기와 급속히 발전하는 지역인 함남의 두 도는 다른 도보다 공업이 발전하고 있다. 그 이유는 이

하에 설명하는 바와 같다. 다음으로 중요한 곳은 중요 공업도시인 부산이 있는 경남과 옛 도읍이었고 중요한 신공업 중심지인 평양이 있는 평남이다. 평북과 함북은 현재로는 그 공업 발전이 그리 현저하지 못하지만 급속히 발전하는 중이며 또 더욱 전반적으로 확대 과정에 있으므로 장차 경상이나 평남을 능가하게 될지도 모른다.

공업의 각 분야에 눈을 돌리면 방직공업은 주로 경기, 경남 및 전남—다시 말하면 수도인 서울, 일본으로부터 한국으로 들어오는 입구에 있는 첫 항구요, 가장 오랜 일본인의 거주지인 부산 및 주요한 생사와 면화의 생산지인 목포와 광주에 집중되어 있다.

금속공업은 주로 황해도에 집중되어 있는데 겸이포(兼二浦)는 가장 중요한 중심지이다. 그러나 현재는 그 중요성이 감소되었고 금속공업의 중심지는 함남과 평남, 평북으로 이동되었을 것임은 의심할 바 없다.

기계기구공업은 미약한 것이기는 하지만 서울과 경남, 즉 수도와 부산 및 그 주변에 집중되어 있다.

일본식 분류에 의한 요업은 두 종류로 구분할 수 있다. 즉 시멘트, 절연체 등의 신식의 것은 함경도와 경남에 중심지를 가지고 있고, 도자기의 구식 것은 평남(평양과 그 주변)과 경기에 집중되어 있다.

화학공업의 중심지는 수력발전소의 분포와 크게 관계를 가지고 있다. 함경 남북도는 전 생산량의 70%에 해당하는데, 한편 타 도에서는 주로 가내공업을 하고 있다. 압록강수력발전소가 시작되면 신의주 및 평북의 제 도시의 비중이 커질 것이다.

제재 및 목제품공업은 옛 중심지인 서울, 부산 및 평양이 우세하다. 인쇄업은 경기, 즉 보다 정확히 말하면 서울에 집중되어 있는데, 전 생산액의 4분의 3을 차지한다. 이것은 일본 정부가 서울에서 전국을 집권적으로 지배하고 있다는 것을 말해주는 것이다.

식료품공업은 예기할 수 있는 바와 같이 다른 종목보다는 훨씬 고르게 분포되어 있다. 첫째 이것은 소비자와 가까이 있어야 하고, 둘째 이미 살펴본 것처럼 생산량의 상당히 많은 부분이 가내공업에 의하여 생산되기 때문이다.

전기공업은 함남에 집중되어 있다. 그러나 새로운 공사, 특히 압록강발전소가 완성되면 보다 널리 분배되는 것이 불가피하게 될 것이다.

'기타' 공업의 큰 비중이 경기(수도 서울이 있다)에 놓여 있는 것은 이 속에 경기에 있는 정부의 연초 전매가 포함되어 있기 때문이다.

이외에 서울, 인천 및 부산에는 직물 염색만을 전문으로 하는 약간의 회사가 있다.

〈표 6〉　　　　　　　　방직회사(1938년)

| 회사명 | 방기(紡機) | 직기(織機) | 소재지 |
|---|---|---|---|
| 조업 중 | | | |
| 조선방적주식회사(朝鮮紡績株式會社) | 39,376 | 1,210 | 부산 |
| 경기방직주식회사(京畿紡織株式會社) | 25,600 | 896 | 영등포 |
| 동양방적주식회사(東洋紡績株式會社) | 31,488 | 1,292 | 인천 |
| 동양방적주식회사(東洋紡績株式會社) | 45,328 | 1,440 | 영등포 |
| 종연방적주식회사(鍾淵紡績株式會社) | 31,800 | 1,440 | 광주 |
| 종연방적주식회사(鍾淵紡績株式會社) | 39,520 | 1,525 | 영등포 |
| 계획 중 | | | |
| 종연방적회사(鍾淵紡績會社) | 30,000 | 1,000 | 대구 |
| 대일본방적회사(大日本紡績會社) | 42,000 | 1,000 | 영등포 |
| 조선면의회사(朝鮮棉衣會社), 면직(綿織) | … | 1,200 | 목포 |
| 조선견적회사(朝鮮絹績會社), 문직(紊織) | … | 97 | 서울 |
| 욱견직주식회사(旭絹織株式會社) | … | 378 | 부산 |
| 해동직물주식회사(海東織物株式會社), 문직(紊織) | … | 108 | 서울 |
| 조선직물주식회사(朝鮮織物株式會社), 인견(人絹) | … | 1,084 | 안양 |
| 태창직물주식회사(泰昌織物株式會社), 인견(人絹) | … | 300 | 서울 |
| 조선방직주식회사(朝鮮紡織株式會社), 인견(人絹) | … | 319 | 부산 |
| 부산직물공장(釜山織物工場), 인견(人絹) | … | 149 | 부산 |
| 제국제마주식회사(帝國製麻株式會社), 마포(麻布) | … | 150 | 부산 |
| 경기염직주식회사(京畿染織株式會社) | … | 860 | 서울 |

〈표 7〉                              한국 기계기구공장(1938년)

조업 중

1. 조선상공주식회사(朝鮮商工株式會社), 진남포, 본문 언급, 광산용 기계도 추가 생산.

2. 조선계기주식회사(朝鮮計器株式會社), 서울, 본문 언급.

3. 상공철공소(商工鐵工所), 인천, 광산용 기계.

4. 용산공작주식회사(龍山工作株式會社), 차량 생산, 본문 언급.

5. 조선기계제작소(朝鮮機械製作所), 인천, 1937년 설립, 광산용 기계 생산, 森 및 根津系. 자본은 급속히 증가하였고 현재 시멘트공업에 필요한 기계도 생산한다.

6. 조선제강소(朝鮮製鋼所), 인천, 1937년 설립, 광산용 기계 생산.

7. 조선중공업주식회사(朝鮮重工業株式會社), 부산, 1937년 설립, 선박 및 기타 기계 생산. 미쓰비시 및 동양척식주식회사계. 이 회사는 800톤의 선박을 건조하기 시작했으며 1935년에는 5,000톤의 선박을 건조하였다. 설립 초의 자본은 150만 원이었지만 뒤에는 상당히 증가하였다.

8. 조선착암기제작소(朝鮮鑿岩機製作所), 서울, 1938년 설립, 착암기, 공기압축기 생산.

9. 일본차량주식회사(日本車輛株式會社), 인천, 1937년 설립, 차량 생산.

10. 홍중상공주식회사(弘中商工株式會社), 서울 및 부평, 1939년 설립, 각종 기계 생산.

11. 관동기계제작소(關東機械製作所), 서울, 1938년 설립, 광산용 기계 생산.

12. 일본정공주식회사(日本精工株式會社), 서울, 착암기 생산.

13. 일흥사 조선공장(日興社 朝鮮工場), 소사, 착암기 생산.

14. 동양특수주물주식회사(東洋特殊鑄物株式會社), 신의주, 포강(砲腔) 생산.

15. 북선제강소(北鮮製鋼所), 천내리, (원산 북), 1938년 설립, 광산용 기계 생산.

16. 서선중공업주식회사(西鮮重工業株式會社), 해주, 1938년 설립, 1939년 확정, 광산용 기계 및 선박 생산.


건설공사 중(1939년 및 1940년 현재)

1. 지포제작소(芝浦製作所), 인천, 전동기 및 기타 전기기계 생산.

2. 조선중앙전기주식회사(朝鮮中央電氣株式會社), 인천, 전동기 기타 전기기구 생산.

3. 조선금속공업주식회사(朝鮮金屬工業株式會社), 군산, 선박 및 광산용 기계 생산.

4. 조선화공주식회사(朝鮮化工株式會社), 대전, 전기 용접봉 및 용접기 생산.

5. 조선이연금속주식회사(朝鮮理硏金屬株式會社), 대전, 피스톤링 생산.

6. 동양자동차공업주식회사(東洋自動車工業株式會社), 부평, 자동차의 조립 및 수리. 오도리에 의하면 자동차의 생산도 계획하고 있다고 한다. 『鮮滿支新興經濟』, pp.120~121. 이 계획은 육군의 원조로 행해진 것이며, 투자될 자본은 500만~1,000만 원이었다.

7. 소화비행기주식회사(昭和飛行機株式會社), 평양, 비행기 생산.

8. 조선주조주식회사(朝鮮鑄造株式會社), 오억동, 가단주철(可鍛鑄鐵)제품 제조.

9. 봉산디젤엔진주식회사, 인천, 선박 생산.

10. 조선협동해운주식회사(朝鮮協同海運株式會社), 인천, 소형 발동기선 생산.

# 부록 Ⅳ 무역통계(대일무역 포함)

## 수출액

(단위 : 천 원)

| | 1929 | 1936 | 1937 | 1938 | 1939 |
|---|---|---|---|---|---|
| 축우(畜牛) | 3,549 | 4,328 | 4,830 | 8,131 | 13,446 |
| 기타 | … | 330 | 418 | 535 | 3,693 |
| Ⅰ. 식물 및 동물 소계 | 3,549 | 4,658 | 5,248 | 8,666 | 17,139 |
| 쌀 | 148,816 | 250,395 | 231,330 | 313,069 | 174,638 |
| 맥류(麥類) | 657 | 616 | 860 | 535 | 532 |
| 콩 | 23,269 | 24,447 | 24,178 | 23,926 | 22,970 |
| 전분 | 38 | 2,699 | 4,139 | 4,050 | 4,479 |
| 소맥분 | 61 | 415 | 1,020 | 4,283 | 4,245 |
| 기타 | 701 | 1,973 | 5,381 | 6,167 | 4,247 |
| Ⅱ. 곡물 소계 | 173,542 | 280,545 | 266,908 | 352,030 | 211,111 |
| 생선 | 6,217 | 5,123 | 6,818 | 8,742 | 12,418 |
| 건어 | 6,472 | 3,929 | 4,461 | 6,283 | 8,803 |
| 염어 | 1,054 | 1,511 | 2,077 | 2,578 | 6,686 |
| 김 | 4,320 | 4,076 | 4,188 | 6,558 | 9,144 |
| 설탕 | 5,604 | 4,019 | 4,480 | 3,873 | 2,846 |
| 주류(酒類) | … | 184 | 496 | 3,810° | 2,060 |
| 사과 | 1,644 | 765 | 470 | 1,778 | 4,413 |
| 과실 | … | 4,959 | 5,301 | 3,024 | 7,115 |
| 통조림 | 1,323 | 1,515 | 1,436 | 2,076 | 3,576 |
| 연초 | 224 | 605 | 1,154 | 1,770 | 3,297 |
| 기타 | 6,718 | 11,763 | 12,263 | 17,711 | 35,504 |
| Ⅲ. 식료품, 음료, 연초 소계 | 33,576 | 37,684 | 42,674 | 56,425 | 91,449 |
| 쇠가죽 | 2,762 | 2,199 | 3,448 | 5,671 | 917 |
| 기타 가죽 | 1,566 | 2,509 | 3,455 | 7,464 | 7,105 |
| Ⅳ. 가죽류 소계 | 4,328 | 4,708 | 6,903 | 13,207 | 8,047 |
| 면실유 | 594 | 1,849 | 1,495 | 835 | 2,047 |
| 어유(魚油) | 5,892 | 8,261 | 10,029 | 7,864 | 12,343 |
| 광유(鑛油) | … | 1,045 | 3,409 | 8,052 | 15,059 |
| 기타 어유 | 1,985 | 10,373 | 19,533 | 5,963 | 2,505 |
| Ⅴ. 유지류 소계 | 11,067 | 31,996 | 50,099 | 22,714 | 31,954 |
| 경유(硬油) | … | 3,549 | 6,634 | 3,951 | 6,153 |
| 지방산 | | 3,219 | 4,193 | 2,516 | 4,579 |
| 글리세린 | … | 2,284 | 3,897 | 3,979 | 3,139 |
| 인삼 | 2,596 | 1,416 | 909 | 711 | 1,764 |
| 기타 | | | | 11,557 | 16,319 |
| Ⅵ. 화학품, 약품 소계 | | | | 22,714 | 31,954 |
| Ⅶ. 염료, 도료(塗料) 소계 | | | | 1,159 | 1,535 |
| 조면(繰綿) | 6,809 | 11,469 | 8,271 | 7,994 | 11,872 |

| | | | | | |
|---|--:|--:|--:|--:|--:|
| 생사(生絲) | 20,143 | 15,421 | 18,962 | 15,832 | 24,169 |
| 작잠생사(柞蠶生絲) | 9,397 | 4,431 | ... | 6,647 | 7,945 |
| 누에고치〔繭〕 | 4,381 | 1,401 | 1,440 | 984 | ... |
| 면직사(綿織絲) | ... | 654 | ... | 668 | 0 |
| 기타 직사 | 11,800 | 17,921 | 29,069 | 9,545 | 16,492 |
| VIII. 직사원료 소계 | 55,425 | 62,186 | 90,588 | 41,670 | 60,478 |
| 면직물 | 2,895 | 7,541 | 23,102 | 32,186 | 16,579 |
| 인견(人絹) | ... | 3,348 | 9,744 | 5,293 | 12,129 |
| 기타 직물 | | | | 9,403 | 32,162 |
| IX. 직물 소계 | | | | 46,882 | 60,870 |
| X. 의류 소계 | | | | 13,852 | 23,232 |
| 펄프 | 478 | 45 | 5,594 | 9,236 | 8,943 |
| 양지(洋紙) | 2,341 | 4,401 | 4,887 | 7,094 | 6,783 |
| 기타 종이류 | | 1,073 | 1,223 | 2,334 | 13,147 |
| XI. 종이류 소계 | | 5,519 | 11,704 | 18,664 | 22,291 |
| 금광 | 1,944 | 6,498 | 6,217 | 6,973 | 6,681 |
| 철광 | 1,676 | 1,106 | 4,921 | 2,562 | 3,035 |
| 텅스텐광 | 20 | 1,543 | 5,738 | 9,978 | 16,374 |
| 합금, 은, 동 | 209 | 20,499 | 25,220 | 26,526 | 51,697 |
| 합금, 은, 연광(鉛鑛) | 117 | 2,946 | 6,409 | 7,856 | 7,607 |
| 철 | 7,088 | 18,145 | ... | ... | ... |
| 기타 | 3,689 | 15,956 | 50,742 | 62,439 | 96,232 |
| XII. 광 및 금속 소계 | 21,814 | 81,501 | 111,814 | 116,334 | 181,626 |
| XIII. 금속제품 | | | | 8,639 | 20,931 |
| XIV. 기계차량 | | | | 22,842 | 43,954 |
| 시멘트 | 1,997 | 5,915 | 3,229 | 3,282 | 4,497 |
| 석탄 | 2,840 | 6,628 | 7,305 | 11,792 | 14,258 |
| 흑연 | 1,234 | 2,265 | 2,303 | 3,393 | 5,837 |
| 기타 | | | | 10,241 | 11,813 |
| XV. 광물 및 동제품 소계 | | | | 28,708 | 37,579 |
| XVI. 도자기 | | | | 1,717 | 3,492 |
| 목재 | 4,137 | 7,448 | 9,390 | 5,323 | 11,741 |
| 해초 | 1,351 | 1,755 | ... | 1,408 | 3,808 |
| 어분(魚粉) | ... | 1,903 | 3,637 | 8,387 | 14,013 |
| 비료 | 9,977 | 40,427 | 37,906 | 40,328 | 53,229 |
| 가마니〔叺〕 | ... | ... | ... | 1,085 | 3,184 |
| 기타 | 16,798 | 21,763 | 30,820 | 22,231 | 33,428 |
| XVII. 잡품 소계 | 28,714 | 73,296 | 81,753 | 78,762 | 119,403 |
| XVIII. 소포우편물 | 10,729 | 9,138 | 12,150 | 11,272 | 14,717 |
| 계 | 342,745 | 591,258 | 679,842 | 877,394 | 1,003,455 |
| 재수출품 | 2,919 | 2,055 | 5,701 | 2,213 | 3,339 |
| 총계 | 345,664 | 593,313 | 685,543 | 879,607 | 1,006,794 |

## 수출량

|  | 1929 | 1936 | 1937 | 1938 | 1939 |
|---|---|---|---|---|---|
| 소(천 두) | 48.9 | 62.0 | 59.4 | 81.8 | 100.5 |
| 쌀(천 석) | 5,541 | 8,423 | 7,336 | 9,521 | 4,930 |
| 밀(천 석) | 46 | 36 | 47 | 32 | 20 |
| 콩(천 석) | 1,434 | 1,304 | 1,196 | 1,149 | 839 |
| 옥수수(천 석) | 10 | 1 | 7 | 36 | 40 |
| 소맥분(천 톤) | 0.4 | 2.6 | 5.2 | 18.7 | 16.5 |
| 생선(천 톤) | 39.4 | 38.0 | 48.0 | 59.5 | 62.7 |
| 건어(천 톤) | 11.8 | 6.8 | 9.6 | 12.2 | 13.6 |
| 염어(천 톤) | 8.4 | 11.2 | 15.1 | 17.0 | 33.5 |
| 김(천 톤) | 0.82 | 1.73 | 1.36 | 1.70 | 2.00 |
| 설탕(천 톤) | 30.0 | 33.0 | 32.5 | 22.1 | 12.5 |
| 주류(천 되) | 145 | 545 | 417 | 620 | 391 |
| 사과(천 톤) | 8.4 | 5.6 | 3.3 | 7.7 | 16.1 |
| 통조림(천 다스) | 477 | 617 | 572 | 924 | 1,298 |
| 쇠가죽(천 톤) | 2.84 | 2.53 | 2.76 | 3.00 | 0.59 |
| 면실유(천 톤) | 1.49 | 3.76 | 3.04 | 2.15 | 3.24 |
| 어유(천 톤) | 36.3 | 37.4 | 42.5 | 41.5 | 119.5 |
| 경유(천 톤) | … | 9.2 | 19.4 | 12.7 | 15.4 |
| 지방산(천 톤) | … | 12.2 | 14.4 | 10.5 | 12.9 |
| 글리세린(천 톤) | … | 1.52 | 1.65 | 1.61 | 13.8 |
| 만면(縵綿)(천 톤) | 7.3 | 12.1 | 8.2 | 8.3 | 9.9 |
| 생사(톤) | 940 | 1,180 | 1,390 | 1,287 | 1,030 |
| 작잠생사(柞蠶生絲)(톤) | 990 | 705 | 1,140 | 1,140 | 890 |
| 면직물(백만 m²) | 7.17 | 29.82 | 86.60 | 87.63 | 34.51 |
| 인견(백만 m²) | … | 9.85 | 32.82 | 19.95 | 21.80 |
| 금광(천 톤) | 13.5 | 64.5 | 51.4 | 66.5 | 76.5 |
| 철광(천 톤) | 313 | 242 | 302 | 367 | 400 |
| 텅스텐광(톤) | 2,530 | 915 | 1,420 | 1,855 | 2,360 |
| 합금, 은, 동 | 1.02 | 2.17 | 2.78 | 4.10 | 7.05 |
| 합금, 은, 연광(鉛鑛) | 0.36 | 2.43 | 5.17 | 5.80 | 5.80 |
| 흑연(천 톤) | 24.6 | 39.7 | 43.5 | 50.2 | 78.3 |
| 석탄(천 톤) | 286 | 672 | 653 | 943 | 900 |
| 시멘트(천 톤) | 67 | 294 | 148 | 151 | 165 |
| 펄프(천 톤) | 2.4 | 0.3 | 25.5 | 32.4 | 22.9 |
| 양지(洋紙)(천 톤) | 11.6 | 12.6 | 13.3 | 16.3 | 15.8 |
| 비료(천 톤) | 149 | 511 | 445 | 561 | 479 |

## 수입액                                            (단위 : 천 원)

|                        | 1929   | 1936   | 1937   | 1938   | 1939   |
|------------------------|--------|--------|--------|--------|--------|
| I. 식물 및 동물         | 777    | 1,496  | 2,143  | 2,485  | 5,881  |
| 쌀                     | 14,203 | 5,017  | 4,916  | 2,112  | 13,493 |
| 보리                   | 762    | 8,880  | 4,664  | 311    | 3,782  |
| 수수                   | 278    | 98     | 68     | 47     | 3,103  |
| 옥수수                 | 95     | 2,192  | 721    | 52     | 2,672  |
| 조                     | 20,866 | 22,702 | 14,953 | 13,534 | 19,655 |
| 밀                     | 423    | 3,305  | 431    | 2,087  | 7,801  |
| 메밀                   | 759    | 1,449  | 1,022  | 1,100  | 2,301  |
| 기장                   | 1,112  | 1,522  | 1,001  | 1,150  | 3,048  |
| 콩                     | 4,821  | 7,752  | 14,748 | 6,820  | 15,791 |
| 소맥분                 | 6,911  | 7,832  | 5,939  | 5,983  | 7,903  |
| 전분                   | 150    | 1,307  | 2,409  | 3,295  | 5,006  |
| 참깨                   | 782    | 1,623  | 1,562  | 1,355  | 1,585  |
| 기타                   | 3,970  | 4,082  | 3,937  | 3,303  | 5,702  |
| II. 곡물 소계           | 53,261 | 67,761 | 56,011 | 41,149 | 91,842 |
| 설탕                   | 9,285  | 9,046  | 9,895  | 10,502 | 12,085 |
| 과자 등                | 4,430  | 8,645  | 10,267 | 14,015 | 15,474 |
| 설탕, 과자 소계        | 13,715 | 17,691 | 20,162 | 24,517 | 27,559 |
| 주류                   | 1,578  | 1,975  | 1,983  | 2,670  | 3,429  |
| 맥주                   | 2,386  | 803    | 946    | 971    | 924    |
| 기타 음료              | 982    | 882    | 832    | 914    | 1,145  |
| 음료 소계              | 4,946  | 3,660  | 3,761  | 4,555  | 5,498  |
| 소금                   | 1,465  | 2,247  | 2,488  | 3,205  | 2,984  |
| 기타 식료품            | 14,170 | 27,995 | 32,814 | 40,174 | 57,823 |
| 연초                   | 2,713  | 5,831  | 4,841  | 1,718  | 77     |
| III. 음식물 및 연초 소계 | 37,101 | 57,421 | 64,065 | 74,168 | 93,941 |
| IV. 피혁류             | 1,869  | 4,203  | 5,868  | 10,968 | 6,197  |
| V. 유지류              | 17,968 | 38,215 | 44,510 | 42,384 | 44,926 |
| VI. 화학약품, 의약품,   | 12,834 | 25,646 | 28,500 | 44,425 | 51,717 |
| 폭발물                 |        |        |        |        |        |
| VII. 염료, 도료        | 3,045  | 5,870  | 6,733  | 8,645  | 11,793 |
| 만면(緩綿), 타면(打綿) | 7,222  | 25,331 | 34,982 | 22,266 | 10,852 |
| 직사(織絲), 봉사(縫絲) | 9,853  | 5,738  | 3,828  | 1,775  | 305    |
| 인견                   | …      | 2,325  | 2,487  | 6,302  | 3,635  |
| 인조섬유               | …      | …      | …      | 10,409 | 8,263  |
| 작잠생사(柞蠶生絲)     | 9,278  | 4,463  | 6,619  | 5,722  | 5,775  |
| 기타                   | 4,913  | 11,477 | 12,224 | 16,315 | 24,218 |
| VIII. 직사기타물원료 소계 | 31,166 | 49,334 | 60,140 | 62,789 | 53,408 |

| | | | | | |
|---|---|---|---|---|---|
| 면직물 | 37,430 | 32,148 | 32,397 | 25,634 | 10,144 |
| 모직물 | 5,989 | 13,248 | 12,535 | 15,060 | 22,317 |
| 삼베 | 5,783 | 2,601 | 3,708 | 3,259 | 2,026 |
| 견직물 | 13,894 | 36,545 | 40,827 | 75,103 | 125,863 |
| 어망 | 2,480 | 2,789 | 3,541 | 4,749 | 3,874 |
| 기타 직물 | 5,555 | 10,986 | 12,072 | 17,795 | 19,940 |
| IX. 직물 소계 | 71,150 | 98,337 | 105,081 | 141,599 | 194,164 |
| 내의 | 5,035 | 13,766 | 14,281 | 18,141 | 22,340 |
| 고무신 | 2,891 | 5,494 | 4,415 | 4,339 | 5,881 |
| 기타 의류 | 15,509 | 26,952 | 27,286 | 40,878 | 52,341 |
| X. 의류 소계 | 23,435 | 46,212 | 45,982 | 63,358 | 80,562 |
| XI. 펄프, 종이류, 서책류 | 13,747 | 24,959 | 30,966 | 40,979 | 47,103 |
| 석탄 | 10,237 | 17,231 | 20,336 | 31,247 | 40,185 |
| 시멘트 | 3,234 | 7,400 | 4,917 | 2,524 | 5,827 |
| 기타 | 8,924 | 22,312 | 26,102 | 30,389 | 48,424 |
| XII. 광물, 도자기 소계 | 22,395 | 46,943 | 51,355 | 64,160 | 94,436 |
| XIII. 광, 금속류 | 23,805 | 54,907 | 89,035 | 116,781 | 148,940 |
| XIV. 금속제품 | 16,305 | 45,598 | 55,870 | 74,521 | 102,698 |
| XV. 기계, 차량 | 31,294 | 84,182 | 105,432 | 132,278 | 206,447 |
| 목재 | 8,871 | 15,572 | 18,045 | 25,063 | 40,968 |
| 대두박(大豆粕) | 7,818 | 9,173 | 3,567 | 3,072 | 2,517 |
| 기타 비료 | 16,110 | 32,218 | 24,763 | 35,584 | 23,931 |
| 기타 | 16,826 | 38,317 | 44,872 | 50,104 | 72,580 |
| XVI. 잡품 소계 | 49,625 | 95,280 | 91,247 | 113,823 | 139,996 |
| XVII. 소포우편물 | 12,000 | 13,726 | 16,140 | 18,074 | 19,523 |
| XVIII. 여객휴대품 | 243 | 235 | 242 | 330 | 354 |
| 계 | 421,930 | 760,324 | 859,328 | 1,052,917 | 1,383,924 |
| 재수입품 | 1,163 | 2,093 | 4,225 | 3,012 | 4,524 |
| 총계 | 423,094 | 762,417 | 863,553 | 1,055,929 | 1,388,448 |

## 수입량                (단위 : 달리 기록되지 않은 한 천 톤)

| | 1929 | 1936 | 1937 | 1938 | 1939 |
|---|---|---|---|---|---|
| 쌀 | 99 | 26 | 25 | 8 | 49 |
| 보리 | 6.9 | 76.0 | 35.2 | 2.1 | 18.9 |
| 밀 | 3.8 | 22.4 | 2.6 | 12.4 | 38.2 |
| 조 | 225 | 184 | 115 | 109 | 112 |
| 수수 | 4.1 | 1.2 | 0.8 | 0.5 | 18.0 |
| 옥수수 | 1.3 | 28.0 | 8.9 | 0.7 | 2.4 |
| 기장 | 11.4 | 11.9 | 7.4 | 8.0 | 15.3 |
| 콩 | 59 | 66 | 67 | 56 | 57 |
| 소맥분 | 38.5 | 41.1 | 26.6 | 25.2 | 30.2 |
| 전분 | 0.7 | 0.7 | 1.3 | 1.8 | 1.9 |
| 설탕 | 52.8 | 66.4 | 66.5 | 55.5 | 57.4 |
| 주류(천 되) | 1,380 | 1,845 | 1,785 | 2,203 | 2,628 |
| 맥주(천 리터) | 5,844 | 2,556 | 1,983 | 2,670 | 1,403 |
| 엽연초(葉煙草) | 3.5 | 7.4 | 4.9 | 0.9 | 0.0 |
| 소금 | 136 | 159 | 153 | 166 | 111 |
| 비누 | 1.5 | 6.7 | 8.3 | 11.5 | 12.4 |
| 만면(縵綿), 타면(打綿) | 8.3 | 29.6 | 34.8 | 29.3 | 15.8 |
| 작잠생사(柞蠶生絲) | 1.08 | 0.72 | 1.14 | 0.96 | 0.48 |
| 면직사 | 6.36 | 4.44 | 2.40 | 1.14 | 0.12 |
| 인견사 | … | 3.60 | 1.38 | 3.54 | 1.86 |
| 면직물(백만 m²) | 123.4⁽¹⁾ | 136.8 | 113.0 | 77.8 | 15.1 |
| 삼베(백만 m²) | 11.1 | 7.0 | 7.4 | 4.9 | 1.9 |
| 모직물 | 4.2 | 10.0 | 7.7 | 8.5 | 8.5 |
| 견직물 | 15.8 | 10.1 | 8.8 | 15.7 | 30.8 |
| 인견직 | 11.8 | 94.4 | 113.7 | 179.8 | 64.7 |
| 인조섬유직물 | … | … | 4.2 | 30.4 | 58.1 |
| 어망(톤) | 1.06 | 1.63 | 1.99 | 2.36 | 1.54 |
| 양지(洋紙) | 14.3 | 32.0 | 36.1 | 42.0 | 37.6 |
| 석탄 | 894.3 | 1,544 | 1,649 | 1,903 | 1,975 |
| 시멘트 | 106 | 353 | 227 | 113 | 218 |
| 판유리(백만 m²) | 0.55 | 1.26 | 1.34 | 1.23 | 1.20 |
| 생고무(톤) | 1.68 | 4.06 | 4.34 | 2.65 | 0.62 |
| 비료 | 257 | 515 | 376 | 434 | 301 |
| (대두박) | 108 | 128 | 43 | 37 | 24 |
| (유산암모니아) | … | 104 | 80 | 116 | … |

【자료】(1)『經濟年鑑』(1929~1940)
　　　(2)『朝鮮經濟年報』(1940)
　　　(3)『拓務統計』(1938)
　　　(4)『日本貿易覽』(1935)
〔주〕(1) 1928년에는 1억 4,565만 m², 1930년에는 1억 3,838만 m².

## 품목별 무역액

(백분비)

| | 수출 | | | | | 수입 | | | | |
|---|---|---|---|---|---|---|---|---|---|---|
| | 1929 | 1936 | 1937 | 1938 | 1939 | 1929 | 1936 | 1937 | 1938 | 1939 |
| 식물 및 동물 | 1.0 | 0.8 | 0.8 | 1.0 | 1.7 | 0.2 | 0.2 | 0.2 | 0.2 | 0.4 |
| 곡물, 곡분 | 50.6 | 47.5 | 39.3 | 40.2 | 21.0 | 12.6 | 8.9 | 6.5 | 3.9 | 6.6 |
| 음식물, 연초 | 9.8 | 6.4 | 6.3 | 6.4 | 9.1 | 8.8 | 7.5 | 7.5 | 7.1 | 6.8 |
| 피혁류 | 1.3 | 0.8 | 1.0 | 1.5 | 0.8 | 0.4 | 0.6 | 0.7 | 1.0 | 0.4 |
| 유지류 | | | | 3.7 | 5.3 | 4.3 | 5.0 | 5.2 | 4.0 | 3.2 |
| 화학약품 | 3.2 | 5.4 | 7.4 | 2.6 | 3.2 | 3.0 | 3.4 | 3.3 | 4.2 | 3.7 |
| 염료, 도료 | | | | 0.1 | 0.2 | 0.7 | 0.8 | 0.8 | 0.8 | 0.9 |
| 직사, 봉사 | | | | 4.8 | 6.0 | 7.4 | 6.5 | 7.0 | 6.0 | 3.9 |
| 면직물 | | | | | | 8.9 | 4.2 | 3.8 | 2.5 | 0.7 |
| 모직물 | | | | | | 1.4 | 1.7 | 1.4 | 1.4 | 1.6 |
| 삼베 | | | | | | 1.4 | 0.3 | 0.4 | 0.3 | 0.1 |
| 견직물 | | | | | | 3.3 | 4.8 | 4.8 | 7.1 | 9.1 |
| 기타 직물 | | | | | | 1.9 | 1.8 | 1.8 | 2.1 | 1.8 |
| 직물 소계 | 16.2 | 10.5 | 13.3 | 5.3 | 6.1 | 16.9 | 12.8 | 12.2 | 13.4 | 13.3 |
| 의류 | | | | 1.6 | 2.3 | 5.6 | 6.1 | 5.3 | 6.0 | 5.8 |
| 펄프, 종이류 | | 0.9 | 1.7 | 2.1 | 2.2 | 3.3 | 3.3 | 3.6 | 3.9 | 3.4 |
| 광물 및 동제품 | | | | 3.3 | 3.7 | 5.3 | 6.2 | 6.0 | 6.1 | 6.8 |
| 광 및 금속 | 6.4 | 13.8 | 16.4 | 13.3 | 18.1 | 5.6 | 7.2 | 10.4 | 11.1 | 10.8 |
| 금속제품 | | | | 1.0 | 2.1 | 3.9 | 6.0 | 6.5 | 7.1 | 7.4 |
| 기계 및 차량 | | | | 2.6 | 4.4 | 7.4 | 11.1 | 12.3 | 12.6 | 14.9 |
| 도자기, 유리 | | | | 0.2 | 0.4 | | | | | |
| 잡품 | 8.4 | 12.4 | 12.0 | 9.0 | 11.9 | 11.8 | 12.6 | 10.6 | 10.9 | 10.3 |
| 소포우편물 | 3.1 | 1.5 | 1.8 | 1.3 | 1.5 | 2.8 | 1.8 | 1.9 | 1.7 | 1.4 |
| 계 | 100.0 | 100.0 | 100.0 | 100.0 | 100.0 | 100.0 | 100.0 | 100.0 | 100.0 | 100.0 |

# 후기

2004년 2월 초, 선생님의 부르심을 받고 댁으로 찾아뵈었을 때, 선생님은 낡은 원고 한 뭉치를 주시면서 컴퓨터 파일로 만들어달라는 부탁을 하셨다. 선생님은 많은 책을 쓰셨지만 평소 그라즈단제브의 이 책을 무척 사랑하셨다. 그래서 자신의 전집을 손수 정리하시면서 마지막에 이 책의 정리를 시작하셨던 것이다.

말씀에 의하면 처음 번역본을 낼 때 원전에 부록으로 들어 있는 많은 자료들을 생략했었는데, 이걸 보충하고 또 번역본의 잘못된 부분을 다 바로잡으시려는 생각을 갖고 계셨다. 낡은 갱지에 펜으로 빼꼭하게 정리해두신 원고를 대하면서 선생님의 삶과 학문의 태도가 그대로 그 종이에 배어 있다고 생각할 수밖에 없었다.

그 뒤 나는 원고를 원저와 대조해 읽어가며 교열을 철저하게 하려 했지만, 번역에는 이미 번역하신 분의 독창적 생각이 반영될 수밖에 없기 때문에 그런 일이 오히려 누가 되리라 생각하고 작업을 단념하였다. 그러나 선생님의 처음 번역의 맛과 취지를 그대로 살리더라도 최소한의 필요한 수정을 보태지

않을 수는 없었다. 예를 들면 도량형의 단위를 한 가지로 통일한다거나, 부록
이나 본문의 표에 나타나는 각종 통계표의 항목 명칭을 오늘날 용인되는 용
어로 바꾼다든지 하는 것들이다. 또한 이 번역이 나온 이래 일제시대사에 대
한 연구가 크게 진전되면서 학계에서 일반화된 용어가 있으면 그것으로 바로
잡기도 하였다. 그러나 대체로 처음부터 끝까지 선생님께서 번역하신 그대
로를 살렸다.

선생님께서는 이 책의 저자 그라즈단제브를 무척 높이 평가하셨다. 그러나
그라즈단제브는 이 책을 낸 이후 학계에 전혀 모습을 드러내지 않았기 때문
에 그 점을 알아보신 적이 있으셨던 모양이다. 돌아가신 와그너 교수의 도움
으로 확인한 바에 의하면, 그라즈단제브는 소위 매카시 선풍이라 알려진 사
상적 광풍 때문에 숱한 박해를 받고 급기야는 캐나다로 이민을 갔으며, 그 이
후 그의 삶에 대해서는 알려진 바가 없다. 최근에는 고정휴 교수가 「A.J. 그
라즈단제브와 『현대한국』」(『한국사연구』 126)이라는 논문을 써서, 그라즈단제
브와 이 책을 정리한 바 있다. 이 원고가 빨리 정리되어 선생님께서 생각하신
새로운 역자 서문을 쓰실 수 있었다면 이런 내용이 좀더 상세하게 들어갔을
텐데 하는 아쉬움이 있다.

이 일을 맡기실 때만 해도 선생님의 건강은 그런대로 괜찮아 보이셨기에
나는 급박하게 마쳐야 한다는 절실한 생각을 미처 하지 못하였다. 그러나 이
로부터 몇 개월 후 선생님께서는 세상을 뜨시고 말았다. 그리고 선생님이 가
신 지 2주기가 되는 즈음에서야 이 책이 나오게 되었다. 선생님 영전에 머리
숙여 사죄하며 이 책을 바친다.

이 책이 나오기까지 여러 사람의 도움이 있었다. 이 책의 원고를 한글 파일
로 만드는 일은 서강대학교 대학원의 윤종문이 맡아 했으며, 원고를 다시 읽
고 앞뒤의 내용상 통일성을 꾀하는 일은 동 대학원의 이경순과 오승진이 도

맡아 했다. 이들에게 선생님을 대신해서 감사를 드리며, 그리고 이미 고인이
되신 분의 책을 약속대로 출판해준 일조각의 여러분들께도 고마운 인사를 드
린다.


2006년 5월

정두희

# 찾아보기

李基白韓國史學論集 ⑭

# 韓國現代史論

1판 1쇄 펴낸날  1973년 1월 15일
2판 1쇄 펴낸날  2006년 5월 20일

지은이 ǀ A.J. 그라즈단제브
옮긴이 ǀ 이기백
펴낸이 ǀ 김시연

펴낸곳 ǀ (주)일조각
등록 ǀ 1953년 9월 3일 제300-1953-1호(구 : 제1-298호)
주소 ǀ 110-062 서울시 종로구 신문로 2가 1-335번지
전화 ǀ 734-3545 / 733-8811(편집부)
733-5430 / 733-5431(영업부)
팩스 ǀ 735-9994(편집부) / 738-5857(영업부)
이메일 ǀ ilchokak@hanmail.net
홈페이지 ǀ www.ilchokak.co.kr

ISBN  89-337-0498-1  94910
89-337-0108-7(세트)

값 25,000원

* 이 도서의 국립중앙도서관 출판시도서목록(CIP)은 e-CIP홈페이지
(http://www.nl.go.kr/cip.php)에서 이용하실 수 있습니다.
(CIP제어번호 : CIP2006001085)